Informationskompetenz in der Schule

Informationskompetenz in der Schule

Ein informationswissenschaftlicher Ansatz

Herausgegeben von
Sonja Gust von Loh und Wolfgang G. Stock

DE GRUYTER
SAUR

ISBN 978-3-11-028979-4
e-ISBN 978-3-11-029003-5

Library of Congress Cataloging-in-Publication Data
A CIP catalog record for this book has been applied for at the Library of Congress.

Bibliografische Information der Deutschen Nationalbibliothek
Die Deutsche Nationalbibliothek verzeichnet diese Publikation in der
Deutschen Nationalbibliografie; detaillierte bibliografische Daten
sind im Internet über http://dnb.dnb.de abrufbar.

© 2013 Walter de Gruyter GmbH, Berlin/Boston
Satz: Michael Peschke, Berlin
Druck und Bindung: Hubert & Co. GmbH & Co. KG, Göttingen
♾ Gedruckt auf säurefreiem Papier
Printed in Germany

www.degruyter.com

MIX
Papier aus verantwor-
tungsvollen Quellen
FSC® C016439

Inhalt

Sonja Gust von Loh, Wolfgang G. Stock

Vorwort: Informationskompetenz als Schulfach?

Informationswissenschaft in Alltag, Beruf und Schule

Glaubt man der UNESCO, so kann Informationskompetenz kaum überbewertet werden. Wir lesen in der „Alexandria Proclamation on Information Literacy and Lifelong Learning" (UNESCO & IFLA, 2005):

> Information Literacy ... empowers people in all walks of life to seek, evaluate, use and create information effectively to achieve their personal, social, occupational and educational goals.

Fasst man Informationskompetenz als Menschenrecht auf (wie z. B. Sturges & Gastinger, 2010), so lassen sich soziale Ungleichheiten in der Wissensgesellschaft und damit die digitale Kluft vermindern sowie die Partizipation des einzelnen an der Wissensgesellschaft verstärken (Linde & Stock, 2011, 94-97). Informationskompetenz meint die Nutzung informationswissenschaftlicher Erkenntnisse von Laien im Berufs- oder Alltagsleben. Es geht um Anwendungskompetenzen beim Suchen und Finden von Informationen sowie beim Kreieren und Repräsentieren von Informationen, ohne dass der Nutzer irgendwelche informationswissenschaftlichen Details kennen müsste. So wie Laien Lichtschalter bedienen können, ohne die Physik des Wechselstromkreises zu beherrschen, so arbeiten sie mit Web-Suchmaschinen oder stellen Ressourcen in Sharingdienste ein, ohne Information Retrieval, Wissensrepräsentation, Informetrie, Wissensmanagement oder den Informationsmarkt studiert zu haben. Etwas salopp ausgedrückt, umfasst Informationskompetenz all diejenigen Inhalte der Informationswissenschaft (Stock & Stock, 2013; Linde & Stock, 2011), die jeder braucht, um in der Wissensgesellschaft klarzukommen. Informationskompetenz spielt in drei Bereichen eine Rolle:

- Informationskompetenz im Alltag,
- Informationskompetenz am Arbeitsplatz,
- Informationskompetenz in der Schule (Vermittlung von Informationskompetenz).

Kompetenzen stehen gemäß Catts und Lau (2008, 18) in einem Schichtenmodell geordnet übereinander (Abbildung 0.1). Basis ist die Kompetenz in Schreiben, Lesen und Rechnen. Wir wollen terminologisch zwischen „Informationsgesellschaft" und „Wissensgesellschaft" unterscheiden. In einer Informationsgesellschaft steht die Informations- und Kommunikations*technik* (IKT) im Vordergrund (Linde & Stock, 2011, 81 ff.). In einer Wissensgesellschaft hingegen wird die IKT eingesetzt, um Wissen zu kreieren, zu speichern und abzurufen (Linde & Stock, 2011, 84). Da sich das Wissen jederzeit ändern kann, muss es stets neu erarbeitet werden. Damit gehen lebenslanges Lernen und Informationskompetenz Hand an Hand.

In einer Informationsgesellschaft sind Fähigkeiten zum Umgang mit IKT (beispielsweise PC and Smartphone) sowie die Medienkompetenz zur Einschätzung der jeweiligen Übertragungsmedien unumgänglich. Jeder sollte mit Computer und Smartphone umgehen können, grundlegende Office-Software (Schreib-, Kalkulations- und Präsentationsprogramme) beherrschen, das Internet und wichtige seiner Dienste (wie WWW, E-Mail oder Chat) kennen sowie die unterschiedlichen Medien (wie Printmedien, Hörfunk, Fernsehen, Internet) angemessen einsetzen (Bawden, 2001, 225). Alle genannten Kompetenzen sind notwendige Voraussetzungen für Informationskompetenz. Die Wissensgesellschaft ist eine Informationsgesellschaft, in der zusätzlich zum IKT-Einsatz der Informationsinhalt – das Wissen – jederzeit und überall zur Verfügung steht und in der lebenslanges Lernen für jedes einzelne Gesellschaftsmitglied essentiell ist. Insbesondere in Wissensgesellschaften spielen die Informationskompetenz ihrer Mitglieder und deren Fähigkeit zum Lernen entscheidende Rollen (Marcum, 2002, 21). Lloyd (2003) vertritt die Meinung, dass Informationskompetenz eine „Metakompetenz der Wissensgesellschaft" darstellt. Es geht um die Fähigkeiten, Definitionen aufzustellen, Informationen gewissen Sachverhalten zuzuordnen und sich auf Informationen Zugriff zu verschaffen. Da sehr viele Informationen digital verarbeitet werden, steht genau genommen die „digital information literacy" (Bawden, 2001, 246) im Vordergrund.

Bei der Informationskompetenz verfolgen wir zwei Dimensionen. Die erste Dimension umfasst praktische Kompetenzen für Information Retrieval. Sie geht vom Erkennen eines Informationsbedarfs aus und führt über das Suchen und Finden von Informationen und deren Evaluation zur Anwendung der positiv bewerteten Informationen. Dies ist die inzwischen klassische Auffassung von Informationskompetenz, die insbesondere im Bibliothekswesen propagiert wird (Lux & Sühl-Strohmenger, 2004; Sühl-Strohmenger, 2012). Dimension 1 mit der Information Retrieval Literacy wird seit über 30 Jahren verfolgt. Sie hat ihre Wurzeln in der bibliothekarischen Nutzerschulung und wird vor allem von Universitätsbibliotheken vertreten. Eng verwandt ist die informationswissenschaftliche Nutzerforschung, wie beispielsweise die Modellierung der Schritte einer Recherche bei Kuhlthau (2004). Eisenberg und Berkowitz (1990) stellen „Six Big Skills" zusammen, die Information Literacy ausmachen: (1) Task definition, (2) Information seeking strategies, (3) Location and access, (4) Use of information, (5) Synthesis und (6) Evaluation. Grafstein (2002) betont, dass bei fachlich anspruchsvollen Informationsbedarfen neben die allgemeinen Retrievalfähigkeiten eine Fachkomponente treten muss, die für die jeweiligen Inhalte zuständig ist. So ist es beispielsweise kaum möglich, ohne Fachwissen in der Chemie eine adäquate Recherche über, sagen wir: Arsenicin A (möglicherweise unter Einsatz der Strukturformel als Suchargument) durchzuführen und richtig zu bewerten. „(B)eing information literate crucially involves being literate *about something*" (Grafstein, 2002, 202). Eine viel zitierte Definition von "Informationskompetenz" stammt von der Association for College and Research Libraries (ACRL) der American Library Association (Presidential Committee on Information Literacy, 1989):

> To be information literate, a person must be able to recognize when information is needed and have the ability to locate, evaluate, and use effectively the needed information.

Die ACRL fügt im Jahr 2000 einen weiteren Baustein zu den Information Literacies hinzu (ACRL, 2000, 14):

> The information literate student understands many of the economic, legal, and social issues surrounding the use of information and accesses and uses information ethically and legally.

Wichtige Teilbereiche sind hier Urheberrecht sowie der gewerbliche Rechtschutz.

Insbesondere mit dem Aufkommen des Web 2.0, das den Webnutzer auch zum potentiellen Informationsproduzenten macht, reicht das klassische Paradigma nicht mehr aus, um den Herausforderungen der Wissensgesellschaft adäquat gegenübertreten zu können. An dieser Stelle deutet sich ein Paradigmenwechsel an. Im neuen Paradigma hat Information Retrieval zwar immer noch eine zentrale Bedeutung, es kommt jedoch eine zweite Dimension an Kompetenzen hinzu. Hier entstehen neue Chancen, aber auch neue Herausforderungen (Klein et al., 2009). Der neue, zweite Strang der Informationskompetenz fasst praktische Fähigkeiten der Erstellung von Wissen und der Wissensrepräsentation zusammen (Godwin, 2009; Huvila, 2011). Wenn man mit dem Etikett „2.0" arbeiten möchte, liegt „Informationskompetenz 2.0" (Hapke, 2007) oder – in Bezug auf Bibliotheken – „Bibliothek 2.0" (Godwin & Parker, Hrsg., 2008; 2012) vor. Neben der Kreation von Informationen steht deren Indexierung und Speicherung in digitalen Informationsdiensten im Mittelpunkt (Freimanis & Dornstädter, 2010; Weller et al., 2011), flankiert von der Kompetenz, bei eigenen wie fremden Informationen die Privacy gebührend zu beachten. Webnutzer, die vormals nur passiv Informationen abfragen konnten, werden nunmehr zusätzlich zu Informationsproduzenten. Die Rollen als Informationskonsument und als Informationsproduzent fallen im „Prosumer" (Toffler, 1980) bzw. in der „Produsage" (Bruns, 2008) zusammen.

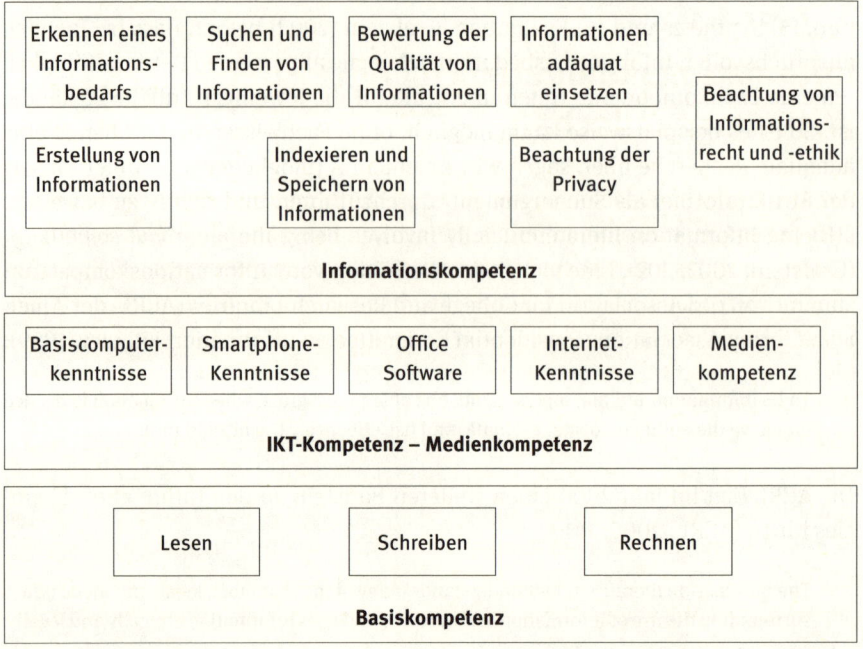

Abb. 0.1: Ebenen der Kompetenzen in einer Wissensgesellschaft. Quelle: in Anlehnung an Stock & Stock (2013).

Nutzer kreieren auch Informationen, beispielsweise Blog-Posts, Wiki-Artikel, Bilder, Videos sowie persönliche Statusmeldungen und publizieren diese digital über WordPress, Wikipedia, Flickr, YouTube und Facebook. Dabei ist es wichtig, dass die vom Prosumer erstellten Ressourcen auch gefunden werden. Entsprechend versehen die Nutzer ihre Dokumente mit aussagekräftigen Titeln und indexieren diese im Rahmen von Folksonomies (Peters, 2009) mit einschlägigen Tags. Wie beim Retrieval sind auch hier Aspekte von Informationsrecht und -ethik zu beachten. Beispielsweise tauchen häufig solche Fragen auf: Darf ich ein fremdes Bild auf meiner Facebook-Seite benutzen? Darf man einen gekauften Song als Hintergrundmusik eines Videos benutzen und dann auf YouTube hochladen? Sollte man Bilder oder Filme über Bekannte (oder auch sich selbst) bei Webdiensten einstellen, die diese in unvorteilhaften Situationen zeigen? Zudem wird vom Nutzer ein Gespür darüber erwartet, was er bereit ist, an privaten Informationen preiszugeben und welche Risiken er dabei eingeht (Grimmelmann, 2009).

Wie beim Information Retrieval sind auch bei der „Informationskompetenz 2.0" Basiskenntnisse in Informationsrecht (Linde & Stock, 2011, 119-155) und Informationsethik (Linde & Stock, 2011, 157-176) nicht zu umgehen.

Informationskompetenz im Alltag der Wissensgesellschaft

Soziale Ungleichheit ist ein wesentliches Merkmal menschlicher Gesellschaften, materielle (z. B. Einkommen und Vermögen) und immaterielle Ressourcen (z. B. Bildung und Gesundheit) sind ungleich verteilt, sodass einzelne gesellschaftliche Gruppen oder einzelne Personen über mehr Ressourcen als andere verfügen. Soziale Ungleichheit liegt auch bei der Ressource Information vor, sodass wir hier grob zwischen Informationsreichen und Informationsarmen unterscheiden können (Warschauer, 2003). Zwischen diesen beiden Gruppen tut sich die „digitale Kluft" auf (Trkulja, 2010). Auf der einen Seite stehen diejenigen, die Zugang zu Informations- und Kommunikationstechnik und hierbei vor allem zum Internet haben (Guillén & Suárez, 2005), IKT bzw. Internet nutzen sowie das dort gefundene Wissen auch adäquat (im Berufs- wie im Privatleben) anzuwenden wissen (OECD, 2005, 69 ff.). Auf der anderen Seite stehen solche Menschen, denen diese Fähigkeiten abgehen. Dies ist Ausdruck der „Informationsarmut" (Lumiérs & Schimmel, 2002, 51):

> Information-poor people do not possess sufficient information or they lack opportunities to apply the right information. Therefore they are disabled in their personal development and don't have enough support in their process of decision making.

In den ersten Jahren des Internets wurde die digitale Kluft vornehmlich technisch über den Zugang zur IKT definiert, heute – in der Wissensgesellschaft – steht zusätzlich die Frage im Vordergrund, ob jemand Zugang zum Wissen hat und dieses auch nutzt. Für Vehovar et al. (2006, 281) sollte man die beiden Aspekte der digitalen Kluft sorgsam auseinanderhalten:

> The first digital divide – which refers to differences in access and usage – will inevitable disappear when the Internet becomes universally accessible. However, the digital divide relating to experience and advanced usage will exist after this takes place.

Faktoren, die mitentscheiden, auf welcher Seite der Kluft jemand steht, sind das Vorhandensein von IKT in der Region, die Motivation, sich mit IKT, Internet und den dort vorfindbaren Diensten und Dokumenten überhaupt zu befassen, der gesellschaftliche Status, der Bildungsgrad, das Alter, der Wohnort (auf dem Land oder in Ballungsräumen) sowie – natürlich – der Grad an Informationskompetenz. Ohne die Realisierung wichtiger Faktoren – allem voran der Informationskompetenz – dürfte das der Wissensgesellschaft eigene lebenslange Lernen kaum möglich sein. Jan van Dijk (1999; van Dijk & Hacker, 2003, 315 f.) systematisiert die Lücken, die insgesamt die digitale Kluft ausmachen:

– „mental access": das Fehlen elementarer Erfahrungen im Umgang mit digitalen Medien,
– „material access": kein Zugang zu Computern und Netzverbindungen (aus technischen oder aus finanziellen Gründen),
– „skills access": das Fehlen von Informationskompetenz,
– „usage access": das Fehlen der signifikanten Nutzungsmöglichkeiten.

Wenn wir vom materiellen Zugang absehen, haben alle anderen von van Dijk genannten Lücken mit einem unzureichenden Wissensstand der Informationsarmen zu tun. Es erweist sich damit als sinnvoll, die sog. Wissensklufthypothese auf die digitale Kluft zu übertragen. Diese „knowledge gap hypothesis" wurde allgemein hinsichtlich des Verhältnisses von Gesellschaftsgruppen zur Nutzung von Massenmedien formuliert (Tichenor, Donohue, & Olien, 1970, 159 f.):

> As the infusion of mass media information into a social system increases, segments of the population with higher socioeconomic status tend to acquire this information at a faster rate than the lower status segments, so that the gap in knowledge between these segments tends to increase rather than decrease.

Wenn der Informationsfluss ansteigt – diverse Fernsehsender, aber auch vielfältige Webangebote –, profitieren statushöhere und damit tendenziell gebildete Schichten eher von den angebotenen Informationen als statusniedere und damit tendenziell wenig gebildete Gruppen. Mit erhöhtem Informationsaufkommen wächst demnach die Wissenskluft zwischen den gesellschaftlichen Gruppen. Mitentscheidend für die Teilnahme an der Wissensgesellschaft ist die jeweilige Wissensbasis; diese muss groß genug sein, um weiteres relevantes Wissen zu finden, zu verarbeiten und so nutzbringend in die beruflichen wie privaten Tätigkeiten einfließen zu lassen.

Die ursprüngliche Wissensklufthypothese, die ja nicht das Internet und seine Dienste thematisieren konnte, weil es diese seinerzeit gar nicht gab, lässt sich – als „Internet gap" (Bonfadelli, 2002, 73 ff.) – auch bei der digitalen Kluft beobachten. Heinz Bonfadelli (2002, 75 und 79) berichtet über Ergebnisse seiner empirischen Studien:

(E)ducation seems to be the crucial factor, followed by income; differences based on age and sex are less strong. ... People with higher education use the Internet for informational and service-oriented purposes; people with lower education use the Internet significantly more for entertainment reasons.

Ganz wichtig erscheint uns folgende Bemerkung Bonfadellis (2002, 81):

Internet access alone obviously does not automatically guarantee an informed and knowledgeable public.

Technischer Zugang und Bildung alleine entscheiden allerdings nicht über die Partizipation an der Wissensgesellschaft. Sehr vereinfacht ausgedrückt: Man muss auch teilnehmen *wollen*. Motivation ändert die Tendenzen der Wissenskluft. Individuen und Gruppen mit hoher Motivation, Medien zu nutzen, aber gleichzeitig niedrigem Bildungsstand ähneln in ihrem Medienverhalten bildungsreicheren Gruppen und überwinden somit zumindest teilweise die Wissenskluft. Nojin Kwak (1999) fand heraus, dass Bildung und Motivation voneinander unabhängig den Wissenserwerb beeinflussen.

In Abbildung 0.2 sind die hauptsächlichen Aspekte zusammengefasst, die über die Teilnahme oder Nicht-Teilnahme an der Wissensgesellschaft entscheiden. Der Zugang zu IKT und dem Internet (und die Möglichkeit, dies überhaupt finanzieren zu können) ist eine notwendige Bedingung, hinreichend wird die Bedingung erst beim Vorliegen der Motivation, sich auf die Besonderheiten der Wissensgesellschaft einzulassen, und beim Erreichen der nötigen Informationskompetenz, die den adäquaten Umgang mit den digitalen Medien ermöglicht.

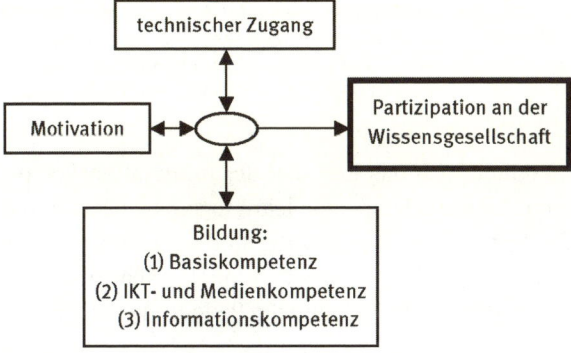

Abb. 0.2: Faktoren der Partizipation an der Wissensgesellschaft. Quelle: in Anlehnung an Linde & Stock, 2011, 97.

Informationskompetenz am Arbeitsplatz

Im betrieblichen Wissensmanagement wird vom Mitarbeiter erwartet, dass er in der Lage ist, die zur Bewältigung seiner Aufgaben nötigen Informationen zu beschaffen und nutzbringend am Arbeitsplatz einzusetzen (Bruce, 1997). Die „allgemeine" Informationskompetenz wird unternehmensspezifisch erweitert, fallen doch in unterschiedlichen Firmen jeweils andere Informationen an, die auch unterschiedlich bewältigt werden müssen. Auch die Unternehmenskultur spielt eine große Rolle, wie die Informationskompetenz der Mitarbeiter ausgebildet wird. Arbeitet das Wissensmanagement evidenzbasiert (Gust von Loh, 2009), dann ist die Retrievalkompetenz der Mitarbeiter unumgehbar, da evidenzbasiertes Vorgehen grundsätzlich umfassende Recherchen zum jeweiligen Thema einschließt.

Einmal im Betrieb erarbeitetes Wissen muss jederzeit auffindbar gespeichert sein. Insbesondere bei wissensintensiven Firmen (z. B. Consultants oder High-Tech-Unternehmen) sind Kompetenzen in Information Retrieval und in Wissensrepräsentation für die meisten Stellen zentral wichtig. Auch wird etwa im Hinblick auf Web-2.0-Dienste erwartet, dass ein Mitarbeiter nichts Negatives oder Geheimes über das Unternehmen weder über die offiziellen Unternehmensseiten noch über private Kanäle verbreiten wird. Für Lloyd (2003) und Ferguson (2009) sind Wissensmanagement und Informationskompetenz eng miteinander verbunden. Bruce (1999, 46) beschreibt die Informationskompetenzen am Arbeitsplatz:

> Information literacy is about peoples' ability to operate effectively in an information society. This involves critical thinking, an awareness of personal and professional ethics, informationevaluation, conceptualising information needs, organising information, interacting with information professionals and making effective use of information in problem-solving, decision-making and research. It is these information based processes which are crucial to the character of learning organisations and which need to be supported by the organisation's technology infrastructure.

Lernen am Arbeitsplatz und damit auch das Erlernen der Informationskompetenz „is a form of social interaction in which people learn together" (Crawford & Irving, 2009, 34). Quellen der Informationsbeschaffung sind auch im Unternehmen digitale und gedruckte Ressourcen, eine große Rolle spielen aber zusätzlich die Kollegen. Crawford and Irving (2009, 36) betonen die Bedeutung der Face-to-face Informationsflüsse:

> The traditional view of information as deriving from electronic and printed sources only is invalid in the workplace and must include people as a source of information. It is essential

to recognize the key role of human relationships in the development of information literacy in the workplace.

Damit ergibt sich als Aufgabe für das betriebliche Wissensmanagement, Räume für den Informationsaustausch unter den Kollegen zu schaffen und zu betreuen. Diese Räume sind sowohl digital (beispielsweise Unternehmensblogs und -wikis) als auch physisch (etwa als Knowledge-Café) zu verstehen. Informationskompetenz am Arbeitsplatz erfordert von den Unternehmen neben dem Schaffen der erforderlichen Informationskompetenz bei den Mitarbeitern sowohl den Aufbau digitaler Bibliotheken (den Import des benötigten Wissens in das Unternehmen hinein sowie das Bewahren des internen Wissens) als auch den Betrieb von Räumen für die Kommunikation der Mitarbeiter.

Ein weiterer Aspekt, der die Informationskompetenz in Unternehmen unterstützt, ist der Aufbau einer lernenden Organisation (Gust von Loh, 2012). In einem solchen Unternehmen steht das kontinuierliche Lernen der Mitarbeiter im zentralen Fokus (Gephart et al, 1996). Dieses Lernen findet sowohl auf individueller als auch auf kollektiver Ebene statt. Bei der individuellen Ebene geht es um den einzelnen Mitarbeiter. Dieser ist angehalten, sich kontinuierlich weiterzubilden. Unterstützend ist hierbei Weiterbildung im privaten Bereich des jeweiligen Mitarbeiters und mittels individueller Schulungen. Dadurch kann der Mitarbeiter besser auf den Arbeitskontext reagieren und notwendige Handlungen durchführen. Bei dem kollektiven Lernen geht es im Gegensatz zum individuellen Lernen darum, in einer Gruppe Probleme zu bewältigen und eine gemeinsame Wissensbasis aufzubauen (Gust von Loh, 2012). Probst, Raub und Romhardt (2006, 23) definieren organisationales Lernen wie folgt:

> Organisationales Lernen betrifft die Veränderung der organisationalen Wissensbasis, die Schaffung kollektiver Bezugsrahmen sowie die Erhöhung der organisationalen Problemlösungs- und Handlungskompetenz.

Für Unternehmen ist es im ersten Schritt wichtig, dass sie sich bewusst werden, dass Informationskompetenz ein wichtiger Faktor in nahezu allen Bereichen ist und zu einem optimalen Wissensmanagement zwingend dazugehört bzw. ein Teilbereich dessen ist. Im nächsten Schritt muss überlegt werden, wer für die Vermittlung der passenden Informationskompetenz zuständig ist (Lloyd, 2003). Wenn es Mitarbeiter für das Wissensmanagement gibt, dann sollte die Vermittlung der Kenntnisse in ihre Zuständigkeit fallen. Gibt es diese nicht, so bieten sich entweder die Personal- oder die IT-Abteilung an. Handelt es sich um ein Großunternehmen, welches über eine Bibliothek verfügt, kann auch der Bibliothekar in Betracht gezogen werden. Kirton & Barham (2005, 368) beschränken die Vermittlung der Informationskompetenz ausschließlich auf die Abteilung für Knowledge Management oder der Unternehmensbibliothek. Wichtig ist, dass die vermittelnde Stelle zwingend in das Tagesgeschäft involviert ist und dadurch absehen kann, was von essentieller Bedeutung in diesem Bereich ist.

Informationskompetenz in Schule und Universität

Nach Catts and Lau (2008, 17) beginnt die Vermittlung von Informationskompetenz bereits im Kindergarten und führt über die verschiedenen Schulformen bis an die Universität. Lehren und Lernen von Informationskompetenz ist grundsätzlich Dokument-basiertes Lernen bzw. „resource-based learning" (Breivik, 1998, 25). Die Retrieval-Kompetenz gestattet Personen, Dokumente zu finden, die den Informationsbedarf befriedigen. Wissensrepräsentation stattet Personen mit der Kompetenz aus, Dokumente zu erstellen, zu indexieren und auf Informationsdiensten hochzuladen. Im Mittelpunkt stehen immer Dokumente. In der Ausbildung werden die Dokumente so zu Hilfsmitteln des Lernens. Die Ergebnisse des Resource-based Learning sind gut dokumentierbar, sie sind „more tangible and varied than the writing of a term paper or the delivery of a class speech" (Breivik, 1998, 25). Eine Leistung der Schüler beim Erlernen des Information Retrieval kann beispielsweise die Erstellung eines Dossiers zu einem wissenschaftlichen Thema sein, wobei die Schüler Suchmaschinen im WWW, Deep-Web Suchwerkzeuge (wie z. B. *Web of Science* oder *Scopus*) oder auch Printquellen durchsucht und einschlägige Dokumente gefunden, bewertet und aufgearbeitet haben. Leistungen im Bereich der Kreation von Informationen und der Wissensrepräsentation sind beispielsweise die Erstellung von Wiki-Seiten zu einem vorgegebenen Thema, das Twittern zentraler Ergebnisse von Unterrichtsstunden oder die Kreation eines Webauftritts für ein (imaginäres oder reales) Unternehmen.

Resource-based Learning eignet sich für das Lernen in Gruppen. Breivik (1998, 25) betont:

> Resource-based learning ... frequently emphasizes teamwork over individual performance. Not only does working in teams allow students to acquire people-related skills and learn how to make the most of their own strengths and weaknesses, but it also parallels the way in which they will need to live and work throughout their lives.

Bei gewissen Lehrinhalten ist Frontalunterricht möglich, so z.B. beim Erlernen grundlegender Funktionalität von Informationsdiensten wie *Web of Science* und *Scopus* oder beim Erlernen der HTML-Seitenbeschreibungssprache. Die Literatur ist sich allerdings darin einig, dass die vorherrschende Lehrform bei der Vermittlung von Informationskompetenz das Project-based Learning ist. Den Schülern wird eine Aufgabe gestellt, die sie im Team bearbeiten und lösen. Es gibt bereits detaillierte Lehrpläne (wie beispielsweise von der River East Transcona School Division, 2005), die vom Kindergarten über die einzelnen Klassenstufen bis zum Grad K-12 führen.

Chu (2009) und Chu, Chow and Tse (2011) berichten über Erfahrungen beim Unterricht in Information Literacy an Primary Schools. Ihre Fallbeispiele betreffen Schulen in Hongkong, an denen stets Lehrer für IKT und ebenfalls stets ein Schulbibliothekar (im Status eines Lehrers) vorhanden sind. Auch für Secondary Schools existieren Forschungsprojekte über die Implementierung der Vermittlung von Informationskompetenz. Stets geht es auch um das Erlernen des Lernens. In vielen Ländern der Welt kommt den Teacher Librarians eine Schlüsselrolle bei der Vermittlung von Informationskompetenz zu (Abdullah, 2008). In diversen Initiativen wird projektbasiertes Lernen eingesetzt. Mokhtar, Majid und Foo (2008, 100) und Sühl-Strohmenger (2004) betonen die positive Rolle des Grades an Informationskompetenz für die Studierfähigkeit und die künftigen Studienleistungen der Schüler.

Weder in Primarschulen noch in Sekundarschulen ist Informationskompetenz derzeit als eigenes Fach in deutschen Lehrplänen etabliert. Dies sieht in der Hochschulbildung anders aus (SCONUL, 1999; Johnston & Webber, 2003). Hier gibt es vielfach, offeriert meist durch die Universitätsbibliotheken, Angebote an Studierende. Solche Kurse konzentrieren sich allerdings ausschließlich auf die klassische Retrievalkompetenz und vernachlässigen den Umgang mit Web-2.0-Diensten. Wir können zwei Ansätze unterscheiden. Entweder ist die Ausbildung in Informationskompetenz an den Fächern orientiert oder Informationskompetenz gilt als eigenes Fach, das Studierenden unterschiedlicher Richtungen angeboten wird (Webber & Johnston, 2000).

Informationskompetenz in der Primar- und Sekundarschule

In diesem Buch konzentrieren wir uns auf die Ausbildung in Informationskompetenz in der Schule. Im Gegensatz zur Universität liegen hier nämlich weitaus weniger gesicherte wissenschaftliche Erkenntnisse vor. Auch erscheint es nach den bisherigen Forschungsresultaten verfehlt, erst auf Universitätsniveau mit einer Unterrichtung in Informationskompetenz zu beginnen. Erstens erreicht man so nur eine kleine Teilmenge aller Gesellschaftsmitglieder, und zweitens ist

Informationskompetenz bereits in frühem Alter – auch zur Bewältigung der schulischen Anforderungen – gefordert. Gapski und Tekster (2009, 39 f.) betonen:

> (L)aut einer im Auftrag der British Library durchgeführten Studie müssen die grundlegende Förderung von Informationskompetenz und die Einübung eines professionellen Informationsverhaltens bereits in der Schule beginnen. Geschieht dies erst an den Hochschulen, sei es dafür zu spät.

Angesichts der tragenden Rolle der Informationskompetenz in Alltag und Beruf der Wissensgesellschaft geht kein Weg daran vorbei, Informationskompetenz als Schulfach einzurichten.

Diese Studie ist dem neuen Paradigma der Informationskompetenz verpflichtet. Es thematisiert konsequent sowohl Fähigkeiten des Information Retrieval als auch solche der Erstellung und der Repräsentation von Informationen. Insofern wird es den Herausforderungen des Web 2.0 gerecht. Unser Bezugspunkt ist nicht – wie vormals oft üblich – ausschließlich die Welt der Bibliotheken. Wir beziehen uns durchgehend auf die entsprechende wissenschaftliche Disziplin, die Informationswissenschaft.

Unser Buch enthält vier Teile. Zunächst werden wir in Teil 1 (Kapitel 1) die theoretischen Grundlagen der Informationskompetenz erarbeiten. Sodann wenden wir uns der Schulwirklichkeit zu und berichten in Teil 2 (Kapitel 2 bis 5) über empirische Untersuchungen zum Stand der Informationskompetenz in der Primarstufe (Fallbeispiel aus Hongkong) sowie bei deutschen Schülern der Sekundarstufen I und II. Teil 3 (mit den Kapiteln 6 bis 10) ist eine Stoffsammlung: Was sollte im Schulfach Informationskompetenz unterrichtet werden? Teil 4 (Kapitel 11 und 12) widmet sich der Didaktik und fragt nach Anreizsystemen für Schüler, nach der konkreten Realisierung solch eines neuen Faches und nach der Aus- und Weiterbildung der Lehrer.

Die Ergebnisse sind im Rahmen eines Forschungsprojektes der Abteilung für Informationswissenschaft der *Heinrich-Heine-Universität Düsseldorf* im Laufe der Jahre 2011 und 2012 entstanden. Wir knüpfen dabei an empirische Forschungsarbeiten unserer Abteilung zur Informationskompetenz im Web 2.0 (Freimanis & Dornstädter, 2010; Klein et al., 2009; Weller et al. 2010; Weller et al., 2011) an. Die Autoren sind – von zwei Ausnahmen abgesehen – entweder Wissenschaftler oder graduierte Studierende dieser Abteilung. Die „Ausnahmen" sind Samuel Kai Wah Chu als Professor an der *University of Hong Kong*, und Stefanie Ader, die als Lehrerin am *Pascal-Gymnasium Grevenbroich* arbeitet.

Inhaltsübersicht

1. Informationskompetenz: Geschichte, Konzept, Definition und ihre Integration in die Schule
Raimonds Freimanis, Lisa Orszullok & Thorsten Förster

Das erste Kapitel führt in die Thematik der Informationskompetenz ein und klärt die theoretischen Grundlagen des vorliegenden Buches. Ausgehend von geschichtlichen Aspekten und vorherrschenden Konzepten bzw. Definitionen wird eine Brücke hin zur Integration der Informationskompetenz in die Lehrpläne der Schulen geschlagen. Von einer Informationskompetenz-Bewegung lässt sich in Deutschland seit Ende der 1990er Jahre sprechen. Bis 2002 wird die Wichtigkeit von Informationskompetenz immer bedeutender. Sie gilt als Basisqualifikation und soll in das Bildungssystem aktiv eingebunden werden. Neben der Informationskompetenz gewinnt die Medienkompetenz ebenfalls an Bedeutung. Beide Aspekte werden kontrovers diskutiert. Im Bereich der Informationskompetenz hat durch das Zeitalter des Mitmach-Webs (Web 2.0) ein Wandel stattgefunden. Neben dem lebenslangen Lernen – welches nach wie vor einer der Hauptaspekte der Informationskompetenz ist – spielen nun zunehmend auch gesellschaftliche Schlüsselqualifikationen eine große Rolle.

2. Unterricht in Informationskompetenz an Primarstufen in Hongkong – ein Fallbeispiel
Simone Soubusta & Samuel Kai Wah Chu

Das zweite Kapitel ist der Einstieg in den empirischen Teil des Buches. Findet in Deutschland das Thema Informationskompetenz noch kaum Beachtung – wenn überhaupt nur an Gymnasien und selten in der Grundschule – sieht es in Hongkong ganz anders aus. Dort ist man sich der Wichtigkeit dieses Themas sehr bewusst und es werden dementsprechend auch Projekte in die Wege geleitet. Unter der Leitung von Samuel Chu findet im Jahr 2008 eine Studie zur Informationskompetenz an einer Grundschule in der vierten Klasse statt. 141 Schüler und Schülerinnen nehmen an dem fächerübergreifenden Projekt, welches sechs Monate dauert, teil. Das Durchschnittsalter der Schüler/innen ist neun Jahre. Im Rahmen des Projekts arbeiten Sachkundelehrer, Chinesischlehrer, IT-Lehrer sowie Schulbibliothekare zusammen. Einsatz findet der Ansatz des *Inquiry Based Learning*. Hierbei handelt es sich um einen schülerzentrierten Ansatz, der den Schülern allgemeines Wissen und Know-how vermitteln soll. Auffällig ist, dass – im Vergleich mit deutschen Verhältnissen – in Hongkong ganz andere Grund-

voraussetzungen bei den Schülern zu finden sind. Im Bereich der Informationskompetenz lernen sie Stoff – wie z.B. den Umgang mit der Dewey Decimal Classification und mit Booleschen Operatoren –, der bei uns in der Schule in der Regel
selbst in der Oberstufe nicht gelehrt wird.

3. Wie kann man Informationskompetenz von Schülern erfassen?
Thorsten Förster & Lisa Orszullok

Das dritte Kapitel erläutert die Vorgehensweise, die bei der empirischen Unter-
suchung von Schülern an Gymnasien (Kapitel 4 und 5) eingesetzt wurde. Mittels
Fragebogen wurde in zwei Gymnasien in Nordrhein-Westfalen eine empirische
Erhebung und eine quantitative Analyse zum Thema „Informationskompetenz
bei Schülern" durchgeführt, und zwar zum einen in der Sekundarstufe I (sechste
Klassen) und zum anderen in der Sekundarstufe II (zehnte und elfte Klassen).
Dadurch, dass die Projektleiter bei der Befragung vor Ort waren, ergab sich eine
Rücklaufquote von annähernd 100% aller verteilten Fragebögen. Die Befra-
gungen wurden in Klassenräumen oder in der Schulaula durchgeführt. Durch
die Präsenz der Projektleiter konnten Fragen seitens der Schüler direkt geklärt
werden. Der Fragebogen umfasste 25 Fragen, die Aufschluss über die Informationskompetenz der Schüler geben. Erfasst wurden fünf Themenblöcke: Besitz
und Nutzung moderner Medien, Urheberrecht, Datenschutz und Privatsphäre,
Informationsquellen und ihre Qualität, soziale Netzwerke und andere Web 2.0
Tools sowie Computer und Internet im schulischen Alltag. Die Auswertung der
empirischen Daten wurde mit Hilfe des Statistikprogramms SPSS gemacht.

4. Informationskompetenz bei Schülern der Sekundarstufe I
Lisa Orszullok

Kapitel 4 und 5 sind sehr zahlenlastig und berichten detailliert über die Ergebnisse der Befragungen. In Kapitel 4 geht es um die Schüler aus der Sekundarstufe I. Insgesamt wurden in der Sek I 213 Schüler befragt, wovon rund 52%
der Schüler männlich und 48% weiblich waren. Beim Besitz und der Nutzung
moderner Medien ist festzustellen, dass insbesondere Jungen Spielekonsolen
und jegliche Medien zum Spielen wesentlich häufiger besitzen und nutzen als
Mädchen. Mädchen sind dafür im Bereich der kommunikativen Kanäle, wie z.B.
SMS schreiben, wesentlich aktiver. Befragt wurden die Schüler auch zur allgemeinen Nutzung des (mobilen) Internets und inwiefern diese Nutzung durch die
Eltern eingeschränkt wird. Im Bereich des Urheberrechts, der Privatsphäre und

des Datenschutzes wird z.B. deutlich, dass Musik primär – z.B. über YouTube – digital beschafft wird. Im Bereich der Privatsphäre wurde nach negativen Konsequenzen gefragt. Hier wurden erstaunlich wenig negative Erfahrungen gemacht. Wenn überhaupt, dann handelte es sich um vermehrten Spam oder Werbung. Im Bereich „Informationsquellen und ihre Qualität" wird zunächst nach dem Nutzungsverhalten gefragt, um dann im nächsten Schritt nach der Einschätzung von Informationsquellen zu fragen. Als markantes Ergebnis kam heraus, dass vor allem Mädchen dazu neigen, Informationen vorsichtig zu beurteilen. Außerdem ist sehr auffällig, dass Bibliotheken kaum bis gar nicht genutzt werden. Internetquellen scheinen durch ihre schnelle Erreichbarkeit für die Schüler wesentlich attraktiver zu sein. Im Bereich der Sozialen Netzwerke wird bei den „Kleinen" insbesondere SchülerVZ genutzt. Im Bereich anderer Web-2.0-Dienste sind vor allem YouTube und Wikipedia von Interesse. Der Bereich „Computer und Nutzung des Internets in der Schule" macht deutlich, dass Computer im Unterricht der Sekundarstufe I eine untergeordnete Rolle spielen. Informationskompetenz als Schulfach würde über die Hälfte der Befragten befürworten.

5. Informationskompetenz in der Sekundarstufe II
Thorsten Förster

Analog zu Kapitel 4 erläutert auch dieses Kapitel die Ergebnisse der empirischen Studie an den Gymnasien. Der Fragebogen für die Sekundarstufe II (Klasse 10 bzw. 11) ist vom Aufbau her gleich wie der für die Sekundarstufe I. Einige Fragen sind jedoch komplexer formuliert. Insgesamt wurden 254 Schüler befragt, wovon 170 die Jahrgangsstufe 11 besuchten und 84 die Jahrgangsstufe 10. Hier sind ca. 52% der Befragten weiblich und 48% männlich. Im Bereich „Besitz und Nutzung moderner Medien" lässt sich feststellen, dass nahezu jeder Schüler einen Rechner oder Laptop mit Internetzugang besitzt. Die größten Unterschiede im Bereich der Nutzung sind die Aspekte „Video- bzw. PC-Spiele" und „Filme im Internet". Dies interessiert Jungen wesentlich mehr als Mädchen. Genauso wie in der Sekundarstufe I ist im Abschnitt des Urheberrechts, Datenschutz und der Privatsphäre im Hinblick auf die Musik ebenfalls zu erkennen, dass immer weniger Schüler zum Erwerb in den Laden gehen. Sie beziehen Musik vorwiegend über das Internet und hören auch Radio über den Rechner. Durch die Angabe persönlicher Daten sind häufig keine negativen Konsequenzen entstanden. Genau wie bei den „Kleinen" handelt es sich, wenn überhaupt, um Spam oder Werbung. Der dritte Teilbereich zum Thema Informationsquellen zeigt auch in dieser Altersklasse wieder, dass durch die vorherrschende Internetnutzung Öffentliche Bibliotheken kaum besucht werden. Um zu entscheiden, ob eine Quelle vertrauenswürdig ist oder nicht, werden die Quellen in den meisten Fällen miteinander verglichen. Im Bereich „Social Media und Web 2.0" zeigt sich, dass nahezu jeder Schüler mindestens einen Account bei einem sozialen Netzwerk – meist Facebook – hat. Neben diesen Aktivitäten im Web 2.0 werden auch YouTube und Wikipedia stark frequentiert.

6. Grundlegende IT-, Internet- und Smartphoneskills als Lehrstoff
Gaetano Luca

Mit Kapitel 6 beginnt der Teil des Buches, der sich mit dem zu vermittelnden Stoff befasst. Kapitel 6 bespricht grundlegende Fähigkeiten, mit Informationstechnik umzugehen, das Internet sowie das Smartphone. Neben vielseitigen Möglichkeiten bergen IT, Internet und Smartphone auch Gefahren, für die Schüler sensibilisiert werden müssen. Ein verantwortungsvoller Umgang mit dem Medium Internet ist nur dann möglich, wenn man beispielsweise über die sogenannte Malware Bescheid weiß. Das Kapitel erklärt deshalb, welche Malware es gibt und wie man sich dagegen schützen kann. Viren, Trojaner und Würmer werden erklärt. Außerdem wird näher erläutert, wie man sich generell vor Angriffen auf private Daten schützt. So ist das richtige Setzen von Passwörtern essentiell wichtig. Außerdem muss der Internetnutzer bewusst surfen, d.h. er muss die Vertrauenswürdigkeit einer Seite richtig einschätzen können. Auch die Sicherung der eigenen Daten auf dem eigenen Rechner wird näher erläutert. Als letzten Aspekt wird auf Smartphoneskills eingegangen. Das Smartphone ersetzt immer mehr das Handy. Dies ist vermutlich damit zu begründen, dass es wesentlich mehr Möglichkeiten – aber auch Gefahren – bietet. Mit einem Smartphone ist man nun nicht mehr nur telefonisch oder per SMS zu erreichen, sondern der Nutzer kann immer und überall ins Internet gehen und ist somit auch über andere Kanäle – wie z.B. E-Mail – greifbar.

7. Information Retrieval als Lehrstoff
Rosaline Sesay

Das Kapitel über Information Retrieval erklärt, warum dieser Kernbereich der Informationskompetenz von zentralem Interesse für die Schüler ist. Information Retrieval ermöglicht es, qualitativ hochwertige Information aufzufinden. Hierbei geht es nicht nur, aber durchaus auch um die effektive Suche mit Google. Der Schüler soll mittels Information Retrieval an Techniken und Methoden für Datenabrufe in Internetsuchmaschinen, digitalen Bibliotheken, Spezialsuchmaschinen und professionellen Deep-Web-Informationsdiensten herangeführt werden. Um dem Leser nahe zu bringen, was Information Retrieval überhaupt ist, umfasst das Kapitel einen kurzen historischen Überblick, die Klärung der Grundbegriffe, Modelle des Information Retrieval und das Web Information Retrieval. Insbesondere das Web Information Retrieval – bei dem es um die Suche von Dokumenten im Word Wide Web geht – wird für Schüler interessant sein. Sie werden jedoch auch für weitere Suchwerkzeuge und Datenbanken im Internet sensibilisiert. Neben den frei zugänglichen Datenbanken gibt es auch die zugangsbeschränkten Datenbanken, die im sogenannten Deep Web liegen und die fachspezifische Informationen (zur Philosophie, Geschichte, den Philologien, der Mathematik usw.) vorhalten.

8. Kreation und Repräsentation von Wissen als Lehrstoff
Katharina Hauk

Auch die Vermittlung von Methoden und Werkzeugen der Wissensrepräsentation ist für Schüler unumgänglich. Bei diesem Teilaspekt lernen sie, wie das Wiederauffinden und die geordnete Ablage von Informationen garantiert sein können. Egal, ob digitale Quellen oder nicht-digitale wie etwa Bücher, es gilt, diese wiederauffindbar zu machen. Hierfür nutzt man die Indexierung. Digitale Dokumente im Internet sind normalerweise automatisch indexiert. Web-2.0-Inhalte hingegen werden meist von den Nutzern mittels der Vergabe von freien Schlagworten – sogenannten Tags – indexiert. Der Leser wird an dieser Stelle an die verschiedenen Begrifflichkeiten im Bereich der Wissensrepräsentation herangeführt, um selbst bewusster mit Informationen umgehen zu können. Damit es nicht ganz so theoretisch bleibt, wird am Ende des Kapitels an Hand von einem Beispiel gezeigt, wie Wissensrepräsentation in der Praxis aussieht.

Ein weiterer Teil dieses Kapitels beschäftigt sich mit Web-2.0-Anwendungen, die sinnvoll in der Lehre eingesetzt werden können. Das Mitmachnetz wird in der Lehre immer beliebter. Hier geht es nicht ausschließlich darum, wie Schüler das Web 2.0 nutzen, sondern auch wie Lehrer es im Unterricht einsetzen können, um den Schülern sogar Lernanreize zu geben. Die wichtigsten Tools aus diesem Bereich werden kurz skizziert. Neben den gängigen und bekannten Tools wie z.B. Wikis werden auch Learning Management Systeme vorgestellt.

9. Informationsrecht als Lehrstoff
Lisa Beutelspacher

Das Internet bietet sehr viele Möglichkeiten, birgt zur gleichen Zeit jedoch auch Gefahren. Insbesondere Unwissenheit hat häufig negative Konsequenzen. Neben dem Cybermobbing – welches gerade an Schulen ein Thema ist – geht es zum Beispiel um Schwarzkopien und Plagiarismus. Letzter Aspekt ist deswegen für Schüler so wichtig, da in der Schule Schüler schon sensibilisiert werden müssen, dass eine Facharbeit nicht einfach aus dem Internet oder von einer anderen Quelle „abgeschrieben" bzw. kopiert werden darf. Spätestens an der Universität oder im Berufsleben hat dies negative Konsequenzen. Neben diesen – für die Schüler – sehr aktuellen Aspekten umfasst das Kapitel allgemeine Erklärungen zum Urheberrecht und Angaben zum Jugendmedienschutz.

10. Evaluation und Anwendung gefundener Informationen als Lehrstoff
Katharina Hauk und Simone Soubusta

Ein wichtiger Aspekt ist die Bewertung von und der Umgang mit Informationen in der Schule. Schüler müssen in der Schule eine Facharbeit schreiben, die sie zum ersten Mal mit der Problematik einer wissenschaftlichen Arbeit konfrontiert. Um eine Facharbeit – und später ggf. an der Universität eine wissenschaftliche Arbeit – verfassen zu können, bedarf es einiger formaler Kenntnisse. Das vorliegende Kapitel geht auf die Struktur einer wissenschaftlichen Arbeit ein und zeigt auf, wie man korrekt zitiert. Außerdem beinhaltet es Hinweise, anhand welcher Aspekte man die Qualität von Informationen bewertet. Es wird näher erläutert, welche Informationen Beachtung finden sollen und welche eher vernachlässigt werden können. Insbesondere im Bereich des Internets ist eine Bewertung häufig schwierig. Einige Quellen eignen sich nahezu überhaupt nicht für die Verwendung in wissenschaftlichen Arbeiten, wie z.B. Dokumente aus dem Web 2.0.

11. Gamification im Kontext der Vermittlung von Informationskompetenz
Kathrin Knautz

Bei der Vermittlung von Informationskompetenz als Schlüsselqualifikation des 21. Jahrhunderts muss beachtet werden, dass mit dem Aufkommen der Wissensgesellschaft auch eine neue Generation von Lernenden, die Digital Natives, entstanden ist. Aufgewachsen mit der allgegenwärtigen Nutzungsmöglichkeit neuer Technologien, bilden Internet, Smartphones und andere technische Ressourcen integrale Bestandteile ihres Lebens. Die allgemeinen Charakteristiken dieser Generation bringen es mit sich, dass Informationskompetenz nicht nur wichtig zum Verstehen und Anwenden der ständig komplexer werdenden Informationsinfrastrukturen ist, sondern auch auf eine andere Art und Weise gelehrt werden muss. Dieses Kapitel beschäftigt sich daher mit einem Ansatz, bei welchem die intrinsische Motivation durch extrinsische Anreize mit Hilfe des Einsatzes von Spielmechaniken gefördert werden soll, um die Lernfreude zu steigern und dem Wesen dieser neuen Generation zu entsprechen.

12. Informationskompetenz als Schulfach: Wer sollte wann was und wie unterrichten?
Stefanie Ader, Lisa Orszullok & Wolfgang G. Stock

Nach der Besprechung des Standes der wissenschaftlichen Forschung zur Unterrichtung in Informationskompetenz an Primar- und Sekundarschulen geht das Kapitel auf die Didaktik des Faches ein. Einsetzbar sind das Dokument-basierte Lernen, Inquiry-based Teaching und Teamarbeit. Für die Primarstufe bietet sich an, Informationskompetenz in den Unterricht anderer Fächer einzubetten. In den Sekundarstufen sollte es jedoch als eigenes Fach unterrichtet werden. Die beiden Kernkompetenzen Information Retrieval sowie Kreation und Repräsentation von Wissen werden durch flankierende Stoffgebiete wie die Grundlagen von Internet bzw. Smartphone und Informationsrecht ergänzt. Bei der Diskussion der Aus- und Fortbildung der Lehrkräfte für Informationskompetenz setzen die Autoren auf das Studium der Informationswissenschaft.

Informationskompetenz ist der Einsatz von Informationswissenschaft im Alltags- und Berufsleben. Sie ist eine Basiskompetenz für alle Menschen in der Wissensgesellschaft. Dieses Buch versteht sich als Plädoyer für den Unterricht in Informationskompetenz an deutschen Schulen.

Danksagung

Das diesem Buch zugrunde liegende Forschungsprojekt der Heinrich-Heine-Universität Düsseldorf erhielt seinen Anstoß von außen: Stefanie Ader und Baghira Karlos, vormals studentische Mitarbeiter an unserer Abteilung und jetzt im Schuldienst an Gymnasien tätig, machten uns nachdrücklich darauf aufmerksam, dass Informationskompetenz an den Schulen zwar „eigentlich" sehr nötig und auch gefragt sei, dass ihre Vermittlung allerdings kaum oder gar nicht stattfindet. Stefanie Ader hat uns beim Projekt begleitet und auch bei einem Artikel mitgearbeitet. Beiden sei herzlich dafür gedankt.

Zwei Schulen nahmen die Mühen auf sich, eine Befragungsaktion von hunderten ihrer Schüler in ihren Räumen durchführen zu lassen. Wir sind dem Pascal-Gymnasium in Grevenbroich und dem Gymnasium Odenkirchen in Mönchengladbach zu Dank verpflichtet. Ohne deren aktive Mitwirkung an der Durchführung unseres Projektes wäre der empirische Teil der Studie nie zustande gekommen.

Die graphischen Skizzen zu den vier Teilen des Buches stammen von Mechtild Stock. Sie hat jeweils eine der Grundaussagen des Teils bildlich repräsentiert. Ihr dafür vielen Dank und den Lesern viel Spaß beim Interpretieren der Werke!

Abschließend danken wir dem Verlag De Gruyter und seinem Editorial Director Library and Information Science & History Alice Keller für die hervorragende Betreuung bei der Produktion dieses Buches.

Düsseldorf, im Mai 2012
Sonja Gust von Loh und Wolfgang G. Stock

Teil 1: **Grundlagen**

Raimonds Freimanis, Lisa Orszullok, Thorsten Förster
Kapitel 1: Informationskompetenz: Geschichte, Konzept, Definition und ihre Integration in die Schule

Das Konzept der Informationskompetenz, wie es seit über 30 Jahren vorwiegend unter dem Begriff Information Literacy bekannt ist, hat sich im Zusammenhang mit der zunehmenden Komplexität im Umgang mit der Recherchearbeit vor allem im Bibliothekswesen, im Bereich der Bildung und in der informationswissenschaftlichen Fachwelt fest etabliert. Obwohl die Bezeichnung Information Literacy ursprünglich aus dem US-amerikanischen Bildungswesen stammt, hatten Bibliothekare einen entscheidenden Anteil an der Entstehung und Verbreitung dieses Konzepts, das einerseits auf die lange Tradition der bibliothekarischen Benutzerschulung zurückgeht, aber auch konkrete bildungs- und berufspolitische Hintergründe hat (Ingold, 2005).

Besonders die Hochschul- und Schulbibliotheken sehen in diesem Gebiet eine Kernaufgabe ihrer Arbeit und beteiligen sich seit Ende der 1980er Jahre aktiv an der Förderung von entsprechenden Kompetenzen, die zu einem bewussten, selbständigen Umgang mit der Ressource Information befähigen. Im deutschsprachigen Raum wird Informationskompetenz erst seit der zweiten Hälfte der 1990er Jahre vermehrt diskutiert, wenngleich ein Entwicklungsrückstand zum angloamerikanischen Raum im Hinblick auf den Stellenwert, den Bekanntheitsgrad sowie in Bezug auf die Förderung von Informationskompetenz besteht (Homann, 2000b; Hütte, 2006).

Hintergrund und Entwicklung

Informationskompetenz und ihre Vermittlung sind zumindest im bibliothekarischen Kontext eigentlich nichts Neues (Ingold, 2005; Breivik & Gee, 1989). Viele wichtige Elemente und Ziele des Informationskompetenz-Konzepts sind bereits thematisiert worden, lange bevor eine entsprechende Terminologie geprägt war. Dennoch kann man erst seit den späten 1980er Jahren von einer eigentlichen Informationskompetenz-Bewegung im Bibliothekswesen sprechen, die sich jedoch nicht von der langen Tradition der Benutzerschulung trennen lässt und eng mit der Bildungspolitik sowie mit der Berufspolitik von Bibliothekaren und Informationsspezialisten verknüpft ist (Ingold, 2005). Einen Überblick zur Informationskompetenz liefern u. a. Bättig (2005), Behrens (1994), Bruce (1997),

Bundy (2001), Bundy (2002) und Bawden (2001). Eine Chronologie und eine ausführliche Bibliographie geben Eisenberg, Spitzer und Lowe (2004).

Darüber hinaus wird die Informationskompetenz-Bewegung in den letzten Jahren immer stärker von den aktuellen Entwicklungen in der Informationstechnologie beeinflusst und von der neuen Informations- bzw. Wissensgesellschaft geprägt. Mit der Wissensgesellschaft geht nun eine explosionsartige Vermehrung des Wissens und des Informationsangebots einher. Ohne einen gewissen Grad an Informationskompetenz bzw. Information Literacy ist diese Flut nicht zu bewältigen (Klein et al., 2009; Freimanis & Dornstädter, 2010), und die Fähigkeit zur sozialen Handlungsfähigkeit und gesellschaftlichen Teilhabe des Individuums wird gemindert (Gapski & Tekster, 2009).

Informationskompetenz als eine Schlüsselqualifikation, um sich in der heutigen Wissensgesellschaft zurechtzufinden, gewinnt immer mehr an Bedeutung. Ist es daher unerlässlich geworden, die Vermittlung jener Kompetenz bereits in den Lehrplänen von Schulen fest zu verankern?

Tradition der bibliothekarischen Benutzerschulung

Die Geschichte der Benutzerschulung reicht weit zurück, vermutlich bis in die Antike (Lorenzen, 2001; Salony, 1995). Erste schriftliche Belege für eine Instruktionstätigkeit durch Bibliothekare stammen aus Deutschland im 17. Jahrhundert. Schulungsveranstaltungen durch Bibliothekare in den USA können erst für die 1820er Jahre belegt werden (Tiefel, 1995). Bereits ca. 60 Jahre später – in den 1880er Jahren – etablierte sich die Benutzerschulung und wurde bis in die 1930er Jahre in erster Linie an wissenschaftlichen Bibliotheken gepflegt. Wichtige Gründe dafür waren u. a. die stark wachsenden Bestände sowie neue Unterrichtsformen an den Universitäten (Ingold, 2005). Fokus dieser frühen Benutzerschulungen lag vor allem auf der Befähigung zur wissenschaftlichen Forschungstätigkeit, dem kritischen Denken sowie der Bewältigung der aufkommenden Informationsflut. Einen Aufschwung verzeichnete die Benutzerschulung in den 1960er Jahren. Auch hier ist die zunehmende akademische Spezialisierung und – damit verbunden – die Bewältigung einer immer größeren Publikationsmenge charakteristisch. Eine ebenfalls wichtige Rolle für den Aufschwung dürften jedoch politische Forderungen im Anschluss an den sogenannten „Sputnik-Schock" gespielt haben (Ingold, 2005). Hierzu zählt insbesondere die Forderung von Alvin M. Weinberg, die er im Jahr 1963 in seinem berühmten Report, dem „Weinberg-Report", aufstellte. Seine Forderung weist in erster Linie auf die stetig wachsende Notwendigkeit der Vermittlung von Kenntnissen im Retrieval von wissenschaftlichen und technischen Fachinformationen hin, wobei die Vermittlung dieser Kenntnisse eine zentrale Aufgabe der Schulen und Universitäten werden müsse:

> [...] Die Technik der Informations-Handhabung sollte auf breiter Basis gelehrt werden. Aber unsere Schulen und Hochschulen werden mehr zu tun haben, als die Beherrschung der Sprache. Sie werden ebenfalls auf einiger Befähigung in den Techniken des retrieval zu bestehen haben. Der Techniker als Autor trägt zur Informationsexplosion bei; als Benutzer von Information ist er überwältigt von eben dieser Explosion. Er muß daher nicht nur fähig sein, sich selbst klar und bündig auszudrücken, unter hinreichender Beachtung des danach folgenden retrieval dessen, was er schreibt; er muß auch mit den neuen Hilfsmitteln technischer Informationsbereitstellung vertraut sein. Diese Fähigkeit an unsere neue Generation von Technikern weiterzugeben, ist die Aufgabe unserer Hochschulen, Universitäten und technischen Schulen. Sie werden die Techniken der Kommunikation wesentlich aktiver als bisher zu lehren haben (Weinberg, 1964[1963], 48 f.).

Im Anschluss an die politischen Forderungen erlebte die Benutzerschulung in den 1960er und 1970er Jahren eine Blütezeit, die von Schulungen zur gesamten Bandbreite von Recherchemitteln und Informationsquellen geprägt war (Goetsch & Kaufman, 1997). Darüber hinaus gaben bibliothekarische Berufsorganisationen in dieser Zeit Standards heraus, organisierten Konferenzen zur Informationskompetenz und förderten Publikationen zum Thema. Schließlich veränderte die Einführung neuer Informationstechnologien ab Ende der 1970er Jahre sowohl die Inhalte als auch die Methoden der bibliothekarischen Schulungen. Erstmals rückten die neuen elektronischen Informationsressourcen in den Vordergrund. Dementsprechend war eines der Hauptziele der Schulungsveranstaltungen, die Akzeptanz der Benutzer für die veränderte Informationslandschaft zu erhöhen (Ingold, 2005; Mercado, 1999). Darüber hinaus sollten Schulungen die Nutzenden befähigen, das immer komplexer werdende bibliographische Ordnungsinstrumentarium zu verstehen, dieses zum selbständigen Lernen einzusetzen sowie vermitteln, wie Informationen organisiert sind, wie sie selektiert, sortiert und evaluiert werden können (Farber, 1995).

Bis Ende der 1980er Jahre waren library orientation, library instruction, user education oder bibliographic instruction die am meisten verwendeten Bezeichnungen für Benutzerschulungen an wissenschaftlichen Bibliotheken in den USA und anderen englischsprachigen Ländern. Mit der Geschichte und Methodik der Tradition der Benutzerschulung beschäftigt sich u. a. Farber (1995). Erst als die Benutzer mit OPAC (Online Public Access Catalogue) und Datenbanken vermehrt direkten Zugang zu den neuen Informationstechnologien erhielten, konnte sich die bereits in den 1970er Jahren eingeführte Bezeichnung Information Literacy etablieren (Ingold, 2005). Einen Überblick über den Zusammenhang von Technologieentwicklung und bibliothekarischen Schulungsprogrammen liefern u. a. Sager (1995) und Warnken (2004).

Für Hannelore B. Rader ist die Entwicklung hin zur Information Literacy „20 years of hard work" (Rader, 1993, 25). „Schulungen mussten sich zuerst als eigenständige Disziplin etablieren und in die Curricula eingegliedert werden, bevor mit der Informationskompetenz ein breiteres Konzept angestrebt werden konnte", schreibt Marianne Ingold (2005, 11). Für Donna L. Gilton (o. J.) handelt es sich bei Information Literacy und Benutzerschulung um zwei in gewissen Aspekten unterschiedliche Konzepte. Für sie verfügt Information Literacy über eine stärkere theoretische Basis und eine engere Verbindung mit der Informationswirtschaft als frühere Phasen der Benutzerschulung. Im Unterschied zur bibliographic instruction spielen bei Information Literacy die Computer und die elektronischen Informationen eine größere Rolle als Bibliotheken und gedruckte Materialien. Darüber hinaus umfasst Informationskompetenz (anders als die frühe Benutzerschulung) sowohl das Suchen und Finden, die Evaluation und Nutzung, das Veröffentlichen und Organisieren von Informationen als auch die Befähigung zum lebenslangen Lernen.

Bildungs- und Berufspolitik

Eine bedeutende Rolle für die Etablierung von Informationskompetenz in den USA spielte ein Bericht des US-amerikanischen Bildungsministeriums aus dem Jahr 1983. In dem Bericht, der unter dem Titel „A Nation at Risk" in die Geschichte eingegangen ist, wurde der Zustand des amerikanischen Bildungswesens scharf bemängelt. Die Autoren stellten eine zunehmende Mittelmäßigkeit der US-amerikanischen Bildung fest und machten diese für die wachsende Bedrohung der führenden Stellung der USA in der Wirtschaft, Wissenschaft und Technologie durch ausländische Konkurrenten verantwortlich. Die Autoren des Berichts behaupteten zudem, dass andere Staaten die Leistung des amerikanischen Bildungswesens nicht nur erreichen, sondern übertreffen würden. In diesem Zusammenhang sprachen sie sogar von einer allgemeinen „bildungsmäßigen Abrüstung":

> If an unfriendly foreign power had attempted to impose on America the mediocre educational performance that exists today, we might well have viewed it as an act of war. As it stands, we have allowed this to happen to ourselves. We have even squandered the gains in student achievement made in the wake of the Sputnik challenge. Moreover, we have dismantled essential support systems which helped make those gains possible. We have, in effect, been committing an act of unthinking, unilateral educational disarmament (NCEE, 1983).

Der Bericht beinhaltete einen Katalog von Missständen, der einer früheren Fassung der PISA-Studie ähnelt (Ingold, 2005). Defizite bei Schulabgängern wurden insbesondere in Bezug auf die Fähigkeiten im analytischen Denken, bei der Problemlösung sowie im Umgang mit neuen Technologien festgestellt. Darüber hinaus wurde schon damals die Verbindung von lebenslangem Lernen und der Informationsgesellschaft hergestellt: „Learning is the indispensable investment required for success in the 'information age' we are entering" (NCEE, 1983).

Ein weiterer bedeutender Schritt auf dem Weg hin zur Informationskompetenz war ein im Jahr 1987 unter dem Titel „Libraries and the Search for Academic Excellence" stattgefundenes Symposium, an dem Vertreter aus dem Bildungswesen, Bibliotheken, Wirtschaft und der Regierung u. a. über mögliche Bildungsreformen diskutierten. Das Symposium veranlasste eine der Teilnehmerinnen, Margaret Chisholm, im betreffenden Jahr Präsidentin der American Library Association (ALA), ein Informationskompetenz-Komitee einzusetzen (Chisholm, 1990). In der Folge wurde im Jahr 1989 ein Schlussbericht verfasst, der gleichzeitig als das Schlüsseldokument für die bibliothekarische Informationskompetenz-Bewegung gilt. In dem Schlussbericht wurde die Thematik von „A Nation at Risk" wieder aufgegriffen und Information Literacy als die Lösung für die drängenden Probleme der amerikanischen Nation dargestellt:

> How our country deals with the realities of the Information Age will have enormous impact on our democratic way of life and on our nation's ability to compete internationally. Within America's information society, there also exists the potential of addressing many long-standing and economic inequities. To reap such benefits, people – as individuals and as a nation – must be information literate (ALA, 1989).

Ohne eine aggressive Förderung von Informationskompetenz stehe das Überleben der gesamten (amerikanischen) Nation auf dem Spiel, schreibt Margaret Chisholm in ihrer Publikation aus dem Jahr 1990:

> Tragically and ironically, the most information dependent segments of our society – government, industry, and education – have failed to recognize that, unless aggressive steps are undertaken immediately to ensure that all people develop information literacy skills, our social, political, and economic systems will be compromised, if not jeopardized, by citizens' inability to function. Information literacy is so central and so vital to survival and success in the global information age that nations risk their very existence by failing to pursue aggressively a policy of information literacy for all citizens (Chisholm, 1990, 61-62).

Parallel zum Hochschulkontext, in dem die Informationskompetenz-Bewegung einen großen Einfluss verzeichnen konnte, fand die Diskussion um Informationskompetenz an Schulen statt. Schon Mitte der 1980er Jahre wurde an Richtlinien gearbeitet, nach denen sich Schulbibliotheken in Bezug auf die Vermittlung von Informationskompetenz richten sollten. Besonders hervorzuheben sind in diesem Zusammenhang die im Jahre 1988 von der American Association of School Librarians (AASL) unter dem Titel „Information Power" herausgegebenen nationalen Richtlinien für die US-amerikanischen Schulbibliotheken. In den darauffolgenden Jahren wurden verschiedene bildungspolitische Positionspapiere als Grundlage für die Forderung nach allgemeiner Informationskompetenz benutzt.

1992 erstellte Christina S. Doyle auf Basis von drei ausgewählten Zielen der „National Education Goals" aus dem Jahr 1990 konkrete Leistungsmessgrößen für Informationskompetenz, die sich im Zusammenhang mit dem fünften Ziel der „National Education Goals" – „By the year 2000, every adult will be literate and will possess the knowledge and skills necessary to compete in a global economy and exercise the rights and responsibilities of citizenship" – in folgende Punkte zusammenfassen lassen:

> National/State governments will be actively involved in improving the information literacy of citizens.
> Communities will promote lifelong learning.
> Business will promote the acquisition of information literacy skills by all.
> All Americans will be able to seek information to solve and make informed decisions.
> A wide variety of print and non-print resources will be available to all Americans at no/low cost to the public through public libraries, national on-line networks, and shared resources with business and public institutions.
> Colleges will recognize that information literacy skills must be mastered by all college graduates (Doyle, 1992, 5).

Doyles Messgrößen schließen an den im Jahr 1991 veröffentlichten SCANS-Report der Secretary's Commission on Achieving Necessary Skills (SCANS) an und betonen die zentrale Rolle der Schaffung und Erhaltung der Arbeitsmarktfähigkeit. Der SCANS-Bericht des US-amerikanischen Arbeitsministeriums listet fünf Kompetenzen (bezogen auf Ressourcen, Zusammenarbeit, Information, Systeme und Technologie) auf, über die laut SCANS eine im Umgang mit Informationen kompetente Person verfügen sollte. Zudem weist SCANS in seinem Bericht darauf hin, dass diese Kompetenzen die Grundlage für erfolgreiche Arbeitnehmer im modernen Arbeitsleben seien und dass der Erwerb dieser Fähigkeiten zwar in der Schule beginnen, dann aber in der Weiterbildung sowie im Berufsalltag fortgesetzt werden sollte. Dies sind die fünf Hauptkompetenzen:

> Resources: Identifies, organizes, plans, and allocates resources
> Interpersonal: Works with others
> Information: Acquires and uses information

Systems: Understands complex inter-relationships
Technology: Works with a variety of technologies (SCANS, 1991, 10).

In den darauffolgenden Jahren wurden Firmen aufgefordert, „ihre Mitarbeiter beim Erwerb von Informationskompetenz zu unterstützen, aber auch entsprechende Ansprüche an die Ausbildungsinstitutionen zu stellen", schreibt Marianne Ingold (2005, 15).

Paula T. Kaufman plädiert in ihrer Publikation unter dem Titel „Are we neglecting our duty to American education?" für eine lebenslange Förderung von Informationskompetenz auf allen Bildungsstufen und in allen Fächern, wobei insbesondere das Ermitteln, Beschaffen, Anwenden und Verwalten von Informationen vermittelt werden sollte (Kaufman, 1992). Über eine entsprechende Informationskompetenz zu verfügen, sei wichtiger denn je geworden. Ohne sie sei der persönliche Erfolg in Frage gestellt, so Barbara I. Dewey: „The significance of acquiring superior information-seeking, analytical, and application skills for one's life journey has never been more critical" (Dewey, 2001, VIII).

Informations- und Wissensgesellschaft

„Wissen ist Macht". Dieses Zitat wird bereits 1620 mit Francis Bacon assoziiert (Bacon, 1990 [1620]). Er wollte zu diesem Zeitpunkt darauf hinweisen, dass Wissen die Macht darstellt, in wissenschaftlicher Sicht über die Natur zu herrschen (Stock, 2007, 26-27). Wissen und dessen Generierung, Teilung und Nutzung bestimmen in der heutigen Zeit die Konkurrenzfähigkeit auf globaler Ebene. Zudem hebt Wissen den sozialen Status von Individuen, was zu mehr Teilhabe an Prozessen innerhalb einer Gesellschaft führt (Mandl & Krause, 2001). Aufgrund gesellschaftlicher Entwicklungen wird also das Wissen bzw. die Information immer wichtiger, um sowohl wirtschaftlich als auch sozial erfolgreich zu sein. Es lässt sich eine deutliche Entwicklung in Richtung intellektuell geprägter Tätigkeiten feststellen. Dabei verlieren vor allem die produktionsorientierten und handwerklichen Berufe mit Routinetätigkeiten an Bedeutung (Dostal & Reinberg, 1999; Dornstädter, Finkelmeyer und Shanmuganathan, 2011). Diese Entwicklung zeigt deutlich, dass sich die Gesellschaft verstärkt in Richtung einer sogenannten Wissensgesellschaft verändert. Jener Begriff rückt stark in die öffentliche Diskussion, als Daniel Bell (1973) ihn in seiner Publikation „The Coming of Post-Industrial Society: A Venture in Social Forecasting" neu definiert. Er stellt Wissen als wichtigsten gesellschaftlichen Faktor einer postindustriellen Gesellschaft heraus. Diese Gesellschaftsform bildet für ihn eine Weiterentwicklung der Industriegesellschaft, die um Güterproduktion durch Maschinen organisiert ist. Dabei bezieht sich Bell auf die Ergebnisse von Fritz Machlup (1962), der bereits statistische Untersuchungen angestellt hatte, die in den USA einen Trend zu immer mehr wissensschaffenden bzw. wissensübermittelnden Berufen, den sogenannten knowledge workers, aufzeigten (Linde & Stock, 2011, 1-4). Nico Stehr (1994) hebt hier besonders drei typische Berufsfelder der Wissensgesellschaft hervor: Experten, Berater und Ratgeber. Ihr Wissen erfreut sich zwar einer zunehmenden Nachfrage, ist aber gleichzeitig umstritten (Nolda, 2001).

Linde & Stock (2011, 81 ff.) unterscheiden zwischen einer Informationsgesellschaft und einer Wissensgesellschaft. Die Informationsgesellschaft basiert auf Technik, genauer gesagt auf der Informations- und Kommunikationstechnik. Die Wissensgesellschaft stützt sich auf das eigentliche Wissen, den Inhalt der Information. Dabei ist die Informationsgesellschaft auch stets die Basis einer Wissensgesellschaft, da Wissen in Form von Informationen mithilfe von Informations- und Kommunikationstechnik übertragen wird. Des Weiteren führen Linde und Stock die Begriffe der Informations- und Wissensgesellschaft auf den fünften Kondratieff, nach der Theorie von Nikolai D. Kondratieff (1926), zurück. Diese Theorie beschreibt die Entwicklung der kapitalistischen Welt in vier Zyklen mit jeweils einer Basisinnovation und den dazu entstehenden Netzen (vgl. Linde & Stock, 2011, 82-83):

1. Zyklus: Dampfmaschine; Netz: Schifffahrt,
2. Zyklus: Eisenbahn; Netz: Schienen,
3. Zyklus: Chemie und Elektrizität; Netze: Gas- und Stromleitungen,
4. Zyklus: Petrochemie und Automatisierung; Netz: Straßen bzw. Autobahnen.

Der fünfte Zyklus basiert nach Nefiodow (1991) auf den Innovationen, die mithilfe der Ressource Information geschaffen werden. Als Netze dienen die Telekommunikationsnetze und das durch sie getragene Internet. Somit stellt der fünfte Zyklus, an dessen Beginn sich die heutige Gesellschaft befindet, nach der Theorie Kondratieffs die Entwicklung zur Wissensgesellschaft dar.

Nach Aussage von Martin Heidenreich (2002) wird der Begriff der Wissensgesellschaft in vier unterschiedlichen Dimensionen diskutiert. Neue Technologien im Bereich der Informations- und Kommunikationstechnik stellen die erste Dimension dar. Die zweite Dimension beschreibt Wissen als wirtschaftliches Gut und die damit einhergehende Notwendigkeit einer stetigen Wissensproduktion. Als dritte Dimension nennt er den Bildungssektor, der durch eine zunehmende Masse an Bildungsangeboten und Weiterbildungsmöglichkeiten erweitert wird. Die vierte Dimension beschreibt schließlich den Bereich der Wissensarbeit, welche im Vergleich zu anderen klassischen Tätigkeiten immer mehr an Bedeutung gewinnt. Die vier Dimensionen, die Heidenreich herausarbeitet, müssen genauestens unterschieden werden, da es nicht ausreicht, die Wissensgesell-

schaft nur auf einzelne Merkmale, wie z. B. Technologie oder neue Ausbildungs-
formen, zu reduzieren. Heidenreich mahnt abschließend an, dass „eine gehörige
Portion von Skepsis angebracht [ist] [...], ob eine Gesellschaft durch Wissen definiert werden kann, obwohl keine Gesellschaft ohne Wissen auskommt" (Heidenreich, 2002, 334).

Städte und Regionen wandeln sich im Zuge der Entwicklung der Wissensgesellschaft. Wie es typische Städte der Industrie- und der Dienstleistungsgesell-
schaft gegeben hat, so gibt es – oder wird es geben – typische Städte der Wissensgesellschaft. Diese sogenannten „informationellen Städte" (Castells, 1989)
definieren sich nicht mehr über den space of places, sondern über den space of
flows. Bei diesen „Flüssen" spielen die Informationsströme (neben Kapital und
Macht) bedeutende Rollen. Ohne informationskompetente Bürger, Unternehmen
und Verwaltungen sind solche informationellen Städte nicht aufbaubar. In der
Literatur herrscht Einigkeit darüber (Stock, 2011), dass diejenigen Städte, die
den Übergang zur Wissensgesellschaft nicht schaffen, als „economic deadlands"
(Brenner, 1998, 7) enden werden.

In allen Theorien über den Begriff der Wissensgesellschaft wird hervorgeho-
ben, dass Wissen einen hohen – wenn nicht sogar den höchsten – Stellenwert in
unserer Gesellschaft besitzt. Somit ist es umso wichtiger, die Fähigkeit zu besitzen, sich Wissen anzueignen. Dazu bedarf es einer der Kernqualifikationen der
Wissensgesellschaft: Informationskompetenz.

Internationale Verbreitung

Ausgehend von den USA hat sich das Konzept der Informationskompetenz in den
vergangenen Jahren weltweit etabliert (Bruce & Candy, 2000; Rader, 2002; Virkus,
2003; Basili, 2003). Während der englischsprachige und europäische Raum, u.
a. Australien, Neuseeland (Bundy, 1999; Bundy, 2004; Jones, 1998), Südafrika,
Großbritannien und Skandinavien (Ford, 1994; Rader, 1996; Rader, 2002; Rader;
2003) eine Vorreiterrolle hatten, wurde das Konzept der Informationskompetenz
im asiatischen Raum zunächst in China und Singapur (Rader, 2002; Sun, 2002;
Ma & Hu, 2002; Hepworth, 2000; Narayanan & Munoo, 2003) aufgegriffen, wobei
auch in Indien Informationskompetenz ein Thema ist (Ingold, 2005).

Im deutschsprachigen Raum wurde die Diskussion über Informationskompetenz durch angloamerikanische Konzepte zur Information Literacy aus dem
Bibliotheksbereich angeregt (Gapski & Tekster, 2009). Über eine etablierte Informationskompetenz-Bewegung kann man in Deutschland jedoch erst seit Ende
der 1990er Jahre sprechen (Ingold, 2005). Dabei hat sich das Thema Informationskompetenz zunächst in der hochschulbibliothekarischen Fachwelt etabliert.

An deutschen Hochschulen wurde die Notwendigkeit der Vermittlung von entsprechenden Fähigkeiten und Kenntnissen, die unter dem Begriff Informationskompetenz zusammengefasst werden können, erst nach und nach erkannt, als einige Studien erhebliche Defizite der Studierenden in Bezug auf das Recherche- und Informationsverhalten zeigten (Fink, 2008). An dieser Stelle ist besonders die SteFi-Studie der Sozialforschungsstelle Dortmund im Auftrag des Bundesministeriums für Bildung und Forschung aus dem Jahr 2001 hervorzuheben (SteFi: Studieren mit elektronischer Fachinformation).

Mit Verweis auf die SteFi-Studie aus dem Jahr 2001 forderte der Wissenschaftsrat eine dringende Weiterentwicklung der im Wesentlichen nur autodidaktisch erworbenen Informationskompetenz von Lehrenden und Studierenden (Gapski & Tekster, 2009). In dem im Jahr 2002 veröffentlichten strategischen Positionspapier „Informationen vernetzen – Wissen aktivieren" des Bundesministeriums für Bildung und Forschung (BMBF) zur Zukunft der wissenschaftlichen Information in Deutschland wurde für die Verankerung der Informationskompetenz in das Bildungssystem plädiert:

> Informationskompetenz, also die Fähigkeit, sich methodisch und kritisch zu informieren, muss wie Lesen, Schreiben und Rechnen als Basisqualifikation einer modernen Gesellschaft gelten. Die Förderung der Informationskompetenz muss stärker als bisher im Bildungssystem verankert werden (BMBF, 2002b, 3).

In der Folge wurden zahlreiche Modelle und Standards zur Integration der Informationskompetenz in die Hochschullehre entwickelt und Definitionen formuliert.

Im Jahr 2009 stellte eine Expertenkommission des BMBF unter dem Titel „Kompetenzen in einer digital geprägten Kultur. Medienbildung für die Persönlichkeitsentwicklung, für die gesellschaftliche Teilhabe und für die Entwicklung von Ausbildungs- und Erwerbsfähigkeit" einen Orientierungsrahmen vor und benannte Kompetenzen in vier Themenfeldern, die im Bereich der Medienbildung zu fördern sind (Gapski & Tekster, 2009). Laut dem Orientierungsrahmen der Expertenkommission des BMBF zählt zu einer kompetenten Informationsverarbeitung und Wissensgenerierung nicht nur die Fähigkeit, einen Informationsbedarf zu erkennen und unterschiedliche Informationsquellen auszuwählen, zu nutzen und beurteilen zu können, sondern auch die Fertigkeit, sich verantwortungsvoll an der Herstellung und Verbreitung von Informationen beteiligen zu können (BMBF, 2009).

Bereits vor einigen Jahren wurden Netzwerke ins Leben gerufen, die auf Bundesländerebene einen Beitrag zur Förderung von Informationskompetenz leisten. Unter einem Dach arbeiten die einzelnen Netzwerke der Bundesländer auch als bundesweites Netzwerk bibliothekarischer Arbeitsgemeinschaften. Darüber hinaus wird bereits seit Jahren durch strategische Partnerschaften zwischen Schulen und Bibliotheken unter Beteiligung des Deutschen Bibliotheksverbandes e. V. (dbv) mit seinen Landesverbänden, der Landesministerien sowie weiterer öffentlicher und privater Partner die Entwicklung der Lese- und Informationskompetenz gefördert. Im Jahr 2008 wurde von der Deutschen Gesellschaft für Informationswissenschaft und Informationspraxis (DGI) eine Denkschrift zur Förderung von Informationskompetenz im Bildungssektor veröffentlicht, die sich auf die Vermittlung von Informationskompetenz an Schulen konzentriert (DGI, 2008). Beide Verbände dbv und DGI eröffneten im Jahr 2008 in Kooperation mit dem Deutschen Bildungsserver ein Subportal mit dem Titel „Informationskompetenz in Schulen" (Gapski & Tekster, 2009).

Terminologie

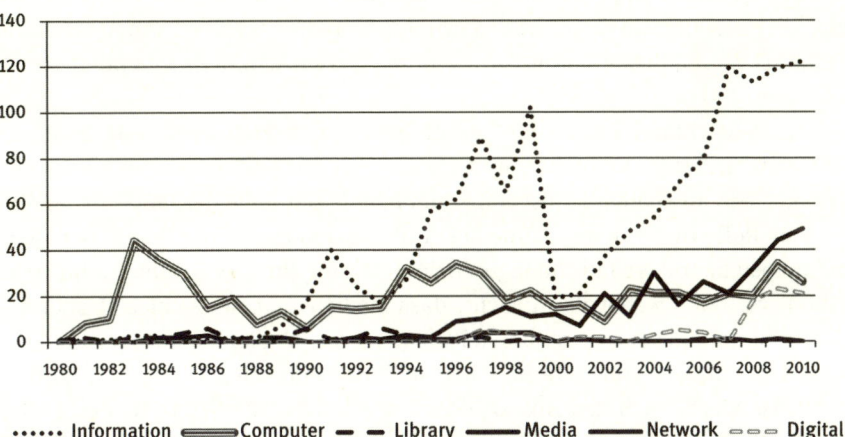

Abb. 1.1: Vorkommenshäufigkeit der unterschiedlichen Ausprägungen der Kompetenzterme (Anzahl der Publikationen pro Jahr). Quelle: aktualisiert und modifiziert nach Bawden, 2001.

Bereits seit der Einführung des Information-Literacy-Konzepts war dessen exakte Benennung ein problematischer Aspekt und ist auch bis heute noch teilweise umstritten. So wird anhand der Untersuchung von David Bawden (2001) deutlich, dass neben dem Wortlaut Informationskompetenz auch andere Kompetenzen aufgezeigt und diskutiert wurden. Der Forschungsgegenstand bei dieser Untersuchung waren Publikationen aus dem Zeitraum von 1980 bis 1999, basierend auf den Suchergebnissen von Library and Information Science Abstracts und Social SciSearch. Darüber hinaus haben wir die Daten für den Zeitraum von 2000 bis 2010 durch Angaben aus dem Web of Science vervollständigt. Abbildung 1.1 zeigt deutlich die Entwicklung der Publikationen zu den unterschiedlichen Themen der Informations-, Computer-, Bibliotheks-, Medien- und Netzwerkkompetenz sowie der digitalen Kompetenz.

Obwohl zu Beginn des oben dargestellten Untersuchungszeitraums die Informationskompetenz kaum wahrgenommen wurde, zeigt sich doch deutlich, dass diese Formulierung im Gegensatz zu den anderen am stärksten vertreten ist. Es lässt sich außerdem erkennen, dass es um 1990 zu einem Anstieg der Publikationen in diesem Bereich kam. Fast parallel dazu lässt sich ein vorübergehender Einbruch der Veröffentlichungen im Zusammenhang mit Computerkompetenzen feststellen. Abgesehen von dieser kurzfristigen Unregelmäßigkeit sind die Computerkompetenz und die Bibliothekskompetenz stets vertreten. Die Kompetenzen im Zusammenhang mit Medien, Netzwerken und der Digitalisierung sind erst zur Mitte bis zum Ende der 90er Jahre merkbar aufgetreten. Die markante Position der Informationskompetenz zum Ende des Jahrtausends ist jedoch im Vergleich ein Alleinstellungsmerkmal, weswegen angenommen werden kann, dass dieser Term als die häufigste Formulierung unter Wissenschaftlern akzeptiert wurde (Bawden, 2001).

In Deutschland wurde der Begriff Informationskompetenz erst Ende der 1990er Jahre weiter verbreitet, wohingegen das Konzept der Information Literacy aus dem angloamerikanischen Raum bereits seit Ende der 1980er Jahre eine größere Rolle in der deutschsprachigen Diskussion spielt. Der Begriff der Medienkompetenz tritt weitaus häufiger in der Literatur auf. Lux & Sühl-Strohmenger (2004) vertreten weder die Ansicht, dass Medienkompetenz einen Bestandteil der Informationskompetenz darstellt, sofern die Medienkompetenz das kritische Hinterfragen von Informationen aus Massenmedien und deren Einfluss mit einschließt, noch den Ansatz, dass Informationskompetenz als Bestandteil der Medienkompetenz anzusehen ist, wenn diese sich ebenfalls auf Informationsträger bezieht. Für die Autoren stehen diese Begriffe vielmehr stets in Verbindung zueinander und bilden zusammen eine Einheit, die alle Kompetenzen umfasst, die für den korrekten Umgang mit Informationen und Medien benötigt werden. Informationskompetenz bezeichnen Lux & Sühl-Strohmenger (2004) als eine Bündelung verschiedener Fertigkeiten und Fähigkeiten, die Teil eines lebenslangen Lernens sind. Sie dienen in der Wissensgesellschaft dazu, sich in der gewaltigen Informationsflut zu orientieren, d. h. Informationen adäquat zu filtern und zu bewerten. Medienkompetenz dient als Basis und bezeichnet die korrekte Nutzung moderner Medien und die Reflexion des über sie vermittelten Inhalts. Gapski & Tekster (2009) fügen hinzu, dass Informationskompetenz bedeutet, den Informationsbedarf problembezogen erkennen zu können und die Fähigkeit zu besitzen, relevante Informationen zu beschaffen, zu bewerten und effektiv zu nutzen. Zudem steht Informationskompetenz stets im Zusammenhang mit anderen Kompetenzen, wie etwa der Lese- und Schreibkompetenz oder der bereits erwähnten Medienkompetenz (Hochholzer & Wolff, 2005). Ingold (2011) stellt allerdings – analog zur Differenzierung zwischen der Informationsgesellschaft und der Wissensgesellschaft – allgemein den Begriff Informationskompetenz in Frage. Da in der Wissensgesellschaft das Wissen, also der Inhalt der Information, im Vordergrund steht und in vielen Wissenschaftsbereichen zunehmend der Begriff Information durch Wissen ersetzt wird, stellt sich Marianne Ingold die Frage, ob es nicht vorteilhafter ist, von „Wissenskompetenz" anstatt „Informationskompetenz" zu sprechen. Als entsprechenden Kontext nennt sie den Wissensmanagement-Diskurs, in welchem „Wissenskompetenz" treffender die gemeinten Kompetenzen beschreibt, obwohl die Bedeutung des Begriffs fast deckungsgleich ist.

Definition der Informationskompetenz

Fast genauso vielfältig wie die Verständnisse und Definitionen von Informationskompetenz sind auch die verschiedenen Modelle und Standards, die in den vergangenen Jahren weltweit entwickelt und veröffentlicht wurden. In Anlehnung an Marianne Ingold (2005) existiert bis heute weder eine allgemein anerkannte Definition noch ein national oder international geltender Standard. Lediglich die Formulierung aus dem „Final Report" des Presidential Committee on Information Literacy der American Library Association (ALA) von 1989 hat für die Recherchekompetenz diesen Status zumindest annähernd erreicht und beschreibt eine Person als informationskompetent, wenn sie in der Lage ist, ihren Informationsbedarf zu erkennen, die benötigten Informationen zu finden, sie zu beurteilen und wirksam zu nutzen (ALA, 1989). Seit der Veröffentlichung wurde die Definition der ALA häufig herangezogen und erweitert. Hinzu kamen zahlreiche zusätzliche Aspekte wie z. B. die Bandbreite der Informationsquellen (Doyle, 1992; Breivik, 1989; Rader, 1991; Lenox & Walker, 1992), die ethische und verantwortungsbewusste Nutzung (Webber & Johnston, 2000; Arp & Woodard, 2002) oder die Anforderungen in Bezug auf das Aufkommen neuer Technologien und dem Web 2.0. Aufgrund der – zum Teil wesentlichen – Unterschiede und der Vielfalt an Definitionen und Standards fangen viele Probleme bei der Entwicklung und Optimierung von Informationskompetenz-Programmen schon bei der genauen Definition und Festlegung der zu vermittelnden Kompetenzen an.

Dennoch lässt sich bei einer genaueren Betrachtung der verschiedenen Auffassungen zur Informationskompetenz der Schluss ziehen, dass jede zwar aus einem anderen Blickwinkel informationskompetenzrelevante Kenntnisse definiert, sich insgesamt jedoch deutliche Gemeinsamkeiten in Hinsicht auf das Verständnis von Information Literacy und deren Kennwerte finden lassen.

Die heute grundlegende Definition des aus dem angloamerikanischen Sprachraum stammenden Begriffs Information Literacy des Presidential Committee on Information Literacy der American Library Association (ALA) aus dem Jahr 1989 lautet folgendermaßen:

> To be information literate, a person must be able to recognize when information is needed and have the ability to locate, evaluate, and use effectively the needed information (ALA, 1989).

Die Definition der Informationskompetenz geht damit über den Sinngehalt der beiden Wortbestandteile Information und Kompetenz bzw. information und literacy weit hinaus. Vielmehr umfasst die Verbindung aus beiden die notwendigen Kenntnisse und Fähigkeiten, die zu einem bewussten, selbständigen und kritischen Umgang mit Informationen befähigen, d. h. zu jedem Zeitpunkt in der Lage zu sein, den vorhandenen Informationsbedarf bezogen auf ein bestimmtes Problem zu erkennen sowie ihn durch effektives Suchen, kritisches Bewerten und sinnvolles Nutzen von Informationen zu befriedigen. Diese grundlegende Beschreibung von Informationskompetenz kann auf der einen Seite als das Ergebnis einer jahrzehntelangen Diskussion zu diesem Thema betrachtet werden, auf der anderen Seite als Kompromiss zwischen weiteren jüngeren Definitionen von Informationskompetenz aus den 1990er Jahren (Rauchmann, 2002).

Frühe Verständnisse von Informationskompetenz

Der Begriff der Informationskompetenz ist maßgeblich durch das amerikanische Bibliothekswesen in den 1970er Jahren geprägt worden. Im Zusammenhang mit der rasch wachsenden Informationsmenge und der zunehmenden Anzahl an Studierenden wurde schnell ersichtlich, dass ein bewusster Umgang mit der wertvollen Ressource Information immer wichtiger werden würde (Fink, 2008). Als geeignete Institution zur Vermittlung von Informationskompetenz stellten sich damals wie heute vor allem Universitäts- und Hochschulbibliotheken dar, denn sie verfügen über methodisches Expertenwissen im Umgang mit der Informationsflut (Homann, 2000a) und sind hervorragend geeignet als Schulungsinstanz, die die erforderlichen Kenntnisse und Fähigkeiten vermitteln können (Homann,

1996; Sühl-Strohmenger, 2012). Zudem halten sie ein vielfältiges Angebot an Informationen bereit und verfügen über Erfahrungen in der formalen und inhaltlichen Erschließung (Henkel, 2008).

Zurkowski, seinerzeit Präsident der Information Industry Association (IIA; heute Software & Information Industry Association) führte das Konzept Information Literacy 1974 in einem Vorschlag an die National Commission on Libraries and Information Science (NCLIS) ein und definierte Informationskompetenz als die Fähigkeit und Fertigkeit im Umgang mit Informationsressourcen, wie Informationsmitteln und Primärquellen, zur Anwendung im Berufsleben sowie zum Lösen von Problemen jeglicher Art:

> People trained in the application of information resources to their work can be called information literates. They have learned techniques and skills for utilizing the wide range of information tools as well as primary sources in molding information solutions to their problems (Zurkowski, 1974, 6).

Dieses Konzept unterscheidet sich von dem ursprünglichen Konzept, das sich auf traditionelle Bibliotheksdienste beschränkte, dahingehend, dass Information Literacy Fähigkeiten und Fertigkeiten umfasst, die Fachkräfte auch im privaten Sektor der Wirtschaft besitzen sollen. Sein Vorschlag enthielt eine Empfehlung, und daraufhin entstand ein nationales Programm mit dem Ziel, die Bevölkerung innerhalb der nächsten zehn Jahre zur Informationskompetenz zu befähigen (Behrens, 1994).

Zwei Jahre später, 1976, hob Lee G. Burchinal in seiner Definition von Informationskompetenz erneut das effiziente und effektive Suchen und Benutzen von Informationen zur besseren Problembewältigung und Entscheidungsfindung hervor:

> To be information literate requires a new set of skills. These include how to locate and use information needed for problem-solving and decision making efficiently and effectively (Burchinal, 1976, 11; zitiert in Bawden, 2001, 230).

Im selben Jahr ist bei Owens (1976) Informationskompetenz im Zusammenhang mit Demokratie und Staatsbürgertum zu lesen. Seiner Meinung nach verhilft die Aneignung von Informationskompetenz nicht nur zu einem professionelleren Informationsverhalten und einer Entscheidungsfindung, sondern auch zu einer besseren Erfüllung staatsbürgerlicher Pflichten:

> [...] information literacy is needed to guarantee the survival of democratic institutions. All men are created equal but voters with information resources are in a position to make more intelligent decisions than citizens who are information illiterates. The application of infor-

mation resources to the process of decision-making to fulfill civic responsibilities is a vital necessity (Owens, 1976, 27).

Die IIA fügte 1979 hinzu, dass eine in diesem Bereich gebildete Person Fähigkeiten und Techniken beherrscht, Informationstools zu nutzen, um Problemlösungen zu modellieren (Garfield, 1979). Es folgen weitere Ergänzungen und Reformulierungen der Definition des Begriffs. So bezieht Hamelink (1976) Information Literacy zusätzlich auf die Fähigkeit einer Person, auf Nachrichten, die über die Medien verbreitet werden, eine unabhängige, individuelle, kritische Sichtweise zu entwickeln.

Kuhlthau (1987) wiederum definierte in ihrem Buch „Information Skills for an Information Society: A Review of Research" Informationskompetenz als eine Vereinigung von Bibliotheks- und Computerkompetenz.

> Ihre Beschreibung der Informationskompetenz schließt, neben der Fähigkeit zu lesen und Informationen effektiv im Alltag einzusetzen, auch das Erkennen des Informationsbedarfs, das Suchen von Informationen und die Fähigkeit des Umgangs mit Informationen der Massenmedien ein (Gruner, 2003).

Kuhlthaus Meinung nach stellen die technischen und sozialen Entwicklungen der 1980er Jahre neue Anforderungen an die universitäre Bildung, die nur durch stetes Lernen bewältigt werden können. Als eine geeignete Institution zur Vermittlung von Informationskompetenz sieht sie – wie viele Bibliothekare und Wissenschaftler aus der informationswissenschaftlichen Fachwelt in den 1970er Jahren – Bibliotheken, die Informationskompetenz im Curriculum der Studierenden verankern und sie zu einer effektiven Recherche befähigen sollen (Fink, 2008; Gruner, 2003).

Definitionen und Empfehlungen der American Library Association

Mit dem Aufkommen des Personal Computers und der rasanten Entwicklung der Informationstechnologien in den 1980er Jahren begann man anzuerkennen, dass Computer und die damit verbundenen neuen Möglichkeiten in Bezug auf die Recherche und die digitale Informationsverarbeitung eine zunehmend wichtige Stellung in der damals noch jungen Informationsgesellschaft einnahmen. Verständnis für die Nutzungsmöglichkeiten und die notwendigen Fertigkeiten im effektiven Umgang mit dem Computer rückten im Zusammenhang mit der Informationskompetenz immer mehr in den Vordergrund (Rauchmann, 2002).

Diese neue Situation bemerkte auch das Presidential Committee on Information Literacy der American Library Association und veröffentlichte 1989 in seinem „Final Report" die am Anfang dieses Kapitels vorgestellte Definition der Informationskompetenz. Neben den Fähigkeiten, den Informationsbedarf erkennen, nach Informationen effektiv suchen, sie kritisch beäugen und sinnvoll nutzen zu können, wird im „Final Report" ein weiterer wichtiger Aspekt der Informationskompetenz angesprochen:

> Ultimately, information literate people are those who have learned how to learn. [...] They are people prepared for lifelong learning, because they can always find the information needed for any task or decision at hand (ALA, 1989).

Demnach stellt Informationskompetenz auch die Fähigkeit dar, die erlernten Kompetenzen auf persönliche und berufliche Situationen übertragen und somit für das lebenslange, selbstgesteuerte Lernen anwenden zu können (Breivik & Gee, 1989).

Die Definitionen und Erkenntnisse des Presidential Committee on Information Literacy und der American Library Association waren fundamental und wegweisend für die spätere Diskussion zur Informationskompetenz und wurden allgemein akzeptiert, häufig herangezogen, zitiert, diskutiert und weiterentwickelt. Als Wendepunkt in der Geschichte der Informationskompetenz stellen sie die Basis für spätere Definitionen, viele Initiativen und Modelle dar (Bättig, 2005; Fink, 2008).

Neuere Verständnisse von Informationskompetenz

Doyle nutzte 1992 in Zusammenarbeit mit dem 1989 gegründeten National Forum on Information Literacy (NFIL) die Delphimethode, um eine umfassende und zeitgemäße Definition von Informationskompetenz zu formulieren. Unter einer Delphimethode versteht man eine systematische, mehrstufige Experten-Befragung mit dem Ziel, verschiedene Verständnisse zu einem bestimmten Thema bzw. einer Entwicklung zusammenzuführen (Linstone & Turoff, 2002). Dabei wurden die wichtigsten Elemente der Informationskompetenz von den teilnehmenden Experten, Wissenschaftlern aus der bibliotheks- bzw. informationswissenschaftlichen Fachwelt und Mitgliedern des NFIL ausgewertet und nach Wichtigkeit geordnet, woraus die folgende Formulierung eines informationskompetenten Individuums resultierte:

An information literate person is one who:
recognizes that accurate and complete information is the basis for intelligent decision making
recognizes the need for information
formulates questions based on information needs
identifies potential sources of information
develops successful search strategies
accesses sources of information including computer-based and other technologies
evaluates information
organizes information for practical application
integrates new information into an existing body of knowledge
uses information in critical thinking and problem solving (Doyle, 1992, 4).

Infolgedessen definierte Doyle Informationskompetenz als die Fähigkeit, Informationen mit Hilfe diverser Quellen professionell zu suchen, sie kritisch zu beäugen und ergebnisorientiert zu nutzen (Spitzer, Eisenberg, & Lowe, 1998).

Aufgrund der im vorhergehenden Abschnitt genannten Veröffentlichungen erlangte Informationskompetenz in den 1990er Jahren eine verstärkte Aufmerksamkeit und ist seit 1992 eines der Hauptthemen sowohl in der bibliothekarischen Fachdiskussion als auch im Bereich der Schul- und Hochschulbildung in den meisten entwickelten Volkswirtschaften der Welt. Davon zeugen häufig erscheinende Untersuchungen und Aufsätze sowie regelmäßig stattfindende Fachtagungen zu diesem Thema. Daraufhin nahmen zahlreiche Hochschulen vor allem in den USA einschlägige Untersuchungen vor und gründeten campusweite Komitees, mit dem Ziel, Informationskompetenz in die universitäre Lehre zu integrieren. Neue Definitionen von Informationskompetenz wurden formuliert, die weitere wichtige Teilaspekte der Informationskompetenz betonten:

Information literate students are competent, independent learners. [...] They manage technology tools to access information and to communicate (Lenox & Walker, 1992, 5).
It [information literacy] also encompasses knowledge and attitudes related to the ethical and social issues surrounding information and information technology (CARL, 1997).

Durch diese und zahlreiche andere Definitionen von Informationskompetenz wird zwar der Schwerpunkt traditionell auf das Erkennen und Befriedigen eines vorhandenen Informationsbedarfes gelegt, sie stellen jedoch auch weitere wichtige Aspekte der Informationskompetenz in den Mittelpunkt, die sich vor allem im Bereich des kritischen Denkens, der ethischen Nutzung und des Managements von Informationen sowie der Affinität zu diversen Informationsmedien, wie Text-, Bild-, Audio-, Videodokumenten und vielfältigen Recherchemitteln befinden.

Im Zuge der aktuellen Entwicklung in der Informationstechnologie und aufgrund des Aufkommens des Internets und der vielfältigen Web-2.0-Technologien haben sich Informationsangebote, -systeme und -formen in den letzten Jahren erheblich weiterentwickelt. Zum Web 2.0 zählen u. a. kollaborative Webdienste wie Wikis, Bookmarking und Social-Media-Plattformen, Weblogs, Vodcasts und Podcasts, Social-Networking-Dienste sowie – zu deren Inhaltserschließung – Folksonomies und Social Tagging. Einen aktuellen Überblick über verschiedene Web-2.0-Technologien und Social-Software-Angebote bieten der Aufsatz von Klein et al. (2009) sowie die Arbeiten von Alby (2007), Hannay (2007), Löwenberg (2008) und Warr (2008). Wie bereits einige Studien gezeigt haben, spielen heute – anders als noch vor einigen Jahren – die online verfügbaren elektronischen Informationsquellen und das Internet eine zentrale Rolle bei der Suche nach wissenschaftlichen Informationen. Zu dieser Erkenntnis führten u. a. die SteFi-Studie der Sozialforschungsstelle Dortmund aus dem Jahr 2001, die Studien von Franke und Schüler-Zwierlein (2008), Heinze, Fink und Wolf (2009), Klein et al. (2009), Freimanis und Dornstädter (2010) sowie die Untersuchungen der CIBER Group, University College London (UCL, 2008), EDUCAUSE Center for Applied Research (ECAR, 2009) und der Bericht von de Rosa et al. (2005). Aspekte wie Qualitätsbeurteilung, kritische Sicht, Privacy, geistiges Eigentum, Plagiarismus, wissenschaftliches Arbeiten, sozio-technische Praxis und Community of Practice im Sinne Hapkes gewinnen in einer solchen veränderten Informationslandschaft immer mehr an Bedeutung. Mit dem Thema „Sozio-technische Praxis und Community of Practice" im Zusammenhang mit Informationskompetenz, mit neuen Anforderungen an Nutzer in Zeiten des Internets und der elektronischen Informationsangebote sowie mit dem aktuellen Verständnis von Informationskompetenz im deutschen Raum beschäftigt sich Hapke in seinem Aufsatz „Informationskompetenz 2.0 und das Verschwinden des Nutzers" (2007).

Durch die Entwicklung des Internets hin zu immer mehr Beteiligung des Nutzers in Bezug auf das Erstellen und Verbreiten von Content – dem Web 2.0 – ist es zudem notwendig, das Konzept Informationskompetenz zu ergänzen oder zu rekonzeptualisieren, wie es Ingold (2011) fordert. Nach Hapke (2007) soll Informationskompetenz 2.0

– dazu beitragen, dass Informations- und Lernprozesse ganzheitlich verstanden werden,
– eine „Lernerfahrung" sein,
– im Web 2.0 zunehmend das Lernen über Informationen und Wissen (und nicht lediglich das Lernen mit und durch Informationen) fördern,
– die Nutzung von Hilfsmitteln des Web 2.0 fördern (vgl. Klein et al., 2009).

Vor diesem Hintergrund umfasst Informationskompetenz heute ein wesentlich breiteres Spektrum an Anforderungen als in der jüngeren Vergangenheit. Zentral wichtige Kompetenzen, die aus dem Prosumerism des Web 2.0 entstehen, betreffen die Fähigkeiten, Dokumente (beispielsweise Bilder bei Flickr, Videos bei YouTube, Tweets bei Twitter oder alle Arten von Dokumenten bei sozialen Netzwerken wie Facebook) im Web zu publizieren. Im Einzelnen sind folgende neue Kompetenzen gefordert:

– technische Kompetenz des Veröffentlichens eigener Dokumente,
– Kompetenzen, die eigenen Veröffentlichungen auffindbar zu machen (z. B. durch Tags im Rahmen einer Folksonomy),
– Kompetenzen des „Netzwerkens" (im sozialen Sinn), um die Dokumente adäquat zu streuen (z. B. durch Zugehörigkeit zu Gruppen, Vernetzungen zu „Freunden", eigene Kommentare),
– dabei Urheberrechte sowie das Recht am eigenen Bild beachten und
– dabei eine kritische Sicht darauf zu entwickeln, was überhaupt publiziert werden sollte und was besser nicht.

Aktuell verlässt das Konzept der Informationskompetenz immer mehr das traditionelle Hauptgebiet der Hochschulbildung sowie die bibliothekarischen Diskurse und etabliert sich zunehmend als gesellschaftliche Schlüsselkompetenz für alle Zielgruppen in der Informationsgesellschaft. Hervorzuheben sind hier besonders die Bildungsgruppe Schüler, die Berufsgruppen Lehrer, Hochschullehrer, Arbeitnehmer sowie die Sozialgruppen Kinder und Jugendliche, Bürger und Verbraucher, Menschen mit Migrationshintergrund und Senioren (Gapski & Tekster, 2009).

Zudem erkennen auch die Wissenschaft und Wirtschaft im zunehmenden Maße die Bedeutung von Informationskompetenz u. a. in der vollständigen und zeitsparenden Recherche nach (komplexen) elektronisch verfügbaren Fachinformationen, in der schnellen Publikation eigener Ideen und Erkenntnisse (BMBF, 2002a), in der Informationsverarbeitung, Informationsaufbereitung und -vermittlung, im Bereich des Wissensmanagements sowie in der Sicherung der Wettbewerbsvorteile in einer globalisierten und von Informationen geprägten Wirtschaft (BMBF, 2002a; BMBF, 2002b).

Modelle und Standards der Informationskompetenz

In der Folge der US-amerikanischen Verbreitung des Information-Literacy-Konzepts durch das National Forum on Information Literacy und die American Library Association wurden bereits seit 1989 vor allem im englischsprachigen Raum diverse Modelle und Standards zur Informationskompetenz entwickelt, die in den Definitionen von Informationskompetenz aufgezählten Fähig- und Fertigkeiten strukturiert darstellen und die Vermittlung von Informationskompetenz erleichtern sollten. Während Modelle zur Informationskompetenz als theoretische Konstrukte einzelne Teilkompetenzen auflisten, brechen Standards diese Teilkompetenzen auf (im Idealfall) mess- und überprüfbare Elemente herunter (Pasadas Ureña, 2003; Ingold, 2005).

Modelle

Basierend auf einem handlungs- und prozessorientierten Standpunkt werden in den Modellen zur Informationskompetenz Informationssuche und -verarbeitung aus der Perspektive von Personen mit Informationsbedürfnis betrachtet (Gruner, 2003). Die bestehenden Modelle von Informationskompetenz sind damit in aller Regel personen- und prozessbezogen und beschreiben persönliche Eigenschaften und Handlungsschritte von Individuen im Informationsprozess. Je nach Modell sind die Schritte des Informationsprozesses unterschiedlich zahlreich. Sie überschneiden sich jedoch in ihren Kernbereichen (Ingold, 2005).

Als besonders richtungweisend und von Bildungsinstitutionen breit akzeptiert erwiesen sich die beiden US-amerikanischen Modelle „The Big6 Skills" von Eisenberg und Berkowitz (1990) sowie der „Information Search Process" von Kuhlthau (2004). Im deutschsprachigen Raum haben sich vor allem die Modelle „Dynamisches Modell der Informationskompetenz" von Homann (2000a) und „Informationskompetenz 2.0" von Hapke (2007) etabliert.

The Big6 Skills

Das durch die übersichtliche Strukturierung und lineare Sichtweise charakterisierte „The Big6 Skills"-Modell (ursprünglich aus dem Jahr 1990) wird von den Autoren als Handbuch ausgearbeitet (Eisenberg & Berkowitz, 2011) und für die Primarschule (Eisenberg & Berkowitz, 1999; Jansen, 2009) und die Sekundarschule (Jansen, 2007) adaptiert. Für das Lernen und die Förderung von Informationskompetenz segmentieren Eisenberg und Berkowitz den gesamten Informations- und Rechercheprozess in sechs Phasen mit jeweils zwei Differenzierungen, die entweder bewusst oder unbewusst und in unterschiedlichem Umfang im Umgang mit Informationen durchlaufen werden müssen (Gapski & Tekster, 2009). Schlagwortartig umfasst das Modell alle Schritte einer erfolgreichen Informationssuche von der Definition der Aufgabe über die Entwicklung eigener Suchstrategien, Lokalisierung, Zugang, Nutzung und Synthese von bzw. zu Informationen bis hin zur Evaluation der Suchergebnisse und des eigenen Lösungsprozesses. Das Modell von Eisenberg und Berkowitz ist in Abbildung 1.2 anschaulich dargestellt. Für jüngere Anwender empfehlen die Autoren eine vereinfachte Version des Modells – das „Super3"-Modell. In dieser Variante wurde die Unterteilung des gesamten Informations- bzw. Rechercheprozesses auf drei Phasen reduziert: 1. Plan, 2. Do, 3. Review (Bertogg, 2007). Dabei werden die sechs bzw. drei Phasen jeweils nur einmal durchlaufen, was ein Umkehren oder eine Wiederholung der einzelnen Schritte dementsprechend ausschließt. Die statische Schrittabfolge dieses Modells wird von Homann (2000a) bemängelt. Seiner Meinung nach sollte in einem Modell der Informations- bzw. Rechercheprozesse die Möglichkeit gegeben sein, zu jedem Zeitpunkt bestimmte Phasen wiederholen und im Laufe des Informationsprozesses beliebig umkehren zu können.

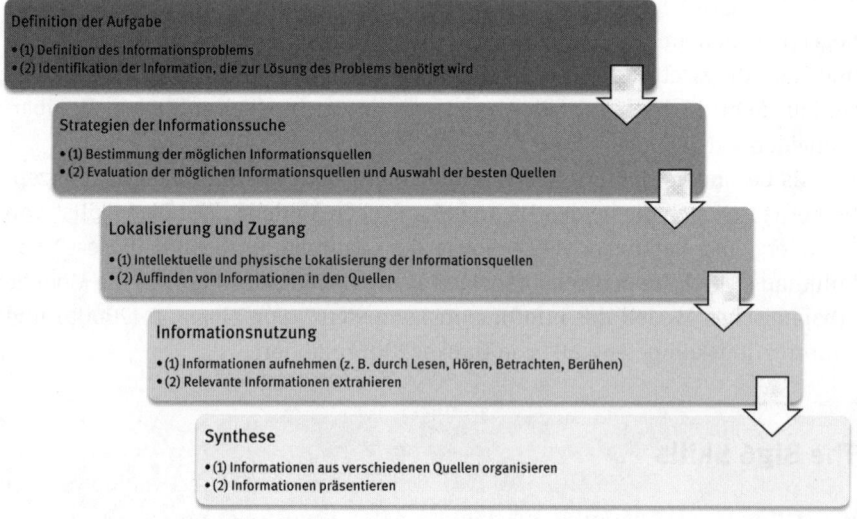

Abb. 1.2: „The Big6 Skills Model". Quelle: in Anlehnung an Eisenberg & Berkowitz, 1990.

Information Search Process

Eine ganzheitlichere Sicht auf den Prozess der Informationssuche als das „The Big6 Skills"-Modell ermöglicht der Ansatz des „Information Search Process" von Kuhlthau (2004). In ihrem Entwurf werden neben kognitiven auch emotionale Faktoren des Nutzers berücksichtigt: Angst, Unsicherheit, Zufriedenheit etc. können ihren Untersuchungen zur Informationssuche und Suchfähigkeit von Bibliotheksnutzern zufolge das individuelle Handeln und damit auch den Ablauf eines Informationsprozesses beträchtlich beeinflussen und müssen deshalb in die Modelle der Informationssuche integriert werden (Fink, 2008). Zudem zeichnet sich ihr Modell durch den Schwerpunkt auf der Bestimmung eines vorhandenen Informationsbedarfs sowie durch ein mögliches Zurückkehren zu einer vorher bereits durchgelaufenen Stufe aus, was ihrer Meinung nach den realen Informationsprozessen entspricht (Homann, 2000a). Das Modell beinhaltet sechs Phasen: Initiation, Selection, Exploration, Formulation, Collection, Presentation, die nicht linear durchlaufen werden müssen (siehe Abbildung 1.3).

	Initiation	Selektion	Explora-tion	Formu-lierung	Kollektion	Präsen-tation	Bewertung
Gefühle (affektiv)	Unsicherheit, Besorgnis	Optimismus	Verwirrung, Frustration, Zweifel	Abnehmende Unsicherheit, wachsende Zuversicht	Selbstver-trauen	Zufriedenheit oder Enttäu-schung	Bewältigung der Aufgabe
Gedanken (kognitiv)	Unklarheit			Fokussierung des Themas	Interesse für Details		Gestiegenes Selbstver-trauen
Handeln (physisch)	Bestimmung des Informa-tionsbedarfs, Suche	Bestimmung des Themen-gebiets	Verschaffen eines Über-blicks zum Thema	Suche	Sammeln relevanter Informationen	Präsentation der gefunde-nen Informati-onen	

Abb. 1.3: Informationssuchprozess. Quelle: in Anlehnung an Kuhlthau, 2004, 82.

Dynamisches Modell der Informationskompetenz

Aufbauend auf den beiden oben skizzierten US-amerikanischen Modellen „The Big6 Skills" von Eisenberg und Berkowitz sowie dem „Information Search Process" von Kuhlthau schuf Homann (2000a) das wohl bekannteste deutsche Modell zum Informationsprozess. Sein „Dynamisches Modell der Informationskompetenz" (DYMIK) wurde im Rahmen einer didaktischen und methodischen Verbesserung des Schulungsangebots der Universität Heidelberg entwickelt und segmentiert den Informationsprozess in fünf Phasen, denen jeweils konkrete Fähig- und Fertigkeiten der Informationskompetenz zugeordnet werden (siehe Abbildung 1.4).

Die Schritte des Informationsprozesses von Homann ähneln den Phasen des „The Big6 Skills"-Modells und schließen dementsprechend die Ermittlung des Informationsbedarfs, die Ermittlung geeigneter Informationsquellen, den Informationszugang und die -erfassung sowie die Informationsbewertung ein. Das Modell von Homann wird neben der fünfstufigen Struktur auch von einer handlungs- und subjektorientierten Perspektive sowie von einer dynamischen Sichtweise geprägt, die durch die zirkulare Anordnung der Stufen und den rekursiven Beziehungen im Modell repräsentiert wird. Zudem wird durch die Rekursivität die vermeintliche Linearität der Stufenabfolge genommen und durch die Verbindung zwischen Informationsbedarf und -bewertung verdeutlicht, dass Informationsprozesse nicht zwangsläufig zu eindeutigen und zufriedenstellenden Ergebnissen führen. Vielmehr können sie erneut initiiert und vorangegangene Phasen wiederholt werden. Im Mittelpunkt des Modells steht dabei das Subjekt, dessen Handeln unbewusst und in unterschiedlichem Maße von rationalen und emotionalen Faktoren gesteuert wird (Homann, 2000a). Dieses Modell eignet sich sehr gut, um es auf verschiedenste Bereiche, in denen Informationsbedarfe entstehen, zu übertragen. So lässt es sich beispielsweise leicht auf die Situation anwenden, in der ein Schüler für ein Referat Informationen beschaffen muss. Das Modell erlaubt, nicht nur streng wissenschaftliche Methoden, die Schülern in der Regel erst im Rahmen eines Universitätsstudiums vermittelt werden (Wittich & Jasiewicz, 2011), anzuwenden. Als Informationsquelle können unter anderem auch Freunde, Eltern oder auch wenig auf Richtigkeit überprüfte Quellen wie Internetforen genutzt werden. Durch die Möglichkeit, zu früheren Phasen zurückzukehren, wird der Prozess schon während seiner Durchführung dynamisch verändert und angepasst, bis die informationsbedürftige Person zu einem subjektiv zufriedenstellendem Ergebnis gelangt.

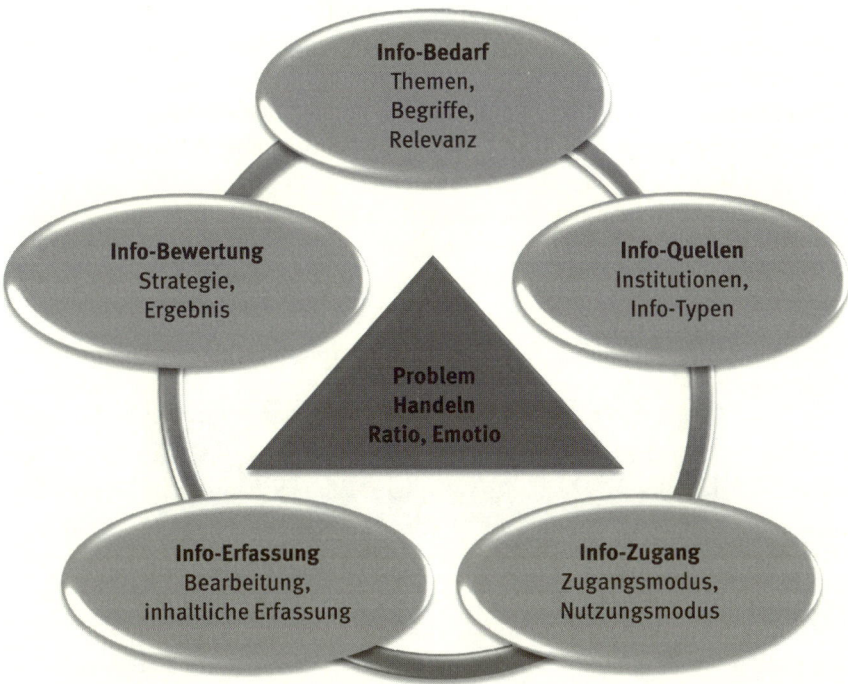

Abb. 1.4: Dynamisches Modell der Informationskompetenz Quelle: in Anlehnung an Homann, 2000a.

Informationskompetenz 2.0

Ein weiteres Modell, das im deutschsprachigen Raum ein verstärktes Interesse erlangen konnte, ist der Entwurf „Informationskompetenz 2.0" von Hapke (2007). In seinem Modell betrachtet er den Nutzer in einer sich ständig verändernden Umwelt der digitalen Information und den vielfältigen interaktiven bzw. kollaborativen Möglichkeiten des Web 2.0, wo jeder gleichzeitig als Konsument, Kunde, Lernender und Autor agieren kann:

> Nutzer und System verhalten sich nicht mehr nur wie Subjekt und Objekt, wobei das Subjekt das Objekt nutzt, ohne dieses zu verändern oder ohne dass es von diesem sichtbar verändert wird. Viel stärker als früher beeinflusst, verändert und erweitert der Nutzer heute das benutzte Recherchesystem (Hapke, 2007, 138).

Sein Modell (siehe Abbildung 1.5) umfasst Aspekte wie das Lernen über Information (Privacy, kritische Sicht, geistiges Eigentum, sozio-technische Praxis und Community of Practice), das Web 2.0 (Weblogs, Wikis, Podcasts), einige Schlüsselkompetenzen (Multidimensionalität und Kontextvielfalt, Reflexionskompetenz, Handlungskompetenz) sowie das Lernen (story-telling, E-Portfolios).

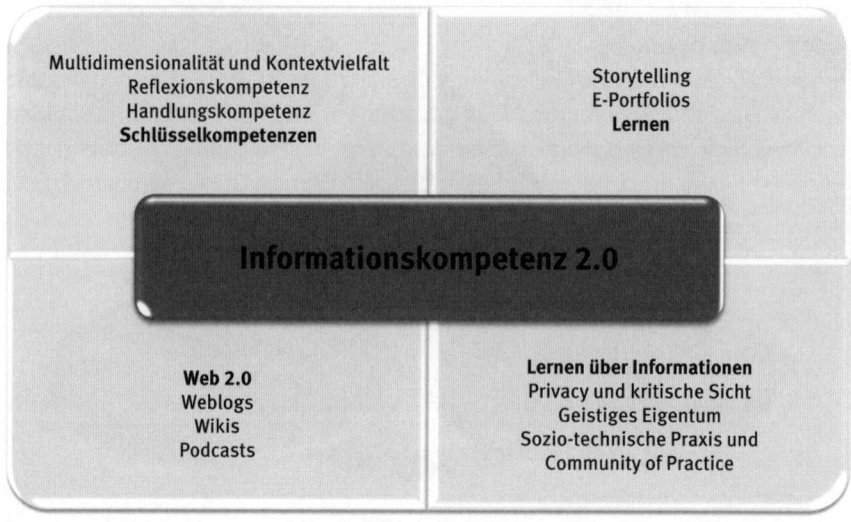

Abb. 1.5: Informationskompetenz 2.0. Quelle: in Anlehnung an Hapke, 2007.

Außer den in diesem Kapitel vorgestellten Entwürfen zum Prozess der Informationssuche findet man in der Fachliteratur inzwischen Dutzende weitere Modelle zur Informationskompetenz, von denen die meisten in ihrer Struktur und ihren Prozessen deutliche Gemeinsamkeiten aufweisen. Einige landesspezifische Beispiele hierzu sind u. a. die australischen „Seven Faces of Information Literacy" von Bruce (1997), das „Seven Pillars Model for Information Literacy" der Society of College, National and University Libraries (SCONUL) aus Großbritannien (1999), das US-amerikanische „Information Fluency"-Modell von McEuen (2001), das deutsche „LIK-Modell" von Dannenberg (2000) sowie das „Life Cycle"-Modell der UNESCO (2008).

Standards

Vor dem Hintergrund der wachsenden Bedeutung von Informationskompetenz im Lernprozess sind auf Basis der vorliegenden Modelle in den letzten Jahren im nationalen und internationalen Rahmen zahlreiche offizielle Standards zur Informationskompetenz entwickelt worden, die bestehende Definitionen und Modelle anwendbar umsetzen und sowohl den Schul- als auch den Hochschulbereich berücksichtigen. Während in der Grund- und Sekundarstufe die „Nine Information Literacy Standards for Student Learning" der American Association of School Librarians (AASL, 1998) dominieren, haben sich im Hochschulbereich die „Information Literacy Competency Standards for Higher Education" der Association of College and Research Libraries (ACRL, 2000), die „Information Literacy Standards" des Council of Australian University Librarians (CAUL, 2001) sowie deren zweite Auflage unter dem Titel „Australian and New Zealand Information Literacy Framework: Principles, Standards and Practice" des Australian and New Zealand Institute for Information Literacy (Bundy, 2004) etabliert. Hinzu kommen zahlreiche Eigenentwicklungen einzelner Bundesstaaten bzw. Bundesländer, Universitätsverbünden sowie verschiedener Gruppen und Institutionen (Arp & Woodard, 2002) wie beispielsweise die deutschen „Standards der Informationskompetenz für Studierende" des „Netzwerkes Informationskompetenz Baden-Württemberg" (NIK-BW, 2006).

AASL-Standards

Die „Nine Information Literacy Standards for Student Learning" der American Association of School Librarians von 1998 umfassen die neun AASL-Standards, die den drei Teilbereichen „Information Literacy", „Independent Learning" und „Social Responsibility" zugeordnet werden. Im Teilbereich „Information Literacy" werden beispielsweise Kompetenzen gefordert wie der effiziente und effektive Zugriff auf die kritische und kompetente Evaluation sowie die akkurate und kreative Nutzung von Informationen. Ziel der beiden anderen Teilbereiche „Independent Learning" und „Social Responsibility" ist für Marianne Ingold:

> [...] unabhängige Lernende, die Informationen zu ihren persönlichen Interessen suchen, Literatur und andere kreative Ausdrucksformen schätzen, bei der Informationssuche und der Wissenserzeugung nach herausragender Qualität streben sowie gesellschaftliche Verantwortung wahrnehmen, indem sie positiv zur Lerngemeinschaft und Gesellschaft beitragen, die Bedeutung von Information für eine demokratische Gesellschaft erkennen, sich im Umgang mit Informationen und Informationstechnologien ethisch verhalten und in Gruppen mit anderen Informationen suchen und erzeugen (Ingold, 2005, 63-64).

Die „Nine Information Literacy Standards for Student Learning" der AASL sind im Folgenden aufgezeigt:

- **Information Literacy**

   Standard 1: The student who is information literate accesses information efficiently and effectively.
   Standard 2: The student who is information literate evaluates information critically and competently.
   Standard 3: The student who is information literate uses information accurately and creatively.

- **Independent Learning**

   Standard 4: The student who is an independent learner is information literate and pursues information related to personal interests.
   Standard 5: The student who is an independent learner is information literate and appreciates literature and other creative expressions of information.
   Standard 6: The student who is an independent learner is information literate and strives for excellence in information seeking and knowledge generation.

- **Social Responsibility**

   Standard 7: The student who contributes positively to the learning community and to society is information literate and recognizes the importance of information to a democratic society.
   Standard 8: The student who contributes positively to the learning community and to society is information literate and practices ethical behavior in regard to information and information technology.
   Standard 9: The student who contributes positively to the learning community and to society is information literate and participates effectively in groups to pursue and generate information (AASL, 1998, 2-6).

ACRL-Standards

Um die Informationskompetenz von Studierenden zu beschreiben, wurden von der Association College Research Libraries (ACRL) die „Information Literacy Competency Standards for Higher Education" entwickelt. Sie basieren auf der bereits 1989 von American Library Association formulierten Definition von Information Literacy und stellen die bis heute meist herangezogenen, diskutierten sowie zur Vermittlung von Informationskompetenz eingesetzten offiziellen Standards dar. Dabei beziehen sie sich auf die Bedürfnisse der Studierenden im Umgang mit der Informationsarbeit aller Semester, dienen als Richtlinie bzw. als Empfehlung für vermittelnde Institutionen und machen das Lernen der Studierenden messbar

(Rauchmann, 2002). Die ACRL-Standards umfassen insgesamt fünf Standards und 22 Leistungsindikatoren (drei bis sieben für jeden der Standards) und werden durch mehrere Messgrößen repräsentiert. Ein Leistungsindikator für den Standard Two („The information literate student access needed information effectively and efficiently") ist z. B. die Formulierung und Ausführung von erfolgreichen Suchstrategien. Als Messgrößen dafür sind u. a. die Identifikation von Stichwörtern, Synonymen und verwandten Begriffen, die Selektion von fach- oder quellenspezifischem Vokabular sowie die Verwendung von geeigneten Suchbefehlen wie Boolesche Operatoren oder Trunkierung. Während die Standards selbst eher allgemein formuliert sind, weisen die Leistungsindikatoren und insbesondere die Messgrößen ein ausgeprägtes Verständnis von Informationskompetenz als Kombination aus Recherchestrategien, wissenschaftlichem Arbeiten und Forschungsmethodik auf (Ingold, 2005).

Die fünf „Information Literacy Competency Standards for Higher Education" der ACRL lauten folgendermaßen:

> *Standard One:* The information literate student determines the nature and extent of the information needed.
> *Standard Two:* The information literate student access needed information effectively and efficiently.
> *Standard Three:* The information literate student evaluates information and it sources critically and incorporates selected information into his or her knowledge base and value system.
> *Standard Four:* The information literate student, individually or as a member of a group, uses information effectively to accomplish a specific purpose.
> *Standard Five:* The information literate student understands many of the economic, legal and social issues surrounding the use of information and accesses and uses information ethically and legally (ACRL, 2000, 8-14).

Die Formulierungen der ACRL-Standards ergeben ein sehr umfangreiches und ausführliches Anforderungsprofil für Studierende und eignen sich für das Messen der Ausprägungen der Fähigkeiten. Auf Grund dessen haben einige US-amerikanische Universitäten (Beispiele hierzu sind die University of Massachusetts und die University of North Carolina-Chapel Hill) den Grad der Informationskompetenz definiert, den Absolventen bei Abschluss ihres Studiums besitzen sollten (Rauchmann, 2002).

CAUL-Standards

Die australischen Information Literacy Standards des Council of Australian University Librarians (CAUL) basieren im Wesentlichen auf den im vorhergehenden

Abschnitt bereits geschilderten ACRL-Standards, richten sich jedoch allgemein an informationskompetente Personen auf allen Bildungsebenen, wobei der Schwerpunkt auch hier auf den höheren Bildungssektor gelegt wird. Insgesamt formuliert das CAUL sieben Standards der Informationskompetenz, die jeweils mit Messgrößen und Beispielen ergänzt werden. Dabei weisen die australischen Standards deutliche Gemeinsamkeiten mit dem Ansatz der ACRL auf und können schlagwortartig als Informationsbewusstsein, Informationssuche, Informations-bewertung, Informationsspeicherung, Informationswiedergewinnung, Informa-tionsnutzung, soziokulturelle, ethische und rechtliche Informationspraxis und als die Fähigkeit zum lebenslangen Lernen zusammengefasst werden (Catts, 2002). Der wesentliche Unterschied zwischen den Standards der ACRL und des CAUL wird lediglich bei dem letzten – siebten – Standard des CAUL sichtbar, der sich mit dem lebenslangen Lernen beschäftigt:

> *Standard Seven:* The information literate person recognizes that lifelong learning and parti-cipative citizenship requires information literacy (CAUL, 2001, 18).

Demnach soll nach Ansichten des CAUL eine informationskompetente Person in der Lage sein, sich ständig mit Information und Informationstechnologie ausein-anderzusetzen, um sich ein unabhängiges lebenslanges Lernen zu ermöglichen. Dazu gehören u. a. die regelmäßige Nutzung diverser Informationsquellen, die kontinuierliche Weiterbildung bezüglich Informationstechnologien, -methoden und -quellen sowie die Fähigkeit, sich auf dem Laufenden zu halten (Ingold, 2005).

Standards des NIK-BW

Angeregt durch die US-amerikanischen und australischen Ansätze sowie durch die deutsche Übersetzung der ACRL-Standards von Homann (2002b) formu-lierte das „Netzwerk Informationskompetenz Baden-Württemberg" (NIK-BW) in den Jahren 2005 und 2006 seine eigenen Standards der Informationskompetenz für Studierende. Auch sie knüpfen sehr stark an die Vorarbeiten anglo-ame-rikanischer Bibliotheken und Hochschulen an, beziehen sich jedoch nicht auf das gesamte mögliche Spektrum von Informationskompetenz, sondern auf die Inhalte, die den spezifischen Aufgaben und Kompetenzen deutscher Bibliothe-ken entsprechen und daher primär von diesen vermittelt werden können (NIK-BW, 2006). Dabei wird zwischen fünf Standards unterschieden, die im Wesentli-chen den Ansätzen von ACRL und CAUL entsprechen:

Erster Standard: Die informationskompetenten Studierenden erkennen und formulieren ihren Informationsbedarf und bestimmen Art und Umfang der benötigten Informationen.

Zweiter Standard: Die informationskompetenten Studierenden verschaffen sich effizient Zugang zu den benötigten Informationen.

Dritter Standard: Die informationskompetenten Studierenden bewerten die gefundenen Informationen und Quellen und wählen sie für ihren Bedarf aus.

Vierter Standard: Die informationskompetenten Studierenden verarbeiten die gewonnenen Erkenntnisse effektiv und vermitteln sie angepasst an die jeweilige Zielgruppe und mit geeigneten technischen Mitteln.

Fünfter Standard: Die informationskompetenten Studierenden sind sich ihrer Verantwortung bei der Informationsnutzung und -weitergabe bewusst (NIK-BW, 2006, 3-7).

Informationskompetenz und die Schule

Aus den Theorien über die Informations- und Wissensgesellschaft und deren Schlüsselqualifikation Informationskompetenz kristallisiert sich deutlich die Notwendigkeit heraus, Kinder und Jugendliche möglichst früh in diesem Bereich zu schulen. Es reicht nicht aus, dass diese Kompetenzen erst im Studium, während der Ausbildung oder im Zuge anderweitiger Erwachsenenbildung vermittelt werden. Dies sollte bereits während der schulischen Ausbildung geschehen. Dazu gibt es in Deutschland bereits zahlreiche Ansätze, die allerdings meist für das Bildungssystem im jeweiligen Bundesland erarbeitet wurden.

Ein Beispiel aus Deutschland für eine überregionale Arbeitsgruppe zum Thema Informationskompetenz bildet das gleichnamige Webportal. Dieser Zusammenschluss von Bibliotheken aus mehreren Bundesländern soll als Unterstützung der alltäglichen Arbeit dienen, indem sie eine Materialsammlung bietet, die die Aus- und Weiterbildung der Informationskompetenz thematisiert. Ferner wurden die folgenden fünf Standards entwickelt, welche darüber hinaus spezifizierende Indikatoren umfassen:

1. Das regionale Informationsangebot kennen und nutzen,
2. Strategien der Literaturrecherche beherrschen,
3. Literatur effizient beschaffen,
4. Elektronische Ressourcen nutzen,
5. Literatur und Information effizient weiterverarbeiten (Deutscher Bibliotheksverband, 2007).

Wie Hapke (2007) in seiner Definition zur „klassischen Informationskompetenz" darstellt, geht es dabei jedoch meist um das Erlernen von Recherche- und Navigationsstrategien, wobei das Ganze als linearer Prozess mit aufeinanderfolgenden Schritten angesehen wird. Das Netzwerk Informationskompetenz Baden-

Württemberg (NIK-BW) hat hierfür ein Konzept entwickelt, durch das Schüler der gymnasialen Oberstufe lernen, mit unterschiedlichen Informationsquellen und Recherchemöglichkeiten umzugehen. Dabei gliedert sich das Konzept in die Module „Bibliothek", „Katalog" und „Internet". Um den Prozess der linearen unreflektierten Vorgehensweise aufzubrechen, werden darüber hinaus Faktoren wie Zuverlässigkeit, Relevanz oder Vollständigkeit angesprochen und alternative Suchinstrumente vorgestellt (NIK-BW, 2008).

Obwohl die Bibliothekare in ihrem Bereich sicherlich kompetent und auch fähig sind, dem gewillten Individuum diese Inhalte näher zu bringen, bleibt ihr Einflussbereich jedoch beschränkt. Vor allem den jüngeren Nutzern bleibt somit eine optimale Schulung vorenthalten, da zusätzliche Lerneinheiten auf freiwilliger Basis nur selten großen Anklang finden. Effektiver wäre von daher die Einführung von verpflichtenden bzw. Punkte einbringenden Kursen, was jedoch bei den bibliotheksgeleiteten Schulungen nicht möglich ist (Webber & Johnston, 2000). An diesem Punkt tritt nun die Schule als Vermittler der Informationskompetenz in den Vordergrund. Obwohl die Lehre dieser Kompetenz sich bisher noch nicht an den Schulen durchgesetzt hat, gibt es trotzdem bereits entsprechende Programme bzw. Lehreinheiten, die auch jüngeren Kindern Verständnis im Umgang mit Informationen beibringen sollen. Ein Beispiel hierfür sind die klick-safe-Lehrerhandbücher, welche Konzepte für den Unterricht in Bezug auf das Internet enthalten. Dabei werden neben der Thematik des Internets generell auch spezielle Aspekte wie Datenschutz und Privatsphäre, Social Communities, Cyber-Mobbing und Online-Abzocke behandelt (Landeszentrale für Medien und Kommunikation [LMK] Rheinland-Pfalz, 2011). Die Schulen haben eine größere Möglichkeit als die Bibliotheken, vor allem auch junge Menschen zu erreichen. Dabei bestehen vielfältige Umsetzungsmöglichkeiten, die von einem festen Unterrichtsfach über freiwillige Lerneinheiten, wie beispielsweise Projekttage, bis hin zur Integration in andere Fächer gehen. Vor allem bei verbindlichen Kursen ist der Einfluss auf die Schüler besonders hoch. Neben dem höheren Grad der Verpflichtung tritt die Schule auch noch aus einem anderen Grund als Kompetenzvermittler hervor. Als Teilaspekt der Informationskompetenz stellt das lebenslange Lernen einen wichtigen Bestandteil dar. Hierzu bietet die Schule eine optimale Schnittstelle, da bereits im schulischen Umfeld der Grundstein hierfür gelegt werden sollte. Erste Schritte sind hierbei die Schlüsselqualifikation des „Lernen lernens", welches an manchen weiterführenden Schulen in der Orientierungsstufe angeboten wird. So sollten auf diesem Ausgangspunkt basierend die Schüler dazu animiert werden, auch nach ihrer Ausbildung stets darum bemüht zu sein, weiter zu lernen und sich neues Wissen anzueignen. Diesen Gedanken veranschaulichen auch Hochholzer und Wolff (2005) in ihrer Untersuchung und zeigen, dass in den bayerischen Lehrplänen der Grundschulen bereits dieser Aspekt aufgenommen wurde, um den Schülern einerseits die Beschaffenheit von Informationen und somit die optimale Nutzung näher zu bringen und andererseits durch Techniken zur Motivation, Konzentration und Entspannung die Schüler in der Entwicklung ihrer persönlichen Lernstrategie zu unterstützen.

Bei der Entwicklung entsprechender Programme und Lerneinheiten sollte das bereits gesammelte und organisierte Wissen der Bibliothekare nicht außer Acht gelassen werden, da diese die entsprechenden Erfahrungswerte besitzen (Drechsler & Siems, 2012). Jedoch sollte auch noch eine andere Berufsgruppe berücksichtigt werden. Bei dieser Personengruppe handelt es sich um die Informationswissenschaftler. Die Informationswissenschaft wurde, wie die Informationskompetenz, häufig diskutiert und stand im Fokus von zahlreichen Untersuchungen. Letztendlich hat sich gezeigt, dass sich die Informationswissenschaft als Schnittstelle zu diversen anderen Disziplinen versteht und diese teilweise sogar in sich vereint. Dieser Aspekt ist von besonderer Bedeutung bei der Ausbildung von Informationswissenschaftlern. Dadurch haben sie ein breites Spektrum an Einflüssen, auf welche sie zurückgreifen und in ihre Arbeit mit einbeziehen können. Zu diesen Einflüssen zählen unter anderem Informatik, Mathematik, Sozialwissenschaften sowie Kommunikation. Entscheidend ist jedoch, dass die Informationswissenschaftler neben der Suche und der Organisation von Informationen auch in der Evaluation sowie in Wissensrepräsentation ausgebildet sind. Dieser Punkt stellt einen markanten Kontrast zum Bibliothekar dar, der in diesem Sinne eher eine passivere Rolle innehat (Summers, Oppenheim, Meadows, McKnight, & Kinnell, 1999). Eine optimale Entwicklung von Informationskompetenz für den Schuleinsatz lässt sich also durch die Kombination der Erfahrungswerte von Pädagogen, Bibliothekaren und Informationswissenschaftlern erzielen. Dass ein Umdenken bzw. ein Umstrukturieren der Lehrpläne in Bezug auf die Kompetenzen nötig ist, sieht Lynne Anderson-Inman (2009) als unerlässlich an. Sie beschreibt, dass die Schulen auf Erziehungsmodellen des 19. Jahrhunderts beruhen, die jedoch längst überholt sind. Statt in der Vergangenheit zu leben, sollte man den Blick in die Zukunft richten mit seinen exponentiell vergrößernden Informationswelten und den dadurch neu entstehenden Anforderungen an die Lernenden. Dieses Umdenken ist in seinen theoretischen Zügen auch beim deutschen Bundesministerium für Bildung und Forschung angekommen. In Bezug auf die digitalen Medien in der Bildung gibt das Ministerium auch an, dass das lebenslange Lernen ein Grundstein für eine „erfolgreiche Bildungsbiographie" darstellt.

> Eine entsprechende Medienkompetenz inklusive Informationskompetenz wird zunehmend zur Voraussetzung für die Teilhabe an Wissen und den Möglichkeiten digitaler Lehr- und Lernprozesse. Medienkompetenz kann heute bereits neben Lesen, Schreiben und Rechnen

als „vierte Kulturtechnik" bezeichnet werden und ist eine entscheidende Schlüsselqualifikation des 21. Jahrhunderts (BMBF, 2011).

Diese „entscheidende Schlüsselqualifikation" sollte folglich nicht erst während der akademischen Bildung oder im Berufsleben erlangt werden, sondern im gleichen Atemzug mit dem Lesen, Schreiben und Rechnen erlernt werden (BMBF, 2011). Anhand der Lehrpläne für bayerische Gymnasien veranschaulichen Hochholzer und Wolff (2005) wie eine mögliche Einbindung in den Unterricht erfolgen kann. Zwar wird hierbei erst in der sechsten Klasse angesetzt, jedoch werden Aspekte wie Internetrecherche im Deutsch-Unterricht sowie Strukturen und Beschaffenheit von Informationen im Kontext des Faches Informatik thematisiert und in den Schulalltag eingebunden. Wittich und Jasiewicz (2011, 169-170) stellen in ihrer Untersuchung die wichtigsten Punkte heraus, die einen Bezug zur Vermittlung von Informationskompetenz im Schulalltag aufweisen:

- **Deutsch:**
    - Methoden zur Informationsbeschaffung und -verarbeitung,
    - Medienkompetenz;

- **Mathematik:**
    - Selbständiges Auswählen, Nutzen und Bewerten von Informationen,
    - sachgerechte Nutzung von Hilfsmitteln wie zum Beispiel Tafelwerke, Taschenrechner, Computersoftware, Internet;

- **Fremdsprachen:**
    - Fähigkeit, audiovisuelle und elektronische Medien zur Informationsbeschaffung, -aufbereitung, -gewichtung und zur Kommunikation zu nutzen,
    - Fähigkeit, Informationen aus Texten zu gewinnen, sie nach bestimmten Gesichtspunkten auszuwählen, zu ordnen, zusammenzufassen,
    - Fähigkeit, wörterbuchabhängige Erschließungstechniken anzuwenden,
    - Fähigkeit, einschlägige Hilfsmittel sachgerecht zu benutzen und sich selbständig Informationen zu beschaffen,
    - Fähigkeit, Stichwortnotizen sinnvoll und übersichtlich anzufertigen.

Ferner verdeutlichen sie allerdings auch, dass es sich dabei um eine stark aufgespaltene Form der Informationskompetenzvermittlung handelt, da das Erlernen dieser Schlüsselkompetenz immer im Kontext bestimmter Schulfächer auftritt. Durch die Länderkonferenz MedienBildung, ein freiwilliger Zusammenschluss von Vertretern der Landesmedienzentren sowie den Abteilungen für Medien in pädagogischen Instituten, wurden Standards zur Medienbildung entwickelt, die im Gesamten darauf abzielen, den Informationsbedarf zu erkennen und diesen durch die effektive Ermittlung, Beschaffung, Bewertung und Nutzung von Informationen zu befriedigen. Jedoch sind diese Standards immer mit einem Unterrichtsfach verknüpft, sodass Informationskompetenz bzw. Medienkompetenz – wie es länderübergreifend bezeichnet wird – nicht als eine eigenständige Kompetenz empfunden wird, sondern stets im thematischen Umfeld einer Lerneinheit behandelt wird. Darüber hinaus werden diese Standards zwar im Unterricht gefordert, jedoch ist es nicht verpflichtend, dass ein Schüler bis zum Abschluss seiner Schulbildung diese Kompetenzen auch erlernt hat. Das Merkmal „medienkompetent" wird zwar am Ende der Schullaufbahn erwartet, jedoch wird durch kein konkretes Unterrichtsfach darauf hingearbeitet. Im Gegensatz dazu steht das Schulcurriculum von Großbritannien, welches mit dem Fach Informations- und Kommunikationstechnologie dem Bedarf an einem komplexeren Konzept zur Vermittlung von Informationskompetenz gerecht wird. In diesem Fach werden die entsprechenden Schlüsselqualifikationen erlernt, eingeübt und durch Einbindung in andere Fächer auch praktisch genutzt und somit vertieft. Ein entsprechendes Vorhaben wäre für deutsche Schulen wünschenswert, um der steigenden Bedeutsamkeit von Informationskompetenz für die Wissensgesellschaft gerecht zu werden. Zu demselben Schluss kommen auch Gapski und Tekster (2009) in ihrer Studie „Informationskompetenz in Deutschland":

> Die Bedingungen, unter denen Schüler(innen) ihre Hausaufgaben, Referate oder Facharbeiten für den Unterricht vorbereiten, haben sich trotz oder gerade wegen der vermeintlich einfachen Suchmöglichkeiten und der direkten Verfügbarkeit von Informationen in den letzten Jahren nicht verbessert (Gapski & Tekster, 2009, 29).

Diese Unfähigkeit ist darauf zurückzuführen, dass aufgrund mangelnder Ausbildung den Schülern häufig keine Alternativen zur Internetrecherche bekannt sind, was noch einmal verdeutlicht, dass entsprechende Programme zum Aufbau der Informationskompetenz bei Kindern und Jugendlichen von immenser Bedeutung sind.

Eine generelle Hilfestellung beim Erwerb der Informationskompetenz ist von Wichtigkeit, da vor allem junge Menschen die Unterstützung benötigen. Annemaree Lloyd (2005) verwendet für die Informationskompetenz das Bild einer Landschaft, die einem fremd, unzugänglich und möglicherweise auch bedrohlich erscheinen mag, weil sie einem unbekannt ist. In diesem Kontext erklärt sie den Bedarf an Rückhalt wie folgt:

Without assistance it may be easy to get lost along the paths or within the nodes and go beyond the edges (Lloyd, 2005, 572).

Erst durch die Unterstützung und die Hilfe von anderen lernt man diese Landschaft kennen und zu verstehen, um sich letztendlich dadurch in dieser auch zurechtzufinden.

Fazit

Das Konzept der Informationskompetenz hat sich vor allem im Bibliothekswesen, in der informationswissenschaftlichen Fachwelt sowie – insbesondere in der jüngeren Vergangenheit – im Bildungswesen fest etabliert. Besonders die Hochschul- und Schulbibliotheken sehen in diesem Gebiet eine Kernaufgabe ihrer Arbeit und beteiligen sich aktiv an der Förderung von entsprechenden Kompetenzen, die zu einem bewussten, selbständigen Umgang mit Informationen befähigen. Die Entstehung dieses Konzepts ist eng mit der Tradition der bibliothekarischen Benutzerschulungen und mit der Bildungs- sowie Berufspolitik der einzelnen Staaten verknüpft. Darüber hinaus wird die Informationskompetenz-Bewegung in den letzten Jahren immer stärker von den aktuellen Entwicklungen in der Informationstechnologie beeinflusst und von der neuen Informations- bzw. Wissensgesellschaft geprägt. Informationskompetenz als eine Schlüsselqualifikation, um sich in der heutigen Wissensgesellschaft zurechtzufinden, gewinnt immer mehr an Bedeutung. Aus den Theorien über Informations- und Wissensgesellschaft und deren Schlüsselqualifikation Informationskompetenz kristallisiert sich deutlich die Notwendigkeit heraus, Kinder und Jugendliche möglichst früh in diesem Bereich zu schulen. Es reicht nicht mehr aus, dass diese Kompetenzen erst im Studium, während der Ausbildung, der Erwachsenenbildung oder gar erst am Arbeitsplatz vermittelt werden. Dies sollte bereits während der schulischen Ausbildung geschehen. Effektiv wäre die Einführung von verpflichtenden Kursen, da zusätzliche (bibliotheksgeleitete) Schulungen auf freiwilliger Basis vor allem bei jüngeren Schülern nur selten großen Anklang finden. An diesem Punkt tritt die Schule als Vermittler der Informationskompetenz in den Vordergrund. Eine optimale Entwicklung von Informationskompetenz für den Schuleinsatz lässt sich durch die Kombination der Erfahrungswerte von Pädagogen, Bibliothekaren und Informationswissenschaftlern erzielen. Ein Umdenken bzw. ein Umstrukturieren der Lehrpläne in Bezug auf diese Kompetenzen ist notwendig und ein entsprechendes Vorhaben wäre für deutsche Schulen äußerst wünschenswert. Nur so ist es möglich, der steigenden Bedeutsamkeit von Informationskompetenz für die Wissensgesellschaft gerecht zu werden.

Teil 2: **Empirie: Informationskompetenz in Primarschule und Gymnasium**

Simone Soubusta, Samuel Kai Wah Chu

Kapitel 2: Unterricht in Informationskompetenz an Primarschulen in Hongkong – ein Fallbeispiel

In Hongkong wird Informationskompetenz – auch und gerade an Schulen – stark beachtet. Wir berichten über diese Fallstudie aus China, da in Deutschland entsprechende Untersuchungen ausgesprochen rar sind (Ausnahme: Homeyer, 2008) und weil das Projekt aus Hongkong – wissenschaftlich begleitet – auf breite Erfahrungen an Grundschulen aufbaut (Chu, Tavares, Chu, Ho, Chow, Siu, & Wong, 2012). Es geht um ein fächerübergreifendes Projekt zur Verbesserung der Informationskompetenz von Viertklässlern der *Canossa Primary School* in Hongkong (Chu, Chow, Tse, & Kuhlthau, 2008, siehe auch Chu, 2009; Chu, Chow, & Tse, 2011, Chu, Chow, Loh, & Tse, 2011). Im Rahmen des Projekts arbeiteten die Sachkundelehrer und Chinesisch-Lehrer der einzelnen Klassen mit dem IT-Lehrer und der Schulbibliothekarin zusammen, um den Schülern mit Hilfe des *Inquiry-based Learning* Ansatzes Informationskompetenz näherzubringen.

Entdeckendes Erlernen der Informationskompetenz an Grundschulen

Das Projekt, an dem 141 Viertklässler mit einem Durchschnittsalter von 9 Jahren teilnahmen, wurde über 6 Monate durchgeführt und bestand aus 2 Phasen, in denen die Schüler unterschiedliche Fragestellungen bearbeiteten. Bei den Teilnehmern handelte es sich um Schüler mit durchschnittlichen akademischen Leistungen an einer durchschnittlich platzierten Schule in Hongkong.

Das Projekt wurde als *Inquiry-based Learning* (*dt.* entdeckendes Lernen) Projekt durchgeführt (Bruner, 1961). *Inquiry-based Learning* ist ein schülerzentrierter Ansatz, bei dem die Schüler das gewünschte Wissen selbst „entdecken" und sich auch selbst aneignen. Im Projekt in Hongkong wurde die Vermittlung des Wissens über Informationskompetenz in den allgemeinen Unterricht integriert. Die Schüler sind hierbei für die Kreierung von Wissen selbst verantwortlich, und die Lehrer spielen lediglich eine unterstützende Rolle. Die Lehrer geben den Schülern nicht einfach vorgefertigtes Wissen weiter, sondern die Schüler müssen selbst Fragen formulieren und Informationen finden, die ihnen diese Fragen beantworten können. Durch diese Definition ist schon ersichtlich, dass die Methodik des *Inquiry-based Learning* wie prädestiniert ist für die Vermittlung von Informationskompetenz – Schüler identifizieren selbstständig Wissenslücken und sammeln sowie bewerten Informationen, um diese Wissenslücken zu schließen, d.h. sie wenden die Methoden der Informationskompetenz praxisbezogen während eines Projektes an(siehe Abbildung 2.1).

Des Weiteren wurde Wert auf eine fächerübergreifende Zusammenarbeit gelegt, um den speziellen Anforderungen der Vermittlung von Informationskompetenz gerecht zu werden. Informationskompetenz wirkt sich hier nicht nur auf die Recherchefertigkeiten der Schüler aus, sondern auch auf die Lese- und Schreibkompetenz sowie ihre IT-Kenntnisse.

In der ersten Phase bearbeiteten die Schüler ein Projekt zum Thema *Die Erde* (Bearbeitungszeit: 10 Wochen), in der zweiten Phase war das Oberthema *Die Geschichte von Hongkong und China* (Bearbeitungszeit: 9 Wochen). Das spezifische Unterthema, das die Schüler in Kleingruppen bearbeiten sollten, durften sie sich selbst aussuchen, um eine höhere Motivation für das Projekt zu gewährleisten.

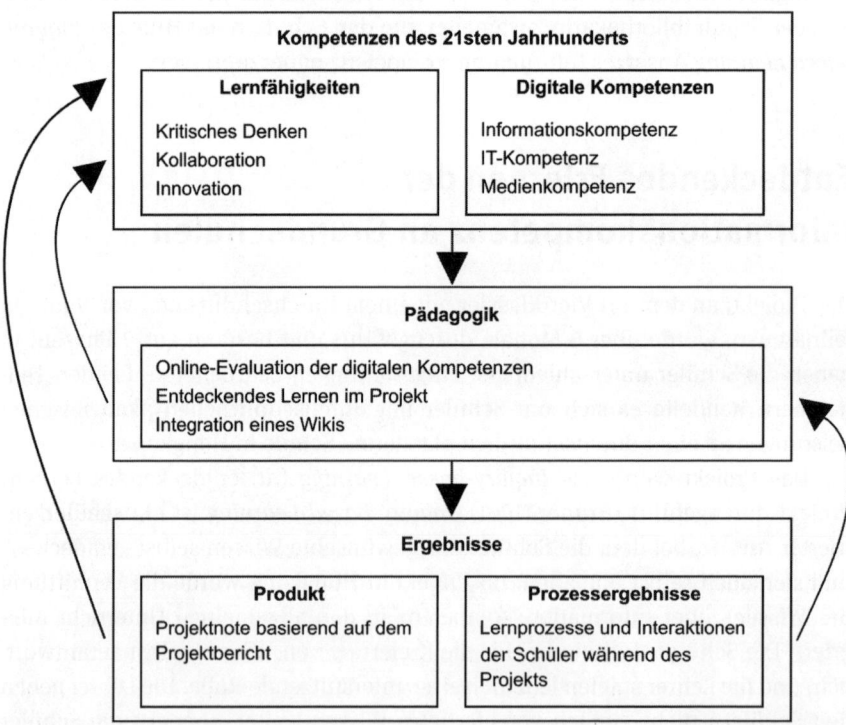

Abb. 2.1: Inquiry Project-based Learning Modell.

Im Sachkundeunterricht wurden zwei Schulstunden pro Woche auf das Projekt verwendet, wobei der Sachkundelehrer hauptsächlich für themenbezogene Aspekte und die Zusammenführung und Klassifizierung der Informationen in Bezug auf die Projektabschlusspräsentation verantwortlich war. Er oder sie stellte sicher, dass die Schüler die richtigen Recherchefragen stellten, Informationen sinnvoll klassifizierten und evaluierten, und half ihnen, die Informationen zu einer Projektpräsentation zusammenzuführen. Neben der klassischen *PowerPoint*-Präsentation konnte die abschließende Präsentation auch in Form eines Theaterstücks oder Comics durchgeführt werden – dies sollte helfen, die Kreativität der Schüler anzuregen.

Beteiligte Lehrer

Die Schulbibliothekarin, die in Hongkong immer eine ausgebildete Lehrerin („Teacher Librarian") ist (Kwong, 1990; zum Teacher Librarian siehe auch Combes, 2005; Henri & Boyd, 2002), war für die Vermittlung der Kern-Informationskompetenzen verantwortlich. Sie brachte den Schülern Recherche in Print- und Online-Medien und Informationsevaluation näher und half bei der Lokalisierung relevanter Informationsquellen in Form von Büchern, Zeitungsartikeln und Webressourcen. Hierfür wurden in beiden Projektphasen einige Unterrichtseinheiten zur Verbesserung der Informationskompetenz in der Bibliothek abgehalten. Die Schüler wurden in die Schulbibliothek und ihren Katalog sowie in den Katalog der öffentlichen Bibliothek eingeführt. Dies schloss auch das Erlernen der *Dewey Decimal Classification* ein. Des Weiteren lernten die Schüler die Nachrichtendatenbank *WiseNews* und das Web zu Recherchezwecken zu nutzen. Neben der einfachen Stichwortsuche wurden sie hierbei auch im Umgang mit Booleschen Operatoren geschult (Hui, Chu, Mak, Yim, Pun, & Liu, 2010). Zudem mussten die Schüler in jeder Phase eine Hausaufgabe mit Bezug auf Informationskompetenz bearbeiten.

Der Chinesisch-Lehrer hat sich um die Verbesserung des Leseverständnisses und der Schreibfertigkeiten der Schüler gekümmert. In bis zu sieben Unterrichtseinheiten pro Woche lasen die Schüler je einen themenbezogenen Artikel im Unterricht, unterstrichen die Kernaussagen des Textes und schrieben ein paar Anmerkungen zum Text. In der zweiten Projektphase wurden außerdem zur Motivierung der Schüler einige themenbezogene Videos gezeigt. Als Hausaufgabe mussten die Schüler zuhause weitere themenbezogene Artikel finden und bearbeiten und ihre Fortschritte in einem Recherchejournal festhalten.

Der IT-Lehrer war für die technischen Aspekte der Informationskompetenz verantwortlich. Er brachte den Schülern den Umgang mit chinesischen Eingabesystemen sowie *PowerPoint* und *Excel* bei.

Am Ende jeder Phase mussten alle Schüler einen schriftlichen Bericht einreichen und eine Präsentation halten. Diese wurden sowohl vom Schüler selbst als auch von seinen Mitschülern bewertet.

Lernphasen

Informationskompetenz wird im Rahmen des Projektes in vier distinktive Phasen unterteilt: die Formulierung des Themas, die Sammlung von Informationen, die Analyse und Evaluation der gefundenen Informationen und die Zusammenfassung der Ergebnisse in Form eines Berichtes und einer Präsentation.

1. **Formulierung des Themas**
   Der Sachkundelehrer unterstützte die Schüler bei der systematischen Formulierung einer Fragestellung mithilfe von verschiedenen Methoden wie den sechs Ws (*Wer? Was? Wo? Wann? Warum?* und *Wie?*) und Mindmapping.

2. **Informationen sammeln und evaluieren**
   Neben der Nutzung verschiedener Informationsquellen (*WiseNews*, das Internet, die Bibliothek) lernten die Schüler auch den Umgang mit fortgeschrittenen Recherchehilfsmitteln wie z.B. Booleschen Operatoren.

3. **Informationen organisieren und analysieren**
   Die Schüler lernten Lesetechniken für besseres Textverständnis und Techniken der Datenanalyse (u. a. mit *Excel*).

4. **Präsentation und Bericht**
   Die Schüler lernten das Erstellen einer Präsentation von ihrem IT-Lehrer und das Schreiben eines Berichtes von ihrem Chinesisch-Lehrer.

   Im Rahmen der Gruppenarbeit wurden die Schüler dazu angeregt, ein für das Projekt erstelltes Wiki zur Kommunikation und Kollaboration zu nutzen. Das Wiki sollte die Kommunikationsmöglichkeiten verbessern und den Austausch von Feedback fördern. Tests ergaben, dass der Einsatz der Wikis die Zusammenarbeit verbessert und die Qualität der Arbeiten erhöht hat (Chu, 2008).

Projektergebnisse

Die Ergebnisse des Projektes wurden von den Autoren als sehr positiv beurteilt. Sowohl vor als nach dem Projekt wurden Befragungen von Schülern, Lehrern und Eltern vorgenommen. Diese ergaben, dass die Schüler große Verbesserungen in den Bereichen Informationskompetenz, Leseverständnis, Schreibfertigkeiten, IT-Kompetenz, Recherche und ihrem Wissen über das Projektthema feststellten. Diese – zugegebenermaßen subjektiven – Beobachtungen wurden von den Lehrern geteilt. Die Beurteilungen der Eltern waren etwas zurückhaltender (aber nicht negativ), wobei die Eltern auch nur eine vernachlässigbare Rolle in den Projekten spielten, da die Schüler selbstständig und ohne Hilfe ihrer Eltern arbeiten sollten. Des Weiteren hatten die meisten Schüler Spaß an der Bearbeitung der Projekte. Abbildung 2.2 zeigt einen Vorher/Nachher Vergleich von verschiedenen Kompetenzen der Schüler aus Sicht der Sachkundelehrer.

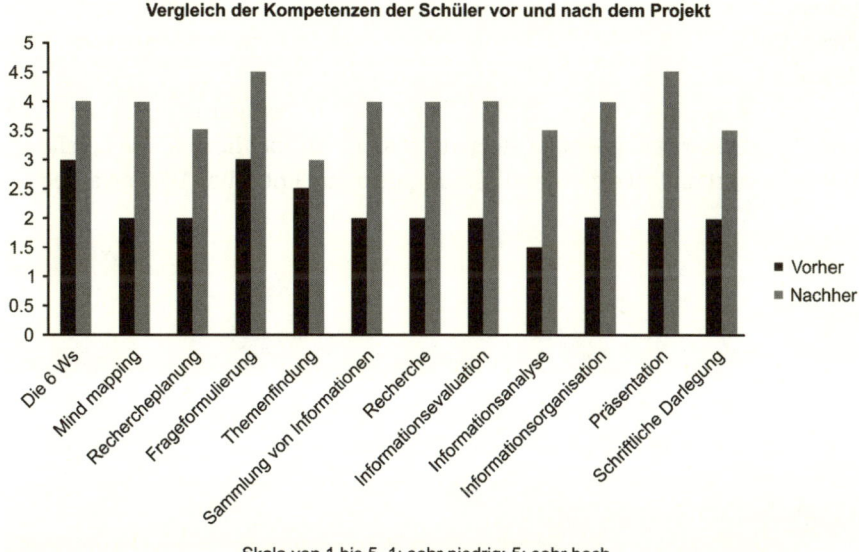

Abb. 2.2: Vorher/Nachher Eindrücke der Sachkundelehrer (nach Chu, Chow, Tse, & Kuhlthau, 2008).

Insbesondere stellten die Projektleiter in Tests vor und nach dem Projekt eine erhebliche Verbesserung der Lesekompetenz fest (Chu, Chow, Loh, & Tse, 2011). Zur Messung der Lesekompetenz wurde PIRLS (*Progress in International Reading*

Literacy Study) eingesetzt, bei uns in Deutschland bekannt unter der deutschen Bezeichnung IGLU (*Internationale Grundschul-Lese-Untersuchung*).

Der *Inquiry-based Learning* Ansatz in Kombination mit fächerübergreifender Projektarbeit erwies sich somit als geeignete Methode, um Schülern Informationskompetenz und IT-Fertigkeiten zu vermitteln.

Eine bedingungslose Übertragung dieses Projektes auf deutsche Schulen ist aufgrund der Unterschiede im Schulsystem und der ungleichen Ausgangskompetenzen schwierig. So gibt es beispielsweise an den meisten deutschen Schulen keine Schulbibliothekare, während die Schulbibliothekarin in Hongkong, u.a. aufgrund ihrer Lehrer-Qualifikation, eine Schlüsselrolle in der Vermittlung von Informationskompetenz spielte. Sie ist verantwortlich für die Vermittlung aller Recherchefertigkeiten – vom Umgang mit dem Bibliothekskatalog zur Nutzung von *WiseNews* und dem Einsatz von Booleschen Operatoren. Ein weiterer beachtenswerter Unterschied ist, dass die Schüler in Hongkong schon vor Beginn des Projektes (wenn auch unzureichend) mit z.B. Booleschen Operatoren vertraut waren, d.h. die Ausgangsinformationskompetenz war bereits relativ hoch. Trotz dieser Unterschiede bietet die Studie jedoch sicherlich einen interessanten Leitfaden zur Gestaltung einer projekt-basierten Lehreinheit zur Vermittlung von Informationskompetenz, der nachweisbar nicht nur die Informationskompetenz und IT-Fertigkeiten der Schüler steigert, sondern darüber hinaus ihre Lesefähigkeit verbessert und zu eigenständigem Handeln und kritischen Denken anregt.

Thorsten Förster, Lisa Orszullok

Kapitel 3: Wie kann man Informationskompetenz von Schülern erfassen?

Wahl der Methode: schriftliche Befragung

Untersuchungsgegenstand ist die Informationskompetenz bei Schülern sowohl in der Sekundarstufe I als auch in der Sekundarstufe II. Zur Durchführung der empirischen Untersuchung und der quantitativen Analyse wurde die Methode einer schriftlichen Befragung, d.h. eines Fragebogens in Papierform, angewandt. Diese Methode wurde gewählt, da sie eine höhere Rücklaufquote als beispielsweise eine Online-Befragung hat. Die Probleme einer schriftlichen Befragung, die durch fehlende Möglichkeit der Rückfrage an den Untersuchungsleiter zustande kommen können, wenn der Fragebogen etwa, wie es häufig der Fall ist, per Post oder per E-Mail versandt wird (Raab-Steiner & Benesch, 2010), wurden dadurch umgangen, dass bei jeder Befragung ein Untersuchungsleiter anwesend war. So konnten eventuell auftretende Fragen unmittelbar geklärt und Hilfestellung bei der Beantwortung der Fragen geboten werden, um somit Fehlerquellen zu minimieren. Dies steigerte wiederum ebenfalls die Rücklaufquote, die dadurch annähernd 100 % beträgt.

Gestaltung und Aufbau des Fragebogens

Die für die Schüler der Sekundarstufen I und II konzipierten Fragebögen umfassen – neben einer einleitenden Frage nach Alter und Geschlecht der Versuchsperson – 23 bzw. 25 Fragen, wobei einige durch Unterpunkte ergänzt werden, welche die Antwort auf die Hauptfrage spezifizieren sollen. Im Anhang dieses Kapitels ist der Fragebogen für die Sekundarstufe II abgedruckt. Es wurde bei der Konstruktion insbesondere darauf geachtet, dass geschlossene Fragen (z.B. Ja/Nein-Fragen), Ratingskalen („häufig", „gelegentlich", „selten", „nie"), sowie Fragen mit der Möglichkeit zur Mehrfachnennung und vorgegebenen Antwortkategorien oder Mischformen, welche eine offene Kategorie, wie beispielsweise „Sonstiges" enthalten, die Mehrheit bilden. Gänzlich offene Fragen, bei denen es der Versuchsperson selbst überlassen ist, die Antwort auf die Frage zu formulieren, wurden auf ein Minimum reduziert. Diese Art der Fragestellung hat zwar den

Vorteil, dass die Formulierung der Antwort am ehesten den kognitiven Fähigkeit der Versuchsperson entspricht, allerdings kann es, wie Raab-Steiner & Benesch (2010) erläutern, ebenfalls dazu führen, dass Wichtiges weggelassen oder nicht richtig verbalisiert wird. Das führt auch in einer nicht zu vernachlässigenden Anzahl der Fälle dazu, dass die Frage gänzlich unbeantwortet bleibt.

Insgesamt ist der Fragebogen in fünf Themenblöcke zur Informationskompetenz unterteilt. Zunächst werden der allgemeine Besitz und die Nutzung von modernen Medien abgefragt. In diesem speziellen Kontext werden unter modernen Medien hauptsächlich Computer, Laptop, Tablet, Handy und Smartphone verstanden. Nach diesen noch recht allgemein gehaltenen Fragen werden kritischere Themen angesprochen, die sich unter Urheberrecht, Datenschutz und Privatsphäre zusammenfassen lassen. Der Sinn hierbei ist es herauszufinden, wie das Verständnis bei den Schülern ist und ob sie gegenüber solchen Aspekten bereits eine gewisse Sensibilität entwickelt haben. Der nächste Themenblock konzentriert sich auf Informationsquellen und deren Qualität. Die Schüler sollen für ein beispielhaftes Szenario – der Vorbereitung eines Referats bzw. der Bearbeitung von Hausaufgaben – angeben, welche Quellen sie zur Informationsbeschaffung nutzen. An dieser Stelle besteht ein Unterschied zwischen den beiden Fragebögen. Für die Schüler der Sekundarstufe II wurde hier eine zusätzliche Freitextfrage konzipiert, die die Schüler auffordert, allgemein zu beschreiben, wie sie entscheiden, ob eine Quelle ihnen zuverlässige Informationen liefert. Im darauffolgenden Schritt soll eine Einschätzung stattfinden, wie die Qualität der einzelnen gegebenen Informationsquellen empfunden wird. Im weiteren Verlauf des Fragebogens stehen soziale Netzwerke sowie weitere Web-2.0-Dienste im Vordergrund. Dabei geht es darum, was hiervon schon einmal genutzt wurde, wie aktiv die Schüler sich in sozialen Netzwerken bewegen sowie die Art der Aktivitäten und ihr Verhalten dort. Abschließend fokussiert der Fragebogen die Thematik von Computer und Internet im Kontext der Schule. Da die Ausrichtung der Untersuchung speziell auf Schüler angepasst ist, gehört diesem Aspekt eine besondere Beachtung geschenkt. Zunächst wurde nur die private Nutzung bzw. das private Medienverhalten befragt, nicht zuletzt soll aber auch herausgefunden werden, inwieweit sich die Entwicklung der voranschreitenden Mediatisierung auf den Schulalltag auswirkt. Dieses schlägt sich in den Fragen nieder: Werden digitale Medien eingesetzt? Gibt es Empfehlungen oder Verbote für bestimmte Internetanwendungen vonseiten der Lehrer? Zum Schluss sollen die Schüler noch eine Bewertung abgeben, ob sie es sinnvoll finden, dass Themen wie Internetrecherche und Urheberrecht als ein eigenständiges Fach angeboten werden, um somit ein allgemeines Feedback zu erhalten und ihnen die Möglichkeit zu geben, noch einmal abschließend ihre Meinung mitzuteilen. Die Schüler der Sekundarstufe II sollen zudem Auskunft darüber geben, ob sie es für sinnvoll halten, das Internet stärker in den Unterricht zu integrieren, wie es in einigen Ländern bereits der Fall ist.

Der Befragungsprozess

Für die empirische Erhebung der Daten mittels einer schriftlichen Befragung haben sich zwei Schulen aus Nordrhein-Westfalen zur Verfügung gestellt: das Pascal-Gymnasium in Grevenbroich und das Gymnasium Odenkirchen in Mönchengladbach. Es wurden Schüler der Jahrgangsstufen 6 und 11 befragt, wobei an einer Schule zusätzlich die Jahrgangsstufe 10 an der Befragung teilnahm, da es sich um einen Doppeljahrgang im Zuge der G8-Reform an deutschen Gymnasien handelt.

Durchgeführt wurde die Befragung meist direkt in den Klassenräumen, in denen der Unterricht stattfand, oder aber in der Schulaula, in der sich die Schüler für die Befragung versammelt hatten. Dazu wurde den Schülern zunächst eine kurze Erklärung gegeben, zu welchem Zweck die Fragebögen erstellt wurden und wozu die Daten genutzt werden. Während der Befragung war jeweils ein Versuchsleiter anwesend, um eventuell aufkommende Fragen klären zu können und die ausgefüllten Fragebögen direkt entgegenzunehmen. Die Bearbeitungszeit variierte dabei jeweils zwischen 15 und 20 Minuten. Insgesamt kamen so 455 auswertbare Fragebögen zustande.

Durch die effektive Zusammenarbeit mit den beiden Schulen, wodurch im Vorfeld eine gute Organisation des Befragungsprozesses gesichert wurde, konnte die Befragung ohne Probleme oder Komplikationen durchgeführt werden.

Auswertung

Die Auswertung der empirisch erhobenen Daten erfolgte mithilfe des Statistikprogramms SPSS (Version PASW 18). Hierzu wurden die einzelnen Fragebogenelemente als Variablen in SPSS angelegt. Darüber hinaus wurden zwei zusätzliche Variablen hinzugefügt, welche nicht im Fragebogen enthalten sind. Die eine Variable dient zur Kodifizierung der Fragebögen – die Bögen wurden mit einer fortlaufenden Zahl versehen, der sogenannten Identifikationsnummer. Auf diese Weise ist es möglich, bei fehlenden Werten oder Auffälligkeiten in einem Datensatz den entsprechenden Fragebogen zu ermitteln und die Angaben zu überprüfen (Raab-Steiner & Benesch, 2010). Eine weitere Variable, welche nicht im Fragebogen enthalten ist, wurde für die Ausweisung der jeweiligen Schule eingesetzt. So können im weiteren Verlauf jeweils einzelne Auswertungen für die beiden Schulen vorgenommen und diese auch miteinander verglichen werden. Bei entsprechenden Differenzen kann darüber hinaus eine Analyse durchgeführt werden, ob in den Schulprogrammen bereits Lehrinhalte zur Informationskompetenz verarbeitet werden oder es lassen sich weitere Untersuchungen anstellen, aus welchen Gründen die Werte möglicherweise Unterschiede aufweisen.

Informationskompetenz von Schülern in der Sekundarstufe II

Untersuchung der Heinrich-Heine-Universität Düsseldorf

Ich bin...
[ ] männlich [ ] weiblich ____ Jahre alt

1. Besitzt du einen/ein eigenen/eigenes...? [Mehrfachnennung möglich]

[ ] Handy/Smartphone mit Internetzugang [ ] Handy ohne Internetzugang
[ ] PC/Laptop mit Internetzugang [ ] PC/Laptop ohne Internetzugang
[ ] Spielekonsole(n) mit Internetzugang [ ] Spielekonsole(n) ohne Internetzugang
[ ] Fernseher

2. Wie oft übst du folgende Aktivitäten aus?

	Mehr-mals täglich	Einmal am Tag	Mehr-mals die Woche	Etwa einmal die Woche	Nie/Seltener als einmal die Woche	Durch-schnittliche Stunden-anzahl pro Tag
Telefonieren	[ ]	[ ]	[ ]	[ ]	[ ]	____
SMS schreiben	[ ]	[ ]	[ ]	[ ]	[ ]	____
Mit dem Handy/Smart-phone surfen	[ ]	[ ]	[ ]	[ ]	[ ]	____
Am PC/Laptop arbeiten	[ ]	[ ]	[ ]	[ ]	[ ]	____
Mit dem PC/Laptop surfen	[ ]	[ ]	[ ]	[ ]	[ ]	____
Chatten	[ ]	[ ]	[ ]	[ ]	[ ]	____
Fernsehen (am Fernsehgerät)	[ ]	[ ]	[ ]	[ ]	[ ]	____
Filme/Videos im Internet schauen	[ ]	[ ]	[ ]	[ ]	[ ]	____
Video-/PC-/Handyspiele spielen	[ ]	[ ]	[ ]	[ ]	[ ]	____

3. Wofür nutzt du das mobile Internet mit deinem Handy/Smartphone? [Mehrfachnennung möglich]

[ ] zum Spielen [ ] für Soziale Netzwerke [ ] als Informationsquelle [ ] nutze ich nicht

4. Für welchen Zweck nutzt du Apps auf deinem Handy/Smartphone? [Mehrfachnennung möglich]

[ ] als Informationsquelle [ ] zum Lernen
[ ] zum Spielen [ ] nutze ich nicht
[ ] Sonstiges: _____

5. a. Nutzt du mehrere Medien zum selben Zeitpunkt (z.B. schaust du Fernsehen und surfst gleichzeitig im Internet)?

[ ] Ja [ ] Nein

b. Wenn ja, was nutzt du dann gleichzeitig?

_____

6. a. Machen deine Eltern dir noch Vorschriften, was die Nutzung (z.B. Dauer, Verbot bestimmter Internetseiten) betrifft?

[ ] Ja   [ ] Nein

b. Wenn ja, welche? _____

7. Welche Internetseiten oder Anwendungen im Internet besuchst/benutzt du am häufigsten?

_____

8. Wo bekommst du neue Musik her? [Mehrfachnennung möglich]

[ ] Elektro-/Musikladen   [ ] Internet-Musikladen
                                            (z.B. iTunes, Amazon)
[ ] Ich höre es mir im Internet an   [ ] Von Freunden kopieren
    (z.B. über YouTube)
[ ] Tauschbörsen   [ ] Direct-Download-Portale
                                            (z.B. RapidShare)
[ ] Kostenlose Internetquellen
    (z.B. MySpace, Seite
    des Künstlers etc.)
[ ] Sonstiges: _____

9. Könntest du dir vorstellen, Musik/Filme/Spiele/Programme aus illegalen Quellen herunterzuladen?

[ ] Ja   [ ] Nein

10. a. Wo hast du schon einmal deine persönlichen Daten (Name, Adresse, Telefonnummer etc.) im Internet angegeben? [Mehrfachnennung möglich]

[ ] Bestellungen   [ ] Gewinnspiele
[ ] Soziale Netzwerke   [ ] Programmregistrierungen
[ ] Registrierungen auf Internetseiten   [ ] noch nie
[ ] Sonstiges: _____

b. Wenn ja, hatte dies negative Konsequenzen zur Folge? [Mehrfachnennung möglich]

[ ] Nein   [ ] Spam   [ ] Werbung in der Post
[ ] Anrufe von Callcentern   [ ] ungewollte Rechnungen
[ ] Sonstiges: _____

11. Wenn du nach Informationen für ein Referat, eine Facharbeit oder aber zum Lernen für eine Klausur suchst, wie oft nutzt du folgende Informationsquellen?

	immer	oft	selten	nie	Kenne ich nicht
Google	[ ]	[ ]	[ ]	[ ]	[ ]
Andere Suchmaschinen	[ ]	[ ]	[ ]	[ ]	[ ]
Wikipedia	[ ]	[ ]	[ ]	[ ]	[ ]
Andere Wikis	[ ]	[ ]	[ ]	[ ]	[ ]
Öffentliche Bibliotheken	[ ]	[ ]	[ ]	[ ]	[ ]
Schulbibliothek	[ ]	[ ]	[ ]	[ ]	[ ]
Schulbücher	[ ]	[ ]	[ ]	[ ]	[ ]
Internet-Foren	[ ]	[ ]	[ ]	[ ]	[ ]
Blogs	[ ]	[ ]	[ ]	[ ]	[ ]
Podcasts	[ ]	[ ]	[ ]	[ ]	[ ]
Lehrer/Freunde/Eltern etc.	[ ]	[ ]	[ ]	[ ]	[ ]

12. Wie entscheidest du, ob eine Informationsquelle dir zuverlässige Informationen liefert?

_____

_____

_____

_____

13. a. Wie schätzt du die Qualität, d.h. die Glaubwürdigkeit, Vollständigkeit und Aktualität folgender Informationsquellen ein?

	Immer zuverlässig	Meist zuverlässig	Bedingt zuverlässig	Nicht zuverlässig	Kann ich nicht beurteilen
Wikipedia	[ ]	[ ]	[ ]	[ ]	[ ]
Andere Wikis	[ ]	[ ]	[ ]	[ ]	[ ]
Öffentliche Bibliotheken	[ ]	[ ]	[ ]	[ ]	[ ]
Schulbibliothek	[ ]	[ ]	[ ]	[ ]	[ ]
Schulbücher	[ ]	[ ]	[ ]	[ ]	[ ]
Internet-Foren	[ ]	[ ]	[ ]	[ ]	[ ]
Blogs	[ ]	[ ]	[ ]	[ ]	[ ]
Podcasts	[ ]	[ ]	[ ]	[ ]	[ ]
Lehrer/Freunde/Eltern etc.	[ ]	[ ]	[ ]	[ ]	[ ]

b. Bist du mit den Ergebnissen, die du über Suchmaschinen (Google, Bing etc.) bekommst, zufrieden?

[ ] Ja   [ ] Nein

14. a. Besitzt du einen Account in folgenden Sozialen Netzwerken? [Mehrfachnennung möglich]

[ ] Facebook   [ ] SchülerVZ/StudiVZ   [ ] MySpace
[ ] Keine   [ ] Kenne ich nicht
[ ] Andere: _____

b. Wie oft nutzt du diese(s)?

[ ]	[ ]	[ ]	[ ]	[ ]	Durchschnittliche
Mehrmals täglich	Einmal am Tag	Mehrmals die Woche	Etwa einmal die Woche	Nie/Seltener als einmal die Woche	Stundenanzahl pro Tag _____

c. Bist du mit deinem richtigen Namen dort angemeldet?

[ ] Ja   [ ] Nein

d. Nutzt du mehrere Accounts im selben Netzwerk?

[ ] Ja   [ ] Nein

e. Was genau machst du dort? [Mehrfachnennung möglich]

[ ] Freundschaften pflegen   [ ] Chatten   [ ] Links teilen
[ ] Statusmeldungen   [ ] (Neue) Kontakte knüpfen   [ ] Spielen (z.B. FarmVille)
    veröffentlichen
[ ] Fotos/Videos einstellen,   [ ] Fotos/Videos einstellen,   [ ] Fotos/Videos einstellen, die
    auf denen ich zu sehen bin   die andere gemacht haben   ich von anderen gemacht habe
[ ] Sonstiges:_____

f. Würdest du eine Freundschaftsanfrage von einer dir unbekannten Person annehmen?

[ ] Ja   [ ] Nein   [ ] Hängt von der Person ab

15. Welche dieser Internet-Dienste nutzt du?

[ ] YouTube   [ ] Twitter   [ ] Wikipedia
[ ] Blogs   [ ] Flickr   [ ] Podcasts
[ ] Keine   [ ] Andere: _____

16. Hast du schon einmal Stichworte/Tags im Internet vergeben?

[ ] Ja   [ ] Nein   [ ] Kenne ich nicht

17. Welche der folgenden Aktionen hast du schon einmal im Internet ausgeführt? [Mehrfachnennung möglich]

Ein Video bei YouTube angeschaut	[ ]	Ein Video bei YouTube hochgeladen	[ ]
Ein Bild bei Flickr angeschaut	[ ]	Ein Bild bei Flickr eingestellt	[ ]
Einen Artikel bei Wikipedia gelesen	[ ]	Einen Artikel für Wikipedia verfasst/korrigiert etc.	[ ]
Einen Blogeintrag gelesen	[ ]	Einen Blogeintrag verfasst	[ ]
Tweets bei Twitter gelesen	[ ]	Eine Nachricht getwittert	[ ]
Einen Podcast angehört	[ ]	Einen Podcast erstellt	[ ]

18. Unterhältst du dich mit folgenden Personen über Inhalte im Internet?
[Mehrfachnennung möglich]

[ ] Freunde
über _____

[ ] Geschwister/Verwandte
über _____

[ ] Lehrer
über _____

[ ] Eltern
über _____

[ ] Bekannte
über _____

[ ] Sonstige: _____
über _____

19. a. Wie oft werden an deiner Schule Computer/das Internet für den Unterricht genutzt?

[ ] häufig   [ ] gelegentlich   [ ] selten   [ ] nie

b. Wenn es genutzt wird, wofür und in welchem Fach?

_____

20. Wie schätzt du den Durchschnittslehrer an deiner Schule im Umgang mit dem Computer und dem Internet ein? (Nur die Lehrer, die auch mit dem Computer im Unterricht arbeiten)

[ ] sehr gut   [ ] gut   [ ] mäßig
[ ] eher schlecht   [ ] schlecht   [ ] kann ich nicht beurteilen

21. a. Werden dir im Unterricht Internetseiten oder Internetdienste empfohlen?

[ ] Ja   [ ] Nein

b. Wenn ja, welche? _____

c. Nutzt du diese auch?

[ ] Ja   [ ] Nein

22. a. Wird dir von der Nutzung von bestimmten Internetseiten oder Internetdiensten abgeraten?

[ ] Ja   [ ] Nein

b. Wenn ja, welche? _____

c. Hältst du dich daran?

[ ] Ja   [ ] Nein

23. In einigen Ländern gibt es bereits Projekte, Internetdienste aktiv in den Unterricht zu integrieren. Die Schüler twittern z.B. während des Unterrichts die Inhalte, die vermittelt werden. Hältst du es für sinnvoll, so etwas auch an deutschen Schulen einzuführen?

[ ] Ja   [ ] Nein   [ ] Kann ich nicht einschätzen

24. Wie gut fühlst du dich durch deine schulische Ausbildung auf die Nutzung von Internet und modernen Medien vorbereitet?

[ ] sehr gut   [ ] gut   [ ] mäßig
[ ] eher schlecht   [ ] schlecht   [ ] kann ich nicht beurteilen

25. Findest du es sinnvoll, Themen, wie z.B. Internetrecherche, Urheberrecht, moderne Medien etc., als Fach anzubieten?

[ ] Ja   [ ] Nein   [ ] Ist mir egal

Vielen Dank für Deine Hilfe ! ☺

Lisa Orszullok
Kapitel 4: Informationskompetenz bei Schülern der Sekundarstufe I

In diesem Kapitel werden die Ergebnisse der Befragung von Schülern und Schülerinnen der Sekundarstufe I zu ihrer Informationskompetenz und den Umgang mit modernen Medien präsentiert. Neben der Auswertung der Ergebnisse für alle Befragten haben wir zusätzlich die geschlechtsspezifischen Unterschiede herausgearbeitet. Dazu wurden insgesamt 213 Schüler befragt, von denen 51,2% vom Pascal-Gymnasium Grevenbroich und 48,8% vom Gymnasium Odenkirchen (in Mönchengladbach) stammen. Es liegt zwischen den beiden Schulen folglich eine fast gleichmäßige Verteilung vor. Nicht jeder Schüler hat auch jede Frage beantwortet, so dass wir nicht immer von n = 213, sondern teilweise auch von kleineren Zahlen ausgehen müssen. Es gaben 211 Schüler ihr Geschlecht an, wodurch sich ergab, dass 51,7% der Befragten männlich und 48,3% weiblich waren. Auch hier liegt somit eine beinahe gleiche Aufteilung vor. Die Schüler waren zum Zeitpunkt der Befragung (Juli 2011) zwischen zehn und zwölf Jahren alt.

Besitz und Nutzung moderner Medien

Die Befragung hat gezeigt, dass fast jedes Kind einen eigenen PC oder Laptop hat, wobei drei von vier Befragten die Möglichkeit haben, damit online zu gehen. Interessanterweise lässt sich feststellen, dass Jungen gegenüber den Mädchen fast durchgängig häufiger eine der genannten Medien besitzen, sei es nun PC, Konsole oder Fernseher. Besonders deutliche Unterschiede zeigen sich beim Besitz von Spielkonsolen, die offensichtlich bei Jungen beliebter sind. Eine Ausnahme zu der zuvor aufgestellten These bilden jedoch Handys und Smartphones mit der Möglichkeit zur Internetnutzung, welche mehrheitlich im Besitz von Mädchen zu finden sind. Im Vergleich zu den Jungen liegen sie mit mehr als 10 Prozentpunkten deutlich voraus (vgl. Tabelle 4.1).

	männlich	weiblich	gesamt
Besitz eines PC/Laptops ohne Internet	6,5%	3,0%	4,9%
Besitz eines Handys ohne Internet	49,5%	36,4%	43,2%
Besitz einer Konsole mit Internet	57,9%	36,4%	47,6%
Besitz einer Konsole ohne Internet	57,0%	40,4%	49,0%
Besitz eines Handys/Smartphone mit Internet	54,2%	65,7%	59,7%
Besitz eines Fernsehers	66,4%	57,6%	62,1%
Besitz eines PC/Laptops mit Internet	77,6%	75,8%	76,7%

Tabelle 4.1: Schüler/innen der Sekundarstufe I. Besitz von modernen Medien. N=206; N(m)=107; N(w)=99.

Wie oft führen die Kinder bestimmte Tätigkeiten mit den Medien durch? Bei jeglicher Art von Spielen – auf der Konsole, dem Handy oder dem Computer – zeigte sich eine klare Differenz zwischen Jungen und Mädchen. Die meisten Jungen spielen täglich und oft sogar mehr als nur einmal am Tag, wohingegen die Mädchen am häufigsten entweder nie oder seltener als einmal die Woche vermerkten. Beim Fernsehen zeigt sich, dass beide Gruppen daran ein hohes Interesse haben, wobei die Jungen eher dazu neigen, mehrmals täglich den Fernseher einzuschalten. Die meist genannte Antwort unter den Mädchen war nur einmal täglich, wobei der „Vorsprung" gegenüber denen, die mehrmals täglich fernsehen, nur bei 4 Prozentpunkten liegt.

	mehrmals täglich	einmal am Tag	mehrmals die Woche	etwa einmal die Woche	nie / seltener als einmal die Woche
Telefonieren (N = 104)	41,3%	16,3%	11,5%	14,4%	16,3%
SMS schreiben (N = 104)	41,3%	10,6%	11,5%	9,6%	26,9%
Mit dem Handy / Smartphone surfen (N = 83)	14,5%	12,0%	6,0%	6,0%	61,4%
Am PC / Laptop arbeiten (N = 103)	25,2%	23,3%	19,4%	16,5%	15,5%
Mit dem PC / Laptop surfen (N = 100)	36,0%	27,0%	19,0%	6,0%	12,0%
Chatten (N = 97)	33,0%	16,5%	18,6%	4,1%	27,8%

	mehrmals täglich	einmal am Tag	mehrmals die Woche	etwa einmal die Woche	nie / seltener als einmal die Woche
Fernsehen (N = 103)	44,7%	32,0%	13,6%	7,8%	1,9%
Video- / PC- / Handyspiele spielen (N = 104)	38,5%	26,0%	22,1%	4,8%	8,7%

Tabelle 4.2: Schüler/innen der Sekundarstufe I. Häufigkeit der Nutzung moderner Medien – Jungen.

Des Weiteren zeigt sich, dass mehr Jungen als Mädchen gar nicht oder nur sehr selten chatten. Insgesamt ist die Quote der Mädchen, die täglich online sind, um zu chatten, höher als bei den Jungen, was vermuten lässt, dass bei Mädchen das größere Interesse daran besteht. Das Surfen am Computer oder Laptop ist bei beiden Geschlechtern gleichermaßen beliebt und wird von mindestens jedem Zweiten täglich betrieben. Im direkten Kontrast dazu steht das Surfen über Handy oder Smartphone, das weitaus weniger betrieben wird.

	mehrmals täglich	einmal am Tag	mehrmals die Woche	etwa einmal die Woche	nie / seltener als einmal die Woche
Telefonieren (N = 100)	56,0%	20,0%	12,0%	11,0%	1,0%
SMS schreiben (N = 100)	62,0%	9,0%	9,0%	9,0%	11,0%
Mit dem Handy / Smartphone surfen (N = 78)	11,5%	1,3%	7,7%	11,5%	67,9%
Am PC / Laptop arbeiten (N = 97)	16,5%	24,7%	22,7%	22,7%	13,4%
Mit dem PC / Laptop surfen (N = 96)	30,2%	35,4%	19,8%	6,3%	8,3%
Chatten (N = 98)	31,6%	26,5%	18,4%	6,1%	17,3%
Fernsehen (N = 98)	34,7%	36,7%	17,3%	9,2%	2,0%

	mehrmals täglich	einmal am Tag	mehrmals die Woche	etwa einmal die Woche	nie / seltener als einmal die Woche
Video- / PC- / Handyspiele spielen (N = 98)	15,3%	11,2%	21,4%	20,4%	31,6%

Tabelle 4.3: Schüler/innen der Sekundarstufe I. Häufigkeit der Nutzung moderner Medien – Mädchen.

Etwa 60% sowohl bei den weiblichen als auch den männlichen Befragten gaben an, dass sie das mobile Internet nie oder nur selten nutzen. Bei den täglichen Nutzern liegen vor allem die Jungen vorne, was bei jedem Vierten der Fall ist. Wenn es um das Schreiben von SMS geht, sieht man besonders bei den Jungen starke Schwankungen. Fast jeder zweite Junge schreibt täglich mehr als eine SMS. Demgegenüber stehen jedoch fast 27%, und somit mehr als jeder Vierte, die entweder nie oder seltener als einmal die Woche eine SMS verschicken. Bei den Mädchen ist dabei die Tendenz eindeutiger. 71 von den 100 antwortenden Mädchen nutzen das Handy täglich, um eine SMS zu schreiben, davon 62 sogar mehrmals an einem Tag.

Als letzter Aspekt wird das Telefonverhalten der Schüler fokussiert. Es lässt sich feststellen, dass das Telefonieren verstärkt bei den Mädchen verbreitet ist. Mindestens jede Zweite telefoniert auch mehr als nur einmal täglich. Insgesamt 76 von ihnen nutzen täglich das Telefon. Bei den Jungen ist das Verhalten nicht so stark ausgeprägt, jedoch telefoniert auch die Hälfte von ihnen täglich. Allerdings hält sich jeder sechste Junge auch zurück und kommuniziert seltener als einmal die Woche oder gar nicht per Telefon mit anderen (vgl. Tabelle 4.2 und 4.3, für die täglichen Nutzungszeiten vgl. Tabelle 4.4). Insgesamt liegt die durchschnittliche Nutzungszeit aller Medien zwischen einer halben Stunde und zwei Stunden pro Tag. Es lässt sich kein einheitliches Verhalten bei Jungen und Mädchen feststellen. Mädchen neigen stärker zum Telefonieren und SMS schreiben, Jungen hingegen nutzen mehr den PC sowie den Fernseher und Spiele.

	männlich	weiblich	gesamt
Telefonieren			
N = 118			
N(m) = 52			
N(w) = 66	0,57	1,19	0,92
SMS schreiben			
N = 83			
N(m) = 39			
N(w) = 44	0,92	1,51	1,23
Handy/Smartphone surfen			
N = 40			
N(m) = 18			
N(w) = 22	0,97	0,49	0,75
PC/Laptop arbeiten			
N = 107			
N(m) = 55			
N(w) = 52	1,39	1	1,19
PC/Laptop surfen			
N = 111			
N(m) = 53			
N(w) = 58	1,86	1,59	1,72
Chatten			
N = 97			
N(m) = 45			
N(w) = 52	1,33	1,39	1,36
Fernsehen			
N = 130			
N(m) = 68			
N(w) = 62	2,22	1,52	1,88
Video/PC/Handyspiele			
N = 113			
N(m) = 63			
N(w) = 50	1,44	0,7	1,11

Tabelle 4.4: Schüler/innen der Sekundarstufe I. Durchschnittliche Nutzungszeiten (in Stunden).

Obwohl insgesamt mehr als die Hälfte der Befragten ein Handy oder Smartphone mit Internetzugang besitzt, wurde angegeben, dass mindestens jeder Zweite die Möglichkeit der mobilen Internetnutzung überhaupt nicht einsetzt (Tabelle 4.5). Das Nutzungsverhalten der aktiven Nutzer lässt sich wie folgt charakterisieren: die Interessenschwerpunkte liegen gleichmäßig verteilt auf Spielen, sozialen Netzwerken sowie der Informationsbeschaffung.

	männlich	weiblich	gesamt
Mobiles Internet wird nicht genutzt	53,3%	59,4%	56,3%
Mobiles Internet zum Spielen	20,0%	20,8%	20,4%
Mobiles Internet als Informationsquelle	24,8%	22,8%	23,8%
Mobiles Internet für Soziale Netzwerke	24,8%	23,8%	24,3%

Tabelle 4.5: Schüler/innen der Sekundarstufe I. Mobiles Internet. N=206; N(m)= 105; N(w)=101.

In demselben Kontext wurde der Verwendungszweck von Apps erfragt (Tabelle 4.6). Im Gegensatz zum mobilen Internet ist hierbei die Zurückhaltung deutlich geringer. Nur 85 Schüler gaben an, dass sie Apps gar nicht nutzen. Es zeigt sich darüber hinaus deutlich, dass der hauptsächliche Nutzungsgrund für Apps Spiele sind. Insgesamt gaben 117 Befragte (davon 66 Jungen) an, dass sie zu diesem Zweck Apps verwenden. Als weitere Nutzungsgründe wurden meist Zeitvertreib oder soziale Netzwerke angegeben. Nur in seltenen Fällen wurden praktische Anwendungen wie z.B. Navigation, Taschenlampe oder Rechner genannt.

	männlich	weiblich	gesamt
Apps werden nicht genutzt	37,7%	45,5%	41,5%
Apps zum Lernen	15,1%	16,2%	15,6%
Apps als Informationsquelle	26,4%	23,2%	24,9%
Apps zum Spielen	62,3%	51,5%	57,1%

Tabelle 4.6: Schüler/innen der Sekundarstufe I. Nutzung von Apps. N=205; N(m)= 106; N(w)=99.

	männlich	weiblich	gesamt
Ja	47,7%	55,4%	51,4%
Nein	52,3%	44,6%	48,6%

Tabelle 4.7: Schüler/innen der Sekundarstufe I. Mediale Mehrfachnutzung. N=210; N(m)=109; N(w)=101.

Insgesamt 108 der Befragten gaben an, dass sie mehrere Medien gleichzeitig nutzen (Tabelle 4.7). Vor allem bei der Nutzung des Computers oder Laptops läuft zusätzlich ein Fernsehgerät (Tabelle 4.8). Die parallele Nutzung dieser beiden Medien ist mit Abstand die am häufigsten auftretende Zusammensetzung. Des Weiteren ergaben sich folgende Kombinationen der mehrfachen Mediennutzung: beim Fernsehen wird entweder zusätzlich noch das Handy oder eine Spielkonsole benutzt. Genauso häufig ist auch die Nutzung des Computers in Kombination mit dem Handy. Interessanterweise wird dazu im Vergleich seltener der PC mit Musik kombiniert. Im Extremfall wurden sogar fünf Medien gleichzeitig verwendet. Dabei wurden sowohl Computer und Fernseher als auch Handy, Telefon und Musik miteinander verbunden. Ein anderer Befragter gab an, dass er den Computer und den Fernseher nutzt, während er seine Hausaufgaben macht. Es zeigt sich somit deutlich, dass viele Kinder dazu neigen, sich bei der Mediennutzung nicht nur auf ein Medium zu konzentrieren, sondern mehrere gleichzeitig einsetzen, was entweder eine hohe Multi-Tasking-Fähigkeit oder Abgestumpftheit voraussetzt.

	Anzahl der Nennungen
PC + Fernseher	38
Fernseher + Spielekonsole	9
Fernseher + Handy	9
PC + Handy	9
PC + Musik	8
PC + Fernseher + Handy	7
PC + Fernseher + Telefon	5
Ipod + Handy + Fernseher	4
PC + Fernseher + Musik	4
PC + Fernseher + Spielekonsole	4
PC + Spielekonsole	3
Ipod + Fernseher	3
PC + Telefon	3
PC + Fernseher + Handy + Telefon	2
Fernseher + Telefon	2
PC + Handy + Telefon	2

Tabelle 4.8: Schüler/innen der Sekundarstufe I. Kombinationen bei der medialen Mehrfachnutzung. N=108.

Von den 205 Antwortenden gaben 136 Personen an, dass sie durch ihre Eltern Regeln oder Vorschriften erhalten, die sie bei der Nutzung des Internets zu berücksichtigen haben (vgl. Tabelle 4.9). Davon war in mehr als 65% der Fälle (89 Befragte) eine Beschränkung in Bezug auf die Nutzungsdauer vorgegeben. Jedoch waren hier die Vorgaben stark unterschiedlich. Zwar gaben die meisten Schüler etwa eine Stunde pro Tag an, allerdings lag das Minimum bei einer Stunde pro Woche und das Maximum bei drei Stunden am Tag. Eine weitere Vorschrift war das Verbot bezüglich nicht jugendfreier Inhalte wie beispielsweise pornographischer oder gewaltverherrlichender Seiten (in 34 Fällen). Darüber hinaus ließen sich auch vermehrt Einschränkungen in Bezug auf Facebook und Online-Shops erkennen.

	männlich	weiblich	gesamt
Ja	60,7%	72,4%	66,3%
Nein	39,3%	27,6%	33,7%

Tabelle 4.9: Schüler/innen der Sekundarstufe I. Vorschriften der Eltern bei der Internetnutzung. N=205; N(m)=107; N(w)=98.

Die favorisierten Internetseiten sind in der untersuchten Altersgruppe stark konzentriert. Dabei sind die meist besuchten Seiten SchülerVZ (60%) und YouTube (55%). Mit größerem Abstand folgen darauf Facebook (27,2%) und Google (21,7%). Diese daraus entstehende Kurve ähnelt stark einer invers-logistischen Verteilung (eine in der Informationswissenschaft bekannte Verteilungsform mit „Rüssel" und „langem Schwanz"), vor allem da noch weitere Favoriten angegeben wurden, die jedoch insgesamt nur wenige Male auftraten, weswegen die Kurve asymptotisch zur x-Achse in einem „langen Schwanz" weiterverläuft (vgl. Tabelle 4.10).

	Anzahl der Nennungen
SchülerVZ	108
Youtube	99
Facebook	49
Google	39
Spieleseiten	16
Skype	8
Twitter	7

Tabelle 4.10: Schüler/innen der Sekundarstufe I. Favorisierte Internetseiten und Anwendungen. N=180.

Urheberrecht, Datenschutz und Privatsphäre

Bei dem Thema der Musikbeschaffung wird deutlich, dass dies vornehmlich in digitaler Form geschieht. Nur jeder Vierte kauft seine Musik noch als CD im Laden. Besonders markant ist jedoch, dass 155 Schüler angaben, dass sie sich die Musik nicht kaufen, sondern im Internet anhören. Hinzu kommt, dass mehrere Schüler anführten, sich die Musik von YouTube und ähnlichen Diensten mit speziellen Converter-Programmen herunterzuladen. Generell ist die kostenlose Beschaffung von Musik sehr beliebt und dem Kaufprozess deutlich voraus, wobei die Mädchen diese Vorgehensweise etwas stärker bevorzugen als die männlichen Befragten, die letztendlich doch noch häufiger Musik kaufen (vgl. Tabelle 4.11). Daraus ergibt sich fast zwangsläufig die Frage, ob sich die Schüler auch vorstellen könnten, Musik illegal aus dem Internet herunterzuladen bzw. wie groß die Bereitschaft hierfür wäre. 44 Schüler bejahten diese Frage, wobei die Jungen fast doppelt so häufig angaben, dass sie sich auch diese Art der Musikbeschaffung vorstellen könnten (vgl. Tabelle 4.12). Allerdings sind diese Ergebnisse mit Vorsicht zu betrachten, da die Fragestellung auch durchaus als kritisch angesehen werden kann. Möglicherweise haben aus Gründen der sozialen Erwünschtheit einige Personen den Fragebogen an dieser Stelle nicht aufrichtig beantwortet, da sie lieber ein sozial akzeptiertes Verhalten vortäuschen und somit die Frage verneinten (Scholl, 2003).

	männlich	weiblich	gesamt
Musik: Tauschbörsen	1,0%	6,9%	4,0%
Musik: Direct-Download-Portale	8,1%	5,9%	7,0%
Musik: kostenlose Internetquellen	14,1%	10,9%	12,5%
Musik: Elektro-/Musikladen	28,3%	24,8%	26,5%
Musik: von Freunden kopieren	32,3%	42,6%	37,5%
Musik: Internet-Musikladen	42,4%	33,7%	38,0%
Musik: im Internet anhören	72,7%	82,2%	77,5%

Tabelle 4.11: Schüler/innen der Sekundarstufe I. Formen der Musikbeschaffung. N=200; N(m)=99; N(w)=101.

	männlich	weiblich	gesamt
Ja	27,6%	14,9%	21,4%
Nein	72,4%	85,1%	78,6%

Tabelle 4.12: Schüler/innen der Sekundarstufe I. Nutzung illegaler Quellen zur Musikbeschaffung. N=206; N(m)=105; N(w)=101.

In Bezug auf die Angabe von persönlichen Daten im Internet zeigte sich (Tabelle 4.13), dass jeder Dritte die Veröffentlichung der eigenen Daten wie beispielsweise vollständiger Name, Adresse sowie Telefonnummer vermeidet. Der häufigste Grund zur Preisgabe der eigenen Angaben war die Registrierung bei sozialen Netzwerken. 86 Personen und somit knapp die Hälfte gaben an, dass dies ein

Grund für sie sei, um ihre Daten im Internet mit anderen zu teilen. Im Allgemeinen ließ sich darüber hinaus feststellen, dass Mädchen in dem befragten Alter generell seltener ihre Daten preisgeben als Jungen. Die Freitext-Frage zu sonstigen Angaben zeigte, dass des Weiteren hauptsächlich eine Registrierung für Spiele unter Angabe der korrekten persönlichen Daten erfolgt.

	männlich	weiblich	gesamt
keine Angabe persönlicher Daten	21,9%	36,5%	28,9%
Angabe persönlicher Daten bei Gewinnspielen	9,5%	4,2%	7,0%
Angabe persönlicher Daten bei Programmregistrierungen	11,4%	6,3%	9,0%
Angabe persönlicher Daten bei Bestellungen	21,9%	22,9%	22,4%
Angabe persönlicher Daten bei Registrierungen auf Internetseiten	32,4%	28,1%	30,3%
Angabe persönlicher Daten bei sozialen Netzwerken	49,5%	35,4%	42,8%

Tabelle 4.13: Schüler/innen der Sekundarstufe I. Angabe persönlicher Daten im Internet. N=201; N(m)=105; N(w)=96.

Im direkten Zusammenhang mit der vorhergehenden Frage steht die Überlegung an, ob sich aus dieser Veröffentlichung der eigenen Daten negative Konsequenzen ergeben haben (Tabelle 4.14). Dabei mussten die Schüler, die zuvor angegeben haben, dass sie schon einmal ihre persönlichen Angaben öffentlich preisgegeben haben, beantworten, ob und in welcher Form dieses Verhalten Folgen hatte. Die am häufigsten auftretenden Konsequenzen waren Spam, Ärger mit den Eltern und Werbung in der Post. Nur in jeweils einem Fall sind dadurch ungewollte Rechnungen oder Anrufe von Callcentern entstanden. Auch bei dieser Befragung liegen die Mädchen wieder hinter den Jungen, sodass sie meist von Folgen verschont wurden. Insgesamt wurden bei 136 von 149 Schülern keine negativen Konsequenzen festgestellt.

	männlich	weiblich	gesamt
Anrufe von Callcentern	1,2%	0%	0,7%
ungewollte Rechnungen	1,2%	0%	0,7%
Werbung in der Post	4,7%	1,6%	3,4%
Ärger mit den Eltern	4,7%	1,6%	3,4%
Spam	4,7%	3,1%	4,0%
keine negativen Konsequenzen	88,2%	95,3%	91,3%

Tabelle 4.14: Schüler/innen der Sekundarstufe I. Negative Konsequenzen durch Angabe der persönlichen Daten. N=149; N(m)=85; N(w)=64.

Informationsquellen und ihre Qualität

Im weiteren Verlauf wird die Nutzung von diversen Informationsquellen fokussiert. Dazu gehört einerseits, wie oft welche Ressourcen verwendet werden und andererseits wie die Qualität eingeschätzt wird. Unter dem Begriff der Qualität werden in diesem Bezugsrahmen die Aspekte der Glaubwürdigkeit, Vollständigkeit und Aktualität vereint. Zunächst wird jedoch das Nutzungsverhalten betrachtet.

	immer	oft	selten	nie	unbekannt
Google (N = 106)	55,7%	37,7%	5,7%	0,9%	0%
Blinde Kuh (N = 88)	0%	4,5%	19,3%	47,7%	28,4%
FragFinn (N = 88)	1,1%	1,1%	6,8%	53,4%	37,5%
andere Such-maschinen (N = 86)	8,1%	8,1%	33,7%	33,7%	16,3%
Wikipedia (N = 106)	44,3%	42,5%	9,4%	2,8%	0,9%
andere Wikis (N = 94)	7,4%	10,6%	14,9%	40,4%	26,6%
öffentliche Bibliotheken (N = 92)	9,8%	7,6%	21,7%	50,0%	10,9%
Schul-biblio-theken (N = 91)	3,3%	7,7%	22,0%	58,2%	8,8%

	immer	oft	selten	nie	unbekannt
Schulbücher (N = 96)	11,5%	22,9%	32,3%	27,1%	6,3%
Internet-Foren (N = 91)	11,0%	11,0%	19,8%	39,6%	18,7%
Blogs (N = 87)	0%	2,3%	11,5%	56,3%	29,9%
Podcasts (N = 89)	0%	4,5%	13,5%	48,3%	33,7%
Lehrer / Freunde / Eltern etc. (N = 96)	16,7%	45,8%	26,0%	8,3%	3,1%

Tabelle 4.15: Schüler/innen der Sekundarstufe I. Häufigkeit der Nutzung von diversen Informationsquellen – Jungen.

	immer	oft	selten	nie	unbekannt
Google (N = 101)	63,4%	33,7%	3,0%	0%	0%
Blinde Kuh (N = 97)	4,1%	6,2%	22,7%	52,6%	14,4%
FragFinn (N = 97)	0%	1,0%	8,2%	59,8%	30,9%
andere Suchmaschinen (N = 91)	3,3%	7,7%	34,1%	38,5%	16,5%
Wikipedia (N = 102)	44,1%	36,3%	15,7%	2,0%	2,0%
andere Wikis (N = 95)	8,4%	7,4%	13,7%	41,1%	29,5%
öffentliche Bibliotheken (N = 95)	4,2%	14,7%	23,2%	51,6%	6,3%
Schulbibliotheken (N = 95)	4,2%	6,3%	20,0%	64,2%	5,3%
Schulbücher (N = 97)	13,4%	26,8%	43,3%	14,4%	2,1%
Internet-Foren (N = 97)	7,2%	12,4%	19,6%	41,2%	19,6%
Blogs (N = 95)	0%	5,3%	9,5%	52,6%	32,6%

	immer	oft	selten	nie	unbekannt
Podcasts (N = 94)	0%	2,1%	9,6%	45,7%	42,6%
Lehrer / Freunde / Eltern etc. (N = 99)	14,1%	53,5%	24,2%	6,1%	2,0%

Tabelle 4.16: Schüler/innen der Sekundarstufe I. Häufigkeit der Nutzung von diversen Informationsquellen – Mädchen.

Wenn es um die Beschaffung von Informationen geht, lässt sich deutlich erkennen (Tabelle 4.15 und 4.16), dass mehr als jeder Zweite – Mädchen (63%) sogar noch häufiger als Jungen (56%) – fast immer Google nutzt. Jeder Dritte verwendet Google oft und nur sehr wenige Befragte selten zur Suche nach Informationen. Jedem ist Google bekannt und nur ein einziger Junge gab an, dass er Google nie nutzt. Im starken Kontrast dazu steht der Vergleich mit anderen Suchmaschinen. Suchmaschinen, die speziell auf Kinder ausgerichtet sind, sind zwar meist bekannt, werden jedoch fast nie zur Informationssuche eingesetzt. Interessanterweise wird BlindeKuh verstärkt von Mädchen und FragFinn eher von Jungen verwendet. Dies lässt sich daraus schließen, dass kein Junge angegeben hat, dass er BlindeKuh immer nutzt und bei den Mädchen der gleiche Fall für FragFinn auftrat. Bei sonstigen Suchmaschinen war jedoch das Nutzungsverhalten von Jungen und Mädchen wieder annähernd identisch. Die meisten Schüler kennen zwar auch noch andere Suchmaschinen, jedoch nutzen sie diese nicht.

Der Einsatz von Wikipedia zur Informationsbeschaffung ist stark verbreitet und wird von fast jedem zweiten Mädchen und Jungen immer eingesetzt. Nur knapp weniger nutzen Wikipedia oft, wobei Jungen auch noch häufiger dazu zählen als Mädchen. Nur insgesamt drei Befragten (zwei Mädchen und ein Junge) ist Wikipedia gänzlich fremd. Andere Wikis sind vielen unbekannt (n = 53). Die meisten wissen zwar, dass es noch andere Wikis außer Wikipedia gibt, jedoch werden diese von den 77 Schülern gar nicht genutzt. Nur etwa jeder Sechste bezieht diese in die Informationssuche mit ein.

Ein extremes Bild zeigt sich bei den Bibliotheken. Zwar sind diese so ziemlich jedem bekannt – unabhängig davon, ob öffentlich oder schulisch –, jedoch ist die Nutzungsquote zur Beschaffung von Informationen sehr gering. Vor allem die Schulbibliothek wird dabei häufig außer Acht gelassen. Mädchen haben vermehrt angegeben, dass sie Bibliotheken nie nutzen. Des Weiteren wurde die Benutzung von Schulbüchern erfragt, wodurch sich ergab, dass sie in den meisten Fällen nur selten verwendet werden, um Informationen nachzuschlagen. Obwohl dieses

Medium jedem Schüler vorliegt, verwenden nur 39 Mädchen bzw. 33 Jungen immer oder oft die Lehrbücher. Markant ist, dass die Jungen insgesamt weniger häufig im Vergleich zu den Mädchen zum Schulbuch greifen. Jeder Dritte nutzt es gar nicht zur Informationsbeschaffung. Insgesamt werden Online-Medien wie zum Beispiel Internet-Foren, Blogs und Podcasts eher selten bis nie eingesetzt. Vor allem bei Podcasts stellt es eine massive Schwierigkeit dar, dass sie vielen gar nicht bekannt sind. Bei den Mädchen liegt dieses Problem in 40 Fällen und bei den Jungen in 30 Fällen vor.

Abschließend sollte angegeben werden, wie häufig Personen aus dem Umfeld der Schüler, also Lehrer, Freunde oder Eltern, zur Beschaffung von Informationen befragt werden. 60 Jungen und 67 Mädchen wenden sich immer bis oft an diese Bezugspersonen, wenn sie Informationen benötigen. Nur insgesamt 13 Befragte machten deutlich, dass sie nie irgendwelche Personen aus ihrer Umgebung zur Informationsbeschaffung heranziehen würden. Es ist noch zu vermerken, dass die Antwort „unbekannt" bei Schulbüchern und Lehrer, Freunden und Eltern nicht als ernst gemeinte Beantwortung angesehen werden kann, weswegen darauf auch nicht näher eingegangen wird (vgl. Tabelle 4.15 und 4.16).

Nachfolgend wird ein Fokus auf die Qualität der Informationsressourcen gesetzt. Es lässt sich festhalten, dass in den meisten Fällen die Qualität immer bis meist als zuverlässig eingeschätzt wurde oder eine Beurteilung nicht vorgenommen werden konnte.

	immer zuverlässig	meist zuverlässig	bedingt zuverlässig	nicht zuverlässig	Beurteilung nicht möglich
Wikipedia (N = 109)	26,6%	52,3%	17,4%	2,8%	0,9%
andere Wikis (N = 103)	3,9%	16,5%	19,4%	7,8%	52,4%
öffentliche Bibliotheken (N = 104)	33,7%	26,9%	6,7%	2,9%	29,8%
Schulbibliothek (N = 106)	30,2%	27,4%	5,7%	2,8%	34,0%
Schulbücher (N = 106)	42,5%	22,6%	9,4%	5,7%	19,8%
Internet-Foren (N = 104)	4,8%	17,3%	27,9%	11,5%	38,5%
Blogs (N = 100)	2,0%	13,0%	15,0%	12,0%	58,0%
Podcasts (N = 98)	3,1%	15,3%	12,2%	12,2%	57,1%

	immer zuverlässig	meist zuverlässig	bedingt zuverlässig	nicht zuverlässig	Beurteilung nicht möglich
Lehrer / Freunde / Eltern etc. (N = 106)	16,0%	56,6%	16,0%	3,8%	7,5%

Tabelle 4.17: Schüler/innen der Sekundarstufe I. Einschätzung der Qualität von Informationsquellen – Jungen.

Vor allem bei Podcasts, Blogs, Internet-Foren sowie anderen Wikis außer Wikipedia fiel es den Schülern besonders schwer, eine Beurteilung vorzunehmen.
Darüber hinaus neigten vor allem die Mädchen dazu, häufiger ein Medium nicht
zu beurteilen. Eine Ausnahme bilden dabei die Öffentliche Bibliothek sowie die
Schulbibliothek. Bei beiden Quellen beurteilten die weiblichen Befragten eher
positiv im Kontrast zu den Jungen, obwohl sie sie insgesamt seltener bis gar nicht
nutzen. Jedoch neigten die Mädchen sonst eher zu einer kritischeren Sichtweise,
vor allem in Bezug auf Online-Medien. So waren sie mit der Einschätzung von
„immer" bist „meist zuverlässig" sehr sparsam, wohingegen die Jungen eher in
diese Medien vertrauen. Ein extremes Beispiel stellen Podcasts dar: Jungen beurteilen die Informationen, welche sie durch Podcasts erhalten, in 18 Fällen (von
98) als „meist zuverlässig" und besser, wohingegen nur zwei Mädchen (von 96)
diese Beurteilung vornahmen (vgl.Tabelle 4.17 und 4.18).

	immer zuverlässig	meist zuverlässig	bedingt zuverlässig	nicht zuverlässig	Beurteilung nicht möglich
Wikipedia (N = 99)	23,2%	51,5%	21,2%	3,0%	1,0%
andere Wikis (N = 97)	0%	13,4%	15,5%	2,1%	69,1%
öffentliche Bibliotheken (N = 100)	32,0%	42,0%	4,0%	1,0%	21,0%
Schulbibliothek (N = 100)	32,0%	32,0%	8,0%	1,0%	27,0%
Schulbücher (N = 98)	41,8%	41,8%	4,1%	1,0%	11,2%
Internet-Foren (N = 98)	1,0%	17,3%	26,5%	10,2%	44,9%
Blogs (N = 96)	0%	2,1%	15,6%	11,5%	70,8%

	immer zuverlässig	meist zuverlässig	bedingt zuverlässig	nicht zuverlässig	Beurteilung nicht möglich
Podcasts (N = 96)	1,0%	1,0%	17,7%	3,1%	77,1%
Lehrer / Freunde / Eltern etc. (N = 99)	18,2%	58,6%	19,2%	0%	4,0%

Tabelle 4.18: Schüler/innen der Sekundarstufe I. Einschätzung der Qualität von Informations- quellen – Mädchen.

Die Zufriedenheit mit den Ergebnissen, die von Suchmaschinen geliefert werden, ist generell sehr hoch. Nur etwa jeder zehnte Schüler war der Ansicht, dass die Ergebnisse, welche er oder sie erhielt, nicht ausreichend waren, um den Informa- tionsbedarf zu decken. Dies gilt in gleichem Maße für die männlichen wie auch die weiblichen Befragten (vgl. Tabelle 4.19).

	männlich	weiblich	gesamt
Ja	90,5%	91,8%	91,1%
Nein	9,5%	8,2%	8,9%

Tabelle 4.19: Schüler/innen der Sekundarstufe I. Zufriedenheit mit den Ergebnissen von Such- maschinen. N=203; N(m)=105; N(w)=98.

Soziale Netzwerke und weitere Web-2.0-Dienste

Im Folgenden werden die Nutzung und das Verhalten im Umgang mit sozialen Netzwerken näher betrachtet. Zunächst geht es darum, ob und wenn ja, welche sozialen Netzwerke genutzt werden. 39 der Befragten sind in keinem sozialen Netzwerk angemeldet, wobei Jungen häufiger auf den Beitritt verzichten. Bei dem Rest der Schüler zeigt sich deutlich, dass viele bei SchülerVZ vertreten sind. Mit 148 Schülern stellt es den klaren Favoriten in Bezug auf Social Communities dar. Vor allem Mädchen bevorzugen SchülerVZ zum Austausch und zur Kommunika- tion mit anderen. Im Gegensatz dazu sind Facebook und MySpace eher bei Jungen beliebt – für MySpace gaben bei der gesamten Auswertung sogar ausschließlich Jungen an, dass sie es nutzen. Darüber hinaus ergab die Befragung, dass jedem Schüler Social Networking ein Begriff ist. Diese Erkenntnis basiert darauf, dass niemand angegeben hat, dass er soziale Netzwerke nicht nutzen würde, weil sie ihm unbekannt seien (vgl. Tabelle 4.20).

	männlich	weiblich	gesamt
SchülerVZ	65,4%	84,2%	74,4%
Facebook	43,3%	33,7%	38,7%
MySpace	4,8%	0%	2,5%
keine	23,1%	15,8%	19,6%

Tabelle 4.20: Schüler/innen der Sekundarstufe I. Nutzung von sozialen Netzwerken. N=199; N(m)=104; N(w)=95.

Allerdings hat die Freitextfrage zu diesem Aspekt gezeigt, dass bei den Begrifflichkeiten noch Verständnisschwierigkeiten bestehen. So wurden in den 58 Antworten 24 Mal Skype, 15 Mal ICQ und 12 Mal Twitter als weitere soziale Netzwerke genannt. Dies sind jedoch ein Internet-Telefondienst, ein Instant-Messaging-Programm sowie ein Micro-Blogging-System. Die Differenzierung zwischen sozialen Netzwerken und anderen Diensten zur Kommunikation fällt den Schülern offenbar schwer bzw. ist ihnen nicht unbedingt klar.

	männlich	weiblich	gesamt
mehrmals täglich	31,8%	29,4%	30,6%
einmal am Tag	35,3%	29,4%	32,4%
mehrmals die Woche	18,8%	27,1%	22,9%
etwa einmal die Woche	7,1%	10,6%	8,8%
nie / seltener als einmal die Woche	7,1%	3,5%	5,3%

Tabelle 4.21: Schüler/innen der Sekundarstufe I. Häufigkeit der Nutzung von sozialen Netzwerken. N=170; N(m)=85; N(w)=85.

Meist werden die sozialen Netzwerke nur einmal am Tag genutzt, was bei 55 Schülern der Fall ist. Nur knapp weniger viele Befragte loggen sich auch mehrfach an einem Tag in ihr Netzwerk bzw. ihre Netzwerke ein. Dabei sind die Mädchen zurückhaltender. Sie neigen im Vergleich häufiger dazu, sich nur mehrmals pro Woche oder etwa einmal pro Woche in ihre sozialen Netzwerke einzuloggen und liegen bei den täglichen Nutzern gegenüber den Jungen immer ein Stück zurück (vgl. Tabelle 4.21). Dabei wird durchschnittlich bei beiden Geschlechtern eine Stunde und 20 Minuten täglich online in Netzwerken verbracht. Die Spanne der Nutzungszeiten liegt hierbei zwischen fünf Minuten und bis zu fünf Stunden im

Extremfall. Der am häufigsten anzutreffende Fall ist jedoch etwa eine Stunde – sowohl bei Jungen als auch bei Mädchen.

Insgesamt gaben 128 Schüler (mehr als ¾ aller Befragten) an, dass sie in sozialen Netzwerken mit ihrem richtigen und vollständigen Namen interagieren. Es zeigt sich außerdem, dass die weiblichen Befragten es eher vermeiden, diese persönlichen Angaben preiszugeben als ihre männlichen Mitschüler. Die Zurückhaltung bei den Mädchen (n = 26) ist im Vergleich zu den Jungen (n = 14) fast doppelt so hoch. Nichtsdestotrotz ist der Anteil, derjenigen die ihren Namen ohne Bedenken veröffentlichen, sehr groß.

	männlich	weiblich	gesamt
Ja	83,3%	69,0%	76,2%
Nein	16,7%	31,0%	23,8%

Tabelle 4.22: Schüler/innen der Sekundarstufe I. Nutzung sozialer Netzwerke unter Angabe des richtigen Namens. N=168; N(m)=84; N(w)=84.

Fast jeder Sechste der Befragten nutzt nicht nur einen Account, sondern mehrere Kennungen in demselben Netzwerk. In diesem Zusammenhang verwenden Jungen häufiger Multi-Accounts als Mädchen. Dabei liegt die Nutzung von Multi-Accounts in 10 Fällen bei den Mädchen und in 18 Fällen bei den Jungen vor (vgl.Tabelle 4.23).

	männlich	weiblich	gesamt
Ja	22,0%	11,9%	16,9%
Nein	78,0%	88,1%	83,1%

Tabelle 4.23: Schüler/innen der Sekundarstufe I. Verwendung von Multi-Accounts in sozialen Netzwerken. N=166; N(m)=82; N(w)=84.

Wir fragten danach, mit welcher Intention die Kinder soziale Netzwerke nutzen und welche Aktivitäten dabei besonders beliebt sind. Fast alle Nutzer verwenden soziale Netzwerke zum Chatten, nur bei einer Minderheit von 16 Personen trifft dies nicht zu, wobei davon ein Großteil männlich ist. Es lässt sich feststellen, dass Mädchen eher eine Tendenz dazu haben, mit anderen in Kontakt zu treten und eher am Austausch mit anderen interessiert sind. Aus diesem Grund liegen sie bei den Aspekten Chatten, Freundschaften pflegen und Kontakte knüpfen (wenn hierbei auch nur minimal) gegenüber den Jungen vorn.

	männlich	weiblich	gesamt
Fotos/Videos einstellen, die andere gemacht haben	12,0%	4,8%	8,4%
Fotos/Videos einstellen, die man selbst von anderen gemacht hat	9,6%	8,3%	9,0%
Statusmeldungen veröffentlichen	15,7%	13,1%	14,4%
Links teilen	21,7%	14,3%	18,0%
Fotos/Videos einstellen, auf denen man selbst zu sehen ist	15,7%	20,2%	18,0%
Kontakte knüpfen	41,0%	41,7%	41,3%
Freundschaften pflegen	50,6%	59,5%	55,1%
Spielen	69,9%	60,7%	65,3%
Chatten	85,5%	95,2%	90,4%

Tabelle 4.24: Schüler/innen der Sekundarstufe I. Aktivitäten in sozialen Netzwerken. N=167; N(m)=83; N(w)=84.

Im Gegensatz dazu treten die Jungen mehr in den Vordergrund, wenn es darum geht, Inhalte mit anderen zu teilen. Zwar ist dies auch eine Art der Kommunikation, jedoch handelt es sich dabei meist um eine stark einseitige Interaktionsform. Andere Community-Nutzer können zwar auf die Inhalte zugreifen und diese meist auch kommentieren, allerdings steht die Kommunikation nicht im Vordergrund, sondern die geteilte Information. Folglich sind die männlichen Befragten stärker vertreten beim Teilen von Links, der Veröffentlichung von Statusmeldungen sowie dem Einstellen von Fotos und Videos, die sie entweder selbst oder die andere gemacht haben. Einzige Ausnahme bildet hierbei die Veröffentlichung von Fotos, auf denen man selbst abgebildet ist. Diese leicht narzisstische Aktivität wird wieder verstärkt durch Mädchen betrieben. In Fortführung des vorhergehenden Gedankens lässt sich auch das Spielverhalten in sozialen Netzwerken eher als männliche Beschäftigung bezeichnen, da dies vor allem bei den Jungen Anklang findet und nicht so stark auf den Austausch untereinander fixiert ist. Eine besonders beliebte Beschäftigung ist des Weiteren auch das Teilen von Fotos, die in keine der genannten Kategorien fallen. In diesem Zusammenhang ist es wichtig, auf das Urheberrecht sowie das Kunsturheberrecht (Recht am eigenen Bild) zu verweisen, welches beim Teilen von Fotos nicht genügend oder gar nicht berücksichtigt wird. In weiterführenden Untersuchungen sollte darauf ein Fokus gesetzt werden, ob Kinder diese Schutzrechte überhaupt wahrnehmen und dementsprechend agieren.

Als sonstige Aktivität wurde das „Folgen" von bekannten Leuten, was in der Umgangssprache des Öfteren auch als „stalken" bezeichnet wird, angegeben. Dabei hat dieser Begriff nichts mit der ursprünglichen negativen Bedeutung zu tun, sondern wird als Paraphrase für das Beobachten von Seiten bekannter Personen verwendet, um festzustellen, ob es im Leben dieser Personen Neuigkeiten oder Veränderungen gibt.

Als abschließender Aspekt zu den sozialen Netzwerken wurden die Schüler befragt, ob sie eine Freundschaftsanfrage von einer Person annehmen würden, die ihnen nicht bekannt ist. Von den befragten Personen gaben 88, also mehr als die Hälfte, an, dass sie dies nicht tun würden. Neun Jungen und sechs Mädchen hätten jedoch kein Problem damit, die Anfrage anzunehmen. Interessanterweise würde jeder Dritte diese Entscheidung in Abhängigkeit von der anfragenden Person treffen. Vor allem die weiblichen Befragten sind im Vergleich zu den Jungen nicht so stark festgelegt, sondern würden ihre Überlegung auch von anderen Faktoren beeinflussen lassen.

	männlich	weiblich	gesamt
Ja	10,6%	7,1%	8,8%
Nein	56,5%	47,1%	51,8%
abhängig von der Person	32,9%	45,9%	39,4%

Tabelle 4.25: Schüler/innen der Sekundarstufe I. Annahme einer Freundschaftsanfrage einer unbekannten Person. N=170; N(m)=85; N(w)=85.

Wir richten nun den Fokus auf die Nutzung von Internetdiensten außerhalb von sozialen Netzwerken. Es ist deutlich erkennbar, dass die Favoriten YouTube (190 Nutzer) und Wikipedia (166 Nutzer) sind, welche von fast allen Befragten verwendet werden. Diese starke Popularität wird von keinem anderen Dienst auch nur annähernd erreicht. Insgesamt sind bei Mädchen diese Dienste besonders beliebt, jedoch halten sie sich bei der Nutzung weiterer Tools eher zurück. Dieser Gedanke wird zusätzlich noch durch das Ergebnis der Nicht-Nutzung bekräftigt, da viermal mehr Mädchen als Jungen vermerkten, dass sie keine Dienste im Internet nutzen (vgl. Tabelle 4.26).

	männlich	weiblich	gesamt
keine Nutzung von Internetdiensten	0,9%	4,2%	2,5%
Flickr	1,9%	1,0%	1,5%
Podcasts	6,5%	1,0%	3,9%
Blogs	5,6%	4,2%	4,9%
Twitter	11,1%	9,4%	10,3%
Wikipedia	80,6%	82,3%	81,4%
Youtube	92,6%	93,8%	93,1%

Tabelle 4.26: Schüler/innen der Sekundarstufe I. Nutzung von Internetdiensten. N=204; N(m)=108; N(w)=96.

Unter den 32 sonstigen Antworten wurden besonders häufig Google (14 Mal) sowie weitere Videoportale beispielsweise MyVideo (5 Mal) und Clipfish (2 Mal) genannt. Ferner wurden mehrfach auch soziale Netzwerke aufgezählt, die jedoch unter diesem Aspekt außer Acht gelassen werden, da diese bereits in dem vorhergehenden Abschnitt behandelt wurden und somit nur ein Duplikat bereits beschriebener Ergebnisse darstellen würden. In Fortführung des Aspekts der Internet-Dienste bezieht sich die nächste Frage auf die Vergabe von Tags. Da YouTube und Flickr mit Tags und Twitter mit den Hash-Tags arbeiten und somit die freie Verschlagwortung ermöglichen, war es ein Interessenpunkt herauszufinden, ob die Schüler diese Möglichkeit der Inhaltserschließung auch nutzen oder ob ihnen dieser Begriff unbekannt ist. Es zeigte sich, dass 22 Schüler, also gut jeder Zehnte, schon einmal die Tagvergabe im Internet genutzt hat. Jedoch steht dem gegenüber, dass fast die Hälfte (n = 88) Tags nicht kennt und der größte Anteil der Befragten (n = 96) die Verwendung von freien Schlagworten nicht nutzt.

An dieser Stelle ist anzumerken, dass die Gruppe der Nicht-Nutzer möglicherweise ebenfalls aus Unkenntnis diese Möglichkeit nicht nutzen und die letzte Antwortmöglichkeit „kenne ich nicht" überlesen wurde. Dieser Vermutung liegt aus dem Grunde nahe, da während der Befragung die Frage gestellt wurde, was Tags seien und daraufhin nach Erklärung die Antwort „nein" teils bevorzugt wurde. Zwar wurde auf die Antwort „kenne ich nicht" hingewiesen, allerdings lässt sich nicht ausschließen, dass dies nicht von allen angenommen wurde. Andernfalls ist in diesem Zusammenhang ein hohes Verständnis der Begrifflichkeiten anzunehmen, sodass 110 Schüler Tags kennen, unabhängig davon, ob sie es nutzen oder nicht.

	männlich	weiblich	gesamt
Ja	15,0%	6,1%	10,7%
Nein	43,9%	41,4%	42,7%
Tags nicht bekannt	41,1%	52,5%	46,6%

Tabelle 4.27: Schüler/innen der Sekundarstufe I. Vergabe von Tags. N=206; N(m)=107; N(w)=99.

Der Fokus wird im Folgenden auf das aktive und passive Verhalten bei der Nutzung der zuvor genannten Internetdienste gesetzt. Unter passiver Nutzung versteht man dabei, dass Inhalte angeschaut, gelesen oder angehört werden, jedoch darüber hinaus keine weitere eigene Leistung erbracht wird. Dahingegen ist die aktive Nutzung, dass Content vom Nutzer generiert, erzeugt und dieser anderen Personen zur Verfügung gestellt wird. Die beliebtesten Aktionen sind passiver Natur: 201 Personen haben schon einmal ein Video auf YouTube angesehen und 193 einen Artikel bei Wikipedia gelesen. Dabei sind die Verteilungen von Jungen und Mädchen beinahe identisch. Insgesamt hat jeder Vierte auch schon einmal ein Video selbst hochgeladen, wobei die Jungen dies mehr als doppelt so häufig wie die Mädchen gemacht haben. Insgesamt wurden die passiven Aktionen häufiger durchgeführt als die aktiven.

	männlich	weiblich	gesamt
Flickr: Bild hochgeladen	1,9%	0%	1,0%
Flickr: Bild angeschaut	4,8%	1,0%	2,9%
Blogeintrag verfasst	3,8%	2,0%	2,9%
Podcast erstellt	4,8%	1,0%	2,9%
Wikipedia: Artikel verfasst	7,6%	3,0%	5,3%
Twitter: Tweet gelesen	10,5%	10,9%	10,7%
Twitter: getwittert	7,6%	13,9%	10,7%
Podcast angehört	21,9%	7,9%	15,0%
Blogeintrag gelesen	22,9%	19,8%	21,4%
Youtube: Video hochgeladen	33,3%	13,9%	23,8%
Wikipedia: Artikel gelesen	92,4%	95,0%	93,7%
Youtube: Video angeschaut	97,1%	98,0%	97,6%

Tabelle 4.28: Schüler/innen der Sekundarstufe I. Aktive und passive Nutzung von Internetdiensten. N=206; N(m)=105; N(w)=101.

Es lässt sich noch vermerken, dass die Erstellung eines Podcasts genau so häufig wie die Verfassung eines Blogeintrags erfolgt ist, obwohl man möglicherweise davon ausgehen würde, dass mehr Schüler schon einmal gebloggt haben. Markant ist ferner, dass der Imagehoster Flickr fast kaum genutzt wird. Sechs Befragte haben sich schon einmal ein Foto auf Flickr angesehen und nur einer hat aktiv auch Fotos hochgeladen. Mit Ausnahme der Aktionen Videos auf YouTube hochladen und Tweets über Twitter verschicken verhalten sich die meisten Schüler eher passiv bei den Web-2.0-Diensten und erstellen selten Content eigenständig, sondern konsumieren meist nur Inhalte von anderen.

Die meisten Schüler unterhalten sich mit Freunden, Geschwistern oder anderen Verwandten über Inhalte aus dem Internet (vgl. Tabelle 4.29). In vielen Fällen war eine Differenzierung der Themen, worüber sie sich unterhalten, schwierig, da oft sehr unspezifische Antworten, wie zum Beispiel „alles mögliche" oder „vieles", angegeben wurden. Dabei waren bei Unterhaltungen mit Freunden die beliebtesten Themen: soziale Netzwerke (SchülerVZ, Facebook), Videos einschließlich YouTube, Spiele und Musik. Eine ähnliche Verteilung ergibt sich, wenn man die Gesprächsthemen mit Geschwistern oder Verwandten näher betrachtet. Im Vergleich dazu wird mit Erwachsenen, wie beispielsweise Eltern und Lehrern, eher über kritische Themen gesprochen. Dazu gehören Mobbing, Sicherheit im Internet sowie auch Gefahren und die Veröffentlichung von Daten. Insbesondere in Unterhaltungen mit den Eltern werden solche Aspekte thematisiert.

	männlich	weiblich	gesamt
Unterhaltung mit Lehrern	6,7%	9,6%	8,2%
Unterhaltung mit Bekannten	20,2%	18,1%	19,1%
Unterhaltung mit Eltern	29,2%	39,4%	34,4%
Unterhaltung mit Geschwistern/ Verwandten	32,6%	40,4%	36,6%
Unterhaltung mit Freunden	95,5%	93,6%	94,5%

Tabelle 4.29: Schüler/innen der Sekundarstufe I. Unterhaltung über Inhalte im Internet. N=183; N(m)=89; N(w)=94.

	gesamt
immer	1,9%
häufig	4,9%
gelegentlich	21,8%
selten	54,4%
nie	17,0%

Tabelle 4.30: Schüler/innen der Sekundarstufe I. Einsatz von Computer / Internet im Unterricht. N=206.

Computer und Internet im Kontext der Schule

Abschließend soll betrachtet werden, inwiefern und mit welchem Umfang Schulen derzeit zur Vermittlung von Informationskompetenz beitragen. Zum Einstieg sollten die Schüler angeben, mit welcher Intensität Computer und das Internet in den Unterricht eingebunden werden. Es zeigt sich deutlich (Tabelle 4.30), dass in den meisten Fällen der Einsatz von Computern entweder nur selten (n = 112) oder nie (n = 35) erfolgt. Nur wenige Befragte gaben an, dass bei ihnen häufig bis immer der Computer oder das Internet im Unterricht Einsatz finden. Um die Einbindung zu konkretisieren, wurden die Schüler darüber hinaus befragt, in welchen Fächern und zu welchem Zweck Computer verwendet werden. Dabei zeigte sich, dass am häufigsten im Geschichtsunterricht (46 von 132 Antworten) entweder zu Recherchezwecken oder für Präsentationen mit dem Rechner gearbeitet wird. Es folgt der IT- bzw. Informatik-Unterricht (n = 36) sowie im Kontext des Fachs Mathematik (n = 25). Interessant ist noch hinzuzufügen, dass in acht Antworten vorkam, dass der Computer hauptsächlich in Freistunden oder bei Vertretungen genutzt wird. Grundsätzlich gilt für alle Unterrichtsfächer, dass die Schüler nach Informationen suchen und diese zusammentragen sollen oder dass das technische Equipment für Vorträge und Referate benötigt wird.

	männlich	weiblich	gesamt
sehr gut	11,5%	12,0%	11,7%
gut	40,6%	43,5%	42,0%
mäßig	15,6%	13,0%	14,4%
eher schlecht	4,2%	2,2%	3,2%
schlecht	3,1%	1,1%	2,1%
Beurteilung nicht möglich	25,0%	28,3%	26,6%

Tabelle 4.31: Schüler/innen der Sekundarstufe I. Einschätzung der Computer-Kompetenzen der Lehrer. N=188; N(m)=96; N(w)=92.

In Fortführung dieses Gedankens sollten die Schüler auch die Kompetenzen ihrer Lehrer im Umgang mit dem Computer einschätzen (Tabelle 4.31). Die Einschätzungen der Schüler zeigen, dass fast jeder Zweite (79 von 188 Schülern) seine Lehrer für gut im Umgang mit dem Computer hält. 50 der Befragten hielten sich zurück und gaben an, dass sie die Fähigkeiten ihrer Lehrer nicht einschätzen könnten. Fast kaum einer der Schüler bewertet das Lehrpersonal als „eher schlecht" oder „schlecht". Nur in zehn Fällen wurden diese Bewertungen vorgenommen. Insgesamt charakterisierten Jungen und Mädchen die Lehrerschaft etwa gleich, wobei bei den Mädchen eine leichte Tendenz zu positiveren Bewertungen festzustellen ist. Ferner ergab die Befragung, dass 91 von 202 antwortenden Schülern angaben, dass sie im Unterricht Empfehlungen für Internetdienste oder Internetseiten von ihren Lehrern erhalten. Neben generellen Lernseiten (z.B. Phase 6 für das Lernen von Vokabeln) sowie fachspezifischen Inhalten (z.B. Forte Free im Kontext des Musikunterrichts) wurden vor allem Wikipedia (29 Mal), BlindeKuh (13 Mal), Google (12 Mal) und LEO Dictionary (7 Mal) empfohlen. Mehr als 60 % (52 Schüler) nutzen diese Empfehlungen auch, wobei die Mädchen geneigter sind, die Angebote zu verwenden (vgl.Tabelle 4.32).

	männlich	weiblich	gesamt
Ja	26,7%	33,7%	60,5%
Nein	24,4%	15,1%	39,5%

Tabelle 4.32: Schüler/innen der Sekundarstufe I. Empfehlungen angenommen. N=86; N(m)=44; N(w)=42.

Als Pendant zu den Empfehlungen wurde auch nach „Abratungen" im Internet durch die Lehrer gefragt. 43,9 % von 198 Schülern wurden von ihren Lehrern vor bestimmten Online-Inhalten gewarnt. Dazu zählen vor allem soziale Netzwerke (24 Mal genannt) und Seiten, die als nicht angemessen für das Alter angesehen werden wie beispielsweise pornographische Inhalte (10 Mal). Außerdem wurden die Schüler vor Seiten gewarnt, die kostenpflichtig sind oder persönliche Daten abfragen. Markant ist jedoch, dass sieben Schüler Wikipedia als weitere Internetseite angaben, von denen durch Lehrer abgeraten wurde. Somit wird Wikipedia sowohl als positive als auch negative Quelle genannt, was zeigt, dass es keine deutlichen Absprachen bzw. keine allgemeingültigen Vorgaben für Lehrer gibt.

	männlich	weiblich	gesamt
Ja	73,8%	75,0%	74,4%
Nein	26,2%	25,0%	25,6%

Tabelle 4.33: Schüler/innen der Sekundarstufe I. Verbote eingehalten. N=82; N(m)=42; N(w)=40.

Die befragten Schüler gaben in 61 Fällen an, dass sie sich auch an die Warnungen bzw. Abratungen der Lehrer halten würden. Im Gegensatz zu den Empfehlungen halten sich jedoch die Jungen und Mädchen gleichermaßen an die Warnungen der Lehrer (vgl. Tabelle 4.33).

	männlich	weiblich	gesamt
Beurteilung nicht möglich	24,0%	27,5%	25,7%
schlecht	10,6%	2,9%	6,8%
eher schlecht	2,9%	3,9%	3,4%
mäßig	12,5%	18,6%	15,5%
gut	37,5%	40,2%	38,8%
sehr gut	12,5%	6,9%	9,7%

Tabelle 4.34: Schüler/innen der Sekundarstufe I. Einschätzung der schulischen Vorbereitung auf die Nutzung des Internets und moderne Medien. N=206; N(m)=104; N(w)=102.

Als vorletzten Aspekt sollten die Schüler einschätzen, wie gut sie sich durch die Schule auf die Nutzung des Internets und allgemein im Umgang mit modernen Medien vorbereitet fühlen. Wie bei der Einschätzung zur Kompetenz der Lehrer hat jeder vierte Befragte eine Bewertung vermieden und stattdessen angegeben, dass er keine Beurteilung vornehmen könnte. Alles in allem fühlen sich die Schüler jedoch gut vorbereitet durch die Schule. Die Jungen neigten vor allem zu extremen Tendenzen, da sie verstärkt in den Kategorien „schlecht" sowie „sehr gut" bewertet haben. Generell kann man aber von einer positiven Einschätzung in Bezug auf die Medienvorbereitung ausgehen, was in einem interessanten Kontrast dazu steht, dass eher selten der Computer und das Internet in den Unterricht einbezogen werden.

Basierend auf dieser letzten Einschätzung sollten die Schüler abschließend noch ihre Meinung kundtun, ob sie an einem Unterrichtsfach zur Vermittlung von Informationskompetenz interessiert seien. Dabei ergab sich, dass fast jeder Zweite Interesse zeigte; vor allem die Jungen sprach diese Idee an. 68 von ihnen bejahten diese Frage. Die befragten Mädchen hingegen wirkten gegenüber dieser Überlegung jedoch zurückhaltender. Fast jede zweite von ihnen stand dem gleichgültig gegenüber. Außerdem lehnten 9% und damit doppelt so oft wie die Jungen diese mögliche Umsetzung ab. Abschließend lässt sich somit festhalten, dass sich ein sehr gemischtes Bild zum Interesse an der Informationskompetenz zeigt, was darauf schließen lässt, dass die Wichtigkeit dieser Kompetenz nicht genügend vermittelt wird.

Resümee

Die Befragung hat ergeben, dass die meisten Kinder bereits gut „ausgerüstet" sind, wenn es um moderne Medien geht. So gehören zum „Basis-Equipment" fast eines jeden Schülers ein PC oder Laptop mit Internetanschluss, ein Fernseher und ein internetfähiges Handy oder Smartphone. Neben dem Fernsehen gehört zum Alltag eines 10- bis 12-Jährigen das Surfen im Internet, Telefonieren und das Schreiben von SMS. Dabei wird nicht nur ein Medium genutzt, sondern mehrere gleichzeitig kombiniert. Besonders beliebt ist es dabei, neben der Internetnutzung fernzusehen. Obwohl viele Eltern Vorschriften bezüglich der Nutzung des Internets, insbesondere in Bezug auf die Dauer, machen, ist fast jedes Kind mehr als eine Stunde täglich online. Dabei surfen Personen dieser Altersgruppe am liebsten in sozialen Netzwerken – besonders beliebt ist hierbei SchülerVZ – oder auf Video-Portalen wie YouTube. Des Weiteren ist auch ein breites Interesse für Musik bei den Schülern vorhanden, jedoch geht der Trend dazu, Musik nicht mehr käuflich zu erwerben, sondern aus kostenlosen Quellen, wie zum Beispiel online auf YouTube, zu konsumieren. Nichtsdestotrotz würden die meisten vor illegalen Downloads zurückschrecken und nicht auf diese Form der Musikbeschaffung zurückgreifen. Obwohl sich in diesem Zusammenhang ein ethisches Verhalten für Urheberrecht erkennen lässt, ist das kritische Bewusstsein für Privatsphäre und speziell Datenschutz noch nicht stark ausgeprägt. So ist beispielsweise die Angabe persönlicher Daten wie Name und Adresse für viele keine problematische Aktion. Fast jeder hat sich schon einmal im Internet bei einem sozialen Netzwerk, einer Internetseite oder einem Spiel angemeldet und somit seine Daten preisgegeben. Trotzdem wurde vielen der problematische Aspekt dieser Handlung noch nicht bewusst, da sie von negativen Folgen verschont geblieben sind. Aber das Internet wird auch zur Informationsbeschaffung eingesetzt, wobei vor allem Google und Wikipedia zur Recherche nach Informationen verwendet werden. Die beiden Quellen haben vor allem „klassische" Mittel zur Informationssuche abgelöst, wie beispielsweise Bibliotheken. Insgesamt werden die meisten Medien als zuverlässig eingeschätzt, jedoch zeigen sich deutliche Abweichungen bei Online-Tools wie Blogs, Internet-Foren und Podcasts, denen fast immer eine schlechtere Qualität zugesprochen wird. Vor allem Mädchen haben einen kritischeren Blick auf diese Medien. Aber die Kinder sind nicht nur zur Informationssuche online, sondern – wie bereits zuvor erwähnt – sind sie auch viel in sozialen Netzwerken unterwegs. Der Favorit ist hierbei SchülerVZ. Mehr als jeder Zweite ist mindestens einmal täglich online und das hauptsächlich, um mit anderen zu chatten oder zu spielen. Dass eine kritische Sichtweise auch hier ausbaufähig ist, zeigt sich beispielsweise daran, dass oft der vollständige Name in Netzwerken angegeben wird oder dass Freundschaftseinladungen von Fremden in Abhängigkeit zur anfragenden Person bestätigt werden. Neben sozialen Netzwerken finden auch Web-2.0-Tools Anklang bei den Kindern. Vor allem YouTube und Wikipedia sind besonders beliebt – dabei ergab sich ferner, dass jeder Dritte auch schon einmal selbst ein Video auf YouTube hochgeladen hat. Ansonsten verhalten sich die Kinder jedoch vermehrt passiv im Web 2.0 und konsumieren eher Content, anstatt selbst zu produzieren. Über Inhalte im Internet wird meist mit Freunden gesprochen – Erwachsene werden hauptsächlich bei kritischeren Aspekten, wie Gefahren und Sicherheit im Internet, einbezogen. Auch in den Schulalltag haben Computer und das Internet zu einem gewissen Anteil Einzug gehalten – auch wenn bei den meisten Schülern nur selten die Integration in den Unterricht erfolgt. Trotzdem halten viele Schüler ihre Lehrer für kompetent im Umgang mit den modernen Medien. Die Unterstützung in Form von Empfehlungen (zum Beispiel Wikipedia, BlindeKuh und Google) und Warnungen vor Internetseiten durch die Lehrer werden auch von einem Großteil der Kinder angenommen. Vor allem bei Warnungen, wie beispielsweise vor sozialen Netzwerken und altersunangemessenen Inhalten, halten sich die Schüler besonders häufig daran.

Vergleich mit anderen Studien

Die vorliegende Befragung hat verdeutlicht, dass digitale Medien bei fast jedem Kind eine tägliche Rolle spielen. Komparativ mit der Jugend 2.0-Studie der BITKOM (2011) wurde jedoch sogar noch häufiger der Besitz von elektronischen Medien festgestellt. So ergab die Untersuchung der BITKOM beispielsweise, dass nur 56% einen eigenen Computer oder Laptop besitzen und in dem vorliegenden Kontext ergaben sich über 75%. Es ist jedoch darauf zu verweisen, dass die BITKOM eine größere Stichprobe über alle Schulformen befragt hat und die hier vorliegende Studie sich auf Schüler von Gymnasien bezieht. Dies steht in Korrelation mit dem verstärkten Computernutzungsverhalten von Gymnasiasten, welche die KIM-Studie (Kinder + Medien, Computer + Internet) ausgemacht hat. Die dortige Studie hat ergeben, dass Schüler von Gymnasien in 98% der Fälle zumindest gelegentlich den Computer nutzen und somit mit Abstand die stärkste Nutzergruppe darstellen (Medienpädagogischer Forschungsverbund Südwest, 2010). Aus diesem Grund liegt die Vermutung nahe, dass nicht nur die Nutzung verstärkt bei Gymnasialschülern auftritt, sondern somit auch der Besitz von digitalen Medien. Bei dem weiteren Einsatz von modernen Medien zeigt sich, dass die Nutzung des Computers und des Fernsehers im täglichen Gebrauch am beliebtesten ist. Erneut steht dies im direkten Kontrast zur Jugend 2.0-Studie, in welcher bei den Lieblingsbeschäftigungen das Fernsehen deutlich stärker vertreten ist als das Surfen im Internet (BITKOM, 2011). Im Vergleich zur KIM-Studie, in welcher der Aspekt der Medienbindung untersucht wurde, liegen jedoch der Computer und das Internet annähernd gleich mit dem Fernseher (Medienpädagogischer Forschungsverbund Südwest, 2010). Generell lässt sich jedoch anhand der medialen Mehrfachnutzung feststellen, dass der gleichzeitige Einsatz dieser beiden

Medien besonders beliebt ist. Dementsprechend lässt sich annehmen, dass sowohl der Fernseher als auch der Computer eine annähernd gleiche Bedeutung für die Altersgruppe der ca. 10- bis 13-Jährigen haben. Des Weiteren zeigt sich im Vergleich mit der BITKOM-Studie, dass in zwei von drei Fällen Vorgaben durch die Eltern auftreten, welche generell besonders markant bezüglich der Limitierung der Nutzungszeit des Internets sind.

Im Hinblick auf den Einsatz bestimmter Quellen sowie der Einschätzung der Qualität dieser Quellen bieten sich keine Vergleichsmöglichkeiten, da dieser Aspekt in anderen Studien nicht in diesem Maß erörtert wurde. In der BITKOM-Studie liegt jedoch vor, dass etwa jedes vierte Kind fast alle Informationen im Internet als richtig bzw. wahr einschätzt. Eine nähere Differenzierung zwischen verschiedenen Ressourcen wird allerdings nicht vorgenommen (BITKOM, 2011).

Im Folgenden wird die Nutzung von sozialen Netzwerken und Web 2.0-Tools im Kontext anderer Untersuchungen betrachtet. Dabei hat sich gezeigt, dass die Beliebtheitsskala bei den sozialen Netzwerken auch von einer anderen Studie gestützt wird. In der Jugend 2.0-Studie werden unter den Favoriten ebenfalls SchülerVZ (mit deutlichem Vorsprung) sowie Facebook festgestellt. Ferner wird in derselben Studie auch die Angabe von persönlichen Daten im Kontext von Social Communities untersucht, unter anderem die Veröffentlichung von Vor- und Nachname. Dabei zeigt sich eine große Differenz zwischen den beiden Untersuchungen. Fast dreimal so oft wie in der BITKOM-Studie gaben die Schüler in der vorliegenden Befragung an, dass sie sich mit dem vollständigen Namen anmelden. Einen eindeutigen Grund für diese Differenz lässt sich nicht erkennen, weswegen die Durchführung mit einer größeren Stichprobe interessant wäre. Generell halten sich die negativen Erfahrungen – trotz der Veröffentlichung sensibler Informationen – im Internet in Grenzen, was sich auch mit der zuvor dargestellten Erkenntnis bezüglich der negativen Folgen durch die Angabe von persönlichen Daten deckt. Außerdem zeigt sich bei weiteren Web 2.0 Tools, dass im Vergleich mit der Studie „Heranwachsen mit dem Social Web" die passiven Aktionen gegenüber den aktiven deutlich überwiegen. Zwar wird in der Untersuchung überprüft, wie häufig bestimmte Aktivitäten im Social Web durchgeführt werden, dennoch lässt das auch einen generellen Rückschluss auf die aktive und passive Nutzung zu. Es ergibt sich dabei ebenfalls, dass das größte Interesse für Videoportale und Wikis herrscht. Im Vergleich zu den vorliegenden Ergebnissen zeigt sich allerdings, dass in dieser Studie der Landesanstalt für Medien Nordrhein-Westfalen (LfM) das Verfassen von Weblogs mehr Anklang findet als das Einstellen von Videos (Hasebrink, Rohde, & Brüssel, 2009). Jedoch widerspricht das nicht unbedingt den zuvor dargestellten Resultaten, da auf der einen Seite vorliegt, ob eine Aktivität im Web 2.0 schon einmal durchgeführt wurde versus auf der anderen Seite wie häufig bzw. regelmäßig die Durchführung dieser Aktionen erfolgt. Da Weblogs verstärkt als Online-Tagebücher genutzt werden, wird in diesem Kontext möglicherweise von Einzelpersonen häufiger und regelmäßiger Einträge erstellt, als insgesamt schon einmal ein Videoportal zum Einstellen eines Videos genutzt wurde.

In Bezug auf die Informationskompetenz im Untersuchungsrahmen der Schule lassen sich Gegenüberstellungen mit der Studie „Medienkompetenz in der Schule" der LfM anstellen. Diese Untersuchung hat bei der Befragung von Gymnasiallehrern ergeben, dass nur 15 % von ihnen regelmäßig digitale Medien in den Unterricht einbeziehen. Jedoch gaben 46% an, dass sie zumindest gelegentlich diese Medien nutzen. Zunächst steht dies in einem starken Kontrast dazu, dass die meisten Schüler bei der vorliegenden Befragung meinten, dass eher selten Computer eingesetzt werden. Allerdings wurde in der LfM-Studie darüber hinaus festgestellt, dass vor allem in der fünften und sechsten Klasse die Lehrer teils bewusst auf den Einsatz digitaler Medien verzichten, wodurch die vorliegenden Daten wieder gestützt werden. Ferner wird reflektiertes Medienhandeln nur selten bis gar nicht in mehrheitlich 80% der Fälle laut LfM-Studie thematisiert (Breiter, Welling, & Stolpmann, 2010). Dazu steht im positiven Kontrast, dass immerhin etwa jeder zweite Schüler vermerkte, dass die Lehrer an seiner Schule entweder Empfehlungen oder auch Warnungen in Bezug auf bestimmte Inhalte aussprachen. Es lässt sich daher vermuten, dass innerhalb der letzten zwei Jahre – seit der Veröffentlichung der Studie „Medienkompetenz in der Schule" – auch bei den Lehrern eine verstärkte Sensibilisierung zum Umgang mit Informationskompetenz im Unterricht erfolgt ist. In der Studie Jugend 2.0 gab darüber hinaus in der Altersklasse von 10 bis 12 Jahren fast jedes zweite Kind an, dass es sich im Umgang mit dem Computer nicht so versiert wie seine Lehrer einschätzen würde, was positiv damit korreliert, dass viele Kinder ihre Lehrer als gut bis sehr gut bezüglich ihrer Computerkenntnisse bewerten. Darüber hinaus wünscht sich jeder Zweite laut der BITKOM-Studie, dass der Computer intensiver im Unterricht genutzt wird (BITKOM, 2011). Unter dem Aspekt, den schulischen Lehrplan in Bezug auf das Erlernen von Internetrecherche und zur Sensibilisierung in Bezug auf ethische Fragestellungen wie Urheberrecht oder Datenschutz auszubauen, findet sich diese Tendenz auch in der vorliegenden Studie wieder. Die vertretene Idealvorstellung zum Erlernen von Informationskompetenz und die wünschenswerteste Umsetzung würde durch die Einführung eines eigenen Schulfachs erreicht, wie es auch Wittich und Jasiewicz (2011) in ihrer Untersuchung anhand des englischen Schulsystems darstellen.

Ausblick

Die empirische Untersuchung hat zwar einen Einblick aus der Sicht der Schüler gegeben, jedoch ist damit im Hinblick auf den Stand ihrer Kompetenzen der Forschungsgegenstand noch nicht abgeschlossen. In weiteren Schritten ließe sich die Forschung erweitern, indem man eine größere Stichprobe untersucht. Damit würden die bisherigen Daten gestützt werden und es würde gezeigt, dass die Ergebnisse auch bei größeren Befragungen stimmig wären. Darüber hinaus ließen sich qualitative Befragungen in dem Umfeld durchführen, sodass man im Einzelgespräch mit Schülern auch auf Aspekte eingehen könnte, die aufgrund der Form der Befragung in dieser Untersuchung nicht möglich waren. Zudem erhielte man dadurch mehr Eindrücke aus der Sicht der Probanden und könnte flexibler auf die Einflüsse und Impulse eingehen. Neben diesen qualitativen Interviews wären außerdem praktische Tests interessant, in denen die Schüler zeigen müssten, wie gut sie im Umgang mit den modernen Medien in der Praxis tatsächlich sind. Aufgrund der theoretischen Befragung gab es keine Möglichkeit zu validieren, ob die Schüler wirklich der Wahrheit entsprechend geantwortet haben und ob ihre Selbsteinschätzung ihren eigentlichen Fertigkeiten entspricht.

Angesichts der Ergebnisse sollte vor allem der Aspekt noch näher untersucht werden, ob es Chancen gibt, Informationskompetenz in das didaktische Konzept der Schule einzugliedern und wenn ja, in welcher Form dies geschehen kann. Wie am Anfang dargelegt, stellt die Informationskompetenz mit wachsender Bedeutsamkeit eine Fähigkeit dar, die für das Überleben in der Wissensgesellschaft unumgänglich ist. Darüber hinaus wurde gezeigt, dass die Schule als geeigneter Ort und Vermittler in Aktion treten sollte. Aus diesem Grund gilt es, der Informationskompetenz als Element des Lehrplans stärkere Beachtung zu schenken und in diesem Rahmen weitere Forschungen und Untersuchungen zu betreiben.

Thorsten Förster

Kapitel 5: Informationskompetenz in der Sekundarstufe II

In diesem Kapitel werden die Ergebnisse der Befragung von Schülern der Sekundarstufe II vorgestellt. Die verwendeten Methoden sind in Kapitel 3 beschrieben; Kapitel 4 skizziert die Resultate der Sekundarstufe I. Insgesamt wurden 254 Fragebögen ausgewertet. 170 (66,9 %) stammen aus der Jahrgangsstufe 11 und 84 (33,1 %) aus der Jahrgangsstufe 10. Da sich bei der Auswertung keine nennenswerten Unterschiede zwischen den beiden Jahrgangsstufen gezeigt haben, werden diese im Folgenden zusammen betrachtet. 123 (48,4%) Fragebögen wurden von männlichen und 131 (51,6%) von weiblichen Versuchspersonen ausgefüllt. Es besteht eine Altersspanne von 14-20 Jahren, wobei die 16-17jährigen die mit Abstand größte Gruppe bilden. Das Durchschnittsalter liegt insgesamt bei 16,73 Jahren (männlich 16,83 Jahre, weiblich: 16,63 Jahre). Neben der Darstellung der Befragungsergebnisse für alle Schüler haben wir insbesondere die geschlechtsspezifischen Unterschiede der Informationskompetenz bei Mädchen und Jungen analysiert.

Besitz und Nutzung moderner Medien

Fast jeder Schüler besitzt einen PC oder Laptop mit Internetzugang. Etwa acht von zehn besitzen zudem einen Fernseher und etwa sieben von zehn ein Handy oder Smartphone, welches Zugang zum Internet hat. In Bezug auf den Besitz von Spielkonsolen bestehen zwischen den beiden Geschlechtern lediglich Unterschiede darin, ob diese auch über einen Internetzugang verfügen. Eine Spielkonsole ohne Internetzugang besitzen nämlich innerhalb beider Geschlechter etwa ein Drittel der Befragten. Eine Spielkonsole mit Internetzugang besitzt hingegen über die Hälfte der Schüler, aber noch nicht einmal jede fünfte Schülerin. Etwa ein Drittel beider Geschlechter besitzt noch ein Handy ohne Internetzugang. Nur die wenigsten haben über ihren PC keinen Zugang zum Internet (siehe Tabelle 5.1).

	männlich	weiblich	gesamt
PC ohne Internetzugang	0,00%	3,05%	1,59%
Handy ohne Internetzugang	33,88%	32,06%	32,94%
Spielkonsole(n) mit Internetzugang	54,55%	18,32%	35,71%
Spielkonsole(n) ohne Internetzugang	33,88%	38,17%	36,11%
Handy/Smartphone mit Internetzugang	68,60%	70,99%	69,84%
Fernseher	84,30%	81,68%	82,94%
PC/Laptop mit Internetzugang	100,00%	94,66%	97,22%

Tabelle 5.1: Schüler/innen der Sekundarstufe II. Besitz moderner Medien. N=252; N(m)=121; N(w)= 131.

Die Aktivität, die Jugendliche mit Hilfe von modernen Medien am häufigsten ausüben, ist in der Gesamtheit gesehen das SMS-Schreiben. Durchschnittlich acht von zehn Schülern gaben an, mehrmals täglich SMS zu schreiben. Die Schülerinnen machen mit neun von zehn hier einen deutlich höheren Anteil aus als die männlichen Probanden mit etwa sieben von zehn Schülern. Auffällig ist auch, dass keine weibliche Person angab, nie oder seltener als einmal die Woche SMS zu schreiben. Dies gab immerhin etwa ein Zehntel der männlichen Probanden an.

Das Surfen mit dem PC oder Laptop ist dagegen unter männlichen Schülern beliebter als das SMS-Schreiben. Betrachtet man entsprechend nur die männlichen Schüler, so ist das diejenige Aktivität, bei der knapp vor dem SMS-Schreiben am häufigsten die Antwort „mehrmals täglich" ausgewählt wurde. Keiner der Schüler gab an, nur etwa einmal in der Woche zu surfen und nur eine einzelne Person gab an, dies nie oder seltener als einmal die Woche zu tun.

Das Chatten ist unter beiden Geschlechtern ähnlich beliebt. Jungen tendieren allerdings – mit einem Anteil von etwa der Hälfte – eher dazu, mehrmals täglich zu chatten als Mädchen, bei denen dieser Anteil etwa vier von zehn Schülerinnen entspricht und im Gegenzug jede Fünfte einmal am Tag chattet, was bei den Jungen nur auf jeden Fünften zutrifft.

Jungen verwenden das Medium Fernsehen häufiger als Mädchen. Über die Hälfte der männlichen Probanden gibt an, mehrmals täglich den Fernseher zu nutzen. Etwa die Hälfte davon tut dies nur einmal am Tag. Alle anderen Werte sind hier weit weniger ausschlaggebend. Bei den Mädchen sind zwei Topantworten erkennbar, die einen Anteil von etwa einem Drittel der befragten Schülerinnen ausmachen. Demnach gibt es etwa genauso viele Mädchen, die mehrmals täglich fernsehen, wie solche, die dies nur einmal pro Tag tun.

Die Nutzung des Telefons variiert laut den Ergebnissen nicht sonderlich stark in Bezug auf das Geschlecht. Der einzige Unterschied besteht darin, dass mit etwa 47 % der Mädchen, die angeben, mehrmals täglich zu telefonieren, dieser Anteil etwa sechs Prozent höher ausfällt als bei den Jungen. Im Gegenzug erklären – mit einem Anteil von etwa 23 % – etwa fünf Prozent mehr Jungen, dass sie diese Aktivität etwa einmal am Tag ausüben. Bei allen anderen Werten lassen sich keine auffälligen Differenzen festmachen.

Von den männlichen Schülern sowie den Schülerinnen arbeitet etwa ein Drittel mehrmals täglich mit dem PC oder Laptop. Ein etwa gleich großer Teil der Mädchen arbeitet zudem mehrmals die Woche mit dem PC oder Laptop, was bei den Jungen auf nur etwa jeden Sechsten zutrifft. Interessant ist noch, dass mehr als ein Zehntel der Jungen nie oder seltener als einmal pro Woche den PC oder Laptop zum Arbeiten gebrauchen. Bei den Mädchen hingegen trifft dies – mit einem Anteil von nicht einmal vier Prozent – auf einen weitaus geringeren Teil zu.

Die größten Unterschiede zwischen den Geschlechtern zeigen sich bei den Aktivitäten „Video-/PC-/Handyspiele spielen" und „Filme/Videos im Internet anschauen". Beide Aktivitäten werden von fast vier von zehn Jungen mehrmals täglich ausgeübt. Dagegen machen nur sechs Prozent der befragten Mädchen diese Angabe bei Video-, PC- oder Handyspielen und jedes Sechste bei der Aktivität „Filme/Videos im Internet anschauen". Umso mehr Mädchen behaupten, diese beiden Aktivitäten nie oder seltener als einmal die Woche auszuüben: Hier ist es mehr als die Hälfte bei Video-, PC- oder Handyspielen und ein Drittel bei den Filmen und Videos im Internet. Noch nicht einmal jeder sechste Junge macht hier dieselbe Angabe. Bei einer ganzheitlichen Betrachtung aller fünf Werte, insbesondere bei den Video-, PC- oder Handyspielen, macht es den Anschein, dass die Häufigkeiten der Antworten von „mehrmals täglich" bis „nie/seltener als einmal die Woche" bei den Jungen stetig mit leichten Schwankungen abnehmen. Gegenteiliges gilt für die Mädchen (alle Werte: siehe Tabellen 5.2-5.4).

	mehrmals täglich	einmal am Tag	mehrmals die Woche	etwa einmal die Woche	nie/seltener als einmal die Woche
Mit dem Handy/Smartphone surfen (N = 114)	32,46%	10,53%	6,14%	7,89%	42,98%
Am PC/Laptop arbeiten (N = 122)	36,89%	18,03%	18,85%	15,57%	10,66%
Filme/Videos im Internet anschauen (N = 121)	37,19%	11,57%	22,31%	14,88%	14,05%
Video-/PC-/Handyspiele spielen (N = 122)	37,70%	22,95%	20,49%	6,56%	12,30%
Telefonieren (N = 123)	40,65%	22,76%	26,02%	5,69%	4,88%
Fernsehen (N = 121)	52,07%	26,45%	14,05%	4,96%	2,48%

	mehrmals täglich	einmal am Tag	mehrmals die Woche	etwa einmal die Woche	nie/seltener als einmal die Woche
Chatten (N = 120)	52,50%	20,83%	17,50%	1,67%	7,50%
SMS schreiben (N = 123)	70,73%	4,07%	11,38%	2,44%	11,38%
Mit dem PC/Laptop surfen (N = 121)	76,03%	14,05%	9,09%	0,00%	0,83%

Tabelle 5.2: Schüler/innen der Sekundarstufe II. Häufigkeit der Nutzung moderner Medien, männlich.

	mehrmals täglich	einmal am Tag	mehrmals die Woche	etwa einmal die Woche	nie/seltener als einmal die Woche
Video-/PC-/Handyspiele spielen (N = 129)	6,20%	4,65%	13,95%	16,28%	58,91%
Filme/Videos im Internet anschauen (N = 130)	15,38%	12,31%	20,77%	18,46%	33,08%
Mit dem Handy/Smartphone surfen (N = 124)	31,45%	8,06%	8,87%	5,65%	45,97%
Am PC/Laptop arbeiten (N = 129)	32,56%	17,83%	31,01%	14,73%	3,88%
Fernsehen (N = 129)	34,11%	36,43%	15,50%	10,85%	3,10%
Chatten (N = 130)	41,54%	26,92%	14,62%	6,92%	10,00%
Telefonieren (N = 131)	46,56%	16,79%	27,48%	6,87%	2,29%
Mit dem PC/Laptop surfen (N = 131)	62,60%	19,85%	13,74%	3,05%	0,76%
SMS schreiben (N = 130)	88,46%	3,85%	5,38%	2,31%	0,00%

Tabelle 5.3: Schüler/innen der Sekundarstufe II. Häufigkeit der Nutzung moderner Medien, weiblich.

	mehrmals täglich	einmal am Tag	mehrmals die Woche	etwa einmal die Woche	nie/seltener als einmal die Woche
Video-/PC-/Handyspiele spielen (N = 251)	21,5%	13,5%	17,1%	11,6%	36,3%
Filme/Videos im Internet anschauen (N = 251)	25,9%	12,0%	21,5%	16,7%	23,9%
Mit dem Handy/Smartphone surfen (N = 238)	31,9%	9,2%	7,6%	6,7%	44,5%
Am PC/Laptop arbeiten (N = 251)	34,7%	17,9%	25,1%	15,1%	7,2%
Fernsehen (N = 250)	42,8%	31,6%	14,8%	8,0%	2,8%
Telefonieren (N = 254)	43,7%	19,7%	26,8%	6,3%	3,5%
Chatten (N = 250)	46,8%	24,0%	16,0%	4,4%	8,8%
Mit dem PC/Laptop surfen (N = 252)	69,0%	17,1%	11,5%	1,6%	0,8%
SMS schreiben (N = 253)	79,8%	4,0%	8,3%	2,4%	5,5%

Tabelle 5.4: Schüler/innen der Sekundarstufe II. Häufigkeit der Nutzung moderner Medien, gesamt.

Verglichen mit den anderen bei der Befragung relevanten Aktivitäten verbringen Schüler der Sekundarstufe II im Durchschnitt täglich die meiste Zeit damit, SMS zu schreiben. Dies kommt allerdings nur zustande, weil der Wert bei den Schülerinnen auffällig hoch ausfällt. Mehr als viereinhalb Stunden täglich schreiben Schülerinnen demnach SMS. Allerdings besitzt dieser Wert auch eine sehr hohe Standardabweichung von etwa 4,32 Stunden, da manche Schüler extrem hohe (z.B. 12 oder gar 24 Stunden) und andere extrem niedrige Werte angeben (z.B. 30 Sekunden). Auch bei den männlichen Schülern, bei denen der Mittelwert mit weniger als zwei Stunden deutlich geringer ausfällt, ist die Standardabweichung mit ca. 3,17 Stunden relativ hoch. Die übrigen Werte unterscheiden sich bei einem Vergleich der Geschlechter, bis auf die Häufigkeit des Spielens von Video-, PC- oder Handyspielen, relativ wenig. Die Standardabweichung liegt jeweils zwischen 1-2 Stunden. Die Aussagekraft der Werte ist allerdings nur als Tendenz anzusehen, da hier insgesamt nur wenige konkrete Angaben gemacht wurden und die Grundgesamtheit bei einigen Items sehr gering ist (siehe Tabelle 5.5).

	männlich	weiblich	gesamt
Telefonieren			
N = 162			
N (m) = 82			
N (w) = 80	0,88	1,10	0,99
Mit dem Handy/Smartphone surfen			
N = 81			
N (m) = 42			
N (w) = 39	1,23	0,94	1,09
Video-/PC-/Handyspiele spielen			
N = 91			
N (m) = 68			
N (w) = 23	1,50	0,69	1,29
Am PC/Laptop arbeiten			
N = 131			
N (m) = 64			
N (w) = 67	1,41	1,29	1,35
Filme/Videos im Internet anschauen			
N = 50			
N (m) = 34			
N (w) = 16	1,65	1,11	1,48
Chatten			
N = 141			
N (m) = 69			
N (w) = 72	1,41	1,87	1,64
Fernsehen			
N = 141			
N (m) = 70			
N (w) = 71	1,94	2,18	2,06
Mit dem PC/Laptop surfen			
N = 155			
N (m) = 79			
N (w) = 76	1,98	2,32	2,14
SMS schreiben			
N = 132			
N (m) = 65			
N (w) = 67	1,80	4,36	3,10

Tabelle 5.5: Schüler/innen der Sekundarstufe II. Nutzung moderner Medien; durchschnittliche Stundenanzahl.

Zu der Frage, wofür das mobile Internet auf dem Handy oder Smartphone genutzt wird, machen männliche und weibliche Versuchspersonen ähnliche Angaben. Über die Hälfte der Schülerinnen und Schüler geben an, das mobile Internet für Soziale Netzwerke zu nutzen. Männliche Probanden verwenden es zu diesem

Zweck zu einem etwas geringeren Teil als weibliche. Im Gegensatz dazu behauptet der zweitgrößte Anteil an Schülern mit knapp 40 %, das mobile Internet überhaupt nicht zu nutzen, wobei sieben Prozent mehr Jungen als Mädchen diese Antwortmöglichkeit auswählten. Interessanterweise nutzen – mit etwa vier von zehn Schülern – mehr Jungen als Mädchen – mit etwa drei von zehn Schülerinnen – das mobile Internet als Informationsquelle. Zum Spielen hingegen wird es nur von jedem Zehnten genutzt. Hier besteht ein starkes Gefälle zwischen Jungen und Mädchen. Mehr als jeder sechste Junge spielt mittels des mobilen Internets. Lediglich sechs weibliche Versuchspersonen nutzen das mobile Internet zum selben Zweck (alle Werte: siehe Tabelle 5.6).

	männlich	weiblich	gesamt
Soziale Netzwerke	52,07%	59,20%	55,69%
Informationsquelle	39,67%	30,40%	34,96%
Spiele	17,36%	4,80%	10,98%
Keine Nutzung	43,80%	36,80%	40,24%

Tabelle 5.6: Schüler/innen der Sekundarstufe II. Nutzung des mobilen Internets. N=246, N(m)=121, N(w)=125.

Bei der Nutzung von Apps bestehen geschlechtsbedingt große Unterschiede. Es geben mit fast 65 % etwa ein Drittel mehr Mädchen als Jungen an, Apps überhaupt nicht zu nutzen. Jungen nutzen (zu rund der Hälfte) Apps hauptsächlich zum Spielen. Bei den Mädchen zählt dies nur etwa ein Viertel der Befragten als Zweck auf, ebenso wenige nutzen Apps als Informationsquelle. Bei den Jungen ist hier wiederum eine deutlich höhere Anzahl festzumachen. Zum Lernen werden Apps gleichermaßen wenig genutzt. Sowohl nur etwa ein Zehntel der männlichen Befragten als auch der weiblichen Befragten lernen nach eigener Aussage mit Hilfe von Apps. In der Gesamtheit bleibt die Antwortmöglichkeit „nutze ich nicht" die Topantwort zu dieser Frage, auch wenn letztendlich der große Anteil an weiblichen Befragten Grund für dieses Ergebnis ist (siehe Tabelle 5.7). Zu der freien Antwortmöglichkeit „Sonstiges" machen lediglich fünfzehn Schüler eine Angabe. Acht davon geben Soziale Netzwerke als Zweck an, wobei die Mädchen mit insgesamt fünf Antworten hier die Mehrheit ausmachen. Die restlichen Antworten sind eher als „Exoten" zu betrachten. So wurden hier Angaben wie „Segelfliegen", „Zeitvertreib" oder auch „Meteorologie, Navigation und andere Berechnungen fürs Fliegen" genannt.

	männlich	weiblich	gesamt
Spiele	51,67%	28,00%	39,59%
Informationsquelle	43,33%	28,80%	35,92%
Lernen	13,33%	12,80%	13,06%
Keine Nutzung	44,17%	64,80%	54,69%

Tabelle 5.7: Schüler/innen der Sekundarstufe II. Nutzung von Apps. N = 245, N(m) = 120, N(w) = 125

Diejenigen Schüler, die mehrere Medien zum selben Zeitpunkt nutzen, machen bei beiden Geschlechtern fast denselben Anteil aus. So gaben sowohl bei den männlichen als auch bei den weiblichen Schülern drei Viertel der Befragten an, dass sie sich bei der Nutzung von Medien nicht auf ein einziges zum selben Zeitpunkt beschränken (siehe Tabelle 5.8).

	gesamt	weiblich	männlich
Ja	76,38%	77,10%	75,61%
Nein	23,62%	22,90%	24,39%

Tabelle 5.8: Schüler/innen der Sekundarstufe II. Nutzung mehrerer Medien zum selben Zeitpunkt. N = 254, N(m) = 123, N(w) = 131.

Von denjenigen, die angaben, dass sie mehrere Medien parallel nutzen, erklärt der Großteil beider Geschlechter, welcher hier mit knapp 45 % etwas weniger als der Hälfte der Befragten entspricht, dass es sich i.d.R. um die gleichzeitige Nutzung des Fernsehers und des PCs handelt. Diese Antwort wählten unwesentlich mehr Jungen als Mädchen. Die insgesamt zweithäufigste Variante ist die gleichzeitige Nutzung von Fernseher, PC und Handy, Smartphone oder Telefon. Diese Kombination wird von etwa einem Viertel der Befragten bevorzugt, wobei hier die weiblichen Schüler mit annähernd doppelt so vielen Antworten die Mehrheit bilden. Weit abgeschlagen, aber mit einem Anteil von etwa acht Prozent immer noch nennenswert, wurde jene Variante genannt, dass Fernseher und Handy, Smartphone oder Telefon gleichzeitig genutzt werden. Hier ist der Anteil der weiblichen Befragten mit etwa zwölf zu etwa drei Prozent sogar viermal höher als der der Jungen. Alle anderen Kombinationen wurden in so geringem Maße genannt, dass sie für sich allein genommen wenig aussagekräftig sind. Meist wurden bei diesen Antworten Medien ergänzt, die (noch) nicht weit verbreitet sind, wie z.B. Tablet-PCs. Auch der gleichzeitige Konsum von Musik wurde in verschiedenen Formen, wie etwa MP3-Player oder Radio genannt. In seltenen Fällen wurden zusätzlich bestimmte Internetdienste, wie z.B. Facebook, erwähnt. Ein Schüler definierte die Mikrowelle als zusätzliches Medium. Alle Antworten mit zu geringer Häufigkeit sind in Tabelle 5.9 unter dem Wert „Sonstiges" zusammengefasst.

	männlich	weiblich	gesamt
Sonstige	19,35%	11,76%	15,38%
Fernseher + Handy/Smartphone/Telefon	3,23%	11,76%	7,69%
Fernseher + PC + Handy/Smartphone/Telefon	19,35%	34,31%	27,18%
Fernseher + PC	47,34%	42,16%	44,62%

Tabelle 5.9: Schüler/innen der Sekundarstufe II. Nutzung mehrerer Medien zum selben Zeitpunkt; Medienarten. N = 189, N(m) = 88, N(w) = 101.

In Bezug auf die Nutzung von modernen Medien erhalten sowohl männliche als auch weibliche Schüler in der befragten Altersklasse kaum noch elterliche Vorschriften. Hier gibt nur etwa ein Sechstel der Schüler an, dass ihnen die Eltern noch Vorschriften bei der Nutzung moderner Medien machen (siehe Tabelle 5.10).

	gesamt	weiblich	männlich
Ja	15,75%	14,50%	17,07%
Nein	84,25%	85,50%	82,93%

Tabelle 5.10: Schüler/innen der Sekundarstufe II. Elterliche Vorschriften. N = 254, N(m) = 123, N(w) = 112.

Von denjenigen Schülern, deren Mediennutzung noch durch Vorschriften ihrer Eltern reguliert wird, geben die meisten an, dass sich diese Anweisungen auf die Dauer der Nutzung beziehen. Diese Vorschrift erhalten geschlechtsspezifisch betrachtet allem Anschein nach hauptsächlich Jungen, welche hier mit einem Anteil von rund 80 % zu etwa 30 % bei den Mädchen die deutliche Mehrheit ausmachen. Mädchen erhalten zudem ebenfalls zu etwa einem Drittel Vorschriften, die den Zeitpunkt der Nutzung betreffen. Diese Art der Vorschrift erhält nicht einmal ein Sechstel der Jungen (siehe Tabelle 5.11). Es sind verschiedene Varianten dieser Art der Regulierung erkennbar. Die häufigste bezieht sich jedoch darauf, dass nicht mehr zu spät ferngesehen oder gesurft werden darf. Allerdings gibt es auch die Variante, dies nicht zu früh am Tag zu tun. So gilt beispielsweise das elterliche Verbot, vormittags fernzusehen. Eine besondere Vorschrift bestand auch darin, dass eine Schülerin nur online gehen darf, wenn ihre Eltern gleichzeitig ebenfalls online sind. Sonstige Vorschriften bezogen sich etwa auf den Konsum pornographischer Inhalte, illegale Downloads oder sogar auf das Telefonieren mit Mobiltelefonen, da diese durch Strahlung die Gesundheit belasten können.

	männlich	weiblich	gesamt
Sonstige	4,76%	15,79%	7,50%
Zeitpunkt	14,29%	31,58%	22,50%
Dauer	80,95%	31,58%	57,50%

Tabelle 5.11: Schüler/innen der Sekundarstufe II. Vorschriften. N = 39, N(m) = 20, N(w) = 19.

Die Internetseiten oder Anwendungen im Internet, die Schüler am häufigsten nutzen, sind bei beiden Geschlechtern in den ersten vier Rängen identisch. Der Topfavorit ist Facebook mit sieben von zehn männlichen und sogar acht von zehn weiblichen Schülern, die diese Seite als eine ihrer am häufigsten genutzten Dienste angeben. Bei beiden Geschlechtern folgt auf dem zweiten Platz YouTube, wobei von den Jungen dieser Dienst sogar um die Hälfte seltener genannt wird als Facebook. Google folgt auf dem dritten Platz und ist bei den Jungen prozentual gesehen nahezu ranggleich mit YouTube. Weit abgeschlagen folgt bei beiden Geschlechtern auf dem vierten Platz Wikipedia. Darüber hinaus nennen beide Geschlechter weitere favorisierte Internetseiten, die allerdings einen sehr geringen Anteil der Gesamtmenge an Angaben ausmachen. Es ist besonders auffällig, dass sich bei den Mädchen mehr Seiten herauskristallisieren, die häufiger als ein- bis zweimal genannt wurden. Seiten mit zu geringer Häufigkeit werden in den Tabellen 5.12 bis 5.14 nicht berücksichtigt, um die Verteilung der vorderen Ränge besser zu verdeutlichen. Unter diesen Seiten und Diensten befinden sich meist sehr spezielle Seiten, wie etwa Foren zu Computerspielen oder aber – vor allem bei den Jungen – verschiedenartige Seiten mit pornographischem Inhalt.

	männlich
Facebook	70,73%
YouTube	39,84%
Google	38,21%
Wikipedia	6,50%
Amazon	3,25%
Sportseiten	2,44%

Tabelle 5.12: Schüler/innen der Sekundarstufe II. Am häufigsten genutzte Seiten und Anwendungen im Internet, männlich. N = 117.

	weiblich
Facebook	80,92%
YouTube	62,60%
Google	48,09%
Wikipedia	15,27%
MSN	6,11%
ICQ, Online-Shops	4,58%
Twitter, E-Mail	3,82%
Skype	3,05%

Tabelle 5.13: Schüler/innen der Sekundarstufe II. Am häufigsten genutzte Seiten und Anwendungen im Internet, weiblich. N = 127.

	gesamt
Facebook	79,10%
YouTube	51,57%
Google	43,31%
Wikipedia	11,02%
MSN	3,54%
ICQ	2,76%
Online-Shops	2,36%

Tabelle 5.14: Schüler/innen der Sekundarstufe II. Am häufigsten genutzte Seiten und Anwendungen im Internet, gesamt. N = 244.

Urheberrecht, Datenschutz und Privatsphäre

Zum Konsumieren oder Erwerben von Musik nutzen sowohl männliche als auch weibliche Schüler in der Mehrheit ähnliche Quellen. Etwa neun von zehn Jungen wie Mädchen hören Musik im Internet (z.B. über YouTube, Internet-Radios etc.). Halb so viele Probanden, also immer noch ein beträchtlicher Anteil, kopiert Musik von Freunden. Dies machen allerdings um ein Zehntel mehr Mädchen als Jungen. Internet-Musikläden werden von männlichen und weiblichen Schülern zu etwa einem Drittel genutzt, um sich neue Musik zu beschaffen. Direct-Download-Portale, wie z.B. RapidShare, sind vor allem bei Jungen beliebt, sogar in geringem Maße mehr als Internet-Musikläden. Mit einem Drittel der Jungen und etwa einem Fünftel der Mädchen zeigt sich, dass letztere deutlich seltener Musik über diese Plattformen beziehen. Bei kostenlosen Internetquellen (z.B. MySpace oder Seiten der Künstler) sind sich männliche und weibliche Befragte wiederum einig. Annähernd zwei von zehn machen Gebrauch von diesen Quellen, um Musik zu konsumieren oder zu erwerben. Mit Abstand am wenigsten werden Tauschbörsen zum Musik-Download genutzt. Lediglich ein Mädchen gab an, diese als Quelle für Musik zu nutzen. Bei den Jungen sind es immerhin sechs (siehe Tabelle 5.15). Zur freien Antwortmöglichkeit „Sonstiges" machten nur 22 Personen eine Angabe. Von diesen zählen elf Personen den YouTube-Converter, der die Tonspur von You-Tube-Videos ausliest und als MP3 speichert, zu den favorisierten Bezugsquellen. Zwei Schülerinnen gaben an, Musik durch Geschenke zu erhalten. Alle weiteren Antworten kommen in zu geringem Maße vor, um von erkennbaren Trends zu sprechen.

	männlich	weiblich	gesamt
Tauschbörsen	5,88%	0,80%	3,23%
Elektronik-/Musikladen	21,01%	13,95%	17,34%
Kostenlose Internetquellen	17,65%	18,60%	18,15%
Direct-Download-Portale	32,77%	21,71%	27,02%
Internet-Musikladen	28,57%	33,33%	31,05%
Von Freunden kopieren	45,38%	56,59%	51,21%
Im Internet anhören	88,24%	93,80%	91,13%

Tabelle 5.15: Schüler/innen der Sekundarstufe II. Quellen für den Musikerwerb. N = 248, N(m) = 119, N(w) = 129.

Es können sich erheblich mehr männliche Schüler als weibliche vorstellen, Musik, Filme, Spiele oder Programme aus illegalen Quellen zu beschaffen. Deutlich mehr als die Hälfte der Jungen gibt hier eine positive Antwort. Von den Mädchen tut dies deutlich weniger als die Hälfte. In der Gesamtheit ergibt sich, dass gut die Hälfte aller Schüler illegale Quellen für die Beschaffung von Musik, Filmen, Spielen oder Programmen nutzt oder sich vorstellen kann, diese zu nutzen (siehe Tabelle 5.16). Einige Schüler kommentierten diese Frage auf ihrem Fragebogen zudem noch mit Aussagen wie „Zumindest bewusst, würde ich sie nicht nutzen." oder „Früher Ja, heute Nein".

	männlich	weiblich	gesamt
Ja	52,99%	43,85%	52,99%
Nein	62,81%	56,15%	47,01%

Tabelle 5.16: Schüler/innen der Sekundarstufe II. Nutzung illegaler Quellen. N = 251, N(m) = 121, N(w) = 130.

Gerade im Internet gibt es viele Stellen, an denen Schüler persönliche Daten preisgeben können (Name, Adresse, Telefonnummer etc.). Am häufigsten geben Schüler ihre persönlichen Daten bei Bestellungen im Internet und in Sozialen Netzwerken an, ohne dabei Bedenken bzgl. personalisierter Werbung, Spam o. ä. zu haben. Es räumten mit etwas mehr als sechzig Prozent fast exakt genauso viele männliche wie weibliche Befragte ein, ihre Daten bei Bestellungen im Internet schon einmal preisgegeben zu haben. Für Registrierungen auf Internetseiten hinterließen ein Drittel der männlichen Probanden – und somit geringfügig mehr als weibliche Befragte – ihre persönlichen Daten. Bei Programmregistrierungen ist der Unterschied deutlicher. Hier sind fast dreimal so viele Jungen wie Mädchen bereit, ihre persönlichen Daten preiszugeben. Insgesamt tut dies ca. jeder fünfte Junge und nur jedes vierzehnte Mädchen. Für Gewinnspiele haben beide Geschlechter in ähnlich geringem Maße, nämlich mit Anteilen von weniger als zehn Prozent, ihre persönlichen Daten angegeben. Der Anteil der Mädchen, die ihre persönlichen Daten noch nie in irgendeiner Form im Internet verwendet haben, fällt etwas größer aus als derjenige der männlichen Befragten (siehe Tabelle 5.17). Sonstige Antworten wurden kaum gegeben. Ein Schüler gab *elitepartner.de* an, andere nutzten dieses Feld, um zu ihren zuvor gegebenen Antworten Kommentare hinzuzufügen, wie z.B. „aber verschlüsselt", „nur den Namen" oder „nur E-Mail-Adresse".

	männlich	weiblich	gesamt
noch nie	7,38%	12,98%	10,28%
Gewinnspiele	6,56%	8,40%	7,51%
Programmregistrierungen	21,31%	6,87%	13,83%
Registrierungen auf Internetseiten	36,07%	29,01%	32,41%
Soziale Netzwerke	64,75%	60,31%	62,45%
Bestellungen	62,30%	63,36%	62,85%

Tabelle 5.17: Schüler/innen der Sekundarstufe II. Angabe persönlicher Daten. N = 253, N(m) = 122, N(w) = 131.

Von den Befragten, die angeben, ihre Daten schon einmal an einer oder an mehreren Stellen im Internet angegeben zu haben, erfuhren die meisten in diesem Zusammenhang – zumindest bewusst – keine negativen Konsequenzen. Hier sind es mit etwa sechs zu etwa sieben von zehn Befragten auch mehr Mädchen als Jungen. Im Gegenzug hat etwas mehr als ein Viertel der Jungen Spam als negative Konsequenz der Angabe persönlicher Daten im Internet wahrgenommen. Diese Konsequenz hat bisher noch nicht einmal jede fünfte Schülerin bemerkt. Auffällig ist hier, dass einige Probanden zwar Spam nicht als Konsequenz nennen, unter sonstigen Folgen allerdings „Werbung per E-Mail", „Newsletter" oder „viele

E-Mails" angeben, somit ist der Begriff „Spam" offensichtlich noch nicht jedem geläufig. Werbung per Post erhalten im Schnitt weniger als ein Sechstel der Befragten. Fast fünfmal mehr männliche Befragte als weibliche geben an, ungewollte Rechnungen in Folge der Angabe persönlicher Daten erhalten zu haben. Jeder achte Junge hat demnach schon einmal eine ungewollte Rechnung verursacht, wohingegen insgesamt nur drei Mädchen dies schon einmal widerfahren ist. Anrufe von Callcentern erhielten lediglich zwei männliche Probanden und keine der weiblichen (siehe Tabelle 5.18).

	männlich	weiblich	gesamt
Keine Konsequenzen	57,66%	69,64%	63,68%
Anrufe von Callcentern	1,80%	0,00%	0,90%
Ungewollte Rechnungen	12,61%	2,68%	7,62%
Werbung in der Post	11,71%	14,29%	13,00%
Spam	28,83%	18,75%	23,77%

Tabelle 5.18: Schüler/innen der Sekundarstufe II. Angabe persönlicher Daten; Konsequenzen. N = 223, N(m) = 111, N(w) = 112.

Informationsquellen: Nutzung, Qualität und Vorgehensweisen

Zu der Frage, wie häufig die jeweilige Person bestimmte Informationsquellen zu Recherchezwecken, z.B. für Referate oder Facharbeiten, nutzt, äußern die mit Abstand meisten Personen, dass sie immer Google oder Wikipedia nutzen, wobei sich Google nochmals deutlich von Wikipedia absetzt. So nutzt die Hälfte beider Geschlechter Wikipedia bei der Recherche von Informationen, und Google sogar neun von zehn der weiblichen und acht von zehn der männlichen Befragten. Besonders auffällig ist auch, dass keine einzige Person die Antworten wählt, Google selten oder nie zu nutzen oder es sogar nicht zu kennen. Eine einzige männliche Person nutzt Wikipedia nie. Von den Mädchen geben zudem in geringem Maße mehr Befragte an, dass sie Wikipedia zwar oft nutzen, aber nicht bei jeder Recherche.

Bei der Häufigkeit der Nutzung von Internet-Foren und Schulbüchern sowie der Nachfrage bei Lehrern, Freunden oder Eltern existieren zwischen den beiden Geschlechtern keine besonders signifikanten Unterschiede. Auffällig ist aber, dass, mit einem Anteil von etwa 11 %, zwar etwas mehr männliche Befragte als weibliche angeben, Internet-Foren immer bei der Recherche zu nutzen, allerdings erklären mit einem Anteil von fast 20 %, etwa acht Prozent mehr männliche

Befragte, diese nie zu nutzen. Nur eine männliche Person behauptet, Internet-Foren überhaupt nicht zu kennen.

Andere Wikis als Wikipedia sind unter männlichen Schülern bekannter und werden von diesen entsprechend häufiger genutzt als von weiblichen Schülern. Blogs, andere Suchmaschinen als Google, öffentliche Bibliotheken, Podcasts oder die Schulbibliothek werden von den befragten Schülern nach eigener Aussage selten und in den meisten Fällen sogar nie genutzt. Interessant ist, dass jede fünfte Schülerin das Medium Podcast nicht kennt. Bei den männlichen Schülern ist es hingegen nur ein Zehntel. Insgesamt nutzt also der Großteil der Schüler lediglich Google und Wikipedia zu Recherchezwecken. Andere Quellen werden nur in selteneren bis sehr seltenen Fällen zur unterstützenden Recherche oder gar nicht verwendet (siehe Tabellen 5.19 bis 5.21). Anzumerken ist noch, dass bei einigen wenigen Items Angaben gemacht wurden, die nicht als ernst zu nehmende Antworten gewertet werden können, wie etwa die Angabe „kenne ich nicht" bei Lehrern, Freunden oder Eltern.

	immer	oft	selten	nie	unbekannt
Schulbibliothek (N = 113)	0,00%	3,54%	14,16%	76,11%	6,19%
Podcasts (N = 111)	0,90%	5,41%	18,92%	63,96%	10,81%
Andere Suchmaschinen (N = 110)	0,91%	13,64%	27,27%	54,55%	3,64%
Öffentliche Bibliotheken (N = 114)	2,63%	3,51%	22,81%	64,91%	6,14%
Blogs (N = 111)	3,60%	6,31%	30,63%	56,76%	2,70%
Andere Wikis (N = 113)	4,42%	17,70%	37,17%	33,63%	7,08%
Schulbücher (N = 113)	7,08%	38,05%	32,74%	16,81%	5,31%
Lehrer/Freunde/Eltern etc. (N = 115)	8,70%	37,39%	35,65%	16,52%	1,74%
Internet-Foren (N = 117)	11,11%	27,35%	41,03%	19,66%	0,85%
Wikipedia (N = 123)	54,47%	40,65%	4,07%	0,81%	0,00%
Google (N = 123)	79,67%	20,33%	0,00%	0,00%	0,00%

Tabelle 5.19: Schüler/innen der Sekundarstufe II. Häufigkeit der Nutzung bestimmter Informationsquellen, männlich.

	immer	oft	selten	nie	unbekannt
Podcasts					
(N = 119)	0,00%	1,68%	15,97%	60,50%	21,85%
Öffentliche Bibliotheken					
(N = 122)	0,82%	6,56%	33,61%	59,02%	0,00%
Schulbibliothek					
(N = 121)	0,83%	1,65%	14,88%	81,82%	0,83%
Blogs					
(N = 121)	0,83%	4,96%	33,06%	56,20%	4,96%
Andere Suchmaschinen					
(N = 115)	2,61%	12,17%	41,74%	40,00%	3,48%
Andere Wikis					
(N = 120)	3,33%	8,33%	54,17%	25,83%	8,33%
Internet-Foren					
(N = 125)	8,00%	38,40%	41,60%	12,00%	0,00%
Lehrer/Freunde/Eltern etc.					
(N = 125)	10,40%	39,20%	39,20%	11,20%	0,00%
Schulbücher					
(N = 129)	13,95%	47,29%	35,66%	3,10%	0,00%
Wikipedia					
(N = 131)	48,09%	50,38%	1,53%	0,00%	0,00%
Google					
(N = 131)	86,26%	13,74%	0,00%	0,00%	0,00%

Tabelle 5.20: Schüler/innen der Sekundarstufe II. Häufigkeit der Nutzung bestimmter Informationsquellen, weiblich.

	immer	oft	selten	nie	unbekannt
Schulbibliothek					
(N = 234)	0,43%	2,56%	14,53%	79,06%	3,42%
Podcasts					
(N = 230)	0,43%	3,48%	17,39%	62,17%	16,52%
Öffentliche Bibliotheken					
(N = 236)	1,69%	5,08%	28,39%	61,86%	2,97%
Andere Suchmaschinen					
(N = 225)	1,78%	12,89%	34,67%	47,11%	3,56%
Blogs					
(N = 232)	2,16%	5,60%	31,90%	56,47%	3,88%
Andere Wikis					
(N = 233)	3,86%	12,88%	45,92%	29,61%	7,73%
Internet-Foren					
(N = 242)	9,50%	33,06%	41,32%	15,70%	0,41%
Lehrer/Freunde/Eltern etc.					
(N = 240)	9,58%	38,33%	37,50%	13,75%	0,83%

	immer	oft	selten	nie	unbekannt
Schulbücher (N = 242)	10,74%	42,98%	34,30%	9,50%	2,48%
Wikipedia (N = 254)	51,18%	45,67%	2,76%	0,39%	0,00%
Google (N = 254)	83,07%	16,93%	0,00%	0,00%	0,00%

Tabelle 5.21: Schüler/innen der Sekundarstufe II. Häufigkeit der Nutzung bestimmter Informationsquellen, gesamt.

Etwa die Hälfte der Schüler vergleicht eine Informationsquelle mit anderen Quellen, um zu entscheiden, ob die genutzte Informationsquelle ihnen zuverlässige Informationen liefert. Genauer heißt das, dass die Schüler sich die Informationen einer Quelle anschauen und dann mit den Informationen einer oder mehrerer anderer Quelle(n) vergleichen. Stimmen diese nun zum Großteil überein, wird die Quelle als glaubwürdig eingestuft. Auffällig ist aber, dass mehr als sechs von zehn Mädchen und nur vier von zehn Jungen so vorgehen. Die zweithäufigste Antwort, die insgesamt formuliert wurde, besagt, dass die Quellenangaben, d.h. Fußnoten, Referenzen, Links oder das Literaturverzeichnis, beachten werden sollten. Allerdings lieferte diese Antwort nicht einmal jeder Zehnte. Dass man auf die Bewertungen einer Quelle (vornehmlich Internetseiten) achten solle, geben geringfügig weniger Befragte an. Hier machen weibliche Probanden den Großteil aus. Insgesamt befinden sich unter den Antworten, die von Schülerinnen gegeben wurden, mehr unterschiedliche Angaben, die häufiger als ein- bis zweimal genannt wurden, als unter denjenigen, die von männlichen Befragten gegeben wurden. Auffällig ist auch, dass die Antwort „Bauchgefühl" – auch in der Variante „Intuition" oder gar „Instinkt" – häufiger von männlichen Versuchspersonen genannt wurde als Antworten wie „Erscheinungsbild", „Autor" oder „Bewertungen" (siehe Tabellen 5.22 bis 5.24). Unter den Antworten, die hier aufgrund zu geringer Häufigkeit nicht aufgeführt wurden, fanden sich zusätzlich Formulierungen wie „Auf Wikipedia ist immer Verlass", „Gar nicht, Hauptsache ich habe etwas" oder „Keine Ahnung".

	männlich
Vergleich mit anderen Quellen	39,02%
Quellenangaben	5,69%
Bauchgefühl	4,07%
Erscheinungsbild, Autor, Bewertungen	2,44%

Tabelle 5.22: Schüler/innen der Sekundarstufe II. Entscheidung über die Glaubwürdigkeit einer Informationsquelle, männlich. N = 93.

	weiblich
Vergleich mit anderen Quellen	61,83%
Quellenangaben	7,63%
Bewertungen	6,11%
Sprache	4,58%
Bekanntheit	3,05%
Seriosität, Ausführlichkeit	2,29%

Tabelle 5.23: Schüler/innen der Sekundarstufe II. Entscheidung über die Glaubwürdigkeit einer Informationsquelle, weiblich. N = 123.

	gesamt
Vergleich mit anderen Quellen	50,79%
Quellenangaben	6,69%
Bewertungen	4,33%
Sprache, Bauchgefühl	2,76%
Bekanntheit	2,36%
Autor, Seriosität	1,97%
Erscheinungsbild	1,57%

Tabelle 5.24: Schüler/innen der Sekundarstufe II. Entscheidung über die Glaubwürdigkeit einer Informationsquelle, gesamt. N = 216

Schulbücher sind für Jungen und Mädchen die Informationsquelle mit der besten Qualität (Glaubwürdigkeit, Vollständigkeit und Aktualität). Das lässt sich daran festmachen, dass insgesamt acht von zehn Schülern diese Informationsquelle als „immer zuverlässig" oder „meist zuverlässig" einschätzen, obwohl über die Hälfte der Schüler angibt, dass sie selten oder nie Schulbücher zur Recherche benutzen würde. Bei den Schülerinnen geben das noch knapp 39 % an. Ebenso betrachten annähernd acht von zehn Schülern öffentliche Bibliotheken und die Schulbibliothek als „immer zuverlässig" bis „meist zuverlässig". Ein Fünftel der Befragten und somit ein nicht allzu geringer Teil gesteht, die Qualität von Bibliotheken nicht richtig einschätzen zu können, was vermutlich daran liegt, dass diese nicht sonderlich häufig von Schülern genutzt werden (siehe Tabellen 5.19 bis 5.21).

Informationen, die Wikipedia enthält, erscheinen sieben von zehn Schülern zumindest als „meist zuverlässig". Allerdings fällt hier auf, dass ein deutlich größerer Anteil der weiblichen Befragten (im Vergleich zu den männlichen Befragten) Wikipedia als nur bedingt zuverlässig bewertet. Im Gegenzug schätzen etwa doppelt so viele Jungen wie Mädchen Wikipedia als „immer zuverlässig" ein.

Lehrer, Freunde, Eltern etc. werden ebenfalls als „meist zuverlässig" eingestuft. Allerdings sind Mädchen auch hier wiederum kritischer. So schätzt ein deutlich größerer Anteil diese Informationsquelle als nur „bedingt zuverlässig" ein, als dies bei den Jungen der Fall ist. Internet-Foren werden von männlichen und weiblichen Befragten in etwa gleichem Maße mehrheitlich als „bedingt zuverlässig" eingestuft. Bei anderen Wikis als Wikipedia, Podcasts und Blogs sind sich Jungen und Mädchen relativ einig, dass keine dieser Informationsquellen „immer zuverlässig" ist. Nur eine weibliche Person schätzt andere Wikis als „immer zuverlässig" ein. Ansonsten werden diese Quellen als nur „bedingt zuverlässig" eingestuft oder es konnte keine Einschätzung darüber gemacht werden (siehe Tabellen 5.25 bis 5.27).

	immer zuverlässig	meist zuverlässig	bedingt zuverlässig	nicht zuverlässig	Beurteilung nicht möglich
Blogs (N = 115)	0,00%	8,70%	39,13%	26,09%	26,09%
Podcasts (N = 115)	0,00%	12,17%	31,30%	15,65%	40,87%
Andere Wikis (N = 116)	0,00%	28,45%	37,07%	3,45%	31,03%
Internet-Foren (N = 117)	1,71%	13,68%	59,83%	15,38%	9,40%
Lehrer/Freunde/ Eltern etc. (N = 117)	10,26%	58,12%	22,22%	1,71%	7,69%
Wikipedia (N = 123)	10,57%	74,80%	14,63%	0,00%	0,00%
Schulbibliothek (N = 117)	27,35%	36,75%	5,98%	7,69%	22,22%
Öffentliche Bibliotheken (N = 116)	38,79%	38,79%	5,17%	1,72%	15,52%
Schulbücher (N = 119)	42,86%	35,29%	15,13%	2,52%	4,20%

Tabelle 5.25: Schüler/innen der Sekundarstufe II. Einschätzung der Qualität bestimmter Informationsquellen, männlich.

	immer zuverlässig	meist zuverlässig	bedingt zuverlässig	nicht zuverlässig	Beurteilung nicht möglich
Blogs (N = 126)	0,00%	1,59%	40,48%	26,98%	30,95%
Podcasts (N = 126)	0,00%	5,56%	27,78%	13,49%	53,17%
Andere Wikis (N = 126)	0,79%	23,02%	31,75%	2,38%	42,06%
Internet-Foren (N = 128)	1,56%	11,72%	61,72%	19,53%	5,47%
Wikipedia (N = 130)	4,62%	66,92%	27,69%	0,77%	0,00%
Lehrer/Freunde/ Eltern etc. (N = 128)	8,59%	53,91%	32,81%	0,78%	3,91%
Schulbibliothek (N = 127)	42,52%	29,92%	7,87%	0,79%	18,90%
Öffentliche Bibliotheken (N = 128)	48,44%	38,28%	3,13%	0,00%	10,16%
Schulbücher (N = 128)	48,44%	42,19%	7,81%	0,78%	0,78%

Tabelle 5.26: Schüler/innen der Sekundarstufe II. Einschätzung der Qualität bestimmter Informationsquellen, weiblich.

	immer zuverlässig	meist zuverlässig	bedingt zuverlässig	nicht zuverlässig	Beurteilung nicht möglich
Blogs (N = 241)	0,00%	4,98%	39,83%	26,56%	28,63%
Podcasts (N = 241)	0,00%	8,71%	29,46%	14,52%	47,30%
Andere Wikis (N = 242)	0,41%	25,62%	34,30%	2,89%	36,78%
Internet-Foren (N = 245)	1,63%	12,65%	60,82%	17,55%	7,35%
Wikipedia (N = 253)	7,51%	70,75%	21,34%	0,40%	0,00%
Lehrer/Freunde/ Eltern etc. (N = 245)	9,39%	55,92%	27,76%	1,22%	5,71%
Schulbibliothek (N = 244)	35,25%	33,20%	6,97%	4,10%	20,49%

	immer zuverlässig	meist zuverlässig	bedingt zuverlässig	nicht zuverlässig	Beurteilung nicht möglich
Öffentliche Bibliotheken (N = 244)	43,85%	38,52%	4,10%	0,82%	12,70%
Schulbücher (N = 247)	45,75%	38,87%	11,34%	1,62%	2,43%

Tabelle 5.27: Schüler/innen der Sekundarstufe II. Einschätzung der Qualität bestimmter Informationsquellen, gesamt.

Mit den Ergebnissen, die Suchmaschinen liefern, sind männliche und weibliche Schüler gleichermaßen mehrheitlich zufrieden. So gaben neun von zehn Schülern hier eine positive Antwort (siehe Tabelle 5.28).

	gesamt	weiblich	männlich
Ja	91,57%	93,02%	90,00%
Nein	8,43%	6,98%	10,00%

Tabelle 5.28: Schüler/innen der Sekundarstufe II. Zufriedenheit mit Ergebnissen von Suchmaschinen. N = 249, N(m) = 120, N(w) = 129.

Social Media und das Web 2.0

Fast jeder Schüler besitzt einen Account bei mindestens einem Sozialen Netzwerk. Hier gibt es zwischen männlichen und weiblichen Schülern keinen Unterschied. Facebook tendiert mit Werten jenseits der 85 % in Richtung Monopolstellung. Insgesamt weit weniger als die Hälfte aller befragten Schüler besitzen einen Account in einem VZ-Netzwerk (SchülerVZ oder StudiVZ). MySpace nutzt noch nicht einmal jeder Zehnte. Ebenso klein fällt der Anteil derjenigen aus, die keine Sozialen Netzwerke nutzen. Zwei Personen gaben an, dass sie Soziale Netzwerke nicht kennen (siehe Tabelle 5.29). Andere Netzwerke wurden zu selten genannt, als dass man hier eine Aussage machen könnte. Lediglich Google+ wurde dreimal genannt, welches zum Zeitpunkt der Befragung allerdings gerade erst als Beta-Version gestartet ist. Interessant ist, dass viele Schüler Instant-Messenger-Dienste wie ICQ, MSN oder Skype als zusätzliche Dienste angaben. Der Begriff „Soziales Netzwerk" ist für einige Schüler also nicht klar definiert.

	männlich	weiblich	gesamt
Facebook	85,37%	88,98%	87,20%
SchülerVZ/StudiVZ	39,84%	42,52%	41,20%
Keine	7,32%	7,09%	7,20%
MySpace	6,50%	3,94%	5,20%
SNS unbekannt	1,63%	0,00%	0,80%

Tabelle 5.29: Schüler/innen der Sekundarstufe II. Accountbesitz in Sozialen Netzwerken. N = 250, N(m) = 123, N(w) = 127.

Von denjenigen Schülern, die einen Account in einem oder mehreren Sozialen Netzwerken besitzen, nutzen etwa sieben von zehn diesen mehrmals täglich. Auch hier gibt es keinen eklatanten Unterschied zwischen Jungen und Mädchen. Alle anderen Antwortmöglichkeiten wurden weitaus seltener gewählt und fallen von „einmal am Tag" bis „nie/seltener als einmal die Woche", wie in Tabelle 5.30 zu sehen ist, kontinuierlich ab.

	männlich	weiblich	gesamt
mehrmals täglich	71,93%	69,35%	70,59%
einmal am Tag	14,04%	12,90%	13,45%
mehrmals die Woche	7,02%	10,48%	8,82%
etwa einmal die Woche	3,51%	4,03%	3,78%
nie/seltener als einmal die Woche	3,51%	3,23%	3,36%

Tabelle 5.30: Schüler/innen der Sekundarstufe II. Häufigkeit der Nutzung Sozialer Netzwerke. N = 238, N(m) = 114, N(w) = 124.

Durchschnittlich halten sich Mädchen täglich etwa 23 Minuten länger als Jungen in Sozialen Netzwerken auf. Insgesamt bringen die befragten Schüler täglich fast zweieinhalb Stunden für Soziale Netzwerke auf. Allerdings muss man hier die Grundgesamtheit beachten. Nicht einmal die Hälfte der Befragten machte hier eine Angabe (siehe Tabelle 5.31). Zusätzlich fällt die Standardabweichung mit etwa drei Stunden ziemlich hoch aus.

	männlich	weiblich	gesamt
Durchschnittliche Stundenanzahl pro Tag	2,24	2,63	2,44

Tabelle 5.31: Schüler/innen der Sekundarstufe II. Durchschnittliche Stundenanzahl pro Tag in Sozialen Netzwerken. N = 102, N(m) = 50, N(w) = 52.

Fast jedes Mädchen ist mit dem richtigen Namen in Sozialen Netzwerken angemeldet. Bei den Jungen sind es etwas weniger, aber immer noch acht von zehn. Mehrere Accounts im selben Netzwerk besitzen zudem wenige der befragten Schüler. So geben dies lediglich sieben Jungen und drei Mädchen an (siehe Tabelle 5.32).

	gesamt	weiblich	männlich
Richtiger Name N = 233 N (m) = 114 N (w) = 119	89,27%	94,96%	83,33%
Mehrere Accounts N = 234 N (m) = 112 N (w) = 122	4,27%	2,46%	6,25%

Tabelle 5.32: Schüler/innen der Sekundarstufe II. Angabe des richtigen Namens und Besitz mehrerer Accounts in Sozialen Netzwerken.

Innerhalb der Sozialen Netzwerke üben Jungen und Mädchen in etwa dieselben Aktivitäten aus. Die meisten nutzen diese zum Chatten (etwa 90 %) und um Freundschaften zu pflegen (etwa 80 %). Mit sechs von zehn Jungen teilen diese eher Links, als dass sie Statusmeldungen veröffentlichen. Dies ist etwas weniger als bei der Hälfte eine favorisierte Aktivität. Bei den Mädchen ist es umgekehrt. Etwa 46 % der Jungen nutzen Soziale Netzwerke, um neue Kontakte zu knüpfen. Zehn Prozent weniger Mädchen zählten dies ebenfalls als Zweck auf, zu dem sie Netzwerke dieser Art nutzen. In Bezug auf das Einstellen von Fotos oder Videos stellt die Mehrheit (etwa 40 %) der Befragten solche Fotos oder Videos ein, auf denen sie selbst zu sehen sind. Doppelt so viele Jungen wie Mädchen stellen zudem Fotos oder Videos ein, die andere gemacht haben. Ebenfalls mehr Jungen als Mädchen stellen Fotos oder Videos ein, die sie von anderen gemacht haben. Zum Spielen werden Soziale Netzwerke am seltensten genutzt und wenn, dann tendenziell von den männlichen Schülern (siehe Tabelle 5.33). Zusätzlich geben acht Mädchen „Stalken" als eine Aktivität an, welches die Schüler als Synonym für „über andere informieren" zu gebrauchen scheinen. Andere Angaben waren z.B. „Dinge kommentieren", „Termine planen", „in Gruppen über Themen sprechen". Allerdings machen diese Antworten einen sehr geringen Anteil aus und sind für das Gesamtergebnis wenig relevant.

	männlich	weiblich	gesamt
Spielen	19,09%	12,71%	15,79%
Fotos/Videos einstellen, die man von anderen gemacht hat	20,91%	16,95%	18,86%
Fotos/Videos einstellen, die andere gemacht haben	26,36%	13,56%	19,74%
Fotos/Videos einstellen, auf denen man selbst zu sehen ist	36,36%	44,07%	40,35%
Kontakte knüpfen	46,36%	35,59%	40,79%
Statusmeldungen veröffentlichen	45,45%	57,63%	51,75%
Links teilen	60,00%	53,39%	56,58%
Freundschaften pflegen	79,09%	81,36%	80,26%
Chatten	87,27%	91,53%	89,47%

Tabelle 5.33: Schüler/innen der Sekundarstufe II. Aktivitäten in Sozialen Netzwerken. N = 228, N(m) = 110, N(w) = 128.

Was die Annahme von Freundschaftsanfragen fremder Personen betrifft, sind Mädchen vorsichtiger als Jungen. So macht mehr als die Hälfte der Jungen dies von der Person abhängig und weniger als die Hälfte würde die Annahme strikt ablehnen. Von den Mädchen würden dies fast zwei Drittel tun und nur ein Drittel handelt hier abhängig von der Person. Nur zwei der männlichen Befragten und vier der weiblichen Befragten gaben an, dass sie Anfragen von fremden Personen sofort annehmen (siehe Tabelle 5.34). Während der Befragung zeigte sich zudem, dass Jungen ohne Bedenken vor allem Freundschaftsanfragen von hübschen Frauen annehmen würden.

	gesamt	weiblich	männlich
Ja	2,47%	3,15%	1,72%
Nein	53,50%	62,99%	43,10%
Abhängig von der Person	44,03%	33,86%	55,17%

Tabelle 5.34: Schüler/innen der Sekundarstufe II. Annahme von Freundschaftsanfragen fremder Personen. N = 243, N(m) = 116, N(w) = 127.

Von den multimedialen Web-2.0-Diensten werden YouTube und Wikipedia von annähernd allen Befragten beider Geschlechter genutzt. Es folgen weit abgeschlagen Twitter und Blogs, wobei Twitter in geringem Maße eher von den weiblichen Befragten genutzt wird und Blogs eher von den männlichen. Beide Dienste werden im Durchschnitt von etwa einem Zehntel der Befragten verwendet. Podcasts scheinen unter männlichen Schülern zwar weiter verbreitet zu sein als unter weiblichen, allerdings sind es auch nur sieben männliche Schüler, die angeben, diese zu nutzen. Von den weiblichen sind es sogar nur zwei. Ähnlich sieht es bei Flickr aus: Hier sind es sogar nur fünf männliche Schüler (siehe Tabelle 5.35). Andere Dienste werden nur selten genannt oder gehören in eine andere Kategorie. So nennen hier manche Schüler wiederum Soziale Netzwerke.

	gesamt	weiblich	männlich
Flickr	2,77%	1,54%	4,07%
Podcasts	3,56%	1,54%	5,69%
Blogs	10,67%	10,00%	11,38%
Twitter	11,46%	13,08%	9,76%
Wikipedia	95,65%	95,38%	95,93%
YouTube	99,60%	100,00%	99,19%

Tabelle 5.35: Schüler/innen der Sekundarstufe II. Nutzung von Web-2.0-Diensten. N = 252, N(m) = 122, N(w) = 130.

Nur die wenigsten Schüler haben schon einmal bewusst Tags im Internet vergeben. Der Großteil gibt zu, nicht zu wissen, was Tags sind. Allerdings lässt sich erkennen, dass mehr als dreimal mehr männliche Befragte als weibliche angeben, dass sie schon einmal Tags im Internet vergeben haben (siehe Tabelle 5.36). Während der Befragung wurde des Öfteren die Frage nach der Bedeutung des Wortes „Tag" gestellt. Nach einer Erklärung wurde ihnen meistens bewusst, dass sie Tags bereits kennen, der Begriff ihnen allerdings fremd ist.

	gesamt	weiblich	männlich
Ja	10,80%	4,65%	17,36%
Nein	32,40%	32,56%	32,23%
Unbekannt	56,80%	62,79%	50,41%

Tabelle 5.36: Schüler/innen der Sekundarstufe II. Vergabe von Tags im Internet. N = 250, N(m) = 121, N(w) = 129.

In der Nutzung von multimedialen Web-2.0-Diensten besteht ein Unterschied darin, ob man diese aktiv oder ausschließlich passiv nutzt. Es zeigt sich, dass die drei Aktivitäten, die am häufigsten von Schülern genannt werden, unter die Kategorie der passiven Nutzung fallen. Es hat nahezu jeder Schüler schon einmal ein Video bei YouTube angeschaut oder einen Artikel bei Wikipedia gelesen. Mehr als die Hälfte liest zudem Blogeinträge, wobei diese Aktivität deutlich häufiger von

Mädchen ausgeführt wurde. Twitter, Podcasts und Flickr werden zum größten Teil ebenfalls nur passiv genutzt. Hier fällt der Anteil der Mädchen bei Twitter höher aus. Im Gegenzug haben doppelt so viele Schüler wie Schülerinnen schon einmal einen Podcast angehört.

Betrachtet man die aktive Nutzung von multimedialen Web-2.0-Diensten, so sticht YouTube deutlich hervor. Annähernd ein Drittel der Befragten hat schon einmal ein Video bei YouTube hochgeladen. Dies resultiert allerdings aus dem deutlich höheren Anteil an Jungen. Als weitere Aktivitäten, die unter die Kategorie der aktiven Nutzung fallen, sind evtl. noch das Verfassen von Tweets bei Twitter sowie das Verfassen von Blogeinträgen zu nennen. Bei beiden Aktivitäten fällt der Anteil an Mädchen geringfügig höher aus. Einen Artikel bei Wikipedia verfasst oder korrigiert, ein Bild bei Flickr eingestellt oder einen eigenen Podcast erstellt haben die meisten der befragten Schüler noch nie (siehe Tabelle 5.37).

	männlich	weiblich	gesamt
Einen Podcast erstellt	0,83%	0,00%	0,40%
Ein Bild bei Flickr hochgeladen	3,33%	0,76%	1,99%
Einen Artikel bei Wikipedia verfasst/ korrigiert etc.	5,83%	3,82%	4,78%
Einen Blogeintrag verfasst	8,33%	9,16%	8,76%
Eine Nachricht getwittert	8,33%	14,50%	11,55%
Ein Bild bei Flickr angeschaut	17,50%	16,79%	17,13%
Einen Podcast angehört	29,17%	14,50%	21,51%
Tweets bei Twitter gelesen	21,67%	28,24%	25,10%
Ein Video bei YouTube hochgeladen	36,67%	21,37%	28,69%
Einen Blogeintrag gelesen	52,50%	66,41%	59,76%
Einen Artikel bei Wikipedia gelesen	98,33%	100,00%	99,20%
Ein Video bei YouTube angeschaut	99,17%	100,00%	99,60%

Tabelle 5.37: Schüler/innen der Sekundarstufe II. Aktive und Passive Nutzung von Web-2.0-Diensten. N = 251, N(m) = 120, N(w) = 131.

Fast jeder Schüler im Alter eines Heranwachsenden unterhält sich mit den Freunden über die Inhalte im Internet. Hier gibt es keine Unterschiede zwischen den Geschlechtern. Geschwister und Verwandte folgen mit einem Anteil von gut der Hälfte der Befragten an zweiter Stelle, wobei weibliche Befragte bei diesem Thema häufiger Gesprächspartner innerhalb der Familie wählen. Ebenso geben die Schülerinnen öfter an, mit den Eltern über die Inhalte im Internet zu sprechen. So wählt die Hälfte der Mädchen Eltern als Gesprächspartner, wenn es um Internetinhalte geht; dies tut etwa jeder vierte Junge. Mit Bekannten unterhalten sich hingegen eher männliche Schüler. Lehrer sind bei beiden Geschlechtern eher selten Gesprächspartner, was Internetinhalte betrifft (siehe Tabelle 5.38).

	männlich	weiblich	gesamt
Freunde	98,17%	98,44%	98,31%
Geschwister/Verwandte	50,46%	60,16%	55,70%
Eltern	38,53%	51,56%	45,57%
Bekannte	30,28%	22,66%	26,16%
Lehrer	15,60%	15,63%	15,61%

Tabelle 5.38: Schüler/innen der Sekundarstufe II. Gesprächspartner über Internetinhalte. N = 237, N(m) = 109, N(w) = 128.

Wenn sich Schülerinnen mit Freunden über Inhalte des Internets unterhalten, sind meist Inhalte, die bei Facebook veröffentlicht werden, wie Statusmeldungen oder Bilder, das Thema. Dies gibt etwa ein Drittel der weiblichen Befragten an. Bei den männlichen Befragten macht dies lediglich einen Anteil von etwa einem Sechstel aus. Dort ist die Topantwort nicht genau definiert. So erklären die meisten männlichen Befragten, dass sie sich über „alles", „alles Mögliche" oder „Verschiedenes" mit Freunden unterhalten. Bei beiden Geschlechtern folgen dann in etwa gleichem Maße Videos, Musik oder Nachrichten. Zu dem Punkt, über welche Inhalte des Internets sich Schüler mit den Geschwistern unterhalten, werden nur wenige Angaben gemacht. Allerdings kristallisiert sich auch hier heraus, dass die meisten Schülerinnen Facebook-Inhalte als Thema favorisieren. Des Weiteren sind vor allem Videos, Nachrichten oder Musik Gesprächsthema beider Geschlechter. Bei den Jungen werden zudem noch Spiele genannt. Zu Gesprächsthemen mit Eltern, Bekannten oder Lehrern werden ebenfalls nur in sehr geringem Maße Angaben gemacht. Allerdings lässt sich hier ein Trend dahin erkennen, dass sich mit diesen Personen hauptsächlich über Nachrichten ausgetauscht wird. Zudem wird mit Lehrern über Inhalte gesprochen, die sich auf den Unterricht beziehen.

Computer und Internet in der Schule: zweckmäßige Nutzung und zukünftige Projekte

Die Hälfte der befragten Schüler macht die Angabe, dass Computer und Internet nur selten im oder für den Unterricht genutzt werden. Etwas weniger als die Hälfte macht zumindest gelegentlich von diesen Medien in der Schule Gebrauch. Nur wenige Personen geben an, dass Computer und Internet häufig oder im Gegensatz dazu nie im Kontext des Unterrichts verwendet werden (siehe Tabelle 5.39).

	gesamt
häufig	6,00%
gelegentlich	43,20%
selten	48,80%
nie	2,00%

Tabelle 5.39: Schüler/innen der Sekundarstufe II. Häufigkeit der Nutzung von Computer und Internet für den Unterricht. N = 250.

Es wird der Thematik des Faches entsprechend am häufigsten Informatik genannt, wenn Schüler gefragt werden, in welchen Fächern PC und Internet eine Rolle für den Unterricht spielen. Es folgen die Fächer Sozialwissenschaften, Englisch, Geschichte und Philosophie. Im Fach Sozialwissenschaften wird insbesondere auf die Nutzung von WebQuests hingewiesen. In den anderen Fächern wird meist das Internet zum Zweck der Recherche – insbesondere für Referate oder Präsentationen – genutzt. Im Fach Mathematik kommt der PC vornehmlich zum Einsatz, um Graphen mithilfe von Computerprogrammen darzustellen. In dem Fach Philosophie wird zudem auf YouTube oder ähnliche Portale zurückgegriffen, um Videos für den Unterricht zu beschaffen.

In der Gesamtheit schätzen vier von zehn Schülern in der Sekundarstufe II die Fähigkeit ihrer Lehrer, mit dem Computer und dem Internet umzugehen, als mäßig ein. Allerdings ist der Anteil bei den Schülerinnen, die die Fähigkeit ihrer Lehrer in der Hinsicht positiv bewerten, mit mehr als 42 % sogar etwas höher und doppelt so hoch wie der Anteil an männlichen Schülern, die dies genauso einschätzen. Dem entgegen schätzen mehr als doppelt so viele Schüler wie Schülerinnen ihre Lehrer eher schlecht im Hinblick auf ihre Computer- und Internetfähigkeiten ein. Jeder Zehnte männliche Befragte schätzt seine Lehrer im Umgang mit dem Computer sogar als gänzlich schlecht ein. Allerdings fällen nur drei Schülerinnen dieses negative Urteil. „Sehr gut" schätzt annähernd kein Befragter seine Lehrer ein und ein ebenfalls geringer Anteil von weniger als 10 % kann dies nach eigener Einschätzung nicht beurteilen (siehe Tabelle 5.40).

	männlich	weiblich	gesamt
Keine Beurteilung möglich	4,27%	7,75%	6,10%
schlecht	10,26%	2,33%	6,10%
eher schlecht	14,53%	6,20%	10,16%
mäßig	45,30%	41,09%	43,09%
gut	23,93%	42,64%	33,74%
sehr gut	1,71%	0,00%	0,81%

Tabelle 5.40: Schüler/innen der Sekundarstufe II. Einschätzung des Durchschnittslehrers in Bezug auf den Umgang mit dem Computer.

Männliche und weibliche Heranwachsende nehmen Empfehlungen von Internetseiten im Unterricht unterschiedlich wahr. So gibt mehr als jede zweite Schülerin an, dass ihr schon einmal Internetseiten im Unterricht empfohlen wurden. Bei den männlichen Vertretern sind es um ein Drittel weniger. Vergleichbar fallen die Werte aus, die darlegen, wie viele von diesen Schülern die empfohlenen Seiten auch nutzen (siehe Tabelle 5.41).

	gesamt	weiblich	männlich
Empfehlung N = 250 N (m) = 119 N (w) = 131	54,40%	62,60%	45,38%
Empfehlung angenommen N = 131 N (m) = 52 N (w) = 79	59,54%	67,09%	48,08%

Tabelle 5.41: Schüler/innen der Sekundarstufe II. Empfehlung von Internetseiten im Unterricht.

Schülerinnen und Schüler nennen im Einzelnen ähnliche Seiten oder Dienste im Internet, die ihnen im Unterricht empfohlen werden. Jedem Fünften wurde die Internetseite *mathe-treff.de* nahegelegt, was wohl als eine schulspezifische Empfehlung zu betrachten ist. Es folgen *Wikipedia* und *leo.org*. Des Weiteren finden sich weniger konkrete Angaben wie „themenabhängig" oder „Lernseiten" unter den Toprängen (siehe Tabelle 5.42).

	gesamt
mathe-treff.de	20,00%
Wikipedia	12,60%
leo.org	10,50%
themenabhängig	8,40%
Lernseiten	7,40%
moodle, fachspezifische Seiten	4,20%
WebQuest, Informationsseiten, Google, ego4u, Chemgapedia	3,20%
Informationsquellen, Schulministerium, bpd.de, leifi, YouTube	2,10%
Sonstige	1,10%

Tabelle 5.42: Schüler/innen der Sekundarstufe II. Im Unterricht empfohlene Seiten. N = 95.

Der Hälfte der Schülerinnen wurde schon einmal von bestimmten Internetseiten im Unterricht abgeraten. Von den männlichen Befragten machte diese Erfahrung nur ein Drittel. Allerdings scheinen sich mehr männliche Jugendliche tatsächlich daran zu halten (siehe Tabelle 5.43).

	gesamt	weiblich	männlich
Warnung N = 247 N (m) = 119 N (w) = 128	42,51%	50,00%	34,45%
Warnung ernst genommen N = 98 N (m) = 39 N (w) = 59	35,71%	32,20%	41,03%

Tabelle 5.43: Schüler/innen der Sekundarstufe II. Warnung vor bestimmten Internetseiten im Unterricht.

Unter den Seiten, von denen konkret abgeraten wird, sticht eine besonders hervor: *Wikipedia*. Bemerkenswert daran ist, dass *Wikipedia* bereits bei den Empfehlungen einen der vorderen Ränge belegt. Hier scheinen sich die Lehrer uneinig zu sein. Allerdings ist der Anteil der Schüler, die angeben, dass ihnen von *Wikipedia* abgeraten wurde, wesentlich höher als der Anteil derjenigen, denen diese Seite empfohlen wurde. Andere Seiten werden nur selten genannt. So taucht in dieser Statistik die Streaming-Seite *kino.to* noch auf, welche bereits nicht mehr existiert. Allerdings lässt sich diese Warnung auf Seiten übertragen, die ein ähnliches Angebot bieten (siehe Tabelle 5.44).

	gesamt
Wikipedia	54,00%
pornographische Seiten, Facebook, Soziale Netzwerke	7,90%
kino.to	6,60%
anonyme Artikel, Werbung, illegale Seiten	2,60%
Sonstige	1,30%

Tabelle 5.44: Schüler/innen der Sekundarstufe II. Internetseiten, von denen im Unterricht abgeraten wurde. N = 76.

In einigen Ländern gibt es Projekte, die die aktive Integration von Internetdiensten in den Unterricht fördern. Deutsche Schüler sind geteilter Meinung, ob dies auch an deutschen Schulen eingeführt werden soll. So geben beide Geschlechter jeweils in etwa zu einem Drittel an, dass sie es für sinnvoll halten, nicht für sinnvoll halten oder es nicht einschätzen können (siehe Tabelle 5.45).

	gesamt	weiblich	männlich
Ja	33,60%	31,30%	36,13%
Nein	31,20%	32,06%	30,25%
weiß nicht	35,20%	36,64%	33,61%

Tabelle 5.45: Schüler/innen der Sekundarstufe II. Interaktive Nutzung des Internets im Unterricht. N = 250, N(m) = 119, N(w) = 131.

Mehr als ein Drittel der Schüler beider Geschlechter fühlt sich durch die schulische Ausbildung nur mäßig auf die Nutzung von Internet und modernen Medien vorbereitet. Etwa ein Viertel gibt allerdings an, dass der Unterricht einen positiven Einfluss auf ihr Nutzungsverhalten hat. Eher schlecht oder gänzlich schlecht vorbereitet fühlt sich etwa jeder Sechste. Nur die wenigsten wählen die Antwortmöglichkeit, dass sie sich sehr gut vorbereitet fühlen oder es nicht einschätzen können (siehe Tabelle 5.46).

	gesamt	weiblich	männlich
Keine Beurteilung möglich	3,61%	3,82%	3,39%
schlecht	15,26%	12,98%	17,80%
eher schlecht	15,66%	17,56%	13,56%
mäßig	36,14%	35,11%	37,29%
gut	24,90%	24,43%	25,42%
sehr gut	4,42%	6,11%	2,54%

Tabelle 5.46: Schüler/innen der Sekundarstufe II. Vorbereitung auf die Nutzung von Internet und modernen Medien durch die schulische Ausbildung. N = 249, N(m) = 118, N(w) = 131.

Die meisten Schüler halten es für sinnvoll, Informationskompetenz als Schulfach anzubieten. Nur etwa jeder Sechste hat die gegenteilige Meinung. Etwa einem Fünftel ist es gleichgültig, ob es eingeführt wird oder nicht (siehe Tabelle 5.47).

	gesamt	weiblich	männlich
Ja	62,80%	65,65%	59,66%
Nein	15,20%	13,74%	16,81%
gleichgültig	22,00%	20,61%	23,53%

Tabelle 5.47: Schüler/innen der Sekundarstufe II. Informationskompetenz als Schulfach. N = 250, N(m) = 119, N(w) = 131.

Zusammenfassung der Ergebnisse

Für Schüler der Sekundarstufe II an deutschen Gymnasien ist der Besitz eines internetfähigen PCs oder Laptops, eines Fernsehers und eines Handys bzw. Smartphones, welches im Regelfall ebenfalls Zugang zum Internet besitzt, selbstverständlich. Letzteres wird trotz Internetzugang am häufigsten zum Schreiben von SMS genutzt.

Meist üben Schüler in dieser Altersgruppe „multimediale" Aktivitäten aus, d.h. sie beschränken sich bei der Nutzung moderner Medien zum selben Zeitpunkt nicht nur auf ein Medium. Eltern haben nur noch bedingt Einfluss auf den Umgang, den die Schüler der 10. und 11. Klasse mit Medien pflegen. Im Internet ist Facebook absoluter Favorit unter den Lieblingsseiten und -diensten von Schülern. Einzige ernstzunehmende Konkurrenz bilden YouTube, Google und – mit etwas Abstand – Wikipedia. Männliche Schüler in der Sekundarstufe II scheuen weniger, illegale Quellen bei der Beschaffung von Musik, Filmen o.ä. zu nutzen, wobei insgesamt betrachtet knapp die Hälfte der Schüler angibt, offen für die Nutzung illegaler Quellen zu sein. Ihre persönlichen Daten geben Jugendliche zum größten Teil in Sozialen Netzwerken oder bei Bestellungen in Online-Shops an und erfahren dadurch – zumindest bewusst – in der Regel keine negativen Konsequenzen, die über den Erhalt von Spam oder Werbung in der Post hinausgehen.

Geht es um das Recherchieren von Informationen, so ist Google mit großem Abstand am beliebtesten bei Schülern der gymnasialen Oberstufe. Größter Konkurrent ist hier Wikipedia, allerdings mit deutlichem Abstand. Die Qualität einer Informationsquelle beurteilt über die Hälfte der Schüler durch den Vergleich mit anderen Quellen. Die konkreten Angaben und Referenzen einer Quelle beachten nur die wenigsten. Faktoren wie Sprache, Bewertungen oder Autor haben ebenfalls nur wenig Einfluss auf die Entscheidung über die Qualität einer Informationsquelle und werden, wenn überhaupt, nur von Schülerinnen genannt. Allerdings ist bei der Einschätzung der Qualität bekannter Informationsquellen Schülern durchaus bewusst, dass einige Informationen mit Vorsicht zu betrachten sind. Schulbücher sowie öffentliche und schuleigene Bibliotheken stellen für Schüler der Sekundarstufe II die glaubwürdigsten Quellen dar, obwohl Bibliotheken gleichzeitig kaum von Schülern genutzt werden. Wikipedia halten die meisten nur für größtenteils zuverlässig, obwohl es durchaus recht häufig genutzt wird. Auch sehen mit Abstand die meisten die Ergebnisse, die Suchmaschinen – bei deutschen Schülern i. d. R. nur Google – liefern, als zufriedenstellend an.

In Sozialen Netzwerken kristallisiert sich zunehmend eine Monopolstellung von Facebook heraus. Mehr als doppelt so viele Schüler nutzen dieses Netzwerk, verglichen mit SchülerVZ oder StudiVZ. Andere Soziale Netzwerke spielen keine Rolle. Schüler machen mit großer Mehrheit mehrmals täglich Gebrauch von diesen Netzwerken und verbringen dort pro Tag insgesamt etwa zwei bis zweieinhalb Stunden. In dieser Zeit chatten die meisten der Befragten, pflegen Freundschaften oder teilen Links und Statusmeldungen. Die Annahme von Freundschaftsanfragen fremder Personen wird von der Mehrheit der männlichen Schüler von der anfragenden Person abhängig gemacht. Hier sind weibliche Schüler vorsichtiger und lehnen Anfragen dieser Art generell ab. Von den bekanntesten Web-2.0-Diensten werden von nahezu jedem Schüler YouTube und Wikipedia genutzt. Auffällig ist hier, dass die wenigsten Schüler angaben, dass sie schon einmal Tags im Internet vergeben haben, aber ein größerer Anteil schon einmal ein Video bei YouTube hochgeladen und somit auch Tags bereits unbewusst genutzt hat. Die Mehrheit der Schüler nutzt Web-2.0-Dienste allerdings ohnehin nur passiv. Über die Inhalte, die Schüler über das Internet konsumieren, unterhalten sie sich meist nur mit Freunden und/oder Geschwistern und Verwandten. Eltern und Lehrer sind hier nur selten Gesprächspartner.

An deutschen Gymnasien werden Computer und das Internet nur selten bis gelegentlich genutzt und wenn, dann meist im Fach Informatik, welches wiederum nicht alle Schüler belegen müssen. Nur ein Bruchteil beschreibt die Nutzung als „häufig". Die Schüler sind allerdings geteilter Meinung bei der Beurteilung der Fähigkeit ihrer Lehrer in Bezug auf die Nutzung von Computern und dem Internet. Die meisten Schülerinnen und Schüler schätzen diese zwar „mäßig" ein, jedoch bewerten ebenso viele Schülerinnen diese gut (männliche Schüler hingegen zu einem weitaus geringeren Anteil). Ob eine Internetseite empfohlen oder von ihr abgeraten wird, hängt offensichtlich stark von dem jeweiligen Lehrer ab. So ergibt sich, dass Wikipedia sowohl bei den Empfehlungen als auch bei den Warnungen einen vorderen Rang belegt. Meist werden fachspezifische Seiten empfohlen, wobei nur um die Hälfte der Schüler schon einmal eine Empfehlung erhalten hat.

Informationskompetenz können sich die meisten Schüler gut als eigenständiges Schulfach vorstellen, obwohl sich gleichzeitig sehr viele Schüler allein durch ihre derzeitiges Unterrichtsangebot gut auf die Nutzung moderner Medien vorbereitet fühlen. Allerdings vertritt der Großteil die gegenteilige Meinung und fühlt sich nur mäßig vorbereitet. Konkrete Projekte, die das Internet in den Unterricht mit einbeziehen, hält ein Drittel für sinnvoll, ein Drittel für nicht sinnvoll und ein Drittel kann dies nach eigener Ansicht nicht einschätzen. Insgesamt zeigt die Untersuchung, dass ein Bedarf an Vermittlung von Informationskompetenz durch die Schule besteht.

Informationskompetenz ist sogar geschlechtsspezifisch wahrnehmbar. Dies lässt sich an einigen markanten Stellen der Auswertung festmachen. So nehmen beispielsweise Jungen die Empfehlungen seitens der Lehrer, die Seiten im Internet betreffen, seltener wahr als Mädchen. Gleichzeitig schätzen Mädchen die Kompetenzen ihrer Lehrer in diesem Bereich deutlich besser ein. Schülerinnen gehen zudem vorsichtiger mit persönlichen Daten um und sind signifikant weniger bereit, illegale Quellen zur Beschaffung von Filmen, Musik o. ä. zu nutzen als Schüler.

Vorausgegangene Studien zum Thema Informationskompetenz

Im Wintersemester 2005/2006 wurde an der Universität Regensburg eine Befragung unter Studenten und Schülern der gymnasialen Oberstufe durchgeführt, um Rückschlüsse auf den Qualifikationsbedarf im Bereich Informationskompetenz in den beiden Bildungsstufen zu erhalten. Die Ergebnisse präsentiert

Martin Gorski (2008) in seiner Publikation „Informationskompetenz im Spannungsfeld zwischen Schule und Universität". Es wurde festgestellt, dass nahezu jeder Schüler einen eigenen Computer und 85,5 % darüber hinaus einen eigenen Internetzugang besitzen. Dieser Wert ist in der aktuellen Studie nochmals deutlich gestiegen (siehe Tabelle 5.4). Die Studie der Universität Regensburg kommt außerdem zu dem Schluss, dass bei der Informationsbeschaffung mit großer Mehrheit Internetsuchmaschinen – meist nur Google – genutzt werden. Printmedien spielen nur eine sehr geringe Rolle. Dies deckt sich wiederum damit, dass die hier befragten Schüler mehrheitlich angeben, dass Google die Informationsquelle ist, die sie stets bei der Recherche nach Informationen nutzen (siehe Tabellen 5.19 bis 5.21). Das Fernsehen ist das Medium, das bei der Befragung im Wintersemester 2005/2006 als jenes Medium genannt wurde, welches am häufigsten genutzt wird. In den Tabellen 5.2 bis 5.4 kann man erkennen, dass Internetaktivitäten wie Chatten und Surfen heute häufiger ausgeübt werden als das Fernsehen. Des Weiteren wird in der Studie von 2005/2006 erhoben, welche Quellen genutzt werden, wenn keine Internetsuchmaschine zur Verfügung steht. Hier machten die Probanden in der Mehrheit keine Angabe oder gaben andere Internetquellen wie Online-Lexika oder spezifische Websites an.

Im Auftrag der Landesanstalt für Medien Nordrhein-Westfalen (LfM) wurde 2008 eine Befragung in Form von Interviews unter Jugendlichen und jungen Erwachsenen im Alter von 12 bis 24 Jahren durchgeführt (Hasebrink, Rohde, & Brüssel, 2009). Diese Befragung beschränkte sich auf den Bereich des Social Web. Auffällig ist hier, dass in der Gruppen der 15- bis 17-Jährigen und 18- bis 20-Jährigen zu diesem Zeitpunkt Facebook unter den favorisierten Internetangeboten noch keine große Rolle spielt. Hier belegt – zumindest bei den 15- bis 18-Jährigen – das Soziale Netzwerk SchülerVZ noch den ersten Rang. Google, YouTube, und Wikipedia platzieren sich wie heute auch auf den vorderen Rängen (vgl. Tabellen 5.12 bis 5.14). Insgesamt gehören in der Studie von 2008 die Sozialen Netzwerke zu den meistgenutzten Angeboten, die das Internet bietet. Gaben 2008 noch etwas mehr als die Hälfte der Jugendlichen an, dass sie mindestens ein Soziales Netzwerk nutzen, so sind es heute über 90 % (siehe Tabelle 5.29). Auch hat sich die Häufigkeit der Nutzung deutlich gesteigert. Im Jahre 2008 erklärten die meisten Jugendlichen, dass sie mehrmals pro Woche oder zumindest einmal pro Woche Soziale Netzwerke nutzen. Heute antworten fast drei Viertel der Befragten, dass sie mehrmals täglich einen oder mehrere Dienste dieser Art in Anspruch nehmen. Somit lässt sich schlussfolgern, dass die Bedeutung Sozialer Netzwerke stark zugenommen hat, sich heute aber meist auf einen einzigen Dienst beschränkt: Facebook.

Der Bundesverbandverband für Informationswirtschaft, Telekommunikation und neue Medien e.V. (BITKOM) hat in seiner Studie „Jugend 2.0" (2011) das

Internetverhalten von Kindern und Jugendlichen im Alter von 10 bis 18 Jahren untersucht. In dieser Studie wurden neben den Aktivitäten und Prioritäten, die in Bezug zur Nutzung moderner Medien stehen, zusätzlich diejenigen außerhalb dieses Bereichs zum Vergleich einbezogen. Es wurde festgestellt, dass Handy und PC bzw. Laptop nahezu jeder Jugendliche in der Altersgruppe von 16-18 Jahren besaß, wobei hier nicht differenziert wurde, ob diese jeweils über einen Internetzugang verfügten oder nicht. Zudem besitzen laut dieser Studie mit 59 % deutlich weniger Jugendliche einen eigenen Fernseher. Die Versuchspersonen im Alter von 16 bis 18 Jahren gaben mehrheitlich an, dass ein Internetzugang und ein eigener Computer zu ihren vorrangigen Prioritäten zählten. Dies deckt sich mit dem Ergebnis der hier vorliegenden Untersuchung, da nahezu alle Befragten einen internetfähigen PC oder Laptop besitzen (siehe Tabelle 5.1). Auch die unter Jungen weiter als bei Mädchen verbreitete Affinität zu Video- und Computerspielen wird durch diese Studie bestätigt. Die Nutzung des Internets ist einer der am häufigsten genannten Freizeitbeschäftigungen. Da die Studie andere Freizeitbeschäftigungen wie „Freunde treffen" oder „etwas mit der Familie unternehmen" mit einbezieht, finden sich die Aktivitäten „Fernsehen" oder „Telefonieren" auf den unteren Rängen wieder. Die Gruppe der 16- bis 18-Jährigen nennt als Funktionen, die sie mit dem Handy nutzen, zu gleichen Anteilen mehrheitlich „Telefonieren" und „SMS versenden", welches auch gleichzeitig die häufigste Kommunikationsform dieser Altersgruppe darstellt. „SMS-Schreiben" stellt in der hier durchgeführten Untersuchung unter Schülern der Sekundarstufe II sogar die am häufigsten ausgeführte Aktivität dar, welche mit Hilfe moderner Medien ausgeführt wird (siehe Abbildungen 5.2 bis 5.4). Die Studie des BITKOM kam zusätzlich zu dem Ergebnis, dass nur die wenigsten Jugendlichen Apps oder das mobile Internet auf ihrem Handy nutzen. Die Schüler, die im Zuge der hier vorliegenden Untersuchung befragt wurden, nutzen diese zwar ebenfalls nicht in der Mehrheit, allerdings zu deutlich höheren Anteilen als die Jugendlichen, die vom BITKOM befragt wurden (siehe Abbildungen 5.6 bis 5.7). Schüler schätzen ihre Fähigkeiten im Umgang mit dem Computer laut BITKOM mit großer Mehrheit besser als die ihrer Lehrer ein. Dies stimmt mit dem Ergebnis der im Rahmen dieser Arbeit durchgeführten Befragung überein, da hier Schüler die entsprechenden Fähigkeiten ihrer Lehrer nur als mäßig einstufen (siehe Tabelle 5.40). Bei genauer Nachfrage, welche Fähigkeiten die Befragten konkret beherrschen, wurde von BITKOM lediglich festgestellt, dass „Filme schneiden", „Webseiten erstellen", „Musik komponieren" und „programmieren" die Fähigkeiten sind, die von 16- bis 18-Jährigen nur zu geringen Anteilen beherrscht werden. Alles andere – beispielsweise „Text-Dokumente erstellen und bearbeiten", „Fotos bearbeiten" oder „CDs / DVDs brennen" – beherrscht nahezu jeder der Probanden. Die meisten Befragten der BITKOM-Studie in dieser Altersgruppe gaben an, dass sie im Internet Informationen für die Schule oder die Ausbildung suchen. Es folgen „Filme und Videos schauen" und „mit Freunden / Verwandten chatten". „Chatten" ist ebenfalls eine der Aktivitäten, die häufig von Schülern der Sekundarstufe II genannt wird. Filme und Videos schauen diese nicht so häufig im Internet an (siehe Abbildungen 5.2 bis 5.4). Unter den befragten Jugendlichen der BITKOM-Studie ist Facebook das am weitesten verbreitete Soziale Netzwerk. Allerdings verzeichnet SchülerVZ hier noch eine fast ebenso große Beliebtheit, was bei Schülern der gymnasialen Oberstufe anders zu sein scheint (siehe Tabelle 5.29). Ein Viertel der befragten Jugendlichen ist zudem nicht mit dem richtigen Namen dort angemeldet. Bei den Schülern der Sekundarstufe II ist es lediglich jeder Zehnte (siehe Tabelle 5.32). Die BITKOM-Studie kommt zu dem Schluss, dass die meisten Jugendlichen positive Erfahrungen mit dem Internet machen oder gemacht haben. Die Mehrheit gab an, ihr Wissen mithilfe des Internets verbessert und dadurch die schulische Leistung oder die Leistung in der Ausbildung gesteigert zu haben.

Entwicklungstendenzen der Informationskompetenz bei Gymnasialschülern

Abschließend wollen wir die Unterschiede der Informationskompetenz zwischen den Schülern der Sekundarstufe I (Kapitel 4) und II (dieses Kapitel) herausarbeiten. Bei näherer Betrachtung der Untersuchungsergebnisse zeigt sich deutlich, dass klare Entwicklungstendenzen zwischen den Altersgruppen festzustellen sind.

So ergibt sich beim Besitz moderner Medien, dass bei den älteren Jugendlichen mehr Schüler einen Fernseher, einen PC oder Laptop mit Internetzugang und ein internetfähiges Handy oder Smartphone besitzen. Eine gegenläufige Entwicklung lässt sich beim Besitz von Spielkonsolen vermerken: Hierbei nimmt die Anzahl sogar deutlich ab. Dementsprechend lässt sich ableiten, dass Videospiele für die jüngeren Schüler eine höhere Bedeutung annehmen. Diese Tendenzen lassen sich auch bei den bevorzugten Aktivitäten wiederfinden – so steigt die Häufigkeit der Nutzung moderner Medien in fast allen Bereichen an. Eine klare abnehmende Entwicklung lässt sich jedoch wieder bei Video-/PC- und Handyspielen diagnostizieren. Vor allem bei den Mädchen ist dies besonders markant – hierbei halbiert sich die Anzahl der Befragten, welche angemerkt hatten, mehrmals täglich diese Aktivität auszuführen. Interessanterweise zeigt sich bei der durchschnittlichen Stundenanzahl, dass die älteren Schüler länger spielen als die jüngeren. Eine mögliche Begründung hierfür wäre, dass die Jugendlichen sich zwar nicht sooft mit Videospielen beschäftigen wie die jüngeren Befragten, jedoch wenn dann erfolgt dies eine deutlich längere Zeit am Stück. Eine weitere Begründung befindet sich möglicherweise auch in den elterlichen Vorschriften, die bei den älteren Schülern kaum noch vorhanden sind. Der Spieltrieb zeichnet sich auch bei der Nutzung des mobilen Internets und bei Apps ab – bei den Schülern der Sekundarstufe II sind Spiele in diesem Kontext nicht so wichtig wie den jüngeren Teilnehmern der Untersuchung.

Für die älteren Befragten ist die Kommunikation untereinander via Sozialen Netzwerken oder die Informationsrecherche von höherer Relevanz als bei den jungen. Mit steigendem Alter wird die mediale Mehrfachnutzung auch immer selbstverständlicher – so steigt die Anzahl von jedem zweiten zu zwei von drei Schülern, die parallel mehrere Medien nutzen. Jedoch ist die am häufigsten auftretende Variante in beiden Altersklassen die gleichzeitige Nutzung von Fernseher und PC.

Setzt man den Fokus auf die am häufigsten genutzten Seiten und Anwendungen im Internet, so lassen sich kaum Unterschiede feststellen: Soziale Netzwerke, YouTube und Google sind klare Favoriten – jedoch findet bei den Sozialen Netzwerken eine Verschiebung von SchülerVZ zu Facebook zwischen den Altersgruppen statt.

Betrachtet man die Musikbeschaffung, lässt sich festhalten, dass die jüngeren Befragten häufiger dazu neigen, Musik zu kaufen, wohingegen die älteren Schüler eher kostenlose Wege vorziehen. Darüber hinaus könnten sie sich auch eher vorstellen, sich Musik aus illegalen Quellen zu beschaffen.

Bei der Angabe von persönlichen Daten sind die Schüler der Sekundarstufe I vorsichtiger, wodurch sich bei diesen Schülern auch seltener negativen Folgen ereignen (in 9 von 10 Fällen wurden keine Konsequenzen benannt). Im Gegensatz dazu hat etwa jeder zweite bis dritte Befragte der Sekundarstufe II schon einmal negative Konsequenzen hinnehmen müssen.

Bei der Informationsbeschaffung zeigt sich, dass sowohl bei den Kindern als auch bei den Jugendlichen die favorisierten Beschaffungswege Google und Wikipedia sind – weitere Möglichkeiten werden meist nur selten berücksichtigt. Bei der Beurteilung der genannten Informationsquellen fällt es den jüngeren Schülern deutlich schwerer, die Qualität einer Quelle zu bewerten. Das führt dazu, dass die jüngeren weiblichen Befragten zu einer sehr kritischen Haltung neigen. Jedoch lassen sich auch Übereinstimmungen erkennen im Bezug auf die Beurteilung von Lehrbüchern, Schulbibliotheken und öffentlichen Bibliotheken, welche als meist bis immer zuverlässig eingeschätzt werden. Bei der Zufriedenheit der Ergebnisse von Suchmaschinen findet keine Entwicklung statt – fast alle Schüler sind damit zufrieden.

Im Bezug auf Soziale Netzwerke lässt sich eine Entwicklung von SchülerVZ zu Facebook erkennen. Darüber hinaus steigt die Häufigkeit der Nutzung, sodass sich fast jeder Schüler der Sekundarstufe II mehrmals täglich einloggt, wohingegen in der Sekundarstufe I das nur etwa einmal täglich erfolgt. Eine interessante Entwicklung lässt sich bei der Angabe des richtigen Namens sowie bei Multi-Accounts feststellen. So steigt die Anzahl der angemeldeten Nutzer unter dem vollständigen Namen mit dem Alter. Dazu gegenläufig entwickelt sich allerdings das Verhalten im Bezug auf Multi-Accounts. Diese werden verstärkt von jüngeren Schülern genutzt, wohingegen es im Alter abnimmt. Schüler der Sekundarstufe II teilen mehr Inhalte innerhalb Sozialer Netzwerke als Schüler der Sekundarstufe I. Dabei ist es egal, ob es sich um Fotos, Videos oder Links handelt. Jüngere Schüler halten sich beim Teilen dieser Inhalte deutlich mehr zurück als ältere. Im Gegenzug geben mehr als viermal so viele Sechstklässler wie Schüler der Jahrgangsstufen 10 und 11 an, dass sie Soziale Netzwerke als Plattform für Spiele nutzen. Nur beim Chatten und Kontakte knüpfen lassen sich keine Differenzen feststellen. Beim Knüpfen von Kontakten neigen Kinder stärker dazu, auch Freundschaftsanfragen von fremden Personen anzunehmen, was mit steigendem Alter nachlässt. Bei der Nutzung weiterer Web-2.0-Dienste lassen sich in beiden Altersklassen YouTube und Wikipedia als Favoriten feststellen. Ansonsten lässt sich nur ein Trend bei Blogs bemerken: Die Nutzungstendenz steigt hierbei bei den älteren Schülern. Diese Entwicklung zeichnet sich auch bei der passiven Nutzung von Social Media Diensten ab.

Abschließend wird ein Fokus auf die Nutzung von Computern und Internet im Schulunterricht gesetzt. Dabei zeigt sich zunächst, dass in den höheren Klassen häufiger der Unterricht auch am Computer durchgeführt wird als bei den jüngeren Altersgruppen. Allerdings betrachten die Schüler der Sekundarstufe II die Computer-Fähigkeiten ihrer Lehrer kritischer und neigen dazu, diese auch nur als mäßig zu bewerten. Bei den jüngeren Befragten befinden die meisten ihre Lehrer als gut im Umgang mit dem Computer oder sind nicht fähig, eine Beurteilung vorzunehmen. Die Empfehlungen, die sowohl die jüngeren als auch die älteren Schüler von den Lehrern erhalten, werden meist auch in Anspruch genommen. An Warnungen vonseiten der Lehrer halten sich jedoch verstärkt die Jüngeren. Bei der Beurteilung der schulischen Vorbereitung auf die Nutzung des Internets und moderner Medien sind die Jugendlichen kritischer als die Kinder – je älter die Schüler sind, desto eher neigt sich die Bewertung von „gut" hin zu „mäßig". Dementsprechend wünschen sich die Schüler der Sekundarstufe II auch eher Informationskompetenz als Schulfach, um ihre Fähigkeiten in diesem Bereich zu verbessern und zu optimieren.

Ausblick

Natürlich reicht eine schriftliche Befragung der Schüler alleine nicht aus, um den allgemeinen Stand der Vermittlung von Informationskompetenz an deutschen Schulen zu erfassen. Eine Befragung der Lehrkräfte würde zusätzlich Aufschluss darüber geben, inwiefern Mängel bestehen und was getan werden muss, um diese zu beheben. Auch müssten andere Schulformen, die in Deutschland existieren, mit einbezogen werden. Nur so kann das gesamte schulische Bildungswesen erfasst werden. Beispielsweise wäre ein Vergleich mit Privatschulen praktikabel, da diese alternative Lehrmethoden in diesem Bereich bieten und eventuell Anreize liefern, an welche man anknüpfen kann. Zudem muss das Spektrum an Methoden erweitert werden, mit denen die Untersuchungen durchgeführt werden. Es wäre z.B. sinnvoll, Interviews mit Schülern und Lehrern zu führen oder aber die Personen in konkreten Situationen zu beobachten, in denen Informationskompetenz von Nöten ist. Dadurch kann genauer Aufschluss darüber erhalten werden, wie im Einzelnen vorgegangen wird, ohne dass die Person durch gewisse Fragen oder die befremdliche Atmosphäre, die beim Ausfüllen eines Fragebogens entstehen kann, beeinflusst wird.

Da nun die Untersuchung nicht nur einen allgemeinen Bedarf, sondern auch einen geschlechtsspezifischen Bedarf an Vermittlung von Informationskompetenz aufgezeigt hat, stellen sich weitere Fragen für zukünftige Untersuchungen, welche beispielsweise lauten könnten:

- Wodurch kommt die unterschiedliche Wahrnehmung von Jungen und Mädchen in Bezug auf Empfehlungen oder Warnungen durch Lehrer, die Webseiten betreffen, zustande?
- Woran liegt es, dass Jungen die Kompetenzen ihrer Lehrer in diesem Bereich eher schlecht bewerten und Mädchen eher gut?
- Warum gehen Jungen mit ihren persönlichen Daten sorgloser um und scheuen die Nutzung illegaler Quellen in der Mehrheit nicht?
- Bedeuten diese Unterschiede gleichzeitig, dass es auch Unterschiede zwischen den Geschlechtern in Bezug auf die Fähigkeiten und Fertigkeiten gibt, die Informationskompetenz umfasst?

In naher Zukunft ist es daher zunächst von größter Wichtigkeit, Informationskompetenz als Schulfach einzuführen. Alle Aktivitäten, die dazu notwendig sind, sollten dabei stets in wissenschaftlicher Begleitung ausgeführt werden.

Teil 3: **Stoff: Was sollte im Fach Informationskompetenz unterrichtet werden?**

Gaetano Luca

Kapitel 6: Grundlegende IT-, Internet- und Smartphoneskills als Lehrstoff

In diesem Kapitel werden essentielle Grundlagen skizziert, die ein sicheres Surfen im World Wide Web ermöglichen. Lehr- und Lernziel dieses propädeutischen Stoffes ist es vor allem, das Sicherheitsbewusstsein bei Schülern zu schärfen. Es geht darum zu erkennen, welche Gefahren im Netz lauern und wie man die Gefahren umgehen kann. Wir werden vor allem auf die Internetskills eingehen, aber auch grundlegende IT-Skills (Umgehen mit Betriebssystem und Office-Software) sowie die Smartphoneskills nicht außer Acht lassen.

Browser-Risiken

Um sich im World Wide Web Inhalte anschauen und surfen zu können, benutzt man einen Browser. Mit ihm ist es möglich, Webseiten zu betrachten, Dateien herunterzuladen, Videos und Fotos anzuschauen oder Online-Spiele zu spielen (Janowicz, 2007). Jedoch birgt dies Risiken: Es ist möglich, durch den Browser den Nutzer „auszuspionieren". Dadurch können Informationen über dessen Surfverhalten anhand von Cookies, dem Browser-Cache und dem Suchverlauf gesammelt werden. Cookies sind kleine Textdateien, die, sobald man eine Webseite besucht, auf der Festplatte hinterlegt werden. Anhand dieser Cookies werden Informationen über den Internetnutzer gespeichert (z.B. IP-Adresse, Login-Daten und Kennwörter, von welcher Seite er gekommen ist, das verwendete Betriebssystem usw.). Kehrt ein Nutzer irgendwann wieder auf die Seite zurück, weiß der Webserver Bescheid darüber, um welchen Nutzer es sich handelt, indem er den Cookie von der Festplatte ausliest. Der Cache hat die Aufgabe, einmal herunter geladene Webseiten auf der Festplatte des Benutzers zu speichern, damit die Seite beim wiederholten Besuch schneller aufgebaut werden kann. Der Browserverlauf speichert die vom Nutzer besuchten Webseiten mit einem kurzen Vermerk ab. Den Verlauf kann man sich als Chronik vorstellen, aus der man nachvollziehen kann, zu welcher Uhrzeit und an welchem Tag man auf welcher Webseite war.

Viele Menschen benutzen das Internet eher sorglos. Jedoch ist eine gewisse Vorsicht geboten. Wir werden zwei Themenkomplexe ansprechen:

- Passwörter: Wozu dienen Kennwörter, wie kann man ein sicheres Kennwort erstellen?

- Bewusstes Surfen: Wie bewegt man sich sicher im Netz und wie spürt man „Internetfallen" auf?

Passwörter gehören zu den wichtigsten Sicherheitsmechanismen im Internet. Ohne ein Passwort kann man z.B. keine Benutzer-Accounts in einem Online-Shop erstellen. Hier sind sensible Daten wie Name, Adresse oder Kreditkartennummer hinterlegt. Mit der Kombination aus Zugangsname und Passwort lässt sich ein Benutzer eindeutig identifizieren, egal an welchem Ort oder zu welcher Uhrzeit er im jeweiligen System eine Aktion ausführt. Auf jeden Fall müssen derart sensible Daten sehr gut und an einem für Dritte nicht zugänglichen Ort aufbewahrt werden. Im Falle eines Diebstahls der Zugangsdaten kann der Angreifer auf Kosten des Geschädigten einkaufen oder andere Aktionen ausführen. Das Risiko trägt der potentiell Geschädigte. Auf keinen Fall dürfen solche Daten im heimischen Computer gespeichert werden. Der Nutzer sollte darauf achten, ein sicheres Passwort zu verwenden. Unsichere Passwörter zeichnen sich u.a. durch folgende Punkte aus:

- wenige Zeichen,
- identisch mit den Namen des Benutzer-Accounts,
- Vorname und Nachname der Person,
- Geburtsdaten,
- lexikalische Wörter wie „Passwort" oder „Berlin",
- aufsteigende, identische bzw. absteigende Zahlen- oder Buchstabenreihen (1234, 6666, 9876 oder abcd, aaaa, zyxw).

Allgemein kann man sagen: Je kürzer und einfacher ein Passwort gewählt ist, desto höher ist die Wahrscheinlichkeit, dieses zu entschlüsseln (Janowicz, 2007, 35). Passwörter schützen mit am besten gegen Internetkriminalität. Sichere Passwörter sind mindestens acht Zeichen lang und bestehen aus einer Kombination von Ziffern, Sonderzeichen, Groß- und Kleinbuchstaben z.B. IhGusi2.S<->M$.

Im Laufe der Zeit hat ein Nutzer wahrscheinlich eine Vielzahl von Accounts angelegt. Um den Überblick zu behalten, kann man den gleichen Benutzernamen wählen, jedoch nicht dasselbe Passwort. Dieses sollte für jeden neuen Account neu und einmalig erstellt werden. Es gibt Passwortprogramme, die bequem die eigenen Passwörter speichern. Diese sind jedoch nicht uneingeschränkt empfehlenswert, weil bei diesen Programmen immer diverse Sicherheitslücken vorhanden sein können.

Woher weiß man, welche Seiten als sicher und welche Inhalte als vertrauenswürdig gelten? Dazu ist es wichtig, eine Webseite richtig einzuschätzen. Es gibt zahlreiche Internetmagazine, die mit anonymen Tests E-Shops und bekannte Webseiten u. a. auf deren Qualität und Vertrauenswürdigkeit hin prüfen. Unter der Webseite www.denic.de kann man herausfinden, wer überhaupt der Betreiber einer Webseite ist. DENIC ist die deutsche Version der NIC (das Network Information Center ist die weltweite Vergabestelle für Domainnamen) und gilt nur für .de-Adressen. Wenn es sich um eine .com-Adresse handelt, kann diese unter www.nic.com überprüft werden. Kommerzielle Anbieter sind in Deutschland verpflichtet, ein Impressum zu führen. Ist das Impressum unvollständig oder fehlt es sogar, ist es ein Indiz von mangelhafter Seriosität des Anbieters. Webhoster kann man sich als sogenannte Vermieter von Speicherplatz und Domainnamen im Internet vorstellen, die die Webseiten auf den eigenen Servern unterbringen. Große Anbieter wie Google besitzen eigene Server. Andere Anbieter – speziell Online-Shops, die auf kostenlosen bzw. sehr günstigen Webhostern administriert werden – sollte man allgemein nur mit großer Vorsicht genießen. Die Gefahr, bei kostenlosen Webhostern auf falsche Seiten zu stoßen, ist hoch, weil man bei solchen Hostern oft keine Informationen des Kunden verlangt. Somit ist Transparenz bzgl. der Verantwortlichen der Seite nicht gegeben. Wichtig ist auch, aus welchem Land die Seite stammt. Janowicz (2007, 66) betont:

> Eine *.de*-Domain muss weder in Deutschland liegen noch in deutscher Sprache verfasst sein. Die *.de*-Endung sagt lediglich aus, welche Organisation und damit welcher Top-Level-Name-Server für diese Domain verantwortlich ist. Eine *.de*-Domain kann also auch einem Unternehmen aus Spanien gehören, das diese in Amerika hosten lässt.

Hat sich eine Seite als authentisch erwiesen, so kann man die Sicherheitsbestimmungen des Browsers etwas auflockern, indem man z.B. das Ausführen von Javascript erlaubt.

Das Internet gilt für manche Kunden als „Shoppingparadies". Man kann heute sehr viele Waren im Netz kaufen. Aber auch hier ist es wichtig, einschätzen zu können, welche Anbieter seriös sind und welche nicht. Außerdem muss man auch wissen, wie eine Online-Bestellung abläuft und wie die eigenen sensiblen Daten behandelt werden. Ein weiterer sehr wichtiger Aspekt ist die Sicherheit der Bezahlung im Internet.

Hier kann sich jeder Shopanbieter als seriös und erfahren ausgeben. Wie erkennt man also, dass man in guten Händen ist? Über folgende Angaben sollte ein Online-Shop verfügen:
- Name und Rechtsform des Unternehmens,
- vollständige Anschrift, Telefonnummer und E-Mail Adresse für den Kundensupport,
- Handelsregisternummer,
- Umsatzsteuer-Identifikationsnummer,
- Vertretungsberechtigte,

- Allgemeine Geschäftsbedingungen (AGB).

Den größten Teil dieser Angaben findet man auf deren Webseite unter dem Link „Impressum".

Seriöse Unternehmen schmücken sich auf ihrer Webseite gern mit einem Gütesiegel, das von Zertifizierungsstellen mit speziellen Kriterien wie z.B. Trusted Shops GmbH vergeben wird (Bitzer, Maihöfer, & Polz, 2003, 44-45). Kriterien zum Erhalt dieses Siegels sind unter anderem:

- Anbieter-Kennzeichnung,
- AGB,
- Jugendschutz,
- E-Mail-Werbung,
- Preistransparenz,
- Zahlungsbedingungen,
- Bestellbestätigung,
- Datenschutz,
- Widerrufsrecht,
- Kaufpreiserstattung.

Seriöse Online-Shops klären im Vorfeld anhand von Parametern über den Bestellvorgang auf. Darunter zählen die Versandkosten, Lieferzeiten, Versandart, das Widerrufsrecht, die Rechnung, Zahlungsmodalitäten sowie die Bestellbestätigung per E-Mail. Heutzutage ist ein Bestellvorgang ohne den Warenkorb kaum denkbar. Mithilfe des Warenkorbs lassen sich die gewünschten Artikel zum Kauf ablegen. Dabei kann man die Stückzahl und Preisinformationen jederzeit einsehen und verändern. Anschließend geht man mit dem Warenkorb zur Kasse, legt die Zahlungsmodalitäten fest und erwirbt anschließend die gekauften Artikel.

Um den Kauf abschließen zu können, ist die Eingabe von Login-Daten, Passwort, Adresse und Zahlungsdaten unerlässlich. Diese Übertragung muss in verschlüsselter Form mittels HTTPS bzw. SSL geschehen (das ist zu erkennen an der Browseradressleiste mit https:// bzw. mit einem Schlosssymbol neben der Adressleiste). SSL (*Secure Socket Layer*) ist eine sichere Übertragungstechnik, bei der die Daten vom Webserver auf den Browser des Kunden kodiert übertragen werden. Mittels HTTPS oder auch SSL werden die Daten, die der Kunde im Bestellformular eingibt, verschlüsselt an den Shop weitergeleitet, was für Dritte sehr schwer zu enkodieren ist. Neben dieser Verschlüsselungstechnik hat SSL eine weitere essentielle Funktion. Es dient der Identifizierung des digitalen Ausweises des Shops – auch bekannt unter dem Begriff „Zertifikat". Somit kann auch die Gewissheit gegeben werden, dass man mit der richtigen Firma verbunden und nicht in eine Falle getappt ist (Bitzer, Maihöfer, & Polz, 2003, 46-49).

Seriöse Online Shops bieten eine Vielzahl von Zahlungsmodalitäten wie Kreditkarte, Rechnung, Lastschrift, Nachnahme oder nutzen Bezahlsysteme (PayPal, Sofortüberweisung, Paysafe, etc.). Der größte Teil der Bezahlvorgänge wird über die Kreditkarte abgewickelt. Dabei sind folgende Informationen relevant:

- Kreditkartennummer,
- Nummer der Rückseite,
- PIN bzw. Sicherheitscode der Kreditkarte (Registrierung der jeweiligen Hausbank nötig),
- Ablaufdatum der Kreditkarte,
- Name des Eigentümers.

Wie bezahlt man im Internet sicher mit der Kreditkarte? Müller (2010, 81) zeigt es anhand einer nützlichen Checkliste:

- Geben Sie Ihre Kreditkartendaten im Internet ausschließlich dann ein, wenn die Verbindung verschlüsselt ist. Sie erkennen das am „https" und an einem geschlossenen Bügelschloss in der Adresszeile oder unten rechts. Diese SSL genannte Technik gewährleistet mit einem kryptografischen Verfahren, dass die Daten während der Übertragung nicht gelesen oder manipuliert werden.
- Manchmal wird zusätzlich zu Ihrer Kartennummer verlangt, dass Sie den drei- oder vierstelligen Sicherheitscode angeben, der sich auf der Kartenrückseite befindet. Damit soll geprüft werden, ob Sie physisch im Besitz der Karte sind.
- Schreiben Sie die Kreditkartendaten nirgends auf, speichern Sie sie keinesfalls im Computer, geben Sie sie niemanden weiter.
- Wenn Sie einen PIN-Code für Ihre Karte haben: Geben Sie diesen niemals im Internet ein. Der PIN-Code wird ausschließlich an Zahlungsterminals verwendet.
- Drucken Sie den Zahlungsbeleg aus, den Sie nach dem Einkauf vom Onlineshop angezeigt erhalten, oder machen Sie einen Screenshot.
- Kontrollieren Sie die Abrechnung. Stimmt etwas nicht, haben Sie 30 Tage Zeit, sie zu beanstanden.

Allgemein gelten für Bezahlung im Internet, egal für welche Zahlungsmodalität man sich entscheidet, drei Punkte:

- Persönliche (Login-, Passwort-) Daten nur über eine mit https verschlüsselte Seite eingeben.
- Sichere, komplexe, lange Passwörter wählen und diese an einem geheimen Ort aufbewahren.
- Abrechnungen regelmäßig kontrollieren.

Malware

Unter Malware (Malicious Software) versteht man Programme, die erstellt werden, um größtmöglichen Schaden am System des infizierten Rechners anzurichten. Dazu zählen Würmer, Viren, Trojaner, Hacker-Tools und andere Programme (Kaspersky, 2008, 49). Anfällig für Malware sind wegen der weiten Verbreitung dieser Software in erster Linie Computer mit einem Windows Betriebssystem (Müller, 2010, 19).

Ein Virus ist ein Programm, das zur Ausführung ein anderes Programm benötigt, den so genannten Wirt. Bei der Infizierung mit dem Virus wird ein Duplikat im Speicher des Computers hinterlegt (Poguntke, 2010, 164) mit dem Ziel, bei bestimmten Handlungen des Nutzers einen Schadcode auszuführen und sich im Computer zu verbreiten. Der Virus gelangt auf andere Computer, wenn der Nutzer z.B. eine E-Mail mit einem infizierten Anhang verschickt und dieser geöffnet wird. Eine andere Möglichkeit der Verbreitung ist, dass der Virus auf ein externes Speichermedium kopiert wird bzw. infizierte Dateien darauf gespeichert werden. Auch Dateien, die in zugänglichen Festplattenbereichen liegen (z.B. in einem Netzwerk) stellen eine Gefahr dar. Wird ein PC von einem Virus befallen, kann es im schlimmsten Fall zum vollständigen Datenverlust führen (Kaspersky, 2008, 51). Viren werden in vier Hauptkategorien unterteilt: Programm-Viren (oder Datei-Viren), Skript-Viren, Makro-Viren und Boot-Viren. Programm-Viren erweitern die zu infizierenden Anwendungsprogramme mit einem schädlichen Programmcode (Poguntke, 2010, 166) bzw. nutzen bei der Verbreitung das Dateisystem des Betriebssystems (Kaspersky, 2008, 56). Werden die betroffenen Programme ausgeführt, so wird der Virus aktiviert (Poguntke, 2010, 166). Skript-Viren sind eine Unterkategorie der Programm-Viren. Wie der Name schon sagt, sind diese in einer Skript-Programmiersprache implementiert, wie z.B. PHP, JavaScript oder Visual Basic-Script. Dabei infizieren sie andere Skript-Programme oder sind Bestandteil von Viren, die aus mehreren Komponenten bestehen (Kaspersky, 2008, 57). Skript-Viren werden ausgeführt, wenn der Internet-Browser auf eine bereits infizierte Datei oder Webseite zugreift. Aktive Skript-Viren sind in der Lage, Daten zu löschen, zu kopieren und über das Internet auf andere Computer zu übertragen. Das bekannteste Virus dieser Kategorie ist der *I LOVE YOU*-Virus (Poguntke, 2010, 167). Makro-Viren (oder Dokument-Viren) sind vor allem in Office-Programmen zu finden (z.B. Microsoft Word), weil diese eine eigene Makro-Sprache besitzen, um bestimmte Aufgaben anhand dieser Sprache zu automatisieren. Daraus folgt, dass Makro-Viren in Makro-Sprachen programmiert worden sind und in die jeweilige Datenverarbeitungssysteme eingefügt werden. Die Verbreitung erfolgt, indem sie die Möglichkeiten der Makro-Sprache nutzen. Sie übertragen sich z.B. von einer Word-, Excel- oder Powerpoint-Datei auf andere Dateien (Kaspersky, 2008, 56).

Boot-Viren finden ihren Platz im *Master Boot Record* von Festplatten und werden schon beim ersten Zugriff auf der Festplatte aktiv. Dieser Typ von Virus wird also schon beim ersten Start des PCs ausgeführt. Sie sind von der Betriebssysteme-ebene nicht mehr zu entfernen und somit sehr gefährlich (Janowicz, 2007, 218).

Wir kommen zum sog. (Internet-)Wurm. „Ein Wurm ist ein Programm, das sich selbst über Netzwerke verbreitet und andere Programme und Rechner infiziert" (Rubin, 2002, 43). Die Definition zeigt uns implizit drei Schritte, wie ein Wurm bei der Infizierung vorgeht. Erstens verschafft er sich Zugang zum Computer oder Mobiltelefon (auch bekannt als Remote-Geräte). Zweitens versucht er, nachdem der Zugang geglückt ist, eine eigene Kopie im Remote-Gerät zu hinterlegen. Drittens verbreitet er sich weiter auf andere Geräte innerhalb des lokalen bzw. globalen Netzwerks (Kaspersky, 2008, 50). Würmer lassen sich grob in vier Kategorien einteilen: E-Mail-Würmer, Instant Messenger-Würmer, Würmer in Internet Relay Chats und P2P-Würmer. E-Mail-Würmer verbreiten sich über E-Mails. Dabei versenden sie ihr Duplikat in Form eines E-Mail-Anhangs oder durch einen Link auf die infizierte Datei, die auf einer infizierten bzw. vom Angreifer modifizierten Datei gespeichert ist. Der Wurm wird aktiviert, wenn der Anhang ausgeführt wird. Bei einer infizierten Webseite wird der Wurm durch den Klick auf den Link aktiviert (Kaspersky, 2008, 53). Instant Messenger-Würmer verbreiten sich über Instant Messenger mit einem infizierten Link, welcher auf einem Webserver liegt. Dabei wird der Link an alle Adressen aus der Kontaktliste versendet (Kaspersky, 2008, 54). Internet Relay Chats-Würmer sind den E-Mail-Würmern sehr ähnlich. Sie verbreiten sich entweder in Form eines E-Mail-Anhangs oder über einen Link, welcher zum Wurm führt. Das Opfer erhält die Aufforderung, die Datei auf seinem System zu speichern und anschließend auszuführen, welches zur Aktivierung des Wurms führt (Kaspersky, 2008, 55). P2P (Peer-to-Peer)-Würmer müssen sich erstmal selbst in ein Verzeichnis kopieren, welches auf dem lokalen Computer hinterlegt ist. Ist der Wurm einmal vorhanden, so erledigt der P2P-Client den Rest, indem die Nutzer bei der Dateisuche auf diese infizierten Dateien stoßen. Die Tauschbörse stellt als Ergebnis eine Liste vom infizierten PC zur Verfügung, von dem man Dateien herunterladen kann. Es gibt auch perfide P2P-Würmer. Darauf werden alle Suchanfragen vom Wurm positiv beantwortet, wobei immer sein Duplikat als Download zur Verfügung steht.

Der Trojaner unterscheidet sich von seinen Malware-Verwandten (also den Viren und Würmern) in der Hinsicht, dass er nicht auf Verbreitung bzw. Schädigung des Systems ausgelegt ist. Vielmehr steht die vollständige Kontrolle des infizierten Computers oder Netzwerks im Vordergrund. Bei Trojanern handelt es sich augenscheinlich um harmlose Software, häufig als Download-Datei oder in E-Mail-Anhängen versteckt. Köderprogramme sind z.B. kostenlose Spiele und Videos sowie Tools zur Systemoptimierung. Ist einmal ein Trojaner im System integriert, so versucht die Malware, möglichst viele Informationen über das Verhalten des Benutzers zu sammeln und an seinen Angreifer weiterzuleiten. Unter anderem werden Informationen über die Tastatureingaben der verwendeten Programmen sowie Systeminformationen gesammelt. Dies alles geschieht in Echtzeit. Gerade für sehr sensible Daten wie Kreditkartennummer, Passwörter usw. wird es zu einem nicht zu unterschätzenden Problem. Neben dieser Protokollierungsmaßnahme besteht die andere Hauptaufgabe des Trojaners darin, dem Angreifer Zugang zum System zu geben und es von der Ferne aus zu steuern. Somit hat der Angreifer die vollständige Kontrolle über den PC – vorausgesetzt, es besteht eine aktive Internetverbindung. Dementsprechend verliert man durch einen Trojaner die Privatsphäre. Darüber hinaus können finanzielle Schäden entstehen, wenn Kontodaten oder Login-Daten protokolliert werden. Eine andere Gefahr ist, dass man mithilfe dieser Malware DoS (Denial of Service)-Angriffe durchführen kann, d.h. der manipulierte Computer wird zur ferngesteuerten Waffe (Janowicz, 2007, 230-231).

Um sich vor Malware zu schützen, sind folgende Schritte empfehlenswert:
– Installation eines aktuellen und renommierten Antiviren- und Firewall-Programms,
– E-Mail-Anhänge immer mit Misstrauen begutachten und gegebenenfalls nicht ausführen (speziell bei unbekannten bzw. unseriösen Absendern),
– beim Download darauf achten, was überhaupt heruntergeladen wird. Handelt es sich wirklich um das gewünschte Programm? Bei Unsicherheit lieber das Programm eliminieren, bevor man es ausführt. Programme sollten unbedingt nur von vertrauenswürdigen Webseiten heruntergeladen werden,
– Benutzung eines aktuellen, sicheren und renommierten Browser wie z.B. Mozilla Firefox, ggf. mit speziellen Sicherheits-Add-ons bzw. erweiterten Sicherheitseinstellungen des Browsers (indem z.B. die Ausführung von Skriptprogrammen unterbunden wird),
– Änderung der Bootreihenfolge des Computers so, dass ZIP-, CD-/DVD- und Diskettenmedien erst gebootet werden, sobald die Festplatte hochgefahren worden ist,
– stetige Aktualisierung der Programme mit Updates, denn der beste Schutz ist nutzlos, wenn die Programme nicht auf den aktuellsten Stand sind (Plötner & Wendzel, 2007, 394-395),
– bei Office Programmen: Aktivierung des Makro-Virenschutzes,
– Aktivierung aller Sicherheitsfunktionen des Computers, wie z.B. Passwortschutz,
– bevor ein neues Programm installiert wird, sollte es besser von einem Antivirenprogramm nach Malware überprüft werden. Das gilt auch für komprimierte ZIP Dateien,

– die Aktivierung von Anwendungsprogrammen aus dem Internet sollte mit großer Vorsicht geschehen (Poguntke, 2010, 170-171).

Ein Antivirenprogramm (auch unter den Synonymen Virenscanner oder Virenschutz bekannt) ist ein Programm, das einen Computer vor bösartigen Viren schützt bzw. bei einem Befall diese entfernt. Das Programm kann auch andere Malware – wie z.B. Würmer oder Trojaner – effizient bekämpfen. Vereinfacht gesagt, dient ein Antivirusprogramm dazu, den Computer nach bekannten Malwarebedrohungen zu durchforsten. Bei einer Infektion wird die entsprechende Datei in Quarantäne (die sogenannte Schutzzone) verschoben, und der Benutzer wird über den Vorfall informiert. Dieser kann anschließend die infizierte Datei reinigen oder vollständig löschen. Es werden zwei Hauptkategorien von Virenscannern unterschieden: der Echtzeitscanner (der heutige Standard) und der manuelle Scanner. Beim Echtzeitscanner läuft der Schutz permanent im Hintergrund und analysiert alle Dateien, den Arbeitsspeicher und den Internetverkehr. Beim manuellen Scanner muss das Programm (anders als beim Echtzeitscanner) von Hand gestartet werden. Jedoch wird von anderen Methoden als dem Standardscanner abgeraten, weil sie nicht zum proaktiven Schutz des Systems beitragen, sondern als erweiterten Schutz angesehen werden müssen – etwa in Verbindung mit Onlinescannern (Borges et al., 2011, 57-58). Worauf man beim Erwerb eines Antivirusprogramms achten muss, ist, ob man sich für ein kommerzielles Sicherheits-Gesamtpaket inkl. Firewall-, Spyware-, Kinderschutz etc. (was für Computerneulinge empfehlenswert ist, weil sie den größeren Komfort bieten) entscheidet, oder für eine kostenlose Variante mit dem klassischen Virenschutz, die auch einen sehr guten Schutz bieten kann (so zum Beispiel AntiVir Personal der deutschen Firma AVIRA) (Müller, 2010, 18). Jedoch nützt der beste Virenscanner nichts, wenn er nicht täglich automatisch aktualisiert wird, damit die Virensignaturdateiendatenbank (das Herz des Programms) auf dem neuesten Stand ist (Borges et al., 2011, 57-58).

Eine Firewall kontrolliert die eingehenden und ausgehenden Datenpakete zwischen dem heimischen Computer und dem Internet. Somit kann ein nicht autorisierter oder gar ein gefährlicher Datenverkehr gestoppt werden. Heutzutage besitzt jeder PC vom Werk aus eine Firewall. Jedoch muss diese zunächst aktiviert werden, damit der Computer auch wirklich geschützt ist (Müller, 2010, 17). Alternativ gibt es auch kommerzielle und kostenlose Firewalls. Hauptgegenstand einer Firewall ist der Schutz des heimischen PCs vor Attacken aus dem Netz, welches sowohl das Internet als auch das lokale Netz sein kann. Dank dieser selektiven Netzwerkverkehrsblockade kann der PC sowohl vor Malware als auch vor der Ausnutzung von Softwareschwachstellen (sogenannten Bugs) über einen offenen Port gesichert werden. Aber auch durch die Überwachung des ausgehenden Netzwerkverkehrs kann der PC gesichert werden. Herzstück der Firewall ist der soge-nannte Paketfilter, der den Netzwerkverkehr anhand von Regeln (automatisch vom Hersteller oder manuell festgelegt) verwaltet. Wann immer ein unbekanntes Programm, welches nicht im Paketfilter der Firewall eingetragen ist, versucht, sich mit dem Internet zu verbinden, wird automatisch oder manuell (in Form einer Rückfrage an den Benutzer) eine neue Regel im Filter eingetragen. Darüber hinaus bieten eine Vielzahl von Firewalls die Möglichkeit, eigene personalisierte Regeln zu erstellen (Borges et al., 2011, 60-61).

Spam ist lästig, stellt aber im Prinzip kein Sicherheitsproblem dar. Öffnet man jedoch in einer Spam-Mail einen Anhang, beginnt schon da ein Sicherheits-risiko, weil oft die Anhänge mit Malware befallen sind. Deswegen sollten fol-gende Regeln im Umgang mit Spam beachtet werden: niemals die Mailanhänge oder Links anklicken, niemals auf Spam antworten – wer antwortet, bestätigt die Korrektheit der E-Mail-Adresse, nicht die eigene E-Mail-Adresse im Internet pub-lizieren; falls doch, dann das @-Symbol durch (at) ersetzen (Müller, 2010, 19-20).

Eine sinnvolle zusätzliche Erweiterung bzgl. der Internetsicherheit ist die Installation von kleinen Sicherheitszusatzprogrammen für den Browser. Es gibt zahlreiche Add-ons bzgl. der Browsersicherheit, u. a. das Programm WOT (Web of Trust), welches Seiten nach deren Vertrauenswürdigkeit einstuft oder Adblock Plus, welches die Anzeige unerwünschter Werbung blockiert. Nicht nur für z.B. Firefox stehen kostenlose Add-ons zur Verfügung, sondern auch für Internet Explorer, Chrome, Safari und Opera.

Sicherung von Daten und Programmen

Es gibt heute eine Vielzahl von Betriebssystemen: Mac OS X, Mac OS Lion, Windows 98, Windows XP, Windows Vista, Linux, etc. Das am meisten benutzte Betriebssystem ist Windows, und die Abschnitte, die hier vorgestellt werden, beziehen sich darauf.

Im Laufe der Zeit sammeln wir viele private Daten, Fotos, Videos, Doku-mente, Musik usw. Doch viele Computernutzer vernachlässigen die Sicherung der Daten, um im Notfall wieder zugreifen zu können. Denn nichts ist schlimmer, als wenn die Festplatte defekt ist und man somit nicht mehr auf die eigenen Daten zugreifen kann. Wie kann man sich dagegen schützen? Hier gilt: Vorsorge ist die beste Verteidigung gegen einen solchen Ausfall. Die beste Vorsorge ist, ein soge-nanntes Backup-Gerät zu erwerben mitsamt Backup-Software, wie zum Beispiel externe Festplatten, CDS/DVDs oder USB-Sticks. Diese Geräte gibt es in verschie-den Größen zu verschiedensten Preisen (Janowicz, 2007, 49). Entscheidet man sich für eine externe Festplatte, sollte diese von der Kapazität her mindestens die Hälfte an Speicherplatz haben wie die interne Festplatte. In der Regel reichen 100 GB für einen privaten Nutzer vollkommen aus. Außerdem empfiehlt es sich, auf eine Festplatte zu setzen, die über eine externe Netzteil-Stromversorgung verfügt, d.h. nicht über einen USB-Anschluss des Computers mit Strom betrieben wird. Bei Festplatten, die den Strom über den USB-Anschluss des Computers beziehen, besteht die Gefahr, dass das Gerät nicht ausreichend mit Strom versorgt wird, wenn mehrere USB-Geräte gleichzeitig angeschlossen sind. Dadurch kann es ggf. zu unkontrollierten Ausfällen kommen. Dennoch sind solche Geräte viel mobiler und leichter.

CD/DVD-Brenner mit dem dazugehörigen Brennprogramm bieten ebenfalls eine hervorragende Lösung zur Sicherung der Daten an und sind sogar günstiger und flexibler als Festplatten. Jedoch haben sie ein viel kleineres Speichervolumen, und die Lebenszeit solcher Medien ist geringer als bei Festplatten. Außerdem können Kratzer auf der Oberfläche der gebrannten CD zu Datenverlusten führen.

USB-Sticks sind auch hervorragende Speicherlösungen, da sie sehr klein und praktisch sind. Es gibt mittlerweile Speichergeräte, die mehr als 100 GB speichern können. Jedoch sind diese im Vergleich zu externen Festplatten um einiges teurer.

Zwar kann man mit den vorhin genannten Speichermedien die persönlichen Daten sichern, aber nicht den Ist-Zustand des Betriebssystems. Deswegen ist eine Backup-Software, wie z.B. von der Firma Symantec Norton Ghost essentiell. Mit solch einer Software wird ein digitales Abbild des aktuellen Zustands der Festplatte mit all seinen Daten auf dem Backup-Gerät in komprimierter Form gespeichert. Im Ernstfall hat man seine Daten innerhalb weniger Minuten wieder auf das System eingespielt. Jedoch nützt der beste Schutz nicht, wenn die Daten nicht täglich gesichert werden (Janowicz, 2007, 50-51).

Unter Windows ist es möglich, Dateien bzw. ganze Ordner zu verschlüsseln. Das ist sehr praktisch, wenn mehrere Benutzer an einem PC arbeiten und Dateien nicht für alle bestimmt sind. Jedoch ist folgendes zu beachten:

- die verschlüsselten Dateien oder Ordner sind für andere Benutzer sichtbar, aber sie können keine Änderungen vornehmen,
- der Schutz funktioniert nur, wenn man sich von seinem Benutzerprofil ausloggt bzw. abmeldet, d.h. Dritte können eine verschlüsselte Datei einsehen, wenn diese Maßnahme nicht ergriffen worden ist,
- eine gute Kombination erweist sich, wenn man die verschlüsselte Datei zusätzlich im System „versteckt". Somit ist die Datei für andere Benutzer praktisch unsichtbar.

Löscht man eine Datei aus dem Papierkorb, so ist man im Irrglauben, dass die gelöschte Datei endgültig gelöscht ist. Die Datei wurde jedoch nur in einen unsichtbaren Bereich verschoben. Dies kann sehr praktisch sein, wenn man wichtige Daten versehentlich gelöscht hat. Um die gelöschten Daten wiederherzustellen bzw. endgültig zu löschen, gibt es eine Vielzahl von kostenlosen und kommerziellen Lösungen (Janowicz, 2007, 58).

Dateiendungen sind unter Windows standardmäßig deaktiviert. Informationen über Dateiendungen sind aber deshalb essentiell, um zu wissen, um welche Art von Datei es sich handelt, z.B. Word (.doc), Excel (.exl), Powerpoint (.ppt), aber auch, um einschätzen zu können, ob bestimmte Dateien ein Sicherheitsrisiko darstellen, wenn man sie öffnet. Z.B. kann die Datei URLAUBSFOTO.EXE eine Malware sein, weil die Endung auf eine ausführbare Datei hindeutet (.exe steht für „executable") und nicht auf ein Foto (URLAUBSFOTO.JPG wäre authentischer). Das gleiche gilt für die Dateiendung .vbs (Visual Basic, welches eine Skriptsprache von Microsoft ist). Auch solche Dateiendungen werden zum Ausführen von Malware missbraucht.

Windows schaltet die Dateiendungen aus. Statt der kompletten Angabe „Urlaubsfoto.exe" ist nur „Urlaubsfoto" zu sehen, und somit weiß der Nutzer nicht, mit welchem Typ von Datei er konfrontiert ist. Dateiendungen erscheinen immer ganz am Ende getrennt mit einem Punkt (z.B. datei.doc). Jedoch kann vor dem Punkt eine beliebig lange Zeichenkette hinterlegt werden. Ein weit verbreiteter Trick, bei dem sich Virenprogrammierer bedienen, ist die Hinterlegung einer Pseudodateiendung vor dem Punkt (z.B. Urlaubsfoto.jpg.exe). Da die Dateiendung nicht angezeigt wird, würde die Datei „Urlaubsfoto.jpg" lauten.

Office Skills

Die Beherrschung von Bürosoftware (besser bekannt unter dem Stichwort Office Suites) ist heutzutage unerlässlich. Es gibt eine Vielzahl von Office-Paketen auf dem Markt. Der Standard, womit viele Firmen aus den unterschiedlichsten Branchen, national sowie international, agieren, ist Microsoft Office. Microsoft Office ist ein Bündel von Bürosoftware mit mehreren Programmen, um das Arbeiten im Büro effizient und leicht zu gestalten. Programme wie Word, Excel, Powerpoint gehören zu den wichtigsten Werkzeugen im Büro.

Microsoft Word ist ein Textverarbeitungsprogramm. Mit der Software ist es möglich, professionelle Dokumente zu erstellen und zu editieren. Speziell für die Erstellung von Referaten macht die Software als Einstieg für die Schüler Sinn. Microsoft Excel ist ein Tabellenkalkulationsprogramm. Damit ist es möglich,

Tabellen zu erstellen und zu bearbeiten. Speziell im Unternehmen, wo es viel mit Zahlen zugeht, findet die Software in der Wirtschaft ein hohes Maß an Gebrauch. Für die Schule kann man das Programm unter anderem im Mathematikunterricht verwenden, um z.B. verschiedene mathematische Operationen mithilfe der Formelfunktion durchzuführen. Microsoft Powerpoint ist ein Präsentationsprogramm. Mithilfe dieser Software kann man Präsentationsfolien mit Texten, Bildern und Videos erstellen und diese bei der Präsentation etwa eines Referats in der Schule mithilfe eines Beamers der Klasse vorstellen.

Smartphone Skills

Welche Voraussetzungen muss man mitbringen, um ein Smartphone optimal bedienen zu können? Handys – insbesondere Smartphones – sind in der heutigen Zeit zu beliebten „Alleskönnern" geworden. Anfangs konnte man nur telefonieren und später Textnachrichten (SMS) versenden. Heute jedoch wollen vielen Menschen auf ein Smartphone im Alltag kaum noch verzichten. Man kann Musik hören, fotografieren und jederzeit im Internet surfen. Es entwickelte sich im Laufe der Zeit immer mehr zu einem kleinen Multitalent, das durchaus mit einem Computer mithalten kann. Geräte wie z.B. das erfolgreiche iPhone oder das Samsung Galaxy S2 sind unter dem Begriff der Smartphones vertreten. Es gibt unterschiedliche Smartphones auf dem Markt, wozu auch unterschiedliche Betriebssysteme für diese Geräte existieren. Zu den erfolgreichsten Smartphone-Betriebssystemen gehören IOS von Apple und Android von Google (Steinhöfel et al., 2010, 9-10). Im Gegensatz zum Internet existieren im Umfeld von Smartphones, ihrer Betriebssysteme und der darauf laufenden Anwendungen („Apps") unterschiedliche „Welten".

Smartphones werden zum größten Teil über Touchscreens bedient, d.h. über die Fingereingabe eines berührungsempfindlichen Displays. Die Bedienung ist sehr intuitiv und macht zum größten Teil auch mehr Spaß als die Arbeit mit den Vorläufermodellen, wo man noch mühsam die Tastatur benutzen musste, um navigieren zu können (z.B. Nokia E61 oder Blackberry Bold) (Röhlinger, Dunstheimer, & Steininger, 2010, 18). Mit den Geräten ist es natürlich auch möglich zu telefonieren bzw. SMS zu versenden (Amann-Hechenberger, Buchegger, & Schwarz, 2011, 25). Heutzutage ist jedes moderne Smartphone mit einer Digitalkamera ausgestattet, mit der es möglich ist, Fotos in guter Qualität aufzunehmen. Analog zur Fotokamera kann man auch Videos – zum Teil auch in HD Qualität – aufzeichnen. Neben Fotos und Videos kann ein Nutzer sein Smartphone auch als MP3-Player benutzen.

Ein Browser ist standardmäßig in jedem Smartphone installiert. Der Nutzer muss sich jeweils entscheiden, über welchen Weg er sich Zugang zum Internet verschafft: per WLAN, über teils kostenpflichtige Hotspots oder über das Mobilfunknetz. Entscheidet man sich für das Mobilfunknetz, ist es dringend ratsam, ein Flatrate-Datentarif mit dem Mobilfunkanbieter abzuschließen, sonst wird jedes einzelne Megabyte Geld kosten, was zu einer hohen Handyrechnung führen kann. Smartphones mit großer Displaygröße haben einen entscheidenden Vorteil gegenüber Smartphone mit kleinem Display, weil dort die Webseiten besser, sauberer und lesbarer dargestellt werden (Kiefer, 2011, 63 ff.).

Voraussetzung, um E-Mails zu empfangen, ist neben einer Internetverbindung die Einrichtung eines E-Mail-Accounts auf dem Endgerät (Kiefer, 2011, 77-79).

Die Zusatzprogramme, die Apps, machen Smartphones besonders nützlich. Es gibt Apps (kostenlos bzw. kostenpflichtig) für diverse Kategorien: Wettervorhersage, Online Banking, Nachrichten, Spiele usw. (Trost, 2011, 56). Um jedoch Apps zu nutzen, muss man bei IOS-Geräten eine Apple-ID besitzen und im App Store die gewünschte Applikation herunterladen (Kiefer, 2011, 31-32) bzw. bei Android über einen Google Account verfügen und im Android Market das gewünschte Programm zu installieren (Stoppbache, 2010, 18-20). Das Installieren von Apps auf dem Smartphone erweist sich viel einfacher als bei einer üblichen Programminstallation unter Windows.

Besitzt das Smartphone ein GPS Modul, kann es in Verbindung einer (kostenlosen) Navigations-App als Navigationssystem benutzt werden. Empfehlenswert ist die kostenlose App „Google Maps", womit man navigieren kann und die dazu sehr intuitiv zu bedienen ist (Gieseke, 2011, 115 ff.).

Gefahren bei der Smartphone-Nutzung

Smartphones sind genau so anfällig gegen Hacker wie Desktop Computer, schließlich besitzen sie im Vergleich zu ihrem kleinen Bruder, dem Handy, mehrere Kommunikationsschnittstellen (z.B. Bluetooth, WLAN, UMTS etc.). Über diese Schnittstellen ist es möglich, schädliche Codes in die Geräte einzuschleusen. Deswegen sollte man einige Grundregeln beachten. Apps, deren Herkunft unbekannt ist, sind meist nicht vertrauenswürdig und sollten nicht installiert werden. Einige Apps sind in der Lage, persönliche Daten des Nutzers über das Smartphone zu ermitteln (Kontaktdaten, E-Mail-Accounts, Fotos, Verlauf des Browsers usw.) und an andere Anbieter weiterzuleiten. Deswegen ist es ratsam, bevor man Apps installiert, die Datenschutzbestimmungen des Anbieters genau zu lesen. Da es neben kostenlosen auch kostenpflichtige Apps gibt, können solche zur Kostenfalle werden, wenn man diese im Übermaß installiert und als Zahlungsmodalität die Option Kreditkarte gewählt hat. Kosten einer App belaufen sich von wenigen Cents bis auf über zehn Euro. Gefahren bestehen auch bei kostenlosen Apps. Diese Form von Apps finanziert sich überwiegend über Werbeeinblendungen, die wiederum zu kostenpflichtigen Angeboten führen. Klickt man versehentlich auf eines der Angebote, kann es manchmal passieren, dass man ein Abo abschließt, ohne es zu bemerken, und die Kosten bei der nächsten Handyrechnung abgebucht werden.

Die Installation einer Sicherheitssoftware, wie zum Beispiel ein Antivirus Scanner für Smartphones, ist empfehlenswert. Schnittstellen wie Bluetooth, WLAN, UMTS sollen, wenn man sie nicht nutzt, abgeschaltet werden. Somit sparen die Geräte Strom und sind gegen Hackerangriffe, die versuchen, die Sicherheitsabfragen des Gerätes zu umgehen und es über Bluetooth fernzusteuern (um z.B. Einblick in die Kontaktdaten zu erhalten), besser geschützt. Außerdem versuchen Hacker, manipulierte, teure Datenverbindungen herzustellen oder Kurznachrichten bzw. E-Mails über den Namen des Opfers zu versenden. Bluetooth sollte deshalb nicht in öffentlichen Orten wie auf Bahnhöfen, Flughäfen usw. Verwendung finden. In solchen Räumen sollte der Sichtbarkeitsmodus auf „unsichtbar" gestellt sein.

Smartphones bieten neue Optionen zur Information und zur Kommunikation. Sie sind mittlerweile weniger Telefon als Computer und sowohl im privaten Gebrauch als auch im Berufsleben kaum noch wegzudenken. Auch bei Jugendlichen hat der Umgang mit diesen Geräten massiv zugenommen (Kapitel 4 und 5).

Rosaline Sesay
Kapitel 7: Information Retrieval als Lehrstoff

Einführung

Das Gebiet des Information Retrieval widmet sich dem Wiederauffinden von gespeicherten Informationen (Stock, 2007). Seitdem es Bibliotheken und Archive gibt, erfüllen sie diese Aufgabe. Kenntnisse über Techniken und Methoden des Information Retrieval werden im Kontext des Schulalltags verwendet, um Recherchen in Internet-Suchmaschinen, digitalen Bibliotheken und Spezialsuchmaschinen im Web (etwa zur Bilder- oder Videosuche) sowie in professionellen Informationsdiensten im „Deep Web" ausführen zu können. Die Studien aus Kapitel 4 und 5 haben gezeigt, dass die meisten Schüler der Sekundarstufen I und II mehrmals täglich mit dem PC oder Laptop im Internet surfen und dass die Suchmaschine Google am häufigsten als Informationsquelle genutzt wird. Damit Schüler Suchmaschinen und Fachdatenbanken besser verstehen und benutzen können, ist es sinnvoll, den Schülern schon so früh wie möglich das Thema Information Retrieval näherzubringen. Spätestens bei der Literatursuche zur Facharbeit müssen Fachdatenbanken bekannt sein und Recherchetechniken beherrscht werden. Es ist beispielsweise nicht möglich, eine einschlägige Literaturbasis für eine Facharbeit in Philosophie anzufertigen, wenn man nicht elaboriert im „Philosopher's Index" recherchiert hat.

Information Retrieval ist eine Teildisziplin der Informationswissenschaft und der Informatik (Baeza-Yates & Ribeiro-Neto, 2011; Croft, Metzler, & Strohman, 2010; Ingwersen & Järvelin, 2005; Manning, Raghavan, & Schütze, 2008; Stock, 2007). Der Term wurde von Calvin N. Moers 1950 geprägt. Ab den 1950er Jahren entstanden erste Forschungen zum Information Retrieval unter anderem durch Hans-Peter Luhn, Gerard Salton und Eugene Garfield, die als Pioniere des Information Retrieval gesehen werden. Die Entstehung von Online-Systemen wie DIALOG in den 1960er bis 1970er Jahren war ein entscheidender Wendepunkt für die Forschung an Information-Retrieval-Systemen, denn es entstand ein Wechsel von Stand-alone-Systemen hin zu Systemen mit Fernzugriff (Chu, 2010). Wichtig für die Forschung war auch die Verbreitung von PCs in Unternehmen und privaten Haushalten ab den 80er Jahren.

> Geradezu eine Boomphase erlebte das Information Retrieval mit dem Siegeszug des Internets und besonders des World Wide Web. Suchwerkzeuge im WWW machen Information Retrieval für jedermann bekannt und anwendbar. Auch in den Intranets der Unternehmen werden zunehmend Retrievalsysteme eingesetzt (Stock, 2007, 49).

Retrievalsysteme werden sowohl privat, zur Weiterbildung als auch für den Beruf oft benötigt. Somit wurde auch die Forschung und Lehre in diesem Bereich immer wichtiger, um Möglichkeiten und Grenzen des Information Retrieval zu erkennen.

Informationsbedarf

Es wird unterschieden zwischen dem konkreten und dem problemorientierten Informationsbedarf (Stock, 2007, 51). Als konkreter Informationsbedarf wird das Fehlen einer gewissen Information über ein Faktum gesehen. Beispiel für solch einen Informationsbedarf ist: „Wie viele Einwohner hat derzeit Düsseldorf?" Der problemorientierte Informationsbedarf richtet sich auf komplexere Fragestellungen und zielt auf das Finden von (Fach-)Literatur ab. Ein typisches Beispiel hierfür ist: „Welche Interpretationsmöglichkeiten gibt es zum Homunculus aus Goethes Faust, 2. Teil?". Die Unterscheidung der zwei Formen des Informationsbedarfs ist wichtig, da jede Form einem Retrievalsystem verständlich gemacht werden muss, da ein System die unterschiedlichen Bedürfnisse meist nur auf unterschiedlichen Wegen befriedigen kann. Wenn einem Nutzer klar ist, dass es Unterschiede bei Informationsbedarfsarten gibt, ist es ihm auch beim Recherchieren bewusster, wie er seine Anfrage an welches Retrievalsystem stellen muss, um eine gewünschte Antwort zu erhalten. Ein wichtiger Unterschied zwischen konkretem und problemorientiertem Informationsbedarf ist, dass der konkrete Informationsbedarf durch exakte Terme ausgedrückt werden kann. Der thematische Rahmen von einem problemorientierten Informationsbedarf kann zu Beginn der Recherchen meistens nicht genau begrenzt werden. Erst im Laufe der Themenbearbeitungszeit, eingeschlossen der Lektüre bereits gefundener einschlägiger Dokumente, ergeben sich die richtigen Frageformulierungen.

Push- und Pulldienste

Bei Pulldiensten handelt es sich um Dienste, die Nutzern Recherchefunktionalitäten bereitstellen, die der User bei Bedarf aktiv in Anspruch nimmt. Ein bekanntes Beispiel für einen Pulldienst ist die Suchoberfläche von Google. Dort können Nutzer ihre Suchanfragen eingeben und sich verschiedene Ergebnisse dazu in einer Trefferliste anzeigen lassen. Der Nutzer erhält somit nur Informationen zu einem Themenfeld, welche er sich selbst ausgesucht hat und nur zu dem Zeitpunkt, an dem er die Informationen haben möchte.

Bei einem Pushdienst werden dem Nutzer aktuelle Informationen automatisch zugeschickt, d.h. hier wird das System von sich aus aktiv. Ein Beispiel für Pushdienste sind Alerts (etwa bei Google News), Newsletter, RSS-Feeds und Tweets. Um einen Pushdienst nutzen zu können, muss sich der Nutzer registrieren, dann erhält er gezielt Informationen zu den Themen, die ihn interessieren. Jedoch weiß er hier nicht im Vorfeld, wann er die nächste Information bekommt und ob diese für ihn relevant sein wird.

Qualität von Information-Retrieval-Systemen

Ein entscheidender Faktor, um die Qualität eines Information-Retrieval-Systems festzustellen, ist die Relevanz der Ergebnisse, die aufgrund einer Anfrage erscheinen. Es wird unterschieden zwischen drei verschiedenen Formen der Relevanz, die subjektive Relevanz (auch „Pertinenz" genannt), die objektive Relevanz und die geschätzte Relevanz (Hartmann, Näf, & Schäuble, 2000). Die subjektive Relevanz bezeichnet die Beziehung zwischen einem Dokument und dem Informationsbedürfnis eines individuellen Nutzers. Wenn ein Nutzer ein Dokument zur Klärung seines Problems anwenden kann und es sein Bedürfnis nach Wissen befriedigt, dann ist dieses „pertinent". Die objektive Relevanz spiegelt die Beziehung zwischen einer Anfrage (unabhängig davon, was der konkrete Nutzer sucht) und einem Dokument wider. Wichtig ist hier, dass ein Dokument thematisch zu einer Anfrage passt und nicht, was es für einen subjektiven Wert haben kann. Hier wird die Relevanz durch neutrale Fachkundige bewertet. Die „geschätzte" Relevanz stellt, wie bei der objektiven Relevanz, eine Beziehung zwischen einer Anfrage und einem Dokument her. Jedoch erfolgt hier nicht die Bewertung durch neutrale Fachkundige, sondern algorithmisch durch ein Suchsystem, welches nach klaren Vorgaben systematisch arbeitet: Suchmaschinen ordnen ihre Suchergebnisse nach dieser „geschätzten" Relevanz. Dieser Vorgang wird als Relevance Ranking bezeichnet. Da die geschätzte Relevanz der Suchmaschine nicht immer mit der subjektiven Pertinenz zusammen passt, kann es mitunter vorkommen, dass ein subjektiv relevantes Dokument nicht an erster Stelle einer Trefferliste steht, sondern erst später auftaucht. Eine sinnvolle Relevanzverteilung kann dem Nutzer sehr viel Zeit beim Suchen ersparen, indem eine Anfrage bestmöglich bearbeitet wird und die resultierenden relevantesten Treffer ganz oben in der Liste stehen. Hierzu ist es nötig, dass ein Nutzer Kenntnisse darüber hat, wie ein Retrievalsystem seine Rankingalgorithmen einsetzt. Erst wenn diese gebührend bei der Formulierung seiner Suchfrage berücksichtigt werden, kann man mit qualitativ „guten" Trefferlisten rechnen.

Es existieren Evaluierungsmaße für Information-Retrieval-Systeme, und zwar Recall und Precision. Der Recall gibt die Vollständigkeit einer Treffermenge wieder, die Precision deren Genauigkeit.

> Recall (Vollständigkeit) errechnet sich als Quotient aus der Anzahl der gefundenen relevanten Dokumentationseinheiten und der Gesamtzahl der relevanten Dokumente [...]. Precision (Genauigkeit) ergibt sich als Quotient aus der Anzahl der gefundenen relevanten Dokumentationseinheiten und der Gesamtzahl der gefundenen Dokumente [...]. (Stock, 2007, 63).

Der bestmögliche Fall liegt vor, wenn möglichst alle relevanten Dokumente und auch nur diese (also unter Vermeidung von Ballast) ausgegeben werden (Ferber, 2003).

Modelle des Information Retrieval

Hier sollen nun die wichtigsten Modelle des Information Retrieval vorgestellt werden:
- das Boolesche Modell,
- das Vektorraummodell,
- das probabilistische Modell,
- das linktoplogische Modell (im Web Information Retrieval).

Boolesches Modell

Das Boolesche Modell ist benannt nach dem englischen Forscher George Boole. Das Boolesche Modell arbeitet mit der exact-match-Methode, das heißt, dass das System nach der exakten Übereinstimmung zwischen einer Anfrage und einem Dokument sucht (Lewandowski, 2005). George Boole nutzte drei Operatoren, die die logischen Operationen des menschlichen Denkens abdecken sollten (Chu, 2010). Das Boolesche Modell basiert ferner auf dem Auftauchen von Zeichenketten in Texten (Ferber, 2003). Bei den Operatoren handelte es sich um den Konjunktionsoperator UND, den Disjunktionsoperator ODER und den Negationsoperator UND NICHT (teilweise auch als NICHT realisiert).

Eine Suche in einem Booleschen System erfordert Suchatome (das sind die Suchterme), den Einsatz der Booleschen Operatoren und – falls nötig – Klammern zur Verbindung der jeweiligen Suchatome. Suchatome sind entweder Terme („Hund"), Terme mit Trunkierung („Hund*", was auch „Hunde", „Hunden" usw. findet) oder Phrasen („„Hund und Katz"").

Die Operatoren verbinden die Suchatome. Sucht jemand beispielsweise nach „Hund UND Affe", so werden dem Nutzer nur Dokumente angezeigt, in denen beide Terme, also „Hund" und auch „Affe", vorkommen. Dabei ist zu beachten, dass die Anfrage nicht auf nur zwei Terme eingeschränkt ist. Es können mehrere Terme mit dem Konjunktionsoperator verbunden werden, beispielsweise könnte eine Anfrage wie folgt aussehen: „Hund* UND Katze* UND (Maus ODER Mäuse*) UND (Kuh ODER Kühe*) UND Pferd".

Der Disjunktionsoperator erweitert eine Suche. Sucht man beispielsweise nach „Hund* ODER Katze*", werden Dokumente mit Hunden und Katzen, Dokumente nur mit Hunden sowie Dokumente nur mit Katzen gefunden. Der Negationsoperator schließt ungewünschte Resultate aus. Somit werden mit der Anfrage „Hund* UND NICHT Katze*" Dokumente gefunden, in denen Hunde vorkommen, aber nur solche, in denen nicht auch Katzen thematisiert sind.

In einigen Systemen gibt es neben den obengenannten klassischen Operatoren noch den Operator XOR, das ausschließende ODER (im Sinne von „entweder – oder"). Sucht ein Nutzer nach „Hund* XOR Katze*", erhält er Dokumente, in denen Hunde aber keine Katzen, sowie Dokumente in denen Katzen aber keine Hunde vorkommen.

Das Boolesche Modell ist das am häufigsten verwendete Modell bei vielen kommerziellen Retrievalsystemen (Ferber, 2003). Dies könnte auf die logische Klarheit des Systems zurückgeführt werden. Da es den logischen Operationen des menschlichen Denkens nachempfunden wurde, ist es für logisch Geschulte schnell zu verstehen und nachvollziehbar. Viele Suchmaschinen, wie beispielsweise Google, bieten ihren Nutzern im gewissen Grad die Möglichkeit, mithilfe der booleschen Operatoren zu recherchieren. Zur Konkretisierung der Suchanfrage haben Nutzer oft die Möglichkeit neben einer einfachen Suche (bei der die Suchatome automatisch in der Regel mit dem Booleschen UND versehen werden) eine erweiterte Suche zu nutzen. Bei einer erweiterten Suche kann ein Nutzer angeben, welche Suchatome wie miteinander verknüpft werden sollen.

Das Boolesche System birgt jedoch auch einige Nachtteile. Zum einen kann es vorkommen, dass relevante Treffer nicht gefunden werden, da sie die Anfrage nicht vollständig erfüllen (weil beispielsweise im Text ein Synonym verwendet wurde) und sich somit das Wort in der Anfrage und das im Dokument nicht decken. Zum anderen findet bei Booleschen Systemen kein Relevance Ranking der Treffer statt, da im Modell davon ausgegangen wird, dass ein Dokument entweder relevant ist (wenn es die Suchanfrage befriedigt) oder nicht. Aus dieser 0/1-Dichtotomie lässt sich kein Sortierkriterium ableiten. Ferner ist die Formulierung einer „guten" Anfrage für Ungeübte etwas kompliziert (Lewandowski, 2005).

Vektorraummodell

Das Vektorraummodell sucht nicht, wie das Boolesche Modell, nach exakten Übereinstimmungen zwischen Anfrage und Dokument, sondern nach Ähnlichkeiten zwischen Dokument und Anfrage oder zwischen mehreren Dokumenten (Lewandowski, 2005). Es wurde von Gerard Salton entwickelt und im Rahmen der Applikation „System for the Mechanical Analysis and Retrieval of Text" (SMART) experimentell getestet (Salton & McGill, 1987). Im Vektorraummodell werden Terme als Dimensionen definiert, während Anfragen oder Dokumente als Vektoren angesehen werden. Ein Vektor besteht aus einer Menge von Termen, die eine Anfrage oder ein Dokument repräsentieren. Durch die Berechnung des Kosinus des Winkels zwischen zwei Dokumenten bzw. zwischen einem Dokument und einer Suchanfrage lässt sich deren Ähnlichkeit berechnen. Je kleiner der Winkel (also desto größer der Kosinus des Winkels), desto ähnlicher sind sich Anfrage und Dokument. Der Kosinus des Winkels zwischen Anfrage- und Dokumentenvektor lässt ein Relevance Ranking der Treffer zu. Je nach System kann ein Nutzer festlegen, ob er eine gewisse Anzahl von Treffern ausgegeben haben möchte oder ob er einen Grenzwert festlegen will, der den mindesten Grad der Ähnlichkeit von zwei Dokumenten (bzw. von Anfrage und Dokumenten) wiedergibt (Lewandowski, 2005).

Termen werden im Vektorraummodell Gewichtungswerte zugeordnet. Es gibt zwei Kennwerte. Die Termhäufigkeit (TF; term frequency) berechnet anhand der Anzahl des Auftretens eines Terms in einem Dokument einen Kennwert nach dem Grundsatz „je häufiger, desto höher". Gewisse Systeme nehmen Stoppworte (das sind Terme ohne inhaltliche Bedeutung wie „und", „die", „eine") aus dieser Rechenroutine heraus. Der zweite Kennwert ist die inverse Dokumenthäufigkeit des Terms (IDF; inverse document frequency). Er setzt die Anzahl aller Dokumente einer Datenbank in Relation zu der Anzahl derjenigen Dokumente, in denen der Term vorkommt. Der IDF arbeitet nach dem Motto „je weniger, desto höher" und gibt der Diskriminationsfähigkeit eines Terms einen quantitativen Ausdruck.

Das Vektorraummodell hat einige Nachteile. Es wird beispielsweise angenommen, dass alle Terme voneinander unabhängig sind, da sie rechtwinklig im Raum zueinander stehen. Synonyme wie „Samstag" oder „Sonnabend" liegen aber „eigentlich" auf derselben Dimension, das Vektorraummodell behandelt sie jedoch als völlig unterschiedlich. Des Weiteren ist in Suchsystemen, die das Vektorraummodell als Grundlage verwenden, keine Benutzung von Operatoren möglich. Das Fehlen von Operatoren kann den Umgang des Suchsystems zwar für ungeübte Nutzer erleichtern, jedoch können auf Grund der nicht vorhandenen Operatoren Suchterme in einer Anfrage weder verknüpft noch ausgeschlossen werden.

Probabilistisches Modell

1960 erschien die erste Publikation zum probabilistischen Modell von Maron und Kuhns (1960). Das probabilistische Modell basiert auf dem Gedanken, dass es in Dokumenten und Anfragen Ungenauigkeiten in der Sprache geben kann, sodass es keine Sicherheit darüber gibt, ob ein Dokument wirklich relevant für eine Anfrage ist oder nicht. Das Modell erstellt die Wahrscheinlichkeit für die Relevanz eines Dokuments zu einer Suchanfrage. Das Relevance Ranking ist somit nach der erreichten Wahrscheinlichkeit geordnet. Die Wahrscheinlichkeit, dass ein Dokument relevant ist, steigt mit der Ähnlichkeit von dem Dokument mit der Anfrage.

Im probabilistischen Modell wird immer mit Relevance Feedback gearbeitet, wodurch Informationen über die Relevanz von Termen in Dokumenten gesammelt werden. Das Feedback kann zum einen manuell vom Nutzer erfolgen oder auch automatisch mit einer Rückkopplungsschleife, bei der die höher gerankten Treffer einer initialen Treffermenge als relevant betrachtet werden.

Web Information Retrieval

Web Information Retrieval bezieht sich auf das Suchen und Finden von Dokumenten im World Wide Web. Der Siegeszug des Internets machte es immer wichtiger, Retrievalsysteme für das World Wide Web zu entwickeln. Wir unterscheiden nach Informationen *im* Web (Oberflächenweb) und Informationen, die in eigenen Datenbanken liegen und *via* Web erreicht werden (Deep Web). In beiden Welten des WWW existieren Suchwerkzeuge. Hervorstechende Retrievalsysteme im Oberflächenweb sind die Suchmaschinen (wie Google). Diese sind heute oft die erste Informationsquelle, die zur Hilfe geholt wird, wenn ein Informationsbedarf vorliegt. Problematisch für Retrievalsysteme sind jedoch beim Oberflächenweb, dass es sich häufig um schwach strukturierte Dokumente handelt, die ausgewertet werden müssen.

In professionellen Datenbanken werden, im Unterschied zum Internet, die Informationen zu einem Dokument beim Indexieren strukturiert erfasst. Es gibt für jede Information ein bestimmtes Feld, sodass ein System je nach Anfrage „weiß", in welchem Feld es nach einem Treffer suchen muss. Beispielsweise ist der Name eines Autors im Feld „Autor" zu finden, dabei ist der Name auch in einer bestimmten Art abgespeichert, entweder beginnend mit dem Vornamen oder dem Nachnamen. Sucht ein Nutzer nach Dokumenten von einem bestimmten Autor, sucht das Retrievalsystem unter den Namen aller Autoren, die in der Datenbank vorhanden sind, nach einer Übereinstimmung und gibt dann als Ergebnis alle zu dem Autor in der Datenbank enthaltenen Dokumente aus. Solch strikte Strukturen sind im WWW nicht zu finden. Dort sind verschiedenste Dokumente in verschiedenen Formaten und Sprachen zu finden, Texte, Videos, Podcasts und andere Medien, durch die Informationen weitergegeben werden können. Hier ist der Anspruch an eine Suchmaschine gestellt, die verschiedenen Dokumente zu analysieren, indexieren und dem Suchenden sinnig zur Verfügung zu stellen.

Unter „algorithmischen Suchmaschinen" versteht man die klassischen Suchmaschinen wie Google. Algorithmische Suchmaschinen durchforsten automatisiert das Web und kopieren die gefundenen Dokumente in eine eigene Datenbank (Lewandowski, 2005). Des Weiteren stellen sie ihren Index mit einer eigenen Suchoberfläche den Nutzern zur Verfügung. Das automatisierte Sammeln und Aktualisieren der Dokumente erfolgt durch Crawler. Der Crawler findet neue Dokumente, indem er Hyperlinks innerhalb von bekannten Dokumenten verfolgt. Existiert eine Webseite, die von niemandem gelinkt wird, kann es daher sein, dass diese niemals von einer algorithmischen Suchmaschine gefunden wird

Außer algorithmischen Suchmaschinen gibt es Webkataloge und Metasuchmaschinen. Webkataloge sind intellektuell erstellte Kataloge, wie das Open Directory Project (ODP) oder der Katalog von Yahoo!. Metasuchmaschinen verfügen zwar über ein eigenes Retrievalsystem, jedoch nicht über eine eigene Datenbasis. Sie beziehen ihre Inhalte von fremden Suchmaschinen und listen die Treffer mit eigenen Ranking-Algorithmen.

Linktopologie

Im Web Information Retrieval gibt es im Vergleich zu klassischen Datenbanken, in denen strukturierte, indexierte Daten vorliegen, noch eine Besonderheit: Dies sind die Hyperlinks, die eine Webseite mit einer anderen verbinden beziehungsweise von einer Webseite auf eine andere verweisen. Sie werden im Web Information Retrieval als Rankingkriterium benutzt. Anhand der Anzahl der Links und dem Gewicht der Links, die auf eine Seite verweisen, kann eine Webseite quantitativ bewertet werden. Ein Verfahren, welches mit Links arbeitet, ist der PageRank (Brin & Page, 1998).

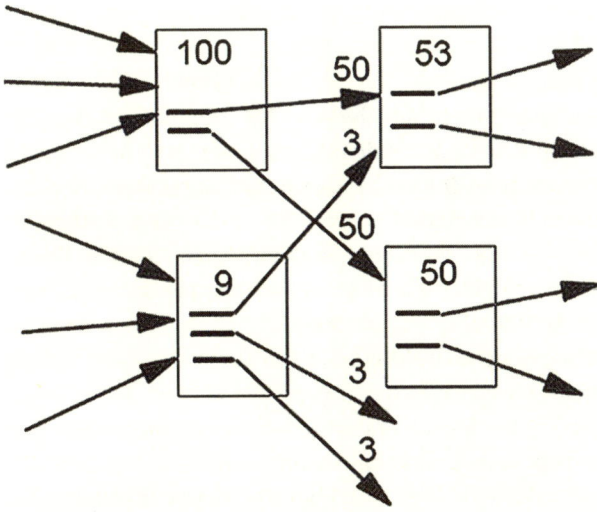

Abb. 7.1: Der „Fluss" von PageRank zwischen Webseiten. Quelle: Page et al, 1998.

Der PageRank ist die Basis des Relevance Ranking der Suchmaschine Google und wurde von Sergey Brin und Lawrence Page entwickelt. Der PageRank folgt einem theoretischen Modell, in dem sich ein Surfer rein nach Zufall durch das WWW klickt, also wahllos den Links folgt. Manchmal bricht er dieses Verfahren jedoch ab und beginnt seine Aktion an einer anderen Stelle (Brin & Page, 1998, 110):

> PageRank can be thought of as a model of user behavior. We assume there is a "random surfer" who is given a Web page at random and keeps, clicking on links, never hitting "back" but eventually gets bored and starts on another random page.

Die Wahrscheinlichkeit, mit der der Zufalls-Surfer eine Webseite besucht, ist deren PageRank. Die Wahrscheinlichkeit, dass der Zufalls-Surfer seine Klick-folge abbricht und woanders neu ansetzt, sei d. Dieser Dämpfungsfaktor d wird bei Google auf 0,85 gesetzt, ist aber zumindest prinzipiell offen für alle Werte im Intervall [0,1]. Eine Seite kann umso eher vom Zufalls-Surfer erreicht werden, wenn viele andere Seiten auf sie linken, und ihr Besuch wird wahrscheinlicher, wenn die darauf linkenden Seiten selbst wiederum über viele In-Links verfügen. Diese beiden Aspekte sind zentral für die Berechnung des PageRank:

- eine Webseite hat einen hohen PageRank, wenn viele andere Seiten auf sie linken,
- eine Webseite hat einen hohen PageRank, wenn Seiten mit ihrerseits hohem PageRank auf sie linken.

Metadaten

Es gibt einige Möglichkeiten, Dokumente für Suchmaschinen aufzubereiten, sodass sie korrekt von Suchmaschinen indexiert werden können. Ein Beispiel dafür sind Metadaten. Diese sind beschreibende Informationen über Dokumente. Mit den in Metadaten gespeicherten Informationen haben Suchmaschinen die Möglichkeit, diese durch ein Feldschema zu erfassen. Felder der Metadaten können Verwaltungs-, formal-bibliographische und inhaltsabbildende Felder sein. Ein Beispiel für Verwaltungsfelder wären Angaben über das Erstellungsdatum eines Dokuments. Ein formal-bibliographisches Feld könnte der Name des Autors sein und ein inhaltsabbildenes Feld könnte die Stichwörter zum Inhalt eines Dokuments beinhalten.

Ein weiterer Charakterzug der Metadaten ist, dass die Informationen der Metadaten nicht im Dokument selbst vorkommen müssen (Ferber, 2003). Hat ein Internetnutzer beispielsweise eine Webseite über das Heiraten erstellt und möchte möglichst gut in Suchmaschinen gefunden werden, empfiehlt es sich für ihn, auch wenn er im Text nur das Wort „Heirat" benutzt, in den Metadaten in den inhaltsabbildenden Feldern auch die Synonyme von Heirat zu benutzen, wie Hochzeit, Eheschließung, Vermählung, Trauung usw. So gewährleistet er, dass eine Suchmaschine seine Webseite auch unter den Stichwörtern Hochzeit, Eheschließung usw. im Index speichert und die Seite von einem Suchenden gefunden werden kann, der in die Suchmaske „Hochzeit" anstelle von „Heirat" geschrieben hat.

Zur Vereinheitlichung der Metadaten gibt es verschiedene Ansätze. Stark diskutiert, allerdings vergleichsweise wenig eingesetzt ist der Ansatz der Dublin-Core-Metadaten. Die Dublin-Core-Metadaten haben klare Feldnamen. Durch sie wird gewährleistet, dass eine Suchmaschine weiß, wo sie welche Informationen findet. So weiß sie beispielsweise, dass der Autor einer Seite unter dem Feld „Creator" eingetragen ist. Dieser Ansatz basiert auf dem Gedanken, dass der Autor der Webseite oder des Web-Dokuments für die einheitliche Beschreibung von Dokumenten verantwortlich ist und somit dafür sorgen kann, ob sein Dokument von Suchmaschinen besser gefunden wird oder nicht.

Deep Web – Retrieval

Im Deep Web finden sich häufig qualitativ hochwertige Informationssammlungen, wie bibliographische Datenbanken, Zeitungsartikel, Zeitschriftenartikel, wissenschaftliche Schriften und Bücher, die geordnet in einer Datenbank dem

Nutzer zur Verfügung stehen, jedoch nicht von Oberflächensuchmaschinen indexiert werden.

Ein Beispiel für eine Datenbank aus dem Deep Web ist der „Chemical Abstracts Service", kurz CAS. CAS ist ein Dienst der American Chemical Society, die
1876 in New York gegründet wurde. Der Zugriff auf die Datenbank ist kostenpflichtig, bietet dafür aber die umfangreichste Datenbank an publizierten Forschungsergebnissen der Chemie und verwandten Wissenschaften mit der weltweit größten Kollektion von Substanzinformationen.

Der Nutzer der Datenbank hat nicht nur die Möglichkeit, mit dem Trivial-
namen oder der Summenformel nach einer Substanz zu suchen, sondern kann
unter anderem auch Moleküle zeichnen und sich Informationen zu ihnen angu-
cken, sowie an die neusten Zeitschriftenartikel gelangen.

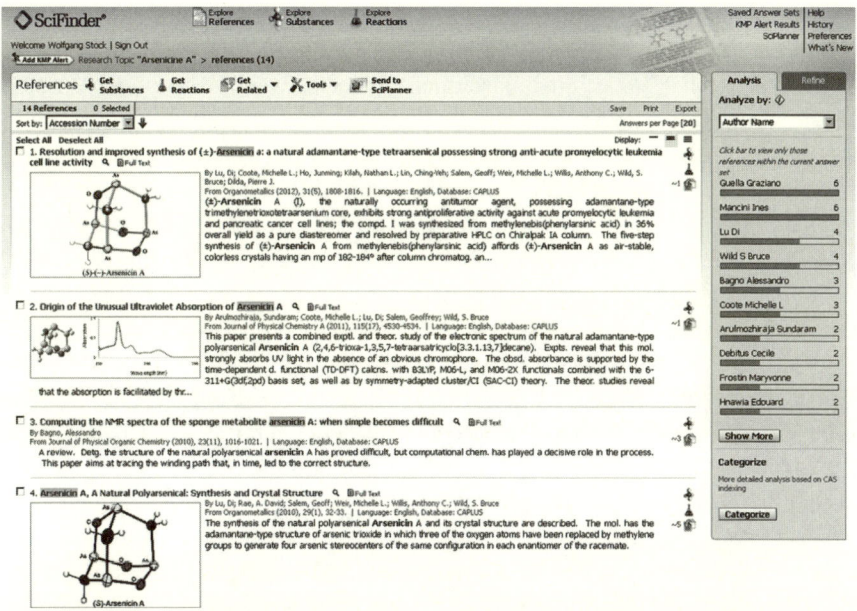

Abb. 7.2: Recherche nach Fachinformationen im Deep Web. Quelle: SciFinder.

Es gibt eine Vielzahl von (teilweise hochspezialisierten) Informationsdiensten
im Deep Web (Poetzsch, 2004; 2005; 2006). Alle Schulfächer sind mit jeweils
eigenen Datenbanken vertreten. Für die Chemie gibt es CAS, für Philosophie den
„Philosopher's Index", für Geschichte die „Historical Abstracts", für die Philologien die Datenbanken der „Modern Language Association" (MLA), für Biologie
„Biological Abstracts", für Mathematik die „ZMATH Online Database" usw. Sehr

wichtig sind die großen disziplinübergreifenden Datenbanken „Web of Science" und „Scopus". Jede dieser Datenbanken verfügt über ein eigenes Metadatenschema. Ein informationskompetenter Schüler wird alle diese Informationsdienste kennen und darin optimal suchen und finden können.

Katharina Hauk
Kapitel 8: Kreation und Repräsentation von Wissen als Lehrstoff

Insbesondere mit den Social Media wurden viele vormals nur passive Internetnutzer zu aktiven Teilnehmern bei der Produktion von Informationen. Die Kreation von Informationen im Web 2.0 entwickelt sich damit zu einem wichtigen Baustein der Informationskompetenz. Alle digitalen Dokumente werden derart gespeichert, dass sie wieder auffindbar sind. Bei den algorithmischen Suchmaschinen im Oberflächenweb sorgt dafür eine automatische Indexierung (siehe Kapitel 7), bei den Diensten der Social Media sowie bei den meisten Datenbanken im Deep Web finden dagegen dezidierte Methoden und Werkzeuge der Wissensrepräsentation Einsatz. Daher stellt auch die Wissensrepräsentation eine wichtige Facette der Informationskompetenz dar.

Kreation von Wissen in den Social Media

Das WWW bietet eine große Auswahl an frei zugänglichen Möglichkeiten für den privaten wie beruflichen Einsatz, aber auch für die Lehre. Im Web 2.0 sind die Benutzer nicht nur Leser, sondern können ohne große Vorkenntnisse an der Entwicklung und Verbreitung von Inhalten teilnehmen. Web-2.0-Dienste stellen einen günstigen und einfachen Weg dar, unabhängig von Zeit und Ort zu kommunizieren (Chatti et al., 2008). Schüler können Web-2.0-Angebote auch für schulische Zwecke nutzen und so neue Lernmöglichkeiten kennenlernen. Die Grenzen zwischen Lehrenden und Lernenden verschwimmen hierbei, weil beide die jeweilige Lernumgebung erschaffen und nutzen (Beutelspacher & Stock, 2011). Mit Linde & Stock (2011) wollen wir vier große Gruppen von Social Media abgrenzen:
- Multimedia-Plattformen:
    - Videos (z.B.: YouTube),
    - Bilder (z.B.: Flickr),
    - Musik (z.B.: Last.fm),
    - andere Dienste (z.B.: Upcoming, 43Things, Digg, Reddit);
- Social-Bookmarking-Dienste:
    - Links (z.B.: Del.icio.us),
    - Dienste für Wissenschaft, Technik und Medizin (WTM) (z.B.: BibSonomy, CiteULike, Connotea, Mendeley),
    - Bücher (z.B.: LibraryThing);

- Wissensbasen:
  - Wikis (z.B.: Wikipedia),
  - Weblogs (z.B.: Blogger und Wordpress als Plattformen),
  - Microblogging (z.B.: Twitter),
  - Social Shopping (z.B.: Groupon);
- Social Networking Services (SNS):
  - allgemeine SNS (e.g. Facebook),
  - SNS für spezielle Interessen (z.B.: MySpace Music oder Xing).

Hinzu tritt als fünfte Gruppe Lehr- und Lernsoftware, die die Prinzipien der Social Media speziell für die Bildung einsetzt. Im Folgenden werden bedeutsame Web-2.0-Dienste für die Lehre vorgestellt.

Multimedia-Plattformen

Multimedia-Plattformen bieten die Möglichkeit, Lerninhalte mit unterschiedlichen Medien (vor allem Bild und Video) darzustellen. Videos oder Tonaufnahmen bleiben üblicherweise länger im Gedächtnis als Texte und bieten eine willkommene Abwechslung. Bei YouTube können z.B. Videos zu einem Thema eingestellt werden. Jede Person kann einen Kanal gründen, der die Videos enthält. Diese Videos dienen z.B. der Beantwortung von Fragen oder der Erklärung von komplizierteren Zusammenhängen (Beutelspacher & Stock, 2011). Die Schüler sehen sich diese Videos dann je nach Bedarf an.

Social Bookmarking

Bookmarks (auf deutsch Lesezeichen) sind Links, die Nutzer speichern, umbenennen und sortieren, um sie schnell wiederfinden zu können (Klein et al., 2009). Häufig werden Bookmarks im Browser gespeichert und von dort aus verwaltet. Unabhängig vom eigenen Rechner lassen sich die Bookmarks aber auch online auf Social-Bookmarking-Systemen speichern.

Social Bookmarks sind Lesezeichen, die gemeinschaftlich von Nutzern gesammelt werden. Jeder Nutzer entscheidet, ob er seine Bookmarks privat nutzen oder anderen Personen zur Verfügung stellen will. Oft muss man sich nur registrieren, wenn man selbst Lesezeichen einstellen will. Nach Lesezeichen – und damit nach Dokumenten im Web – suchen kann man auch ohne Registrierung. Bekannte Social-Bookmarking-Dienste wie zum Beispiel Delicious oder BibSonomy sind browser-basiert, und der Nutzer benötigt keine weitere Software oder Programmierkenntnisse. Die Internetseiten werden mit Tags, die frei vergeben werden, von Nutzern indexiert und sind dadurch wiederauffindbar. Mit der zusammen erarbeiteten Linksammlung fällt es leicht, Seiten zu finden, die beim Lernen helfen. Lerngemeinschaften können somit nützliche Internetquellen oder relevante Literatur verwalten.

Wissensbasen

Ein Wiki ist eine zusammenhängende Sammlung von Webseiten, sogenannten Artikeln, die von mehreren Benutzern bearbeitet werden. Jeder Nutzer kann Artikel einstellen und verändern. Die Arbeit an einem Wikis erfordert keine HTML-Kenntnisse und dürfte deshalb von jedem durchgeführt werden können. Zu jedem Artikel gibt es eine Versionsgeschichte, in der wiedergegeben wird, welcher Autor zu welchem Zeitpunkt Teile geschrieben oder verändert hat. Außerdem besitzt jeder Artikel eine Diskussionsseite, auf der man sich über das Thema und den Inhalt des Artikels austauscht. Auch Internetlinks und Multimedia-Objekte können in ein Wiki integriert werden (Peters et al., 2009).

Wikis finden zu verschiedenen Zwecken Einsatz. Besonders bekannt sind öffentliche Wikis, wie die Online-Enzyklopädie „Wikipedia", auf die sehr häufig zugegriffen wird. Es gibt aber auch private Wikis, z.B. firmeninterne Wikis, auf denen Informationen von Mitarbeitern für Mitarbeiter gesammelt werden (Klein et al., 2009). Auch im Fach Informationswissenschaft an der Universität Düsseldorf wurde beispielsweise ein Wiki entworfen mit Informationen über das Studienfach Informationswissenschaft, FAQ, Formalitäten und einem Arbeitsbereich mit Artikeln zu informationswissenschaftlichen Themen (Beutelspacher & Stock, 2011). Ähnliche Wikis werden an Schulen für Unterrichtszwecke eingesetzt. Auf der Seite www.wikischool.de können z.B. Klassenprojekte angelegt werden, bei denen Schüler gemeinsam Artikel verfassen und verändern. Dadurch entsteht eine große Wissensbasis, die genutzt wird, um sich zu informieren und über gewisse Themen zu diskutieren.

Webblogs (kurz Blogs genannt) sind Online-Tagebücher, also kurze Textbeiträge, die in umgekehrt chronologischer Reihenfolge erscheinen. Durch spezielle Blogging-Software werden Blogs einfach online veröffentlicht (Klein et al., 2009). Oft können zu einem Blog Kommentare geschrieben werden, so dass sich eine Diskussion zu dem jeweiligen Thema entwickelt. Die meisten Blogs beschreiben private Ereignisse und Meinungen. Blogs werden jedoch auch für die Lehre immer wichtiger. Diese Blogs werden Edublogs genannt und sind vor allem nützlich, um Lernergebnisse und relevante Inhalte zu präsentieren (Akbulut & Kiyici, 2007). Auch Unterrichtsstunden können in einem Blog zusammengefasst werden. Wordpress ist ein Beispiel für eine bekannte, kostenlose Plattform, bei der jeder einen eigenen Blog schreiben kann. Solch eine Plattform könnten Schüler verwenden, um erarbeitete Inhalte darzustellen.

Twitter ist ein Microblogging System, das in letzter Zeit stark an Beliebtheit gewonnen hat. Jeder Nutzer kann mit maximal 140 Zeichen eine Mitteilung verfassen, die er mit Leuten, die seinen Nachrichten folgen, teilt. Auch hiermit ist es möglich, Lerninhalte zu verbreiten (Grosseck & Holotescu, 2008). Allerdings ist man hierbei durch die begrenzte Zeichenzahl recht eingeschränkt, was aber erzieht, sich kurz zu fassen.

Podcasts werden ähnlich wie Blogs genutzt, um Inhalte zu veröffentlichen (Bernhardt & Kirchner, 2007). Man unterscheidet zwischen Audio-Podcasts im Audioformat und Video-Podcasts (auch Vodcasts genannt) im Videoformat. Auf Podcast-Portalen können z.B. Vorlesungen, Seminare und Vorträge zur Verfügung gestellt werden.

Soziale Netzwerke

Soziale Netzwerke sind Plattformen, auf denen Nutzer miteinander kommunizieren und Communities bilden. Jeder Nutzer hat seine eigene Profilseite mit den Informationen über sich, die er mit seinen virtuellen Kontakten teilen möchte. Bei den meisten Plattformen ist es möglich, Gruppen zu einem bestimmten Bereich zu bilden und sich dort auszutauschen. Soziale Netze gibt es sowohl für den privaten (Facebook) als auch den geschäftlichen Bereich (Xing). Aber auch im E-Learing Bereich finden soziale Netzwerke Einsatz. Dort können sich virtuelle Lerngruppen bilden, die unabhängig von Zeit und Ort miteinander diskutieren. Mason und Rennie (2008) glauben, dass die lockere Atmosphäre, die man bei sozialen Netzwerken findet, gut für das Lernen geeignet ist, weil man sie schon von der privaten Nutzung kennt und die Umgebung einem somit vertraut ist.

Lernplattformen, E-Portfolios und virtuelle Welten

Learning Management Systems (LMS) wie ILIAS oder Moodle sind Lernplattformen, die es Lehrern erlauben, Inhalte für ihre Schüler zu Verfügung zu stellen (Georgouli, 2008). Mit Hilfe von LMS haben Schüler die Möglichkeit, Unterrichtsinhalte zu wiederholen und zu vertiefen. Dazu können begleitende Texte oder kleine Filme gehören. LMS beinhalten auch eine Testfunktion, bei der Fragen zu den Unterrichtsinhalten gestellt werden.

E-Portfoliosysteme wie Mahara gestatten den Schülern, eigene Arbeiten zu sammeln, aufzubereiten und bei Bedarf anderen quasi als digitale „Mappe" zuzuleiten.

Virtuelle Welten sind Online-Umgebungen, auf denen Nutzer mittels Avataren im virtuellen dreidimensionalen Raum agieren und miteinander kommunizieren. Am bekanntesten ist die virtuelle Welt „Second Life", in der die Nutzer ihre Avatare und die Räumlichkeiten frei gestalten. Second Life kann wie andere Web-2.0-Anwendungen auch genutzt werden, um Lerngruppen zu bilden und sich dort auszutauschen. Die Besonderheit besteht darin, dass sich gemeinsame virtuelle Lernräume erschaffen lassen. Die dargestellte körperliche Anwesenheit der Nutzer im selben Raum erzeugt ein besonderes Gefühl von sozialer Präsenz (Müller & Leidl, 2007). Seminare und Vorlesungen lassen sich hiermit so realitätsnah wie möglich darstellen.

Repräsentation von Wissen

Dokumente, egal, ob digitale wie etwa Webseiten oder nicht digitale wie Bücher in einer Bibliothek, müssen indexiert werden, um bei thematischen Suchen wiedergefunden zu werden. Um zu verstehen, wie Suchmaschinen arbeiten, muss man wissen, wie die Informationen in einem System repräsentiert werden (siehe auch Kapitel 7). Wenn man weiß, worauf ein Retrievalsystem basiert, ist man besser in der Lage, die richtigen Suchanfragen zu formulieren. Aus diesem Grund ist es unerlässlich, Grundlagen der Wissensrepräsentation (Lancaster, 2003; Stock & Stock, 2008) schon in der Schule einzuführen.

Digitale Dokumente im WWW werden bei algorithmischen Suchmaschinen normalerweise automatisch indexiert. Die Indexierung von Web-2.0-Inhalten erfolgt jedoch auch oft mit frei gewählten Schlagwörtern, die die Nutzer selbst vergeben, den sogenannten Tags. Diese Art der Schlagwortvergabe nennt man Folksonomy. Da die Tags bei Folksonomies nicht kontrolliert werden, treten einige Probleme auf. Tags, die in einer begrifflichen Nähe stehen, können bei der Suche nicht einbezogen werden. Um das zu erreichen, muss man kontrolliertes Vokabular aus einer Wissensordnung zur Indexierung verwenden, was häufig bei Fachdatenbanken im Deep Web der Fall ist. Im Folgenden werden zuerst Folksonomies behandelt und erklärt, welche semantischen Ebenen es gibt und welche Vor- und Nachteile Folksonomies besitzen. Danach wird auf Begriffe und Begriffsordnungen eingegangen und ihr Nutzen für das Information Retrieval erläutert. Anschließend werden die verschiedenen Formen von Wissensordnungen, wie Nomenklatur, Klassifikation, Thesaurus und Ontologie beschrieben.

Zum Schluss folgt noch ein Beispiel zur Verwendung einer Wissensordnung in einer Deep-Web-Fachdatenbank.

Folksonomies

Im Web 2.0 hat jeder die Gelegenheit, ohne große Kenntnisse Inhalte ins Internet zu stellen und zu verbreiten. Das Internet wird somit kollaborativ gestaltet. Dienste wie Flickr oder YouTube ermöglichen es, digitale Dokumente zu veröffentlichen. Bei Social Bookmarking Diensten können dagegen Internetseiten gespeichert und mit anderen ausgetauscht werden. Um all diese Dokumente wiederzufinden, ist es nötig, sie geeignet zu indexieren, d.h. ihren Inhalt zu erschließen. Dafür hat sich der Begriff „Social Tagging" herausgebildet. Die Nutzer indexieren Dokumente selbst mit Tags, die sie frei wählen (Peters, 2009). Alle Tags einer Internetplattform zusammen nennt man Folksonomy. Hierbei unterscheidet man zwischen Broad und Narrow Folksonomies (Vander Wal, 2005).

Broad Folksonomies zeichnen sich dadurch aus, dass ein Tag, der von mehreren Nutzern vergeben wurde, auch mehrmals gezählt wird. Bei dem Social Bookmarking Dienst Delicious vergibt jeder Nutzer für die Lesezeichen, die er anlegt, Tags, und alle diese Tags werden bei der Darstellung einer Tagverteilung berücksichtig. Narrow Folksonomies dagegen gestatten nicht die Mehrfachvergabe ein und desselben Tags. Flickr oder YouTube sind Beispiele für solche Narrow Folksonomies. Um bei Narrow Folksonomies Tagverteilungen festzustellen, müsste (umständlich) festgehalten werden, wie oft ein Dokument mit einem Tag gesucht und erfolgreich gefunden wurde.

Bei der Verteilung von Tags stellen sich zwei idealtypische Verteilungen heraus (Peters & Stock, 2010). Beide haben gemeinsam, dass es einige wenige Tags – die Power-Tags – gibt, die besonders häufig zur Indexierung oder zur Suche verwendet werden. Die erste typische Verteilung nennt man Power-Law-Verteilung. Bei ihr gibt es nur sehr wenige Tags, die sehr häufig vorkommen, danach nimmt die Häufigkeit der Tags rapide ab. Zum Schluss gibt es im sog. „langen Schwanz" sehr viele Tags, die nur sehr selten vergeben werden. Die zweite typische Verteilung, die invers-logistische, zeichnet sich durch wesentlich mehr Power Tags aus. Die Häufigkeit von weiteren Tags nimmt auch nicht so steil ab wie bei der Power-Law-Verteilung. Zum Schluss sammeln sich auch hier in einem langen Schwanz die Tags, die nur vereinzelt vorkommen.

Viele Web 2.0 Dienste speichern nicht-textuelle Dokumente wie z.B. Bilder oder Videos. Die Tags, mit denen diese Objekte indexiert werden, können sich auf verschiedene semantische Ebenen beziehen. Panofsky (1975) unterscheidet drei Ebenen: Die prä-ikonographische, in der die Gegenstände lediglich beschrieben werden, die ikonographische, die eine gewisse Interpretation des Indexers verlangt und die ikonologische, die Expertenwissen im Themengebiet erfordert. Die prä-ikonographische Ebene wird in der Informationswissenschaft als „Ofness" und die ikonographische Ebene als „Aboutness" bezeichnet. Zudem beschreiben Tags, die nichts mit dem Inhalt der beschriebenen Objekte zu tun haben, wie z.B. der Name des Urhebers, die „Isness" des Dokumentes (Ingwersen, 2002). Zur Veranschaulichung möge man sich „Das letzte Abendmahl" von Leonardo da Vinci vor Augen führen. Im Rahmen der Ofness geht es um „13 Personen, alle an einer Seite eines langen Tisches sitzend oder dahinterstehend". Auf der zweiten semantischen Stufe benötigt der Betrachter zusätzlich Vorwissen über kulturelle Traditionen und gewisse literarische Quellen sowie eine Vertrautheit mit der thematischen Umgebung des Bildes. Bei der Aboutness wird möglicherweise das letzte Abendmahl Christi mit seinen Jüngern erkannt. Mit anderem Vorwissen ist aber auch eine abweichende Aboutness konstruierbar. Hat man Dan Browns „Da Vinci Code" im Hinterkopf, wird man geneigt sein, bei der Aboutness von elf Jüngern und einer Frau, nämlich Maria Magdalena, zu sprechen. Die ikonologische Ebene spielt in der Informationswissenschaft keine Rolle.

Folksonomies besitzen einige Vorteile. Durch die Indexierung mit Tags kommt zum ersten Mal die Sprache des Nutzers zur Geltung (Peterson, 2006). Sprachwandel und Neologismen werden dadurch am besten berücksichtigt. Außerdem ist Social Tagging eine äußerst preiswerte und praktische Indexierungsform, da die Nutzer die Dokumente kostenlos indexieren. Die großen Mengen an Dokumenten, die über das Web 2.0 veröffentlicht werden, könnten vermutlich ohne Folksonomies gar nicht intellektuell indexiert werden. Neben den Vorteilen gibt es auch einige Probleme bei Folksonomies. Da die Vergabe von Tags völlig frei geschieht, tauchen sehr viele verschiedene Wortformen auf, z.B. das gleiche Substantiv sowohl im Plural als auch im Singular. Auch Probleme bei der Indexierung von Phrasen und Eingabefehler des Nutzers treten häufiger auf (Gui & Tonkin, 2006). Spam-Tags, die Nutzer in die Irre führen, sind zudem nicht auszuschließen. Die oben erläuterten verschiedenen semantischen Ebenen, auf die Tags sich beziehen, werden nicht voneinander getrennt.

Bei Folksonomies werden nur die Dokumente gefunden, wenn die Suchanfrage genau mit den Tags, mit denen diese indexiert wurden, übereinstimmt. Es gibt jedoch auch viele Tags, die zu der Suchanfrage sehr ähnlich sind und daher auch zu relevanten Ergebnissen führen. Um bei der Suche auch Wörter mit einzubeziehen, die zwar nicht in der eingegeben Zeichenfolge in der Datenbank vorkommen, aber dennoch die gleiche Bedeutung tragen oder eng damit verwandt sind, muss man eine Repräsentation auf der Begriffsebene wählen.

Begriffe und Begriffsordnungen

Ein Begriff ist eine Klasse von Objekten, die bestimmte Merkmale besitzen. Wörter dienen dagegen als Bezeichnungen für einen Begriff. Ein Begriff kann durch mehrere Bezeichnungen ausgedrückt werden. In diesem Fall spricht man von Synonymen: Die Benennungen *Orange* und *Apfelsine* beziehen sich auf die gleiche Klasse von Objekten. Es gibt auch Benennungen, die sich nicht auf das genau gleiche Objekt beziehen, die Begriffe sind aber so eng miteinander verwandt, dass man sie als quasi-synonym bezeichnen kann. Die Bezeichnungen *Arzt* und *Doktor* sind zum Beispiel nicht immer gleichbedeutend, können aber in einem gewissen Zusammenhang gleichgesetzt werden. Mit einer Bezeichnung können wiederum auch mehrere Begriffe gemeint sein. Das Wort *Bank* kann z.b. sowohl die Sitzbank als auch das Geldinstitut ausdrücken und ist daher ein Homonym.

Begriffe sind nicht unabhängig voneinander, sondern stehen zueinander in einer Ordnung. Besonders wichtig ist die Hierarchierelation. Ein Begriff besitzt hierbei einen Oberbegriff, der wiederum ggf. einen Oberbegriff besitzt, wodurch Begriffsleitern entstehen. Begriffe, die den gleichen Oberbegriff teilen, sind Geschwisterbegriffe und stehen in einer Begriffsreihe. Wenn ein Begriff stets nur einen Oberbegriff besitzt, ist die Begriffsordnung monohierarchisch. Ein Begriff kann aber auch mehrere Oberbegriffe besitzen. Z.B. kann man *Boot* als Unterbegriff von *Wasserfahrzeug* und von *Sportgerät* ansehen. In diesem Fall ist die Begriffsordnung polyhierarchisch. Der Vorteil einer Polyhierarchie ist, dass sie Sachverhalte genau wiedergeben kann. Im Gegensatz zur Monohierarchie ist sie jedoch schlechter überschaubar und schwieriger darzustellen (Gaus, 2005).

Die Hierarchierelation wird in die Abstraktionsrelation, die Bestandsrelation und die Instanzrelation unterteilt. Bei der Abstraktionsbeziehung erbt der Unterbegriff (Hyponym) alle Merkmale des Oberbegriffs (Hyperonym), wobei mindestens ein weiteres, neues Merkmal hinzugefügt wird. Ein Beispiel: Ein *Opel* ist ein *Auto* und erbt von diesem Begriff Eigenschaften, wie etwa *Fahrzeug mit vier Rädern* und fügt als Merkmal hinzu, dass es von der *Firma Opel* hergestellt wurde. Die Abstraktionsbeziehung wird auch „ist ein"- Beziehung genannt. Die Bestandsrelation zeichnet sich dadurch aus, dass Ganzheiten (Holonyme) in ihre Teile (Meronyme) unterteilt werden (Löbner, 2003). Sie wird durch eine „ist Teil von"-Beziehung ausgedrückt. Z.B. ist das Meronym *Rad* Teil von dem Holonym *Auto*. Bei der Instanzrelation muss ein Unterbegriff ein Individualbegriff sein. Das bedeutet, dass es nur ein einziges Objekt gibt, auf das es sich bezieht, z.B. eine Person oder eine Organisation. Die Instanz kann sowohl Teil einer Abstraktionsrelation (*Sophie* ist eine *BWL-Studentin im 3. Semester*) als auch Teil einer Bestandsrelation (*Knut* war Teil des *Berliner Zoos*) sein.

Eine weitere wichtige Relation ist die Assoziationsrelation. Alle Begriffe, die man miteinander assoziieren kann und die nicht mit der Hierarchierelation oder der Synonymierelation beschrieben werden können, stehen in einer Assoziationsrelation (Bertram, 2005). Diese Relation kann man beliebig konkretisieren.

Die Tatsache, dass Begriffe nicht unabhängig voneinander sind, hat große Auswirkungen auf das Retrieval. Zunächst sollten Synonyme zusammengeführt werden, sodass bei der Suchanfrage *Orange* auch Treffer gefunden werden, die mit dem Term *Apfelsine* indexiert wurden. Homonyme sollten dagegen unterschieden werden. Bei der Eingabe *Bank* müssen die Ergebnisse für die verschiedenen Begriffe getrennt aufgelistet werden oder der Nutzer muss gefragt werden, welchen Begriff er meint. Auch Relationen zwischen den Begriffen können verwendet werden, um die Treffermenge zu vergrößern oder zu verkleinern. Z.B. ist es häufig sinnvoll, Unterbegriffe in eine Suche mit einzubeziehen. Wenn jemand *Arbeitslosigkeit in den EU-Ländern* als Suchanfrage eingibt, interessieren ihn Angaben aus allen Ländern der Europäischen Union. Hat eine Begriffsordnung diese Länder erfasst, so geschieht das Einbeziehen der Unterbegriffe durch Knopfdruck, d.h. der Nutzer muss die Namen der Länder nicht einmal wissen, wird aber trotzdem optimal recherchieren. Auch verwandte Begriffe helfen unter Umständen weiter und sollten dem Nutzer deshalb zur Erweiterung der Suchanfrage vorgeschlagen werden.

Um Dokumente auf der Begriffsebene zu repräsentieren und alle semantischen Relationen zu berücksichtigen, muss ein kontrolliertes Vokabular verwendet werden. Bei einem kontrollierten Vokabular werden Synonyme zusammengeführt, indem eine Vorzugsbenennung für einen Begriff festgelegt wird, auf die alle weiteren Bezeichnungen verweisen. Manchmal werden auch alle Bezeichnungen für die Indexierung und Suche zugelassen und führen dann zu den gleichen Treffern. Homonyme dagegen werden durch einen Hinweis, der verdeutlicht, welcher Begriff gemeint ist, getrennt. Bei kontrolliertem Vokabular werden die Relationen zwischen den Begriffen angegeben. Besonders üblich ist es, hierarchische Relationen zwischen den Begriffen darzustellen. Auch die Assoziationsrelation wird berücksichtigt, meistens indem „siehe auch"-Verweise auf verwandte Begriffe aufmerksam machen. Prinzipiell ist es aber auch möglich, jede beliebige Relationen genau anzugeben. Ordnungssysteme, die mit kontrolliertem Vokabular Begriffe zueinander in Beziehung setzen, nennt man „Wissensordnungen" oder auch „Dokumentationssprachen".

Formen von Wissensordnungen

Die verschiedenen Formen von Wissensordnungen – Nomenklatur, Klassifikation, Thesaurus und Ontologie – werden nachfolgend näher vorgestellt. Sie unterscheiden sich jeweils in ihrer Aussagekraft und der Größe des Bereichs, der mit ihnen wiedergegeben werden kann.

Nomenklatur

Bei der Indexierung mit Hilfe einer Nomenklatur (auch Schlagwortsystem genannt) werden nur Terme verwendet, die als Schlagwort in der Nomenklatur hinterlegt sind. In der Nomenklatur werden bei einem Schlagwortsatz alle Synonyme und Quasi-Synonyme, die auf dieses Schlagwort verweisen, angegeben. Wenn man also in einem Retrievalsystem, das die Nomenklatur verwendet, mit einem dieser Synonyme sucht, findet man alle Dokumente, die mit dem dazugehörigen Schlagwort indexiert wurden. Die Trennung von homonymen Benennungen wird erreicht, indem bei der Bezeichnung mit einer zusätzlichen Bemerkung genau angegeben wird, welcher Begriff damit gemeint ist. Sucht jemand mit einem Homonym, muss das Retrievalsystem nachfragen, welcher Begriff gemeint ist. In manchen Nomenklaturen befinden sich auch „siehe auch"-Verweise, die zu verwandten Begriffen führen. Auf hierarchische Relationen durch die Angabe von Ober- und Unterbegriffen wird jedoch grundsätzlich verzichtet.

Da mit einer Nomenklatur ein sehr großer Wissensbereich abgedeckt werden kann, sind sie fachspezifisch oder allgemein. Dadurch, dass immer neue Begriffe und Synonyme eingefügt werden und keine hierarchischen Relationen berücksichtigt werden müssen, bleibt eine Nomenklatur flexibel. Eine Nomenklatur ist deshalb verglichen mit anderen Wissensordnungen relativ leicht aufzubauen und zu pflegen. Allerdings bietet eine Nomenklatur außer der Synonymie keine Relationen zu anderen Begriffen. Ein System, dessen Vokabular auf einer Nomenklatur beruht, kann deshalb keine Suchanfrageerweiterungen durchführen und keine relevanten Begriffe vorschlagen, die mit dem Suchwort in Beziehung stehen.

Klassifikation

Die Klassifikation ist eine Wissensordnung, bei der Synonymie, Homonymie und hierarchische Relationen berücksichtigt werden. Die Begriffe werden Klassen genannt und mit Hilfe einer Notation dargestellt, mit der alle semantischen Relationen verdeutlicht werden. Eine typische Notation besteht meistens aus Ziffern oder aus Buchstaben und lässt sich gut an einem Beispiel aus der Biologie erklären:

1. Tier
1.2. Wirbeltier
1.2.1. Säugetier
1.2.1.4. Primat
1.2.1.4.1. Mensch

1. Tiere ist der Oberbegriff von *1.2. Wirbeltier* und dieser wiederum der Oberbegriff von *1.2.1. Säugetier* usw. Auf diese Weise kann man direkt an der Notation erkennen, auf welcher Ebene man sich befindet. Die Hospitalität (das ist die Erweiterungfähigkeit) in der Begriffsleiter ist unbegrenzt, da ein Begriff beliebig viele Unterbegriffe haben kann. In der Beispielnotation ist pro Begriffsebene nur eine Ziffer vorhanden, d.h. es kann auf jeder Ebene nur zehn Klassen geben. Die Hospitalität in der Begriffsreihe ist daher beschränkt. Werden mehr Klassen pro Ebene benötigt, müssen zusätzliche Hierarchieebenen mit sog. Stützbegriffen in das System eingebaut werden. Die Notation ist die Vorzugsbenennung einer Klasse. Um eine Klassifikation in einem Retrievalsystem sinnvoll zu verwenden, ist es allerdings nötig, Bezeichnungen aus der natürlichen Sprache festzulegen, die auf die Notation verweisen. Je mehr synonyme Bezeichnungen hinterlegt sind, desto wahrscheinlicher ist es, dass die Suchanfrage mit einer davon übereinstimmt und die Suche erfolgreich endet. Auch das Homonymieproblem wird über die Notation geregelt, da homonyme Ausdrücke auf verschiedene Notationen verweisen.

Auch mit Klassifikationen ist es gut möglich, eine große Wissensdomäne abzudecken. Der Aufbau und die Pflege einer Klassifikation sind jedoch komplizierter als bei einer Nomenklatur. Klassifikationen haben den Vorteil, dass sie hierarchisch aufgebaut sind und dadurch eine Suche nach Ober- und Unterbegriffen unterstützen.

Thesaurus

Ein Thesaurus besteht aus Deskriptoren, die die Vorzugsbenennung eines Begriffs darstellen, und aus Nicht-Deskriptoren, die als Synonyme auf einen Deskriptor verweisen. Deskriptoren sind somit aktive Elemente, die das Gebrauchsvokabular eines Thesaurus darstellen, während Nicht-Deskriptoren als Zugangsvokabular dienen (Aitchison, Gilchrist, & Bawden, 2000). Es gibt auch Thesauri, die keine Vorzugsbenennungen benutzen und alle Benennungen eines Begriffs für die Indexierung und das Retrieval zulassen. Homonyme werden wie bei der Nomenklatur durch eine Zusatzinformation gekennzeichnet und ihre Bedeutung dadurch geklärt. Zusätzlich werden bei Thesauri auch die Ober- und Unterbegriffe eines Deskriptors angegeben. Da Thesauri nicht an Notationen gebunden sind, können sie auch mehrere Oberbegriffe besitzen und sind somit polyhierarchisch. Teilweise wird auch zwischen Unterbegriffen im Sinne der Abstraktionsrelation und Teilbegriffen im Sinne der Bestandsrelation unterschieden. Verwandte Begriffe, die in einer Assoziationsrelation zueinander stehen, werden ebenfalls durch eine Relation miteinander verbunden.

Im Gegensatz zu Klassifikationen und Nomenklaturen werden Thesauri nur für die Dokumentation in einzelnen Themenbereichen verwendet. Der Aufwand für den Aufbau und die Pflege eines Thesaurus ist groß, da es aufwendig ist, alle hierarchischen und assoziativen Relationen auszuarbeiten. Mit dem Einsatz eines Thesaurus können wie bei einer Klassifikation Ober- und Unterbegriffe und zusätzlich noch verwandte Begriffe vorgeschlagen werden. In einer Art semantischem Netz können sie graphisch dargestellt werden und so dem Nutzer helfen, die richtigen Suchwörter zu finden.

Ontologie

Die Ontologie ist eine in einer formalen Sprache vorliegende Wissensordnung, in der eine Vielzahl von Relationen zwischen Begriffen dargestellt wird. Wie in einem Thesaurus werden die hierarchischen Beziehungen gespeichert. Die Assoziationsrelation bleibt jedoch nicht unspezifisch, da jede Relation ganz konkret angegeben wird. Während die Beziehung der Nützlichkeit in einem Thesaurus beispielsweise mit *Radio zum Aufziehen* SIEHE AUCH *Kommunikation in entlegenen Regionen* völlig unspezifisch ausfällt, wird eine Ontologie dies genau festlegen und formulieren: *Radio zum Aufziehen* IST NÜTZLICH FÜR *Kommunikation in entlegenen Regionen* (Schmitz-Esser, 2000, 79). Ein weiteres Merkmal ist die Unterscheidung von Allgemeinbegriffen und Individualbegriffen (Instanzen). Ein Beispiel soll veranschaulichen, wie Relationen und Instanzen abgebildet werden können:

> *Handy* VERFÜGT ÜBER FUNKTIONALITÄT *SMS schreiben und verschicken*
> *Samsung* IST INSTANZ DER KLASSE *Handy*

Ontologien weisen im Gegensatz zu den bisher vorgestellten Dokumentationssprachen die Eigenschaft auf, dass sie in erster Linie für automatisches Schlussfolgern durch Computer geschaffen werden. Aus dem oben genannten Beispiel kann der Computer schließen, dass man mit einem Samsung Handy SMS schreiben und verschicken kann. Ontologien, die Beziehungen zwischen Begriffen erfassen, bilden dadurch die Grundlage für das semantische Web, in dem Computer die Bedeutung der Informationen erfassen und verarbeiten können. Für das semantische Web wurden auch die Ontologiesprachen RDF und OWL entwickelt, in denen Begriffe und ihre Beziehungen formal beschrieben werden.

Da eine Ontologie die Beziehungen zwischen den Begriffen genau wiedergibt, kann sie nur kleinere Spezialgebiete abdecken. Der Aufbau einer Ontologie ist sehr aufwendig. Um sie überschaubar zu halten, sollten nur die wichtigsten Relationen aufgenommen werden.

Die genannten Formen der Wissensordnungen gehen oft ineinander über, sodass man diese nicht immer trennscharf unterscheiden kann. Es gibt zum Beispiel Mischformen von Klassifikationen und Thesauri usw. Außerdem ist es möglich, verschiedene Wissensordnungen zu kombinieren. Man kann sie auch aufrüsten, indem man mehr Relationen hinzufügt und dadurch zum Beispiel eine Nomenklatur zu einem Thesaurus aufbaut oder eine Ontologie auf der Basis einer Klassifikation erstellt. In der Literatur sowie in der Praxis werden die Ausdrücke für die Dokumentationssprachen nicht immer einheitlich verwendet, so dass es schnell zu Unklarheiten kommen kann.

Das größte Problem bei einem kontrollierten Vokabular ist, dass Neologismen und andere Sprachveränderungen oft nicht schnell genug Berücksichtigung finden. Da nach veralteten Begriffen jedoch nicht gesucht wird, hängt die Qualität eines Retrievalsystems stark von der Aktualität des eingesetzten Vokabulars ab. Während die Nutzer bei Folksonomies das Vokabular frei wählen und somit immer aktuell halten, können beim Gebrauch einer Wissensordnung stets nur die vorgegebenen Begriffe zur Indexierung verwendet werden. Wissensordnungen dürfen deshalb nicht starr sein, sondern müssen sich an verändernde Umstände anpassen. Es ist deshalb wichtig, sie regelmäßig zu überarbeiten und zu aktualisieren.

Beispiel: Der Thesaurus MeSH und sein Einsatz bei PubMed

Um zu verdeutlichen, wie eine Wissensordnung in der Praxis wirklich eingesetzt wird, folgt hier ein Beispiel. MeSH („Medical Subject Headings") ist ein Thesaurus für die Indexierung und das Retrieval von Literatur aus dem medizinischen Bereich und wird von dem Informationsdienst PubMed – der größten medizinischen Datenbank weltweit – genutzt. Die National Library of Medicine, Bethesda, Maryland, USA hat ihn entwickelt und pflegt ihn. MeSH verfügt über 26.000 Deskriptoren, die MeSH Headings oder Main Headings genannt werden. Über 177.000 synonyme Nicht-Deskriptoren – die Entry Terms – verweisen auf diese

Einträge. MeSH verwendet zudem 83 Qualifiers, mit denen MeSH Headings spe-
zifiziert werden. Der Qualifier *drug effects* kann z.b. mit dem MeSH Heading *liver*
verküpft werden, um die Auswirkungen von Drogen auf die Leber auszudrücken.
Bei der Indexierung und Suche werden dann beide Teile als Einheit *liver/drug
effects* verwendet. MeSH verfügt über eine ausgeprägte polyhierarchische Struktur, die MeSH Tree Structures genannt wird. Es gibt 16 Hauptkategorien für Bereiche wie *Anatomy*, *Organisms* oder *Diseases*. Wie bei einer Klassifikation werden
diese Bereiche immer weiter in Unterbereiche untergliedert. Jeder Begriff ist Teil
von einer oder mehreren Begriffsleitern. Das MeSH Heading *Skull Neoplasms*
gehört z.B. zu zwei Begriffsleitern (siehe Abbildung 8.1).

MeSH Tree Structures

Neoplasms [C04]
  Neoplasms by Site [C04.588]
    Bone Neoplasms [C04.588.149]
            Adamantinoma [C04.588.149.030]
            Femoral Neoplasms [C04.588.149.276]
         ▸ Skull Neoplasms [C04.588.149.721]
                Jaw Neoplasms [C04.588.149.721.450] +
                Nose Neoplasms [C04.588.149.721.600]
                Orbital Neoplasms [C04.588.149.721.656]
                Skull Base Neoplasms [C04.588.149.721.828]
            Spinal Neoplasms [C04.588.149.828]

Musculoskeletal Diseases [C05]
  Bone Diseases [C05.116]
    Bone Neoplasms [C05.116.231]
            Adamantinoma [C05.116.231.030]
            Femoral Neoplasms [C05.116.231.343]
         ▸ Skull Neoplasms [C05.116.231.754]
                Jaw Neoplasms [C05.116.231.754.450] +
                Nose Neoplasms [C05.116.231.754.600]
                Orbital Neoplasms [C05.116.231.754.659]
                Skull Base Neoplasms [C05.116.231.754.829]
            Spinal Neoplasms [C05.116.231.828]

Abb. 8.1: Begriffsleitern im MeSH. *Quelle*: PubMed.

Der Deskriptorsatz von *Skull Neoplasms* wird in Abbildung 8.2 dargestellt. Da der Begriff in zwei Begriffsleitern eingeordnet wurde, erhält er auch zwei Tree Numbers, die ihre Position in den Tree Structures zeigen. In der Annotation stehen Angaben, für was das MeSH Heading genutzt werden soll und für welche Fälle mit anderen Begriffen gearbeitet werden sollte. Die Scope Note enthält Erläuterungen zum Deskriptor. *Neoplasms, Skull* ist der einzige Entry Term (Nicht-Deskriptor) für diesen Begriff. In der Zeile Allowable Qualifiers stehen die Abkürzungen von allen Qualifiers, die mit diesem MeSH-Heading kombiniert werden dürfen. Die Entry Version stellt eine Abkürzung des Deskriptors dar und in dem Date of Entry steht das Datum, an dem der Deskriptorsatz hinzugefügt wurde. Zur eindeutigen Identifikation enthält jeder Deskriptorsatz noch eine Unique ID (Gaus, 2005).

MeSH Heading	Skull Neoplasms
Tree Number	C04.588.149.721
Tree Number	C05.116.231.754
Annotation	of bony part of skull only: do not confuse with HEAD AND NECK NEOPLASMS or FACIAL NEOPLASMS; "intracranial tumors" is probably BRAIN NEOPLASMS, not SKULL NEOPLASMS; GEN: prefer specifics; / blood supply / chem / second / secret / ultrastruct permitted; coord IM with histol type of neopl (IM); SKULL BASE NEOPLASMS is also available
Scope Note	Neoplasms of the bony part of the skull.
Entry Term	Neoplasms, Skull
Allowable Qualifiers	BL BS CF CH CL CL CN CO DH DI DT EC EH EM EN EP ET GE HI IM ME MI MO NU PA PC PP PS PX RA RH RI RT SC SE SU TH UL UR US VE VI
Entry Version	SKULL NEOPL
Date of Entry	19990101
Unique ID	D012888

Abb. 8.2: Deskriptorsatz in MeSH. *Quelle*: PubMed.

Über den Deep-Web-Informationsdienst PubMed kann man kostenlos Literatur aus der MEDLINE-Datenbank suchen, die mit MeSH indexiert wurde. In der erweiterten Suche kann man neben vielen anderen Feldern, wie z.B. Autor, Zeitschrift oder Volltext, gezielt nach Quellen recherchieren, die mit einem bestimmten MeSH Heading indexiert wurden. Das Wortmaterial aus MeSH wird jedoch auch bei der einfachen Suche berücksichtigt, und die Treffermenge so vergrößert.

Gibt man einen Entry Term ein, wird das dazugehörende MeSH Heading automatisch mit ODER verknüpft. In der erweiterten Suche kann man sich unter dem Punkt Details anzeigen lassen, wie eine Suchanfrage übersetzt wird. Die Anfrage *odontalgia* wandelt das System automatisch in *„toothache"[MeSH Terms] OR „toothache"[All Fields] OR „odontalgia"[All Fields]* um, weil *odontalgia* ein Synonym von *toothache* ist. Dadurch werden alle Quellen gefunden, die mit dem MeSH Heading *toothache* indexiert wurden oder bei denen in einem beliebigen Feld die Wörter *toothache* oder *odontalgia* vorkommen. Außerdem wird die Suche in dem Feld MeSH Terms automatisch um alle MeSH-Headings erweitert, die in der Begriffsleiter unter dem Suchbegriff liegen, also Unterbegriffe sind.

Durch den kostenlosen Zugang zum Informationsdienst PubMed, das auch im Alltag wichtige Thema (Medizin) und die Vorbildfunktion von MeSH eignet sich dieser Thesaurus optimal als Anschauungsmaterial zur Verwendung im Schulunterricht zur Wissensrepräsentation.

Lisa Beutelspacher
Kapitel 9: Informationsrecht als Lehrstoff

Das Informationsrecht durchdringt mehr und mehr Berufsleben als auch Alltag. Auch für Lehrer wie für Schüler sind Aspekte des Informationsrechts von wesentlicher Bedeutung. Wir wollen in diesem Kapitel einige Themenkomplexe skizzieren, die vorrangig als Stoff für die schulische Ausbildung in Informationskompetenz infrage kommen:
- Urheberrecht,
- Urheberrechtsverletzungen,
- Creative Commons,
- Gefahren im Internet (Datenschutz, Vorratsdatenspeicherung, Cyber-Mobbing, problematische Internetnutzung),
- Jugendmedienschutz.

Urheberrecht

Sowohl Lehrer als auch Schüler stehen im Unterricht wie im Privatleben vor verschiedenen Urheberrechtsfragen. Lehrer wollen den Schülern neben Schulbüchern und Arbeitsheften auch selbstzusammengestellte Materialen anbieten. Hierfür werden zunehmend Internetquellen verwendet. Auch wurden die Bereitstellungsmöglichkeiten dieser Materialen z.B. mit Lernplattformen, USB-Sticks und eigenen Websites deutlich vielfältiger.

Aber auch Schüler stehen vor urheberrechtlichen Fragen: Dürfen CDs oder DVDs kopiert und an Freunde und Mitschüler weitergegeben werden? Oder dürfen in einer Hausarbeit Bilder aus dem Internet verwendet werden? Das folgende Kapitel soll Aufschluss über diese und andere Fragen geben. Nach der Geschichte des Urheberrechts wird ein Überblick über das momentane deutsche Urheberrecht, über Urheberrechtsverletzungen sowie den sogenannten „Creative Commons" gegeben.

Die Geschichte des Urheberrechts

Bis ins Mittelalter war ein Recht auf geistige Werke nicht bekannt (Ortland, 2006). Zwar durfte ein physikalisches Werk – beispielsweise ein Buch – nicht gestohlen werden, aber das Abschreiben oder Bearbeiten stand nicht unter Strafe. Mit der Erfindung des Buchdrucks im 15. Jahrhundert wurde es aber zunehmend einfacher, Kopien dieser Werke in großen Mengen herzustellen. Durch diese Entwicklung tauchten auf dem Markt die sogenannten Nachdrucker auf. Diese besorgten sich frisch erschienene Bücher und druckten sie, deutlich günstiger, in der eigenen Werkstatt nach (Siegrist, 2006). Somit sank die Nachfrage nach den teureren Ausgaben. Aus diesem Grund wurden gegen 1475 die sogenannten „Druckerprivilegien" eingeführt, die den rechtmäßigen Druckern für eine bestimmte Zeit das ausschließliche Recht zum Druck eines bestimmten Werkes gab (Walther, 2009). Durch den Mangel an Kontrolle wurden aber die meisten dieser Privilegien von den Nachdruckern übergangen. Im 16. Jahrhundert wurde die Debatte über das Druckrecht durch Luthers 95 Thesen wieder neu entfacht. Die Nachfrage nach Drucken von Luthers Werken und seiner Bibelübersetzung stieg an und die Nachfrage nach katholischer Literatur sank. Viele Drucker gingen dazu über, Luthers Werke nachzudrucken und zu verkaufen. Somit entstand ein neuer Streit über die Frage der Rechtmäßigkeit des Büchernachdrucks (Wandtke, 2009).

Im Jahr 1709 wurde das „Statute of Anne" in England verabschiedet, welches dem Autor eines Werks das Recht auf die Herstellung von Kopien zusprach. Nach diesem Vorbild wurde in der Verfassung der Vereinigten Staaten von Amerika die „Copyright-Klausel" entwickelt, welche ebenfalls den Autoren das ausschließliche Recht an ihren Werken zusicherte. Auch in Frankreich wurden kurze Zeit später (1791-1793) eine Reihe von Gesetzen erlassen, die zusammen den „droît d'auteur" bildeten. Im Gegensatz zu den anglo-amerikanischen Rechten stellte das französische Recht den Schöpfer und seine Persönlichkeitsrechte und nicht das öffentliche Interesse in den Vordergrund (Bundeszentrale für politische Bildung, 2008).

Erst im Jahre 1870 wurde im Norddeutschen Bund ein allgemeiner Urheberrechtsschutz eingeführt, den das Deutsche Reich kurz darauf übernahm und verfeinerte. 1886 wurde in der „Berner Übereinkunft" eine Mindestschutzfrist aller Werke von 50 Jahren nach dem Tod des Urhebers vereinbart. Mit dem Beginn des 20. Jahrhunderts wurden in Deutschland Werke der Literatur und der Musik, aber auch Werke der bildenden Künste und der Fotografie gesetzlich geschützt. Die bis dahin verabschiedeten Gesetze wurden national und international seit dem immer wieder verschärft und geändert. So wurde zum Beispiel das Bestehen des Urheberrechts von 50 auf 70 Jahre nach dem Tod des Urhebers verlängert (§ 64 UrhG).

1993 wurde aufgrund einer EU-Richtlinie der Urheberrechtsschutz für Software eingeführt. Diese EU-Richtlinie diente der Umsetzung zweier EU-weiten Verträge, die von der WIPO (Weltorganisation für geistiges Eigentum) ausgearbeitet wurden: der WIPO-Urheberrechtsvertrag und der WIPO-Vertrag über Darbietungen und Tonträger. Diese Verträge wurden 2003 in Deutschland umgesetzt.

Das deutsche Urheberrecht

Das deutsche Urheberrecht ist Teil der Rechtsordnung der Bundesrepublik Deutschland und setzt sich vor allem aus dem Urheberrechtsgesetz (UrhG), dem Wahrnehmungsgesetz (WahrnG) und dem Verlagsgesetz (VerlG) zusammen. Gemäß §64 UrhG endet das Urheberrecht 70 Jahre nach dem Tod des Urhebers. Nach Ablauf dieser 70 Jahre ist das Werk „gemeinfrei" und unterliegt somit nicht mehr dem Urheberrecht.

Gemäß §1 des Urheberrechtsgesetzes sind Schutzgegenstände des deutschen Urheberrechts Werke der Literatur, Wissenschaft und Kunst. § 2 Abs.1 UrhG beschreibt diese detaillierter:

Zu den geschützten Werken der Literatur, Wissenschaft und Kunst gehören insbesondere:

- Sprachwerke, wie Schriftwerke, Reden und Computerprogramme;
- Werke der Musik;
- Pantomimische Werke einschließlich der Werke der Tanzkunst;
- Werke der bildenden Künste einschließlich der Werke der Baukunst und der angewandten Kunst und Entwürfe solcher Werke;
- Lichtbildwerke einschließlich der Werke, die ähnlich wie Lichtbildwerke geschaffen werden;
- Filmwerke einschließlich der Werke, die ähnlich wie Filmwerke geschaffen werden;
- Darstellungen wissenschaftlicher oder technischer Art, wie Zeichnungen, Pläne, Karten, Skizzen, Tabellen und plastische Darstellungen.

In § 2 Abs. 2 sind diese Werke als „persönliche geistige Schöpfung" definiert.

Der Urheber als Rechtsinhaber

Nach § 7 des Urheberrechtsgesetzes ist der Rechtsinhaber der Urheber und somit der Schöpfer des Werkes. Haben mehrere Personen ein Werk gemeinsam erschaffen, steht ihnen das Urheberrecht auch gemeinsam zu (§ 8 UrhG). Diese Personen müssen jeweils einen schöpferischen Beitrag geleistet haben. Allen Personen, die diese Kriterien für ein Werk erfüllen, müssen alle Entscheidungen, die das Urheberrecht berühren, gemeinsam treffen (Lutz, 2009). Diese Regelung gilt nur für Werke, bei denen sich die einzelnen Beiträge der Personen nicht mehr eindeutig diesen zuordnen lassen. Im Falle, dass sich aber die Beiträge einzeln betrachten lassen, was zum Beispiel bei Musikstücken und deren Texten zutrifft, kann nach § 9 UrhG die Regelung eintreten, dass eine Einwilligung eines Urhebers nicht notwendig ist. Diese Regelung führte in der Vergangenheit häufig zu Konflikten (Lutz, 2009).

Dem Urheber wird gestattet, einem Anderen Nutzungsrechte für sein Werk zu übertragen (§31 UrhG). Hierbei kann der Urheber selbst die Nutzungsarten bestimmen. Auch die Vergütung für eine solche Nutzung wird im Urheberrechtsgesetz geregelt (§§ 26, 32 UrhG).

Der Inhalt des Urheberrechts

„Das Urheberrecht schützt den Urheber in seinen geistigen und persönlichen Beziehungen zum Werk und in der Nutzung des Werkes. Es dient zugleich der Sicherung einer angemessenen Vergütung für die Nutzung des Werkes" (§ 11 UrhG). Dem Urheber werden durch das Urheberrecht verschiedene Rechte an seinem Werk zugesprochen. Hierzu gehören vor allem das Urheberpersönlichkeitsrecht (§§ 12-14 UrhG) und die Verwertungsrechte (§§ 15-24 UrhG). Das Urheberpersönlichkeitsrecht regelt durch § 12 (Veröffentlichungsrecht), dass nur der Urheber entscheiden kann, ob, wann und wie sein Werk veröffentlicht wird. Auch spricht die Regelung dem Urheber das Recht zu, zu entscheiden, ob und wie sein Werk mit einer Urheberbezeichnung zu versehen ist (§ 13). Durch § 14 wird sichergestellt, dass der Urheber jede Bearbeitung, Entstellung und sonstige Beeinträchtigung seines Werkes verbieten kann. Diese Regelung schließt sowohl den Inhalt des Werkes als auch Titel und Urheberbezeichnung mit ein (§§ 14, 39 UrhG). Die Verwertungsrechte erlauben es dem Urheber zum Beispiel sein Werk selbst zu vervielfältigen, zu verbreiten oder auszustellen (§§ 16-19). Dies gilt selbstverständlich nur, wenn dadurch nicht gegen andere geltende Gesetze verstoßen wird. Bearbeitungen und Umgestaltungen eines Werkes dürfen nur mit der Einwilligung des Urhebers veröffentlicht werden (§ 24 UrhG).

Die Schranken des Urheberrechts

Es gibt zahlreiche Regelungen im deutschen Urheberrecht, die die Vervielfältigung und Nutzung von Werken in bestimmtem Maße und unter bestimmten Umständen erlauben (§§ 44a bis 63a UrhG). Im Folgenden werden einige dieser Regelungen dargestellt. Zu den Regelungen, die das Urheberrecht eingrenzen, fällt zum Beispiel die öffentliche Wiedergabe von Werken. Diese ist auch ohne Einverständnis des Urhebers möglich, wenn „die Wiedergabe keinem Erwerbszweck des Veranstalters dient, die Teilnehmer ohne Entgelt zugelassen werden und im Falle des Vortrages oder der Aufführung des Werkes keiner der ausübenden Künstler eine besondere Vergütung erhält" (§52a UrhG). Allerdings muss der Veranstalter dem Urheber eine angemessene Vergütung entrichten. Diese Vergütung entfällt zum Beispiel bei Veranstaltungen der Sozialhilfe, Kirchen, Gefangenenbetreuung oder bei Schulveranstaltungen, wenn die Aufführung oder Wiedergabe einem konkreten, abgrenzbaren Personenkreis zugänglich ist. Auch dürfen Werke für die Veranschaulichung im Schulunterricht, an Hochschulen oder in nicht-kommerziellen Einrichtungen zur Aus- und Weiterbildung vervielfältigt und einem bestimmten Kreis von Personen zugänglich gemacht werden (§52a UrhG). Auch hier muss (über eine Verwertungsgesellschaft) eine angemessene Vergütung an den Urheber entrichtet werden.

Private Vervielfältigungen sind nach §53 UrhG erlaubt, wenn sie keinem Erwerbszweck dienen. Auch für den eigenen wissenschaftlichen Gebrauch oder die eigene Unterrichtung über Tagesfragen ist eine Vervielfältigung gestattet. Kleine Teile eines Werks (z.B. einzelne Artikel) dürfen auch kommerziell vervielfältigt werden. Außerdem ist dies gestattet, wenn ein Werk mehr als 2 Jahre vergriffen ist. In allen diesen Fällen ist jedoch eine angemessene Vergütung zu zahlen.

Öffentliche Bibliotheken dürfen an sogenannten elektronischen Leseplätzen Werke für den privaten und wissenschaftlichen Gebrauch zugänglich machen (§52 UrhG). Es dürfen nicht mehr Exemplare eines Werkes gleichzeitig zugänglich gemacht werden, als sich im Bestand der Bibliothek oder des Archivs befinden. Ein Versand von elektronischen Werken (z.B. gescannter Zeitschriftenartikel) darf von der Bibliothek nur zu Forschungs- oder Unterrichtzwecken versandt werden, und dies auch nur, wenn von diesem Werk kein angemessenes digitales Angebot vorhanden ist (§53a UrhG).

Eine weitere Einschränkung des Urheberrechts sind die Zitate. Die Vervielfältigung, Verbreitung und öffentliche Wiedergabe eines Werkes zum Zweck des Zitats ist zulässig, „sofern die Nutzung in ihrem Umfang durch den besonderen Zweck gerechtfertigt ist" (§ 51 UrhG). Die Übernahme eines Zitates ist aber nur zulässig, wenn dadurch eine Schaffung eines selbständigen und schutzfähigen Werkes unterstützt wird. Nicht zulässig ist zum Beispiel die Schaffung einer Arbeit, in der Zitate aneinandergereiht werden.

Urheberrechtsverletzungen

Plagiarismus

Der Begriff „Plagiat" umfasst unter anderem die Unterlassung von geeigneten Quellenhinweisen bei der Verwendung von Formulierungen oder die Zusammenfassung von Argumenten Anderer (Gibaldi, 2003). Ein Plagiat kann einerseits durch eine Verletzung der Urheberpersönlichkeitsrechte entstehen oder durch eine Verletzung der Verwertungsrechte. Es handelt sich allerdings nur um ein Plagiat, wenn für das zu Grunde liegende Werk auch ein Urheberrechtsschutz besteht. Erst dann greift der Urheberschutz durch Kennzeichnungs- bzw. Zitierpflicht (§ 51 UrhG).

In der Wissenschaft kann ein Plagiat zum Beispiel gegen Prüfungsordnungen oder dem Universitätsrecht verstoßen. Hier wird von einer Täuschung gesprochen. Im Jahr 2006 befragte Sebastian Sattler 226 Soziologie-Studenten zum Thema Plagiate in Universitäts-Hausarbeiten (Sattler, 2007). Er fand heraus, dass sich in 19,5% der von ihm getesteten Hausarbeiten Plagiate befanden. Sattler zeigt, dass Plagiate unter anderem durch fehlende Fähigkeiten wissenschaftlichen Arbeitens verursacht werden.

Um Plagiate aufzuspüren, setzen Fakultäten und Institute der Universitäten verschiedene Techniken ein. Es gibt die Möglichkeit, stichprobenartig Textpassagen über Suchmaschinen zu überprüfen. Es gibt aber auch verschiedene Prüfprogramme, die speziell für die Aufdeckung von Plagiaten genutzt werden. Einfach zu erkennen sind Plagiate, die von veröffentlichten Werken stammen und im Internet frei zugänglich sind. Schwieriger ist die Lage jedoch bei Bachelor-, Magister- oder Diplomarbeiten, für die meist keine Veröffentlichungspflicht besteht. Zusätzlich zu diesen Methoden verlangen immer mehr Dozenten von ihren Studierenden eine schriftliche Erklärung, dass sie ihre Haus- oder Seminararbeit selbständig verfasst und alle verwendeten Quellen angegeben haben. Bei der Ahndung von Plagiaten gibt es je nach Hochschule oder Fakultät und Schwere des Vergehens sehr große Unterschiede.

Schwarzkopien

Das Kopieren von informationellen Gütern wie CDs, Computerprogramme oder digitalen Texten ist relativ einfach. Sie können (fast) ohne Qualitätsverlust beliebig oft reproduziert werden. Piraterie meint die unrechtmäßige Aneignung, Bereitstellung und Verwendung von intellektuellem Eigentum durch die Anfertigung unautorisierter Kopien (Schwarzkopien / Raubkopien) (Castro et al., 2008). Dies kann bei digitalen Gütern sowohl über physische Kanäle, wie z.B. das Brennen von CDs oder DVDs oder über digitale Kanäle wie Filehosting oder Streaming geschehen (Linde & Stock, 2011).

Nicht kopiergeschützte Musik oder Filme auf CDs, DVDs, Videos und anderen Datenträgern dürfen für den privaten Gebrauch vervielfältigen werden. Hier redet man von einer Privatkopie (Bundesverband Musikindustrie, 2007). Diese Regelung gilt für alles, was durch das deutsche Urheberrecht als „Werk" eingestuft wird.

Eine Ausnahme stellt Software dar. Von Programmen darf in den meisten Fällen keine Privatkopie, sondern nur eine Sicherungskopie gemacht werden. Dies gilt natürlich nicht für freie und Open-Source-Programme.

2003 wurde das deutsche Urheberrecht geändert, welches nun die Regelungen zur Privatkopie deutlich einschränkt. Wenn das Original zum Beispiel einen wirksamen Kopierschutz hat, darf dieser nicht umgangen werden (Bundesverband Musikindustrie, 2007). Nach Bhattacharjee et al. (2003) sind die typischen Schwarzkopierer von Musik vor allem männliche Jugendliche. Die Tendenz zum Schwarzkopieren steige hier mit dem Preis des Songs oder Albums und mit der verfügbaren Internetleistung.

Folgen von Urheberrechtsverletzungen

Bei einem Verstoß gegen das Urheberrechtsgesetz oder die verwandten Schutzrechte kann der Urheber die Beseitigung der Beeinträchtigung und die Unterlassung beantragen (§ 97 Abs.1 UrhG). Bei einer vorsätzlichen oder fahrlässigen Verletzung kann Schadensersatz verlangt werden (§ 97 Abs. 2 UrhG). Falls das rechtswidrig erstellte Werk verbreitet worden ist, kann der Urheber einen Rückruf oder die Vernichtung der Werke beschließen (§ 98 UrhG).

Urheberrechtsverletzer können bei unerlaubter Bearbeitung, Vervielfältigung und öffentlicher Verbreitung mit einer Geldstrafe oder einer Freiheitsstrafe von bis zu drei Jahren bestraft werden. Auch der Versuch ist strafbar (§ 106 UrhG). Wenn der Täter gewerbsmäßig handelt, kann sich die Freiheitsstrafe auf bis zu fünf Jahre erhöhen (§ 108a UrhG).

Creative Commons

Creative Commons (CC) ist eine Non-Profit-Organisation, die Urhebern (Lizenz-geber) und Nutzern (Lizenznehmer) eine Hilfestellung für die Veröffentlichung, Verwendung und Verbreitung digitaler Medieninhalte bietet. Dies geschieht mit-hilfe vorgefertigter Lizenzverträge. Diese Lizenzverträge werden von den Urhe-bern übernommen und in eigener Verantwortung verwendet (Creative Commons Deutschland, o.D.). Durch sechs verschiedene Standardverträge kann der Urheber entscheiden, was mit seinen digitalen Inhalten geschehen darf und was nicht. Anders als beim konventionellen deutschen Urheberrecht kann der Urheber selbst Grenzen und Möglichkeiten der Veröffentlichung, Nutzung und Verbrei-tung bestimmen. Dies vereinfacht die Verwendung von Medieninhalten sowohl für den Urheber als auch für den Nutzer. Schon am Namen des CC-Lizenztyps kann der Nutzer die wichtigsten Bedingungen der Nutzung erkennen. Zusätzlich werden Icons für die Identifikation der Lizenzen verwendet (siehe Tabelle 9.1).

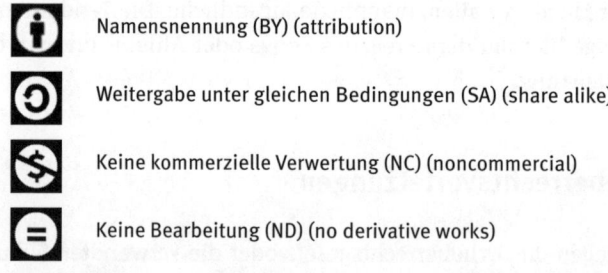

Tabelle 9.1: Die vier Lizenzsymbole (Quelle: Creative Commons Deutschland, o.D.).

Die sechs Standardverträge

Es existieren sechs verschiedene Creative-Commons-Standardverträge. Zusam-mengesetzt werden diese aus den vier verschiedenen Lizenzsymbolen aus Tabelle 9.1. Der einfachste Lizenzvertrag verlangt vom Lizenznehmer lediglich die Namensnennung des Lizenzgebers. Darüber hinaus können aber weitere Einschränkungen gemacht werden, je nachdem, ob der Rechteinhaber eine kom-merzielle Nutzung zulassen will oder nicht. Auch die Bearbeitung kann zugelas-sen oder untersagt werden. Der Urheber kann ebenfalls entscheiden, ob diese Bearbeitungen unter gleichen Bedingungen weitergegeben werden müssen oder nicht. Durch die Kombination dieser Bedingungen ergeben sich die insgesamt sechs verschiedenen CC-Lizenzen.

Grundsätzlich können diese Lizenzen auf alle digitalen Inhalte angewendet werden. Neben textuellen Dokumenten können beispielsweise Bilder, Fotos, Musik- und Videodateien, aber auch Websites, Blogs und sonstige Informationsmaterialen lizenziert werden (Linde & Ebber, 2007).

Eine der wichtigsten Vorteile der CC-Lizenzen ist die Einfachheit der Verwendung. Der Urheber kann unbürokratisch und individuell dem Nutzer Freiheiten einräumen und Grenzen bei der Verwendung ziehen. Der Nutzer kann sich mit einem Blick über diese Freiheiten und Grenzen informieren. Durch die Lizenzen werden also die Nutzungs- und Verbreitungsmöglichkeiten klar definiert. Es muss nicht jede einzelne Nutzung mit dem Rechteinhaber besprochen werden. Trotzdem ist es möglich, dass Nutzer und Urheber eigene Absprachen treffen. „Möchte ein Verlag ein BY-ND-NC-lizenziertes Foto in bearbeiteter Form in einen kostenpflichtigen Bildband aufnehmen, kann er mit dem Urheber einen von der Lizenz abweichenden Veröffentlichungsmodus vereinbaren" (Linde & Ebber, 2007, 50). Die CC-Lizenzen können also durchaus neue Ideen und Kreativität fördern, die nicht nur für Nonprofit-Anwendungen nutzbar sind. Die Hemmschwelle, ein eigenes Werk im Netz zu veröffentlichen, sinkt durch die einfache Verwendung.

Schwierigkeiten bei der Verwendung von CC-Lizenzen gibt es, wenn der Autor nicht eindeutig feststeht oder die Unversehrtheit des Inhalts nicht nachweisbar ist. Auch sorgt zum Beispiel die Einschränkung „NC" (nicht-kommerzielle Nutzung) für Unsicherheit, da diese nicht eindeutig definiert ist. „Mit der Nutzung von NC-Inhalten auf werbefinanzierten Nonprofit-Webseites begibt der Nutzer sich ggf. in eine rechtliche Grauzone" (Linde & Ebber, 2007, 50).

Gefahren im Internet

Vor allem in Zeiten von sozialen Netzwerken neigen immer mehr Jugendliche dazu, öffentlich im Internet ihre persönlichen Daten anzugeben. Auch das Aufkommen von Online-Spielen lassen Gefahren für Jugendliche erkennen. Dieser Abschnitt soll erläutern, worin diese Gefahren bestehen und wie man sie minimiert.

Datenschutz

Beim Datenschutz stehen, anders als der Begriff zunächst vermuten lässt, nicht die Daten im Vordergrund, sondern die Personen, über die Daten verarbeitet werden. Der Datenschutz soll also nicht die Daten schützen, sondern den Missbrauch personenbezogener Daten verhindern (Kühling & Sivridis, 2008; Wohlgemuth & Gerloff, 2005). Personenbezogene Daten sind nach § 3 des Bundesdatenschutzgesetzes „Einzelangaben über persönliche oder sachliche Verhältnisse einer bestimmten oder bestimmbaren natürlichen Person (Betroffener)". Das deutsche Bundesdatenschutzgesetz (BDSG) regelt zusammen mit den Datenschutzgesetzen der Bundesländer den Umgang mit personenbezogenen Daten.

> Zweck dieses Gesetzes ist es, den Einzelnen davor zu schützen, dass er durch den Umgang mit seinen personenbezogenen Daten in seinem Persönlichkeitsrecht beeinträchtigt wird (§1 Abs.1 BDSG).

Andere Gesetze in diesem Bereich sind zum Beispiel das Telemediengesetz (TMG) und das Telekommunikationsgesetz (TKG).

Personenbezogene Daten dürfen nur erhoben, verarbeitet und genutzt werden, wenn ein Gesetz dies anordnet oder der Betroffene eingewilligt hat (§4 Abs.1 BDSG). Außerdem dürfen „keine Anhaltspunkte dafür bestehen, dass [...] schutzwürdige Interessen des Betroffenen beeinträchtigt werden" (§4 Abs.2 BDSG).

Der Betroffene kann aber auch seine Einwilligung zur Erhebung, Verarbeitung und Nutzung seiner persönlichen Daten geben. Dies muss in Schriftform geschehen und wird nur wirksam, wenn sie auf der freien Entscheidung des Betroffenen beruht (§4a BDSG). Jede Person hat nach dem Bundesdatenschutzgesetz das Recht auf Auskunft, Berichtigung, Löschung und Sperrung seiner persönlichen Daten (§§ 19, 20, 34, 35 BDSG).

Der Datenschutz steht in vielen Bereichen in Konflikt mit anderen Zielen. Ein viel diskutiertes Thema in Verbindung mit Datenschutz ist zum Beispiel die Kriminalitätsbekämpfung. Vertreter des Datenschutzes halten Maßnahmen wie DNA-Reihenuntersuchungen oder die Einführung biometrischer Daten (Fingerabdrücke, Irisscan usw.) für eine erhebliche Beeinträchtigung der schutzwürdigen Interessen der Betroffenen. Hier muss eine Lösung gefunden werden, wie der Schutz persönlicher Daten und die Kriminalitätsbekämpfung gleichermaßen berücksichtigt werden können. Erste Ansatzpunkte für dieses Problem sind zum Beispiel die Feststellung und Berücksichtigung der Schwere der Eingriffe in den Datenschutz und die Eignung der Maßnahmen für die Kriminalitätsbekämpfung.

Vorratsdatenspeicherung

Vorratsdatenspeicherung bezeichnet die Verpflichtung der Anbieter von Telekommunikationsdiensten, Verbindungsdaten seiner Kunden zu speichern. Diese müssen ein halbes Jahr lang gespeichert werden. Dies regelt das am 1. Januar 2008 in Kraft getretene „Gesetz zur Neuregelung der Telekommunikationsüberwachung und anderer verdeckter Ermittlungsmaßnahmen sowie zur Umsetzung der Richtlinie 2006/24/EG". Die Regelung betrifft jedoch nur die Kommunikationsvorgänge, nicht aber die Kommunikationsinhalte. Alle Telefon-, Mobilfunk-, oder Internettelefondienste, sowie E-Mail-Diensteanbieter müssen gewisse Daten über Anrufe, SMS oder E-Mails speichern. Hierzu gehören zum Beispiel die Rufnummern beider Kommunikationsteilnehmer, IP- und E-Mailadressen oder die Zeit des Anrufs. Die Speicherung dieser Informationen soll die Kriminalitätsbekämpfung und Strafverfolgung vereinfachen. Die Vorratsdatenspeicherung ist jedoch sehr umstritten.

Datenschutzbeauftragte befürchten, dass durch die Speicherung der Daten Bewegungsprofile erstellt oder Geschäfts- und Freundschaftsbeziehungen identifiziert und genutzt werden könnten.

Datenschutz in sozialen Netzwerken

Für viele Internetnutzer ist die Nutzung von sozialen Netzwerken und Communities zu einem alltäglichen Ritual geworden. Private Informationen werden hier nahezu selbstverständlich ins Netz gestellt. Doch private Informationen verbreiten sich im Internet oft rasant schnell und können in die falschen Hände geraten. Zum Beispiel nutzen längst auch Arbeitgeber die freiwillig ins Netz gestellten Daten, um sich ein Bild von Bewerbern oder Angestellten zu machen. Auch für Kriminelle können diese Informationen viel Geld wert sein.

Die Nutzer sollten daher genau überlegen, was sie von sich preisgeben möchten. Erste Ansätze zur Sensibilisierung der Nutzer im Bereich von sozialen Netzwerken und dem Internet macht die EU-Initiative KlickSafe.de. Diese hat zahlreiche Informationsmaterialen und Broschüren für Kinder und Jugendliche sowie deren Eltern und Lehrern herausgebracht. Unter anderem gibt es Leitfäden zur Nutzung von sozialen Netzwerken wie Facebook und SchülerVZ oder StudiVZ. Hier wird detailliert erklärt, wie die Privatsphäre in solchen Netzwerken am besten geschützt werden kann und welche Gefahren durch soziale Netzwerke zu erwarten sind. Diese Informationen erstrecken sich von der Anmeldung über die Profilerstellung bis hin zur Entfernung des Accounts.

Cyber-Mobbing

Unter Cyber-Mobbing (auch: Cyber-Bullying oder E-Mobbing) versteht man das „absichtliche Beleidigen, Bedrohen, Bloßstellen oder Belästigen anderer mithilfe moderner Kommunikationsmittel" (KlickSafe, 2011). Cyber-Mobbing kann entweder im Internet, zum Beispiel über soziale Netzwerke, Videoportale oder Instant Messenger stattfinden, oder per Handy, zum Beispiel durch SMS oder Anrufe.

Vor allem unter Kindern und Jugendlichen wird das Cyber-Mobbing immer verbreiteter. Das Zentrum für empirische pädagogische Forschung der Universität Koblenz-Landau (zepf) fand in einer Online-Befragung im Jahre 2007 heraus, dass fast 20% aller befragten Schüler bereits von Cyber-Mobbing betroffen waren. Meist kennen sich Opfer und Täter und stammen aus dem gleichen Umfeld (Klick-Safe, 2011).

Cyber-Mobbing unterscheidet sich vom „klassischen" Mobbing in mehreren Punkten. Zum einen endet das Mobbing nicht in den eigenen vier Wänden. Für den Täter ist es möglich, das Opfer rund um die Uhr über das Internet oder das Handy zu belästigen. Außerdem ist das Ausmaß von Cyber-Mobbing sehr groß. Informationen, Videos oder Bilder, die einmal ins Internet gestellt wurden, sind nur sehr schwer zu kontrollieren oder zu entfernen. Ein wichtiger Unterscheidungspunkt zum „klassischen" Mobbing ist auch, dass der Täter sehr leicht anonym agieren kann.

Auch hier setzte die Initiative KlickSafe.de an und stellte verschiedene Materialen zum Thema Cyber-Mobbing zur Verfügung. Vor allem der Leitfaden „Was tun bei Cyber-Mobbing" ist ein wichtiges Informations- und Arbeitspaket für Kinder und Jugendliche, aber auch für Eltern und Lehrer. Auch gibt es mittlerweile viele Anlaufstellen für Opfer von Cyber-Mobbing. So zum Beispiel kostenlose Kinder- und Jugendtelefone oder verschiedene Internetseiten (mobbing.seitenstark.de oder kijumail.de).

Problematische Internetnutzung

Problematische Internetnutzung beschreibt die exzessive Nutzung verschiedener Internetaktivitäten, die negative Auswirkungen auf die physische und psychische Gesundheit haben kann (Young, 1999). Symptome des problematischen Internetgebrauchs sind unter anderem die Nutzung des Internets zur Stimmungsaufhellung, die Unfähigkeit Verpflichtungen nachzukommen und Schuldgefühle (Piffl, 2010).

Hahn und Jerusalem (2001) fassen fünf Suchtkriterien der problematischen Internetnutzung zusammen:

– Der Großteil des Tageszeitbudgets wird über einen längeren Zeitraum zur Internetnutzung verwendet.
– Die Person hat die Kontrolle über die Internetnutzung verloren.
– Die Dosierung muss mit der Zeit gesteigert werden, um Befriedigung zu erlangen.
– Die psychische Befindlichkeit wird beeinträchtigt und das Verlangen steigt nach längerer Unterbrechung der Internetnutzung.
– Negative Konsequenzen in Arbeit, Leistung und sozialen Beziehungen.

Nach Beard und Wolf (2001) handelt es sich bei der problematischen Internetnutzung jedoch nicht um eine Sucht, da bestimmte Verhaltensweisen und Symptome einer Abhängigkeit, wie zum Beispiel körperliche Entzugserscheinungen, fehlten. Ein Großteil der Forscher klassifiziert den problematischen Internetgebrauch entweder als Störung der Impulskontrolle oder als nicht-stoffliche Abhängigkeitsstörung.

Die problematische Internetnutzung kann in vier Bereiche unterteilt werden. Zum einen kann die problematische Internetnutzung kommunikationsorientiert sein. Diese beschreibt den exzessiven Gebrauch von Chats, Blogs, Foren, Instant Messengern oder Sozialen Netzwerken. Des Weiteren lässt sich die wissensorientierte problematische Internetnutzung beobachten. Hierunter fällt zum Beispiel die exzessive Mitarbeit an Wikis oder fachlich orientieren Blogs. Der dritte Bereich ist die spielorientierte Nutzung, die sich durch die exzessive Nutzung von Online-Spielen (z.B. World of Warcraft, Farmville, Online-Poker) ausdrückt. Der letzte Bereich der problematischen Internetnutzung ist die sexorientierte Nutzung. Hierunter wird vor allem der exzessive Konsum von pornographischem Material im Internet verstanden.

Jugendmedienschutz

Der Begriff „Jugendmedienschutz" bezeichnet den Schutz von Kindern und Jugendlichen vor schädlichen Einflüssen durch Medien. Grundlegende Gesetze sind hierbei vor allem das Jugendschutzgesetz (JuSchG) und der Jugendmedienschutz-Staatsvertrag (JMStV). Diese bilden zusammen mit dem Glückspiel-Staatsvertrag, dem Rundfunkstaatsvertrag und dem Telemediengesetz die Grundlage für den gesetzlichen Jugendmedienschutz. Zusätzlich berühren einige Gesetze des Strafgesetzbuchs (StGB) den Jugendmedienschutz.

Zweck des Staatsvertrages ist der einheitliche Schutz der Kinder und Jugendlichen vor Angeboten in elektronischen Informations- und Kommunikationsmedien, die deren Entwicklung oder Erziehung beeinträchtigen oder gefährden, sowie der Schutz vor solchen Angeboten in elektronischen Informations- und Kommunikationsmedien, die die Menschenwürde oder sonstige durch das Strafgesetzbuch geschützte Rechtsgüter verletzen (§ 1 JMStV).

Unzulässige und entwicklungsbeeinträchtigende Angebote

Unzulässige Angebote nach §4 des Jugendmedienschutz-Staatsvertrags sind vor allem Angebote, die durch das Strafgesetzbuch allgemein (also nicht nur für Kinder und Jugendliche) verboten sind. Darunter fallen zum Beispiel Propagandamittel verfassungswidriger Organisationen (§ 86 StGB), Anleitungen zu Straftaten (vgl. § 126 Abs 1. StGB), Verherrlichung von Gewalttaten und bestimmte pornographische und gewalttätige Darstellungen.

Nach § 5 des Jugendmedienschutz-Staatsvertrags sind Angebote, die geeignet sind,

die Entwicklung von Kindern oder Jugendlichen zu einer eigenverantwortlichen und gemeinschaftsfähigen Persönlichkeit zu beeinträchtigen [so zu gestalten, dass Kinder und Jugendliche sie] üblicherweise nicht wahrnehmen (§ 5 Abs. 1 JMStV).

Dies kann zum Beispiel durch technische Mittel wie Jugendschutzprogramme ermöglicht werden, aber auch dadurch, dass der Anbieter für die Ausstrahlung des Angebots eine Zeit (zwischen 23 und 6 Uhr) wählt, in der Kinder und Jugendliche üblicherweise das Angebot nicht wahrnehmen (§5 Abs.3 JMStV).

Diese Regelungen für entwicklungsbeeinträchtigende Angebote gelten jedoch nicht für Nachrichtensendungen oder vergleichbaren Angeboten, wenn ein berechtigtes Interesse an dieser Form der Darstellung oder Berichterstattung vorliegt (§5 Abs.6 JMStV).

Freiwillige Selbstkontrolle

Die FSK (Freiwillige Selbstkontrolle der Filmwirtschaft) ist eine Einrichtung der Spitzenorganisation der Filmwirtschaft e.V. (SPIO). In der SPIO sind verschiedene Wirtschaftsverbände zusammengeschlossen, deren Mitglieder sich verpflichten, nur von der FSK geprüfte Produkte öffentlich anzubieten. Durch ein Prüfverfahren wird über eine Freigabe von Filmen für fünf Altersklassen entschieden. Grundlage für das Prüfverfahren ist zum einen das Jugendschutzgesetz, zum anderen sind es die FSK-Grundsätze. In den Prüfverfahren der FSK werden die

Freigaben für fünf Altersstufen vorgenommen. Die FSK betont, dass „mit der Altersfreigabe [...] keine pädagogische Empfehlung oder ästhetische Bewertung verbunden [ist]".

Die Freiwillige Selbstkontrolle Fernsehen (FSF) ist ein gemeinnütziger Verein privater Fernsehanbieter in Deutschland. Ziel der FSF ist es, zum einen durch Programmbegutachtungen den Jugendschutzbelangen im Fernsehen gerecht zu werden und zum anderen durch Publikationen und Unterstützung von Forschungsarbeiten den bewussteren Umgang mit dem Medium Fernsehen zu fördern. Seit April 1994 lassen die Vereinsmitglieder ihre Programme bei der FSF prüfen. Die ehrenamtlichen Prüfausschüsse der FSF bestehen aus unabhängigen Fachleuten, die im Bereich der Pädagogik, der Psychologie oder der Jugendhilfe arbeiten. Ob und zu welcher Zeit Programme gesendet werden dürfen, hängt insbesondere vom Maße der Gewalt- und Sexualdarstellungen ab. Die FSF kümmert sich aber nicht nur um die Prüfung von Fernsehprogramm, sondern auch um Medienpädagogik und Medienkompetenz:

> Wichtig ist die Information der Eltern und der Appell an ihre Verantwortung, dem Fernsehkonsum ihrer Kinder nicht gleichgültig gegenüberzustehen. Entscheidend ist aber auch, Kinder und Jugendliche nicht nur vor bestimmten Sendungen zu bewahren, sondern zum reflektierten Umgang mit Medien zu befähigen (Freiwillige Selbstkontrolle Fernsehen, o.D).

Spielfilme, die im Kino gezeigt werden oder als Videoausgabe erscheinen, wurden in der Regel bereits von der Freiwilligen Selbstkontrolle der Filmwirtschaft (FSK) geprüft und haben somit eine Alterskennzeichnung. Filme mit einer der Kennzeichnung „Ab 0 Jahren" oder „Ab 6 Jahren" dürfen zu jeder Zeit im Fernsehen ausgestrahlt werden. Bei Filmen ab 12 gilt eine Sendezeit ab 20.00 Uhr als unbedenklich. Bei Filmen ab 16 und 18 Jahren gelten nach Jugendmedienschutz-Staatsvertrag (JMSV) bestimmte Zeitgrenzen (ab 22.00 Uhr bzw. ab 23.00 Uhr). Möchte ein Sender von diesen Zeitgrenzen abweichen, muss er den Film bei der FSF begutachten lassen und damit eine Ausnahmegenehmigung beantragen.

> Bei Erotikfilmen muss entschieden werden, ob es sich um Pornografie handelt – die nicht im Fernsehen ausgestrahlt werden darf – oder ob eine Ausstrahlung ab 23.00 Uhr in Frage kommt (Freiwillige Selbstkontrolle Fernsehen, o.D).

Filme, die nicht im Kino oder als Video erschienen sind und somit nicht von der FSK bewertet wurden, müssen von der FSF geprüft werden. Gleiches gilt für Serien und Reality-Shows.

Die Freiwillige Selbstkontrolle Multimedia-Diensteanbieter ist ein Verein, der 1997 von Verbänden und Unternehmen der Online-Wirtschaft ins Leben gerufen wurde. Sie versucht, die Verbreitung von rechtswidrigen und jugendgefährdenden Inhalten im Internet zu verhindern. Zu diesem Zweck betreibt der Verein eine Beschwerdestelle und klärt Nutzer von Online-Diensten über den verantwortungsbewussten Umgang mit diesen Medien auf. Um die vielfältigen Aufgaben bewältigen zu können, haben sich im Laufe der Jahre fünf weitere Initiativen innerhalb der FSM entwickelt, die verschiedene Schwerpunkte haben. Grundlage aller dieser Initiativen ist ein Verhaltenskodex, der von allen Mitgliedern unterschrieben wird. Eine dieser Initiativen ist die „Selbstkontrolle Suchmaschinen". Mitglieder sind namhafte Anbieter wie Google, MSN Deutschland oder T-Online. So verpflichten sich die Suchmaschinenbetreiber zum Beispiel zur Aufklärung und Information über die Funktionsweisen ihrer Suchmaschinen, die transparente Gestaltung der Suchergebnisse oder zum Einsatz von technischen Vorrichtungen zum Schutz von Kindern und Jugendlichen vor jugendgefährdenden Inhalten. Weitere Schwerpunkte der Initiativen sind Chats, Mobilfunk, Web 2.0 und Teletext.

Die Freiwillige Selbstkontrolle der Computerspielwirtschaft (USK) ist die verantwortliche Stelle für die Prüfung von Computer- und Videospielen in Deutschland. Die Alterskennzeichnung ist ähnlich der Kennzeichnung der FSK. Spiele ohne Altersbeschränkung sind zum Beispiel Geschicklichkeits- und Gesellschaftsspiele, die aus der Sicht des Jugendschutzes keinerlei Beeinträchtigungen für Kinder beinhalten. Spiele, die ab 6 Jahren freigegeben sind, dürfen bereits spannender und wettkampfbetonter ausfallen. Spiele ab 12 Jahren sind deutlich kampfbetonter, müssen aber noch ausreichend Distanzierungsmöglichkeiten für den Spieler bieten. Spiele, die deutlich Gewalthandlungen zeigen, dürfen nicht für Jugendliche unter 16 Jahren freigegeben werden. Keine Jugendfreigabe erfolgt, wenn die Spielkonzepte ausschließlich Gewalt thematisieren und die Gefahr besteht, dass sich die Spieler mit ethisch und moralisch zweifelhaften Charakteren identifizieren.

Kommission für Jugendmedienschutz

Die Kommission für Jugendmedienschutz (KJM) beschäftigt sich mit dem Thema Jugendmedienschutz.

> Unser Anliegen ist es, Differenzierungsvermögen, Kritikfähigkeit, Entscheidungsfähigkeit und Eigenverantwortlichkeit von Kindern und Jugendlichen zu fördern, um sie fit zu machen für den kompetenten Umgang mit Medien (Kommission für Jugendmedienschutz, 2010).

Die KJM dient den Landesmedienanstalten als Organ bei der Erfüllung und Kontrolle des Jugendmedienschutz-Staatsvertrags. Außerdem ist sie zuständig für die Anerkennung von Einrichtungen der Freiwilligen Selbstkontrolle sowie die Festlegung von Sendezeiten nach § 8 JMStV (§ 16 JMStV). Ähnlich wie KlickSafe.de oder andere Anbieter stellt auch die KJM Unterrichtsmaterialien und Broschüren zur Verfügung, die der Medienkompetenz von Kindern und Jugendlichen dienen sollen.

Katharina Hauk, Simone Soubusta

Kapitel 10: Evaluation und Anwendung gefundener Informationen als Lehrstoff

Wissenschaftliches Schreiben und Zitieren

In Nordrhein-Westfalen müssen Schüler in der 12. Klasse eine Facharbeit anfertigen – und werden dabei zum ersten Mal mit dem Konzept des wissenschaftlichen Arbeitens konfrontiert. Doch was macht eine wissenschaftliche Arbeit eigentlich aus? Es handelt sich hierbei streng genommen um eine Arbeit, die auf bereits gewonnenen wissenschaftlichen Ergebnissen aufbaut und gleichzeitig einen eigenen Beitrag zur Wissenschaft leistet (Bünting, Bitterlich, & Pospiech, 2000, 13). Im Falle einer Facharbeit oder auch einer wissenschaftlichen Arbeit an der Universität trifft diese Definition nur teilweise zu, da diese Arbeiten zunächst dazu dienen sollen, den Schülern bzw. Studenten das wissenschaftliche Arbeiten näher zu bringen. Neben der Einbettung in die Wissenschaft wird eine wissenschaftliche Arbeit jedoch auch noch durch eine bestimmte Art des Schreibens definiert, die „verständlich, geordnet, folgerichtig und nachvollziehbar" (Bünting, Bitterlich, & Pospiech, 2000, 13) sein sollte. Damit unterscheiden sich wissenschaftliche Arbeiten wesentlich von anderen Arbeiten, die man in der Schule schreibt, wie etwa Klausuren oder Aufsätze. Im Folgenden soll auf drei Punkte eingegangen werden, die bei der Anfertigung von wissenschaftlichen Arbeiten zu beachten sind: die Gliederung, der wissenschaftliche Schreibstil und die Verwendung von Zitaten.

Gliederung

Jede wissenschaftliche Arbeit – so unterschiedlich ihr Zweck auch sein mag – hat die gleiche Grobgliederung. Diese unterteilt die Arbeit in drei Teile, die der Orientierung des Lesers dienen: *Einleitung*, *Hauptteil* und *Schlussteil*, wobei Einleitung und Schlussteil je ca. 10% des Umfangs des Hauptteils haben sollten (Bünting, Bitterlich, & Pospiech, 2000, 115).

Wie der Name schon vermuten lässt, soll eine *Einleitung* in die Arbeit einführen. Es findet eine Einordnung des Themas in das Gesamtthema statt, indem z.B. vorangegangene Arbeiten zum Thema thematisiert werden. Des Weiteren werden die Zielsetzung und der Bearbeitungsansatz erläutert. Häufig wird zudem auch kurz auf die Gliederung der Arbeit eingegangen (Bünting, Bitterlich, & Pospiech, 2000, 115 f.).

Der *Hauptteil*, der den größten Teil der Arbeit darstellt, ist gleichzeitig der Teil mit der größten Varianz. Er fällt je nach Fachgebiet und Art der Arbeit sehr unterschiedlich aus. Gemein ist allen Varianten, dass der Autor hier seine Untersuchungen bzw. Argumentation wiedergibt. Hierbei kann es sich um die Aufstellung und Verteidigung einer These handeln, um die Präsentation eines Experimentes, das er durchgeführt hat, oder um einen Vergleich verschiedene Ansätze oder Methoden zur Lösung eines Problems, um nur einige Beispiele zu nennen. Aufgrund seines verhältnismäßig größeren Umfangs ist der Hauptteil jedoch nicht ein langer Textblock, sondern er wird weiter untergliedert. Wie diese Untergliederung konkret aussieht, ist stark von der Art der Arbeit abhängig. Wichtig ist jedoch, dass die Gliederung im Sinne der besseren Nachvollziehbarkeit die Argumentation widerspiegelt (Bünting, Bitterlich, & Pospiech, 2000, 131).

Der *Schlussteil* rundet die Arbeit ab. Er enthält normalerweise eine kurze Zusammenfassung des Hauptteils, die wichtige Erkenntnisse hervorhebt, Schlussfolgerungen des Autors sowie eventuell ein Ausblick in die Zukunft mit noch ungeklärten Fragen oder Anwendungsmöglichkeiten der Erkenntnisse (Engel & Slapnicar, 2003, 205 f.). Dem Schlussteil folgt generell das *Literaturverzeichnis*, in dem alle verwandten Quellen aufgeführt sind.

Empirische wissenschaftliche Studien sind häufig im IMRaD-Format gegliedert. Nach der Einleitung (Introduction) folgt der Methodenteil (Methods), danach die Ergebnisse (Results) sowie die Diskussion (Discussion).

Schreibstil

Wissenschaftliche Arbeiten gelten in erster Linie der objektiven Präsentation von Forschungsergebnissen in einer Form, die diese Ergebnisse für andere Wissenschaftler nachvollziehbar machen. Daher sollte die Arbeit auch mit diesem Ziel vor Augen formuliert werden. Zu diesem Zweck nutzt man den wissenschaftlichen Schreibstil, der sich in einigen Punkten vom Schreibstil in anderen Textsorten unterscheidet. Zunächst differiert der Umgang mit Aussagen, Behauptungen und Fakten. Sobald wir die Ebene des Trivialen und des Allgemeinwissens verlassen, müssen alle Aussagen bzw. Behauptungen belegt werden (Kruse, 1993, 82 f.). Hierzu können Forschungsergebnisse und Aussagen anderer Wissenschaftler zitiert oder die Behauptungen aufgrund logischer Schlussfolgerungen auf der Basis bereits belegter Aussagen begründet werden. Ein weiterer Unterschied ist die Definierung verwendeter Begriffe (Kruse, 1993, 82 f.). Uneindeutige Begriffe bzw. Begriffe, die im Kontext der Arbeit von der Norm abweichend verwendet werden, sollten entsprechend definiert werden. Auch in der Formulierung des Textes gibt es wesentliche Unterschiede zur Alltagssprache. Wissenschaftliche Arbeiten sollten sachlich, d.h. ohne Einbringung von Emotionen, und objektiv formuliert sein und auf unnötig blumige Sprache verzichten (Bünting, Bitterlich, & Pospiech, 2000, 94).

Zitieren

„In wissenschaftlichen Texten wird zitiert, um ausdrücklich kenntlich zu machen, dass und wie sachliche Information, Position oder auch Meinung eines anderen in die eigene wissenschaftliche Arbeit eingearbeitet wurde" (Bünting, Bitterlich, & Pospiech, 2000, 70). Im Sinne der Wissenschaftlichkeit ist das Zitieren also unerlässlich. Wir unterscheiden dabei zwischen zwei unterschiedlichen Zitierweisen: dem direkten Zitat (auch wörtliches Zitat) und dem sinngemäßen Zitat (auch Paraphrase).

Beim direkten Zitat wird der Wortlaut des zitierten Textes exakt übernommen und in doppelte Anführungszeichen gesetzt:

... denn wie schon Heinrich Heine sagte: „man muß seinen Feinden verzeihen, aber nicht früher, als bis sie gehenkt worden" (Heine, 1972, 413).

Auslassungen werden in wörtlichen Zitaten in der Form von drei Punkten in eckigen Klammern angezeigt:

... denn wie schon Heinrich Heine sagte: „man muß [...] verzeihen" (Heine, 1972, 413).

Wie dieses unzulässige Beispiel jedoch verdeutlicht, muss man bei solchen Kürzungen aufpassen, dass man nicht den Sinn der ursprünglichen Aussage des Autors verzerrt (Bünting, Bitterlich, & Pospiech, 2000, 73).

Beim sinngemäßen Zitat werden die Inhalte des zitierten Textes in eigenen Worten wiedergegeben:

Schon Heinrich Heine befürwortete die Vergebung der eigenen Feinde, nachdem sie ihre gerechte Strafe erhalten haben (vgl. Heine, 1972, 413).

In jedem Fall muss jedoch die Quelle des Zitats in angemessener Form direkt vor oder nach dem Zitat angegeben werden. Vernachlässigt man bei einer der Formen diese Quellenangabe oder übernimmt man den direkten Wortlaut des Originaltextes, ohne ihn in Anführungszeichen zu setzen, so sprechen wir von einem Plagiat

– der Ausgabe fremder Ideen oder Worte als unsere eigenen. Auf die ethischen und rechtlichen Aspekte des Plagiarismus wird in Kapitel 9 näher eingegangen.

Um sicherzustellen, dass der Leser alle wichtigen Informationen bezüglich der Quellen erhält, um die zitierten Stellen in Originalkontext wiederzufinden, gibt es zur Angabe der Zitatquellen verschiedene Zitierstile, die regeln, in welcher Form im Text auf Quellen verwiesen wird und wie diese im Literaturverzeichnis aufgeführt werden. Es gibt sehr viele verschiedene Zitierstile und welcher in einer Arbeit Verwendung findet, ist zumeist vom Verlag bestimmt. Wer an der Universität eine wissenschaftliche Arbeit einreicht, richtet sich normalerweise nach den Vorgaben des Fachgebietes (Turabian, 2007, 135). Trotz der großen Anzahl an Zitierstilen, gibt es einige wenige Stile, die am weitesten verbreitet sind. Dies sind u. a. der Stil des Chicaco Manual of Style (CMS), der Stil der American Psychology Association (APA) und der Stil der Modern Language Association (MLA) (Harvey, 2003).

Diese Zitierstile lassen sich grob in zwei Arten unterteilen. In der ersten Variante werden Autor und Erscheinungsjahr (so wie evtl. Seitenzahl) in runden Klammern direkt im Fließtext angegeben – entweder in der Form (Mustermann, 2011) oder in der Form

> Mustermann (2011) schreibt dazu ...

Dabei wird die Quellenangabe möglichst knapp gehalten, während ausführliche bibliografische Informationen im Literaturverzeichnis folgen. In der anderen Variante wird dem Zitat eine Fuß- oder Endnote nachgestellt, und die bibliographische Angabe erfolgt entweder auf derselben Seite (Fußnoten) oder am Ende der Arbeit (Endnoten) unter Angabe der Fuß-/Endnotennummer (Turabian, 2007, 135 ff.). Wichtig ist für den Zweck einer ersten wissenschaftlichen Arbeit wie der Facharbeit jedoch vor allen Dingen, dass man sich für einen Stil entscheidet und diesen durchgängig einsetzt.

Evaluation von Informationen

Dem Nutzer steht in der heutigen Zeit eine riesige Menge an Informationsmaterial zur Verfügung. Besonders durch das Internet ist es sehr einfach geworden, an Informationen zu kommen. Daher ist es besonders wichtig, wenn man sich in einer wissenschaftlichen Arbeit auf andere Werke beruft, die Relevanz der Informationen richtig einzuschätzen. Auch Schüler sollten frühzeitig lernen, die Qualität von Informationen korrekt zu bewerten. Im Folgenden gehen wir zuerst auf die Evaluation von Informationen allgemein ein und betonen dann die Besonderheiten, die Informationen aus Print- und Onlinemedien mit sich bringen.

Evaluation von Informationsressourcen

Bei jeder Quelle, die man liest, sollte man sich über den Autor informieren. Nur so kann man feststellen, ob er sich auch wirklich mit dem Thema auskennt und welche Erfahrungen er zu dem Thema gesammelt hat. Interessant ist auch, ob der Autor weitere Publikationen veröffentlicht hat, die zusätzlich nützlich sein können. Der Beruf des Autors kann ebenfalls von Bedeutung sein. Wenn er Mitarbeiter bei einer wissenschaftlichen Einrichtung ist, ist es wahrscheinlich, dass er selbst in dem Bereich forscht und sich intensiv mit dem Thema auseinandergesetzt hat. Arbeitet er dagegen für eine Firma, ist es möglich, dass er vor allem ihre Interessen vertritt und sich danach richtet. Auch Privatpersonen können Informationen im Internet veröffentlichen, diese sollten jedoch besonders sorgfältig überprüft werden. Zu den meisten Autoren findet man im Internet die nötigen Informationen.

Bei jeder Informationsressource ist die Objektivität besonders wichtig. Meistens werden die Absichten und die Objektivität einer Informationsressource schon im Abstract oder in der Einleitung deutlich. Es muss klargestellt werden, dass der Text informativ und nicht persuasiv ist, der Leser also mit verschiedenen Argumenten und Fakten überzeugt wird. Der Autor muss beide Seiten gleichermaßen ausführlich darstellen und auch auf Theorien und Fakten eingehen, die seine Hauptthese widerlegen könnten. Er darf keine emotionale Sprache verwenden, um den Leser zu beeinflussen und seine Meinung nicht als Fakt darstellen. Die Argumentation sollte auf Fakten gestützt sein, die gut recherchiert, vollständig und sorgfältig ausgearbeitet wurden. Vermutungen und Schlussfolgerungen müssen vernünftig und gut belegt sein. Besonders wichtig ist es, dass genügend verlässliche Quellen zitiert werden. Der Leser muss deshalb die Literaturhinweise gründlich untersuchen und wenn möglich nachverfolgen. Am einfachsten ist es, wenn die Fakten und Ergebnisse eines Textes mit denen von bekannten Autoren übereinstimmen. Wenn dies nicht der Fall ist, sollte die Quelle besonders skeptisch begutachtet und weitere Informationsressourcen zur Absicherung hinzugezogen werden.

Gute Texte sind logisch strukturiert, ohne Wiederholungen bei der Argumentation, fließend geschrieben und gut verständlich. Grammatik- oder Rechtschreibfehler deuten auf eine schlechtere Qualität hin. Graphiken (Bilder, Tabellen, Diagramme) sollten angemessen dargestellt, eindeutig benannt und entweder erklärt werden oder auch ohne zusätzlichen Text verständlich sein.

Bei jeder Quelle muss zuerst geprüft werden, ob sie dem Leser bei der Beantwortung seiner Fragestellung weiterhilft. Nur wenn sie neue Informationen, andere Ideen oder Blickwinkel zum Thema bietet, ist sie lesenswert. Daher muss man lernen, den Inhalt einer Quelle möglichst schnell zu erfassen, um keine Zeit mit dem Lesen von irrelevanten Informationen zu verschwenden. Ein wichtiger Punkt kann hierbei die Aktualität eines Textes sein. Auf den Zeitpunkt der Veröffentlichung sollte man daher schon vor der Lektüre achten, weil manche Arbeiten, die nicht aktuell genug sind, in weiten Bereichen der Wissenschaft und der Technik automatisch weniger nützlich sind. Die Relevanz der Aktualität hängt jedoch auch mit dem Themengebiet zusammen. Bei bestimmten Bereichen benötigt man besonders aktuelle Informationen (z.B. bei neuen wissenschaftlichen Entwicklungen), während bei anderen auch ältere Informationen noch relevant sein können (z.B. bei der Geschichtsforschung).

Evaluation von Print- und Onlinemedien

Verschiedene Medien haben unterschiedliche Eigenschaften, die man bei der Evaluation beachten muss. Im Allgemeinen galten bis vor wenigen Jahren Printinformationen im Vergleich zu Internetquellen zuverlässiger. Aber viele Printmedien sind inzwischen auch online verfügbar. Außerdem gibt es viele Internetseiten, deren Qualität mit der von traditionellen Publikationen vergleichbar ist. An eine Website sollte man die gleichen Erwartungen stellen wie an Printmedien und sich die Frage stellen, ob diese Quelle so zuverlässig und nützlich wie andere Ressourcen ist.

Der Vorteil bei traditionellen Publikationsformen wie Bücher oder Zeitschriften (egal, ob diese in Print oder online vorliegen) ist, dass viele Informationen eindeutig sind. Der Autor und der Zeitpunkt der Publikation sind in jedem Fall klar ersichtlich. Die Texte werden von einer Redaktion geprüft und müssen daher eine gewisse Qualität aufweisen. Um diese richtig einschätzen zu können, ist es sinnvoll, sich genauer mit dem Verlag oder mit der Zeitschrift auseinander zu setzen, weil es auch hier erhebliche Unterschiede gibt. Man sollte besonders darauf achten, ob eine Veröffentlichung wissenschaftlich oder populärwissenschaftlich ist. Die Bedeutung von wissenschaftlichen Publikationen kann man oft an der Anzahl von Zitationen erkennen. Arbeiten, die oft zitiert werden, sind allgemein anerkannt und können ein guter Einstieg bei der Lösung einer Fragestellung sein. Es gibt spezielle Zitationsdatenbanken, wie *Web of Science* oder *Scopus*, bei denen man sich die Publikationen, die eine bestimmte Arbeit zitieren, anzeigen lassen kann (Stock & Stock, 2008).

Bei Veröffentlichungen im Internet sind viele dieser Informationen nicht zwangsläufig gegeben. Zuerst muss man sich darüber klar werden, wer die Website veröffentlicht hat und für die Inhalte verantwortlich ist. Von wissenschaftlichen Einrichtungen über Unternehmen bis hin zur Privatpersonen findet man alle möglichen Autoren. Die Top-Level-Domain (TLD) einer URL kann hierbei teilweise weiterhelfen. Neben den länderspezifischen TLD wie .de oder .uk war die TLD .com ursprünglich nur für Unternehmen und die TLD .org nur für nicht-kommerzielle Organisationen gedacht. Inzwischen sind sie jedoch frei zugänglich für jeden. Die TLD .edu darf jedoch nur von amerikanischen Bildungseinrichtungen – hauptsächlich Colleges und Universitäten – genutzt werden und ist somit ein guter Indikator für verlässliche Websites.

Bei den meisten Websites wird recht schnell deutlich, wer der Herausgeber ist. Zumindest Websites, die nicht rein privat sind, müssen in Deutschland immer mit einem Impressum ausgestattet sein, das die nötigen Informationen enthält. Oft gibt es noch einen eigenen Bereich (meistens mit Überschriften wie „Über Uns" oder „Unsere Philosophie"), in dem sich die Herausgeber ausführlich vorstellen. Wenn die Website von einem Unternehmen stammt, muss man darauf achten, ob ihre Texte in erster Linie ihre Produkte oder Dienstleistungen verkaufen sollen oder wirklich informativ sind. Werbung auf der Website sollte in jedem Fall klar als solche gekennzeichnet sein. Auch bei persönlichen Websites stellt sich der Autor oft vor. Praktisch ist es, wenn dort nähere Informationen stehen, die nachweisen, dass der Autor sich wirklich mit dem Gebiet auskennt. Wenn solche Angaben nicht zu finden sind, sollte man den Autor anschreiben und um Auskunft bitten. Informationen auf privaten Seiten sind nicht unbedingt weniger Wert. Wenn die Absicht und Erfahrung des Autors jedoch unbekannt sind, sollte man sich lieber nicht darauf verlassen.

Websites besitzen den Nachteil, dass die Aktualität der Informationen nicht immer ersichtlich ist. Hilfreich ist es, wenn das letzte Update der Seite vermerkt ist. Diese Information findet sich oft am Ende der Seite. Die Funktion, die bei traditionellen wissenschaftlichen Artikeln Zitationen ausüben, kann bei Websites von Links übernommen werden (Stock, 2007). Gute Internetseiten geben durch ihre Links Referenzen an, die verdeutlichen, woher die Informationen stammen. Diese Links sollten gründlich überprüft werden. Wenn Links nicht funktionieren, kann das ein Zeichen dafür sein, dass die Seite nicht häufig genug aktualisiert wird. Um zu prüfen, welche Seiten auf eine Website verlinken, kann man verschiedene Tools wählen. Gibt man bei alexa.com die URL einer Website ein, erfährt man, wie viele Seiten darauf verlinken. Auch bei Suchmaschinen wie Google kann man Internetseiten finden, die auf die gefragte Website verlinken, indem man link: und direkt danach die URL eingibt z.B. *link:http://www.uni-duesseldorf.de/*.

Besonders vorsichtig sollte man bei Informationen aus Web-2.0-Angeboten sein. Da die Autoren und die Aktualität der Veröffentlichung hier meist nicht eindeutig sind, eignen sie sich nicht zum Zitieren. Dennoch können diese Seiten hilfreich sein und einen guten Einstiegspunkt geben. Das wohl bekannteste Beispiel hierfür ist Wikipedia. Auch wenn man Wikipedia-Artikel nicht als Referenz angeben sollte, kann man sich dort meistens einen guten Überblick über das Thema verschaffen und findet auch öfter Verweise zu verlässlichen Quellen.

Teil 4: **Stoffvermittlung: Didaktik der Informationskompetenz**

Kathrin Knautz

Kapitel 11: Gamification im Kontext der Vermittlung von Informationskompetenz

Die heutige Gesellschaft wird oftmals als Wissensgesellschaft bezeichnet, da die Ressource Wissen vermehrt die Grundlage des sozialen und ökonomischen Systems bildet. Von der vormals vorherrschenden Industrie- zu einer Wissensgesellschaft hat ein grundlegender Strukturwechsel stattgefunden. Um die neuen Informationsinfrastrukturen verstehen und anwenden zu können, sind professionalisierte und technisch qualifizierte Wissensarbeiter notwendig. Informationskompetenz bildet damit eine Schlüsselqualifikation in dieser wissensbasierten Gesellschaft.

Die Vermittlung sollte nicht nur auf Grund der immer komplexer und umfangreicher werdenden Prozesse bereits in der Schule ansetzen. Die heutigen Schüler wachsen in einer von Technologie geprägten Welt auf und werden als Digital Natives, digitale Eingeborene, bezeichnet (Prensky, 2001). Sie bilden eine neue Generation von Lernenden, welche durch die immer zur Verfügung stehenden Technologien (Internet, Smartphones, Computerspiele etc.) und deren interaktive Nutzung mit neuen Möglichkeiten aber auch Gefahren konfrontiert sind. Informationskompetent sein heißt u. a. relevante Informationen finden zu können, diese zu bewerten, wiederzuverwenden und neues Wissen zu kreieren. Die Gefahren des Internets und rechtliche Grundlagen zu kennen ist dabei wichtiger als jemals zuvor. Die Schule muss daher Schüler mit diesen Fähigkeiten des 21. Jahrhunderts ausstatten. Hierbei ist ein wesentlicher Aspekt zu beachten: Diese neue Generation von Schülern ist durch die massive Interaktion mit neuen Medien von herkömmlichen Unterrichtsmethoden schnell gelangweilt (Artelt, Baumert, Julius-McElvany & Peschar, 2003). Gründe hierfür sind u. a., dass Menschen, welche mit digitalen Möglichkeiten von heute aufgewachsen sind, anders als die bisherigen Generationen arbeiten, lernen, schreiben, interagieren und kommunizieren. Digital Natives sind untereinander vernetzt, präferieren Multitasking, spielen gerne Computerspiele, arbeiten vorzugsweise in Teams und zeichnen sich oftmals durch eine hohe Kreativität als Prosumer aus (Prensky, 2001).

Dieses Kapitel beschäftigt sich daher mit der Vorstellung eines Ansatzes, in welchem bei der Vermittlung von Informationskompetenz den Merkmalen der Digital Natives entsprochen werden kann. Hierzu werden zunächst das Lernen und die Lernmotivation betrachtet. Nach der Zielsetzungstheorie von Latham und Locke (1990) ist das bewusste menschliche Verhalten von einem Zweck erfüllt und individuellen Zielen getragen. Dieser Bezug von Zielen und Lernmotivation wird in einem ersten Teil eingehender betrachtet. Thematisiert werden zudem die intrinsische Motivation und das Flow-Erleben (Csíkszentmihályi, 1985).

Hierauf aufbauend lässt sich mit dem *homo ludens* (Huizinga, 2009 [1939]) ein Konzept identifizieren, in welchem seit Jahrhunderten das Spiel einen wesentlichen Überlebensfaktor bildet. Spielen heißt überleben lernen, neue Strategien und Lösungsansätze finden. Obwohl das Konzept des Spiels über die Jahrhunderte erfolgreich und sehr populär war, ist es heutzutage in die Freizeit verdrängt worden. Mit dem Aufkommen des digitalen Zeitalters erlebte das (Computer-)Spiel jedoch eine Wiedergeburt und Millionen Spieler widmen sich dieser Freizeitbeschäftigung. Neue Spielmechaniken zur Befriedigung von Bedürfnissen tragen erheblich zum Erfolg bei. Diese Mechaniken werden auf Grund ihrer Wirksamkeit nun auch in anderen Kontexten eingesetzt. Zusammen mit dem Konzept des *homo ludens* bildet die Betrachtung von *Gamification* (Zichermann & Cunningham, 2011), also der Einsatz von Spielmechaniken in spielfremden Kontexten sowie die Vorstellung einzelner spielerischer Elemente, den zweiten Teil dieses Kapitels.

Digital Natives über Aspekte der Gamification im schulischen Umfeld anzusprechen erscheint als ein logischer nächster Schritt (*game-based learning*). Diese Generation liebt es zu spielen und bewegt sich damit auf einem vertrauten Terrain. Der dritte Teil des Kapitels betrachtet daher spielbasiertes Lernen im pädagogischen Umfeld. Es werden exemplarisch drei unterschiedliche Projekte vorgestellt, welche erfolgreich Lerninhalte mit Hilfe von Spielmechaniken vermitteln.

Den vorletzten Teil dieses Kapitels bildet die Zusammenführung von pädagogischem Umfeld, Informationskompetenz und Spielmechaniken (*game-based information literacy*). Das Lehren dieser Schlüsselqualifikation mit Hilfe von Spielelementen bildet ein perfektes Zusammenwirken. Schülern wird auf der einen Seite das notwendige Wissen vermittelt, um Informationsstrukturen verstehen und anwenden zu können. Auf der anderen Seite wird den unterschiedlichen Kennzeichen dieser Generation wie die Präferenz zur Teamarbeit und zum Multitasking oder die Liebe zum Spiel bei der Vermittlung von Lehrinhalten entsprochen. Dieser Teil gibt einen Einblick, wie Spielmechaniken und -dynamiken in Bezug auf das Lehren von Informationskompetenz angewendet werden können.

Den Abschluss bildet ein Fazit, dass die aufgezeigten Inhalte nochmals zusammenfasst und eine Empfehlung hinsichtlich der Vermittlung von Informationskompetenz im schulischen Umfeld gibt.

Einführung: Motivation, Ziele und Schule – Freude am Lernen?

Nach einer Studie des OECD (Artelt, Baumert, Julius-McElvany & Peschar, 2003) ist die Motivation der Schüler entscheidend für den Lernerfolg. Die internationale Studie kommt zu der Erkenntnis, dass durch effektivere Lernstrategien und stärkere Motivation der Schüler eine höhere Kompetenzstufe erreicht werden kann. Während sich der nächste Teil dieses Kapitels mit einer effektiveren Lernstrategie beschäftigt, wird in diesem der Motivationsaspekt thematisiert.

Bedürfnisse und die Umsetzung von Zielen in Handlungen

Menschen sind dadurch gekennzeichnet, dass sie Bedürfnisse haben und danach Streben diese zu erreichen. Nach Maslow (1954) lassen sich fünf Stufen an Bedürfnisklassen unterscheiden, welche aufeinander aufbauen. Körperliche Grundbedürfnisse wie Essen, Trinken oder Schlafen bilden die unterste Stufe und werden als erstes zu befriedigen versucht. Erst wenn diese fundamentalen Bedürfnisse erfüllt sind, wird die Befriedigung der Sicherheitsbedürfnisse (Recht und Ordnung, Absicherung, Unterkunft etc.) auf der nächsten Stufe angegangen. Soziale Bedürfnisse als eine dritte Stufe umfassen das Streben nach Anschluss in Bezug auf Familie, befriedigende soziale Beziehungen oder Kommunikation. Die vierte Klasse bilden Individualbedürfnisse, welche den Wunsch nach Anerkennung, Erfolge, Status etc. umfassen. Als letzte und höchste Klasse nennt Maslow das Verlangen des Menschen nach Selbstverwirklichung in Form von Talentenfaltung, Perfektion, Individualität und Altruismus.

Grundlegend ist, dass erst, wenn ein Bedürfnis befriedigt werden konnte, die Motivation steigt ein weiteres zu befriedigen. Hierbei ist zu beachten, dass die Bedürfnisse der fünften Stufe (und teilweise auch der vierten), die so genannten Wachstumsbedürfnisse, nie wirklich befriedigt werden können. Bedürfnisse sind damit in der Lage, Motivationen im Hinblick auf angestrebte Ziele zu generieren und zu steigern.

Dass das menschliche Handeln zielorientiert ist, betonen auch Latham und Locke (1990) in ihrer Zielsetzungstheorie (*goal-setting-theory, high performance cycle*). Sie gehen in ihrer Motivationstheorie davon aus, dass das bewusste Verhalten von einem Zweck erfüllt und von individuellen Zielen gesteuert wird. Herausforderungen führen zu einem höheren Leistungsniveau und damit gleichzeitig bei Erfolg zu einer Befriedigung. Diese wiederum beeinflusst das Ausmaß, in dem sich eine Person verpflichtet fühlt (*commitment*), was zu neuen Handlungs-initiierungen führt.

Ihre Forschungen ergaben hierbei, dass es keinen Unterschied macht, ob begründete Ziele (von außen) zugewiesen werden oder selbstgesetzt sind (Latham & Locke, 1990; Klein et al., 1999). Wichtig jedoch ist, Rückmeldungen über das Leistungsniveau der angestrebten Ziele zu geben, um das aufgabenspezifische Selbstvertrauen (Selbstwirksamkeit, *self-efficacy*; Bandura, 1986) zu erhöhen. Menschen mit hoher Selbstwirksamkeit setzen sich höhere Ziele und haben ein höheres Commitment (Latham & Locke, 2002). Neben der Rückmeldung über das Leistungsniveau ist es nach Locke und Latham (1990) ebenso wichtig, dass eine gewisse Zielbindung erfolgt, um Ziele in Handlungen umzusetzen. Als Zielbin-dung lässt sich hierbei das Ausmaß beschreiben, in welchem sich eine Person dem Ziel verpflichtet fühlt. Die Stärke dieser Moderatorvariablen wird durch die Motivation bestimmt.

Lernmotivation und Lernfreude

Nach Rheinberg (2009, 668) ergibt sich Motivation aus dem Zusammenwirken von unterschiedlichen Prozessen. Hierzu zählen neben kognitiven und physio-logischen Prozessen auch die affektiven Erlebnistönungen des momentanen Zustands und basale Handlungstendenzen. Eine Definition von Motivation wird daher, je nachdem, welcher Prozess genauer betrachtet wird, immer unterschied-lich ausfallen. Wichtig hierbei ist jedoch, dass Motivation als eine variable Größe verstanden wird, die in ihrer Stärke, Qualität und Art des angestrebten Ziels vari-iert. Weiterhin sind affektive Zustände für ein motiviertes, zielgerichtetes Handeln von Bedeutung. Denn sowohl klassische Theorien wie beispielsweise die Psycho-physiologische Emotionstheorie nach James (1884) als auch moderne Thesen wie die Kognitiven Einschätzungstheorien (Scherer, 1984) gehen davon aus, dass die subjektiv eingeschätzte Bedeutung (Ziele, Bedürfnisse, Motive einer Person) der Situation entscheidend für die Emotionsentstehung ist. In ihren neueren For-schungen postulieren auch Locke und Latham (2002), dass Emotionen auf das Niveau des Ziels Einfluss nehmen. Festzuhalten ist, dass Motivation, dadurch dass man sich mehr anstrengt und mehr Zeit investiert um ein bestimmtes Ziel zu erreichen, dem menschlichen Verhalten – egal ob im Alltag oder in der Schule – eine Richtung gibt. Hierbei gilt, dass die Motivation bzw. das Motiv ein konkre-tes Ziel besitzen muss, um diese richtunggebende und aktivierende Wirkung zu erzielen. Emotionen spielen in diesem Zusammenhang eine Rolle, insofern Men-schen diejenigen Handlungen vermeiden, die zu Unlust führten bzw. die Tätigkeiten wiederholen, bei denen Lust empfunden wurde (vgl. Dimensionsmodell (Lust-Unlust) nach Wundt (1906)). Man spricht in diesem Zusammenhang auch von einem „affective filter" (Gee, 1996). Gee beschreibt diesen wie folgt:

> [T]hat is a filter that shuts out input from the world when a person is fearful, emotionally resistant, frustrated, or otherwise emotionally overburdened. When this happens, input does not become intake for learning in the human mind (e.g., when someone is trying to learn a foreign language, but is fearful of failing and looking silly) (Gee, 2008, 35).

Lernfreude als Form der Emotion Freude ist damit ein wesentlicher Bestandteil der Lernmotivation. Die Freude am Lernen ist grundgelegt, da jedes Kind von sich heraus lernen will. Interesse bzw. Neugier ist als angeborenes universales Bedürfnis konzipiert (*Neugiermotiv*; z.B. Korner & Beason, 1972; Salapatek, 1975), welches die Antriebskraft für die Auseinandersetzung mit der Umwelt bildet (Gibson, 1988; Case, 1984). Zwar ist die Bereitschaft der Exploration angeboren, die notwendigen Verhaltensweisen wie beispielsweise das Fragestellen (epistemische Neugier), um Informationen zu erhalten, muss im Laufe der Entwicklung und in Abhängigkeit mit der geistigen Reife erlernt werden (Berg & Sternberg, 1985). Eine Folge hieraus ist die ständige interessensbasierte Neuorientierung eines Individuums zur Anregung des Neugiermotivs. Je stärker die Ausprägung des Neugiermotivs ist, desto besser entwickeln sich durch die aktive Informationsaufnahme geistige Strukturen (Trudewind, Schubert, & Ballin, 1996; Berg & Sternberg, 1985).

Bei (Klein-)Kindern ist diese aktive Auseinandersetzung mit der Umwelt intrinsisch motiviert, d.h. sie kommt aus einem selbst motivierten Prozess heraus; die Handlung befriedigt Interessen, birgt Freude oder stellt eine Herausforderung dar. Sie ist damit autotelisch. Ein zusätzlicher Anreiz, beispielsweise in Form einer Belohnung, ist nicht notwendig. Intrinsisch betrifft in diesem Zusammenhang den Vollzug der Tätigkeit (*„activity running by its own drive"*; Woodworth, 1918, 70). Von extrinsischer Motivation spricht man hingegen, wenn bestimmte Leistungen erbracht werden, um einen Vorteil zu erhalten oder einem Nachteil zu entgehen (Myers, 2004, 330). Woodworth (1918) gibt jedoch zu beachten, dass eine auf Grund extrinsischer Motive begonnene Tätigkeit durchaus durch intrinsische Anreize weitergeführt werden kann.

Zu erwähnen ist an dieser Stelle, dass das Begriffspaar intrinsisch-extrinsisch im Bezug auf motiviertes Handeln durchaus kontrovers definiert wird. So meint beispielsweise die intrinsische Lernmotivation im angloamerikanischen Raum den Erwerb von Kompetenzen (Lernziel-Orientierung), die extrinsische Lernmotivation hingegen meint die Demonstration dieser erworbenen Kompetenzen (Performanzziel-Orientierung) (Dweck & Leggett, 1988).

Intrinsische Motivation und das Flow-Erleben

Studien zeigen, dass das Interesse an Schulfächern bzw. Lerninhalten über die Schulzeit hinweg abnimmt (z.B. Kessels & Hannover, 2004) und es hierbei oftmals geschlechterspezifische Unterschiede gibt (Jacobs et al., 2002; Simpkins, Davis-Kean, & Eccles, 2006). Die Klärung des Motivationsverlusts wird mit Hilfe verschiedener Theorien wie beispielsweise der Interessenstheorie (z.B. Köller, Baumert, & Schnabel, 2000; Schiefele, Krapp, & Winteler, 1992), der Selbstbestimmungstheorie (Bandura, 1977; Deci & Ryan, 1985; Reeve, Bolt, & Cai, 1999) oder über das Erwartungs-Wert-Modell (Eccles-Parsons et al., 1983) begründet.

Hierauf aufbauend lassen sich wiederum Modelle und Methoden entwickeln, auf welche Weise die Motivation beim Lernen gefördert werden kann. Ziel ist es, über Tätigkeitsanreize die intrinsische Motivation zu fördern. Definiert man Motivation allgemein als die „aktivierende Ausrichtung des momentanen Lebensvollzugs auf einen positiv bewerteten Zielzustand" (Rheinberg, 2002, 17) stellt sich die Frage, wie diese aktivierende Ausrichtung im schulischen Umfeld über Tätigkeitsanreize realisiert werden kann. Genauer betrachtet ist damit nicht der punktuelle Endzustand bei der Definition relevant, vielmehr steht der Vollzug der Tätigkeit im Fokus der Betrachtung. Denn nur wenn diese den Schüler intrinsisch motiviert, wird er sie möglichst lange und intensiv ausführen.

Kognitiv-motivationale Prozessmodelle ordnen so genannten Mediatoren – Wirkungsmechanismen, mit deren Hilfe man Ziele in Handlungen umsetzt – eine besondere Rolle innerhalb der Lernmotivation zu (Vollmeyer, 2009, 342). Ausgehend von dem aktuellen Motivationsmuster zu Beginn der Lernsituation, welches durch die Aspekte Interesse, Herausforderung, Erfolgswahrscheinlichkeit und Misserfolgsbefürchtung bedingt ist, konstituieren Mediatoren (Strategie, Persistenz, Flow) das Bindeglied zum Wissenserwerb. Vollmeyer (2009) fasst die Relation von aktueller Motivation, Mediatoren und Leistung wie folgt zusammen:

> Dieses [Motivations]muster sollte sich so auf den Lernprozess auswirken, dass der Lernende für das Lernmaterial günstigere Strategien wählt, mehr Zeit mit dem Lernmaterial verbringt (das ist Persistenz) und beim Lernen eher flow empfindet (Vollmeyer, 2009, 343).

Das hier zitierte Flow-Erleben meint das freudige Aufgehen in der Tätigkeit und geht auf Csíkszentmihályi (1985) zurück. Ähnlich wie bei Kurt Hahns (1908) „schöpferischen Leidenschaft" oder Maria Montessoris (1976) „Polarisation der Aufmerksamkeit" liegt im Flow-Erleben der Anreiz im Vollzug der Tätigkeit. Csíkszentmihályis Theorie entstand aus der Beobachtung von agierenden Künstlern wie beispielsweise Bildhauern und Malern. Sobald die Werke zum Abschluss kamen, verloren die Künstler jegliches Interesse an ihren Bildern und Skulpturen, obwohl sie zuvor sehr viel Zeit und Energie auf die betreffenden Tätigkeiten verwendet hatten. Im Interview antworteten die meisten Probanden, dass sie die Tätigkeiten weniger hinsichtlich extrinsischer Belohnungen wie Geld oder Anerkennung ausführten, sondern vielmehr den Vollzug an sich als erfüllend ansahen. Diese intrinsisch motivierten Handlungen, welche den Menschen in einen Zustand des konzentrierten aber dennoch mühelosen Dahinfließens versetzen und mit der Tätigkeit Eins werden lassen, nannte Csíkszentmihályi das Flow-Erleben. Anforderung und Fähigkeit stehen hierbei in einem ausgewogenen Verhältnis, so dass weder eine Unterforderung noch eine Überforderung besteht.

Es stellt sich die Frage, wie genau das Flow-Erleben im Bereich des schulischen Lernens gefördert werden kann. Welche Mechanismen gibt es, um den Spaß am und beim Lernen zu steigern? Eine interessante Möglichkeit bietet ein Blick in die Welt der Spiele.

Gamification – Spielkonzepte im spielfremden Kontext

Das Spielen ist ein Prozess, der im menschlichen Leben allgegenwärtig ist. Der Unterschied zu vielen anderen Tätigkeiten liegt in der intrinsischen Motivation, welche den Spieler mit voller Konzentration und Leidenschaft Aufgaben lösen lässt. Im Folgenden wird mit dem *homo ludens* ein Konzept vorgestellt, das das Spiel als einen wichtigen Kulturfaktor einordnet, da das Streben nach Anerkennung, Wettbewerb und Status tief im Menschen verwurzelt ist. Mit dem Aufkommen des digitalen Zeitalters erlebte die Spieleindustrie einen starken Aufschwung, und die genannten Bedürfnisse konnten durch einfache Mechanismen im Spiel befriedigt werden. Das Potential dieser in digitalen Spielen eingesetzten Spielmechanismen wurde auch von anderen Branchen erkannt und für den eigenen Bedarf angepasst (Gamification). Die Betrachtung dieses Konzepts sowie die Erläuterung einzelner Spielmechaniken und -dynamiken bildet den Abschluss des zweiten Teils.

Homo Ludens – Der spielende Mensch

Das Konzept des *homo ludens* basiert auf dem gleichnamigen kulturanthropologischen Werk von Johan Huizinga (2009 [1939]). In diesem zeigt der niederländische Kunsthistoriker auf, dass sich unterschiedliche kulturelle Systeme wie die Politik, Wissenschaft, Kunst, Recht oder die Philosophie auf Basis spielerischer

Verhaltensweisen entwickelt und im Laufe der Zeit über Ritualisierungen institutionell etabliert haben. So basiere beispielsweise das antike Rechtssystem auf einem spielerischen Wettkampf, bei welchem sich vor allem auf sprachlicher Ebene durch die ständige Erweiterung und Präzisierung von Gesetztestexten begegnet wurde. Rhetorik habe hierbei ebenfalls einen entscheidenden Einfluss auf den Verlauf von Verfahren ausgeübt (Huizinga, 2009 [1939], 89). Formal findet man auch heute noch Aspekte des Spiels wie eigene Kleidung (Amtstracht), abgeschlossener Bereich (Gerichtssaal) und Regeln (alle Menschen sind vor dem Gesetz gleich) im Bereich der Rechtssprechung.

Das Spielen an sich ist nach Huizinga allgegenwärtig und positioniert sich damit als einen zentralen, selbstständigen Kulturfaktor. Hierbei ist bemerkenswert, dass das Phänomen Spiel älter als die ersten Spuren menschlicher Kultur wie beispielsweise Sprache, Schrift oder Kunst ist. Spielen war über Jahrtausende hinweg wichtig für das Überleben von Mensch und Tier. Wichtige Verhaltensmuster wurden und werden spielerisch erlernt. So entwickelt der Mensch im Spiel zum einen motorische und kognitive Fähigkeiten, zum anderen erwirbt er soziale Komptetenz. Der Spielprozess kann nach Fabricatore (2000) als informationsverarbeitender Zyklus angesehen werden, bei welchem spielrelevantes Wissen erworben, analysiert und interpretiert werden muss, um mit der Welt interagieren zu können.

Grundlegend für das Spielprinzip ist die Neigung des Menschen andere Individuen besiegen zu wollen:

> Im agonalen Instinkt hat man in erster Linie mit Machthunger oder mit dem Willen zu herrschen zu tun. Primär ist das Verlangen, den anderen zu übertreffen, der Erste zu sein und als solcher geehrt zu werden (Huizinga, 2009 [1939], 61).

Der Wettkampf hat nach dieser Aussage also seinen Ursprung im agonalen Instinkt. Dieses Konkurrenzdenken bringt den Menschen dazu, durch die Erbringung guter Leistungen sich stetig zu verbessern, an andere Individuen heranzukommen oder sie zu überholen. Es ist daher nicht verwunderlich, dass Menschen gerne solche Tätigkeiten ausüben, bei denen sie sich mit anderen messen können, um Anerkennung zu erfahren.

Huizinga (2009 [1939]) definiert Spiel als ein eigenes System mit Regeln, dass auf der einen Seite einen Sinn stiftet, auf der anderen Seite durch Geheimnisse und Verkleidungen von Unsinn geprägt ist:

> Der Form nach betrachtet, kann man das Spiel also zusammenfassend eine freie Handlung nennen, die als, nicht so gemeint und außerhalb des gewöhnlichen Lebens stehend empfunden wird und trotzdem den Spieler völlig in Beschlag nehmen kann, an die kein materielles Interesse geknüpft ist und die mit der kein Nutzen erworben wird, die sich inner-

halb einer eigens bestimmten Zeit und eines eigens bestimmten Raumes vollzieht, die nach bestimmten Regeln ordnungsgemäß verläuft und Gemeinschaftsverbände ins Leben ruft, die ihrerseits sich gern mit einem Geheimnis umgeben oder durch Verkleidung als anders von der gewöhnlichen Welt abheben (Huizinga, 2009 [1939], 22).

Dass die Rolle des Spiels im neuzeitlichen Denken nicht mehr so stark verankert ist, wie es über die Jahrhunderte davor war – man denke an „Brot und Spiele" (panem et circenses) im antiken Rom, Ritterturniere im Mittelalter, das künstlerische Wetteifern in der Renaissance etc. – liegt nach Huizinga am Aufkommen liberaler politischer Ideen und der analytischen Wissenschaft:

Die Ideale von Arbeit, Erziehung und Demokratie ließen kaum Raum für das ewige Prinzip des Spiels (Huizinga, 2009 [1939], 210).

Der Mensch als *homo ludens* erlebte mit der digitalen Revolution und dem Aufkommen von Spielkonsolen eine Renaissance. Allein in Deutschland gibt es nach einer Studie von Newzoo (2012) 36 Millionen aktive Spieler (Konsolenspiele, PC-Spiele, innerhalb sozialer Netzwerke, Multiplayer-Online Spielen etc.), welche zusammen 47 Millionen Stunden am Tag ihre Zeit *ingame* verbringen.

Spielkonzepte und das Flow-Erleben

Dass so viele Menschen ihre Zeit mit dem Spielen verbringen, ist u. a. auf ein perfektes Zusammenspiel von Bedürfnisbefriedigung (Bedürfnispyramide; agonaler Instinkt), Zielbindung (Zielsetzungstheorie) und Motivation (Flow-Erleben) zurückzuführen. So unterliegt das (digitale) Spielen ähnlich dem Schaffen eines Gemäldes dem Flow-Erleben. Der Spieler ist intrinsisch motiviert und spielt, weil die Tätigkeit Spaß macht. Das Aufgehen in der Handlung wird durch kommunizierte Aufgaben und Ziele und unmittelbare Rückmeldungen über den Erfolg verstärkt. Gute Computerspiele fangen leicht an und schaffen im Laufe ein ausgewogenes Verhältnis von Fähigkeit und Anforderung. Die notwendigen Fähigkeiten werden schrittweise erlernt, erfordern jedoch volle Konzentration. Das Flow-Erleben wird durch den Wunsch nach Bedürfnisbefriedigung und durch Zielbindungsprozesse verstärkt.

Um eine Steigerung der Nutzungsmotivation in Online-Diensten zu erwirken, hat sich aus diesem Grund in den letzten Jahren der Trend herausgebildet, Spielmechaniken aus beispielsweise digitalen Rollenspielen zu nutzen und in spielfremden Kontexten zu implementieren.

Bekannte Beispiele sind Ortungsspiele wie der Service Foursquare oder Nike+, mit deren Hilfe die Nutzer via GPS-Ortung ihrer Smartphones Informationen ihres derzeitigen Standorts mitteilen. Statusmeldungen bzgl. der besuchten Restaurants bzw. über gelaufene Strecken machen Elemente des Alltags zum Spiel. Neben zusätzlichen Analyse-Features, werden Nutzer durch das Teilen mit der Community mit Punkten und Abzeichen belohnt. Ziel dieser Dienste ist hierbei, die Gewohnheiten und Vorlieben einer neuen Generation von Nutzern (*Generation G*) kostengünstig zu erfahren, um diese an ein Produkt oder eine Marke binden zu können.

Häufig werden solche Maßnahmen unter dem kontrovers diskutierten Begriff *Gamification* (auch Gamifizierung oder Spielifizierung) zusammengefasst.

Kritiken (z.B. Bogost, 2011; Robertson, 2011) setzen bereits am Neologismus Gamification an. Für sie beinhaltet der Begriff eine *semantic turgidity*, da die meisten Applikationen lediglich ein Punkte-System verbunden mit Achievements anbieten. Robertson (2011) betont dies wie folgt:

> Games give their players meaningful choices that meaningfully impact on the world of the game.

Echte Spielmechaniken, erstrebenswerte Ziele und Regelwerke fehlen, weswegen Robertson die Formulierung Punktifizierung (*pointification*) vorzieht. Gabe Zichermann, Vorreiter auf diesem Gebiet, hingegen definiert Gamification als „[t]he use of game thinking and game mechanics to engage users and solve problems" (Zichermann & Cunningham, 2011, XII). Nach dieser Definition hat Gamification gar nicht den Anspruch, Elemente des Alltags zum Spiel zu machen, sondern nur erfolgreiche Mechaniken aus Spielen in anderen Bereichen zu nutzen:

> Gamification makes it possible for big brands and startups alike to engage us in meaningful and interesting ways, with an eye on aligning our personal motivations with their business objectives. The net product of this effort will be more engagement, better products and – generally – more fun and play in all spheres of our lives (Zichermann, 2011).

Es bleibt die Überlegung, wie man nun die Mechaniken der Gamification nutzen kann, um Schüler zum Partizipieren und Interagieren zu bringen. Hierbei ist zu beachten, dass sich die Motivation wie bereits erwähnt hinsichtlich intrinsischer und extrinsischer Motivation differenzieren lässt (Barbuto & Scholl, 1998). Krystle Jiang (2011) fasst den Bezug von Gamification und Motivation zusammen:

> More and more companies are converting to game-based marketing tools and are met with great success. The reason is because game mechanics are strong extrinsic psychological motivators in a domain where there is little to no intrinsic motivation (Jiang, 2011).

Es ist also wichtig, extrinsische Motivatoren zu nutzen, um intrinsische Bedürfnisse anzusprechen. Welche Spielmechaniken genutzt werden können, um bestimmte Sehnsüchte des Nutzers zu befriedigen, zeigt das auf Gamification spezialisierte Unternehmen Bunchball auf (Tabelle 11.1). Hierbei ist ersichtlich, dass alle Spielmechaniken (z.B. Punktevergabe) eine primäre Spieldynamik (Belohnung) ansprechen, aber zudem andere Bedürfnisse (z.B. Status- und Wettbewerbswunsch) abdecken.

Wie solche Mechaniken und Spieldynamiken genau funktionieren und inwieweit sie im pädagogischen Bereich eingesetzt werden können, um die Lernmotivation zu fördern, soll im Folgenden aufgezeigt werden.

Game Mechanics	Human Desires					
	Reward	Status	Achievement	Self-Expression	Competition	Altruism
Points	x	•	•		•	•
Levels		x	•		•	
Challenges	•	•	x	•	•	•
Virtual Goods	•	•	•	x	•	
Leaderboards		•	•		x	•
Gifting & Charity		•	•		•	x

Tabelle 11.1: Wechselwirkung von menschlichen Bedürfnissen und Spielmechaniken. Das „x" kennzeichnet das primär angesprochene Bedürfnis durch die jeweiligen Spielmechanik; der „•" gibt an, welche weiteren Bedürfnisse tangiert werden. Quelle: Bunchball, 2010.

Punkte: Belohnen guter Leistungen

Einen Schüler für Richtiges zu belohnen anstatt für falsche Antworten zu bestrafen, ist ein Ansatz, der in allen drei nachfolgenden exemplarischen Beispielen praktiziert wird. Eine Möglichkeit, dies auf einfache Weise zu realisieren, bildet die Vergabe von Punkten für gute Leistungen. Diese bilden einen wichtigen und nahezu essentiellen Bestandteil jeglichen Anreizsystems.

Ziel ist es, durch das Sammeln der Punkte und der damit verbundenen Belohnungen wünschenswerte Interaktionen zu generieren. Punkte als positive Verstärker sollen die Entwicklung und Aufrechterhaltung des gewünschten Verhaltens fördern. Durch ihre Vergabe für erfolgreich produzierten Output des Schülers gelten sie als eine direkte Spielmechanik, Schüler zu motivieren. Je nachdem für was Punkte genau vergeben werden, lassen sich unterschiedliche Arten identifizieren. Zichermann und Cunningham (2011, 28-30) unterscheiden zwischen fünf verschiedenen Varianten von Punkten im Spielumfeld: Erfahrungspunkte (XP), Währungspunkte (RP), Fähigkeitspunkte, Karmapunkte und Reputationspunkte.

In den meisten Systemen und Implementierungen spielen die XP eine wesentliche Rolle. Sie werden für jede erfolgreiche Aktivität vergeben und informieren sowohl Spieler als auch Anbieter und Mitspieler über Rang, Status und Fähigkeiten. Währungspunkte fungieren hingegen als eine Art Tauschmittel, die der Nutzer für bestimmte Dinge sparen und ausgeben kann. Die dritte Art von Punkten, Fähigkeitspunkte, können durch spezifische Aktionen im Spiel verdient werden und sind eng mit XP und RP verknüpft. Sie fungieren als Bonus-Punkte, die für Meta-Erfolge vergeben werden können. Karmapunkte hingegen sind nach Zichermann und Cunningham eher selten anzutreffen. Sie kann man durch Bewertungen von beispielsweise Beiträgen erhalten und für Abstimmungen für System-Neuerungen ausgeben. Als letzte und auch komplexeste Punktevariante nennen Zichermann und Cunningham (2011) Reputationspunkte, da hier Integrität und Konsistenz als oberstes Gebot gelten. Reputationspunkte können durch Aktionen anderer Nutzer verdient werden wie beispielsweise eine sehr gute Kritik der eigenen Arbeit durch andere.

Punkte sind in erster Linie Belohnungen und gewähren Feedback über das bereits Geleistete. Weiterhin geben sie den Spielern die Möglichkeit, sich durch eine wachsende Anzahl zu profilieren und damit von anderen abzuheben. Im Lehrumfeld lassen sie sich einfach integrieren. Punkte, vor allem Erfahrungspunkte, sollten einen essentiellen Bestandteil in der Vermittlung von Informationskompetenz einnehmen. Dies kann sowohl eingebettet in den normalen Sachunterricht (wie es für die Primärstufe empfohlen wird) als auch bei der Vermittlung von Informationskompetenz als eigenes Fach in den Sekundarstufen I und II (Kapitel 12) realisiert werden.

Level: Fortschritt ermöglichen und kennzeichnen

Das Sammeln von Punkten als positive Verstärker motiviert Spieler, weitere Interaktionen vorzunehmen. Die Berücksichtigung verschiedener Aufstiegsstufen in Form von Level sind wichtige Anhaltspunkte für den Fortschritt des Sammelns. Das Streben nach Erreichen eines höheren Levels durch die erforderliche Ansammlung von Punkten baut auf dem Grundsatz der Zielsetzungstheorie, in welchem das Verhalten des Menschen zielorientiert ist, auf. Hierbei ist es wichtig, dass Ziele mit steigender Stufe schwieriger zu erreichen sind, also komplexere Aufgabenlösungen erfordern (Latham & Locke, 1990; Zichermann & Cunningham, 2011, 33).

Level als Fortschritts-Marker kennzeichnen, was ein Spieler bzw. Schüler bisher geleistet hat, und sollten immer einsehbar sein (Zichermann & Cunningham, 2011, 35). Nur so ist gewährleistet, dass ein Spieler sieht, wie viele Punkte bis zu einem nächsten Stufenaufstieg noch benötigt werden, und dass er versucht, diese zu erreichen. Das Sammeln von Punkten in Verbindung mit Levelaufstiegen befriedigt vor allem das Statusbedürfnis und spricht zudem das Streben nach Wettbewerb an. Ähnlich wie im Spielumfeld wird durch den Levelaufstieg und die gesammelte Erfahrung in Form von Punkten gekennzeichnet, dass bestimmte Tätigkeiten und Aufträge erledigt werden konnten, wodurch sich die Hauptattribute des Spielers – in diesem Falle Fähigkeiten und Kenntnisse des Schülers – verbessern.

Badges: Statussymbole erwerben und zeigen

Badges sind eine Art Trophäen, die vor allem der Selbstdarstellung und als Statussymbol dienen. Sie können sowohl virtuell als auch physisch vergeben werden. Ihren Ursprung haben diese Embleme bereits vor hunderten von Jahren (z.B. waidmännische Erfolge durch Tragen von Pelzen oder Zähnen, Ehrengold durch Pharaonen etc.) und sind bis heute in vielfältigen Bereichen des Lebens zu finden.

Auszeichnungen als Ehrenzeichen stellen eine Würdigung geleisteter Dienste oder vorbildliches Verhalten dar und dienen oftmals der Sicherung der Loyalität. So sind beispielsweise Kriegsauszeichnungen in Form von Orden, Bändern oder Medaillen bis heute Ehrungen für besondere Tapferkeit oder militärische Leistungen. Werden diese Leistungen wiederholt vollbracht, erhält man zumeist eine höhere Variante dieser Auszeichnung. Auch wenn der militärische Bereich in dieser Hinsicht sehr präsent ist, so gibt es Auszeichnungen in Form von Urkunden, Pokalen und Gedenktafeln auch in den Bereichen Kunst, Kultur, Wissenschaft und Wirtschaft (Nobelpreis, Oscar, Grammy, Bundesverdienstkreuz).

Damit diese Art der Auszeichnung ihren motivierenden Charakter entfalten kann, müssen Badges sichtbar für andere sein. Zichermann und Cunningham (2011) nennen als Gründe für den Erfolg von Badges die Folgenden:

> In addition to signaling status, people want badges for all kinds of reasons. For many people, collecting is a powerful drive. Other players enjoy the sudden rush of surprise or pleasure when an unexpected badge shows up in a gamified system. A well-designed, visually valuable badge can also be compelling for purely aesthetic reasons (Zichermann & Cunningham, 2011, 39).

Eine große Bedeutung wird also nicht nur der Selbstdarstellung beigemessen, sondern auch der Möglichkeit zur Befriedigung der Sammelleidenschaft. Der

Erhalt eines unerwarteten Abzeichens für eine Tätigkeit erhöht dabei den Spaßfaktor.

Ergänzen bzw. etwas differenzieren lässt sich diese Aussage durch die Zusammenfassung von Antin und Churchill (2011, 2-3), welche fünf grundlegende Funktionen von Badges zusammenfassen:

- *Goal-Setting*: das menschliche Verhalten ist zielorientiert, Nutzer möchten
  Sammeln und alle Abzeichen freischalten, um ihr Ziel zu erreichen;
- *Instruction*: Listen von Abzeichen geben dem Nutzer Informationen über die
  Nutzungsmöglichkeiten des Systems;
- *Reputation*: Anzahl und Art der Auszeichnungen lassen Rückschlüsse auf
  den Nutzer hinsichtlich Erfahrung, Kompetenz und Vertrauenswürdigkeit zu;
- *Status*: Abzeichen stehen für geleistete Erfolge und sind ohne verbale Darle-
  gung zugänglich für andere; schwierigere Trophäen können zu einem besse-
  ren Status führen;
- *Group Identification*: das Erreichen von (beispielsweise schwierigen) Emble-
  men kann ein Gefühl der Solidarität mit anderen Nutzern auslösen.

Als Einsatzmöglichkeit im schulischen Umfeld wäre die Vergabe dieser Art der
Auszeichnung bei Abschluss eines Lernmoduls denkbar. Auch eine Vergabe von
Meta-Emblemen wäre möglich, beispielsweise bei Abschluss dreier zusammen-
gehöriger Lernmodule. Umsetzbar wäre zudem die Vergabe von unerwarteten
Auszeichnungen für Tätigkeiten wie der spontanen Präsentation eigener Ergebnisse, die Erledigung freiwilliger Aufgaben oder die Übernahme bestimmter Posi-
tionen innerhalb des Klassenverbandes oder Aufgabengefüges.

Achievements: Sammelleidenschaften ausnutzen

Eine weitere Möglichkeit Nutzer zu motivieren besteht darin, Achievements
(Erfolge) freizuschalten zu lassen. Achievements belohnen den Spieler für das
Ausführen gewisser Aktivitäten oder Erreichen bestimmter Meilensteine. Achievements haben ihren digitalen Ursprung in der Welt der Videospiele und werden
von großen Spieleplattformen wie Xbox-Live, Playstation-Net oder Steam schon
seit einiger Zeit zur Motivation der Spieler verwendet (Jakobsson, 2011). Sie dienen
ebenso wie Punkte als positive Verstärker. Dabei motivieren sie diejenigen, die
bereits ein Achievement bekommen haben, mehr als andere, welche noch keines
haben. Es ist daher wichtig, die erste Auszeichnung durch das Erreichen eines
einfachen Ziels zu vergeben (z.B. durch die Anmeldung in einem System).

In vielen Online-Diensten wird heutzutage mittels Achievements das Erreichen verschiedenster Meilensteine minutiös protokolliert. Achievements können

und sollten eine Verknüpfung zu der Punktevergabe, zum Levelaufstieg und dem Erhalt von Badges haben und erfüllen damit eine wichtige Feedbackfunktion. Ein unerreichter Erfolg leitet den Spieler bzw. Schüler und gibt ihm durch den Wunsch, diesen zu erreichen, ein Ziel. Erfolge dieser Art sollten daher als Fortschrittsanzeige immer einsehbar und visualisiert werden. Für den Nutzer ergibt sich dadurch ähnlich der Darstellung von Badges eine Art Galerie, die von seinen Errungenschaften zeugt und ihm die Möglichkeit gibt, diese zur Schau zu stellen, um so beispielsweise die entsprechende Anerkennung zu erhalten (Medler, 2009).

Wird durch das Sammeln von Achievements auf der einen Seite ein menschliches Bedürfnis befriedigt, so ergibt eine Analyse der erreichten Erfolge auf der anderen Seite für den Betreiber oder auch Lehrer neue Erkenntnisse. Je nachdem welche Art von Achievements erreicht werden, lassen sich verschiedene Nutzergruppen unterscheiden. Jakobsson (2011) beispielsweise differenziert hinsichtlich *Casuals*, *Hunters* und *Completists*, Zichermann und Cunningham (2011) identifizieren *Explorers*, *Archievers*, *Socializers* und *Killers*. Durch die Identifikation verschiedener Nutzertypen ist es für den Betreiber leichter, Spielmechaniken anzupassen und damit Nutzerbedürfnissen zu entsprechen und zu verstärken.

Eine Integration von Achievements im schulischen Umfeld lässt sich ebenso realisieren wie Badges. Die Einsatzmöglichkeiten sind vielfältig und lassen sich in jeder Schulstufe unabhängig von Inhalten auf Basis des dokumentbasierten Lernens, der Projekt- und Teamarbeit realisieren (Kapitel 12).

Quests: Aufgaben definieren und Ziele setzen

Zu erledigende Aufgaben werden in Spielen oftmals als Quests bezeichnet. Nach erfolgreichem Abschluss einer Quest erhält man Erfahrungspunkte, virtuelle Gegenstände oder je nachdem auch ein Achievement oder Badge. Aufträge dieser Art können abhängig vom Questdesign nur einmal oder auch mehrmals abgeschlossen werden. Quests, die inhaltlich zusammengehören und eine Geschichte erzählen, werden als Questlinie bezeichnet. Die Schwierigkeit einer spezifischen Aufgabe ist abhängig vom Fortschritt innerhalb der Questlinie und der aktuellen Stufe des Spielers. Oftmals endet eine Questlinie mit Bewältigung einer schwierigen Aufgabe. Die in Quests definierten Aufträge leiten einen Spieler, setzen Ziele und beginnen zumeist sehr einfach. Typische Inhalte einer solchen Mission sind das Sammeln von Objekten, Besiegen von Feinden oder Befreien einer Person. Ein Flow-Erleben wird durch das richtige Maß an Herausforderung geschaffen und ergibt sich zudem aus dem Wunsch, Punkte, Fähigkeiten und Erfahrung zu erhalten, um im Spielprozess weiter zu kommen.

Wichtig ist, dass diese Aufgaben nicht nur allein gelöst werden können. Spiele fördern das Miteinander und so werden dem Spieler oftmals Gefährten zur Seite gestellt. Diese können computergesteuerte Figuren (NPC) sein oder auch andere Mitspieler. Zusammen als fester Gruppenverband in Form eines Clans oder Gilde oder als spontane kleine Gruppenaufstellung, können Problemstellungen auch gemeinsam angegangen werden. Manche Missionen sollten sogar so designt sein, dass sie nur über Teamarbeit zu lösen sind. Hierdurch werden vor allem Teamfähigkeit, Kooperation und gegenseitiges Vertrauen gefördert.

Quests können in der Schule jegliche Aufgaben sein, die zu bewältigen sind. Aufgaben, die zusammenhängen und sich im Schwierigkeitsgrad steigern, bilden eine Questlinie. Gekoppelt mit der Vergabe von Punkten werden Ziele definiert und ihre Bewältigung belohnt. Wichtig hierbei ist, eine genaues Feedback über den Erfolg der Quests zu geben und Schülern auch zu erlauben, Aufgaben zu wiederholen und sie zeigen zu lassen, dass sie aus dem Scheitern innerhalb einer Quest gelernt haben. Die Vergabe von (unerwarteten) Achievements und Trophäen steigert auch in diesem Zusammenhang die Motivation und den Spaß am Lernen.

Ranglisten: Streben nach Wettbewerb

Nach Locke und Latham (1990) können Nutzer durch herausfordernde und spezifisch definierte Ziele motiviert werden. Die Implementierung von Bestenlisten als Spielmechanik ist eine weitere Möglichkeit, Ziele zu formulieren und Nutzer zu motivieren (Hoisl et al., 2007; von Ahn & Dabbish, 2008; Zichermann & Cunningham, 2011). Zudem geben Ranglisten dem Anbieter einen Hinweis darauf, dass ein Spiel gespielt bzw. ein System genutzt wird (Zichermann & Linder, 2010, 54).

Ranglisten vergleichen verschiedene Leistungen von Nutzern und sind zumeist leicht nachvollziehbar. Das Messen mit Anderen und das Erreichen eines Spitzenplatzes kann unterschiedliche menschliche Sehnsüchte, wie beispielsweise Status, Selbstdarstellung oder den Drang, sich mit Anderen messen zu wollen, befriedigen (Huizinga, 2009 [1939]). Hoisl et al. (2007) weisen jedoch darauf hin, dass mittels dieser Spielmechanik die Motivation zwar extrinsisch stimuliert werden kann, intrinsische Motivation muss jedoch beim Nutzer vorhanden sein. Zichermann und Cunningham (2011, 36) empfehlen nicht nur, den Vergleich mit allen Nutzern zu realisieren, vielmehr ist das Messen mit direkten Freunden für den Spieler viel interessanter. Menschen neigen dazu, mit anderen Menschen in ihrer unmittelbaren Umgebung zu konkurrieren. Dies gilt nicht nur für digitale Umgebungen, sondern auch im schulischen Umfeld. Zudem motiviert eine solche sensitive Rangliste Schüler, da man immer gelistet ist. Bestenlisten über alle Schüler im Klassenverband eines Dienstes versprechen u. U. zwar mehr Reputation, können jedoch bei einer schlechten Platzierung demotivierend wirken.

Game-Based Learning – Spielkonzepte im pädagogischen Umfeld

Traditionelle pädagogische Konzepte des schulischen Lernens verbannen das Spielen in die Freizeit der Schüler. Wie jedoch aufgezeigt werden konnte, ist das Spiel wichtig für die Entwicklung des Menschen. Spielen heißt Lernen, und nur wenn dieses Spaß macht (Lernfreude; Flow) und sinnhafte Zusammenhänge erkannt werden, ist es erfolgreich.

Der Einsatz von Spielmechaniken im pädagogischen Umfeld ist ein Ansatz, der weltweit Beachtung findet. Im Folgenden werden drei Projekte aufgeführt, die erfolgreich Elemente aus dem Spieldesign zur Vermittlung von Lehrinhalten nutzen.

Beispiel 1: Quest to Learn – Die gamifizierte Schule

Quest to Learn (q2l) ist eine öffentliche Schule in New York, deren ganzes Konzept darauf ausgelegt ist, mit Hilfe von Spielmechaniken und -dynamiken Schülern das Flow-Erleben beim Lernen zu vermitteln und so in dieser global vernetzten Welt Schlüsselkompetenzen zu erwerben:

> Designed to support the digital lives of young people and their capacity for learning, Quest to Learn is a school committed to graduating strong, engaged, literate citizens of a globally networked world. Through an innovative pedagogy that immerses students in differentiated, challenge-based contexts, the school acknowledges design, collaboration, and systems thinking as key literacies of the 21st century[1].

Die Schule und ihr Curriculum ist das Ergebnis der Zusammenarbeit vieler Institutionen, u. a. des *Institute of Play*, welches sich zum Ziel gemacht hat, spielbasierte Mechaniken und Strategien in spielfremden Kontexten zu integrieren. Die Stärken dieses Ansatzes betont q2l:

---

1 http://q2l.org/purpose

> Games work as rule-based learning systems, creating worlds in which players actively participate, use strategic thinking to make choices, solve complex problems, seek content knowledge, receive constant feedback and consider the point of view of others.

Jedes Trimester bewältigen die Schüler eine Reihe von zunehmend komplexer werdenden Herausforderungen (von *Quests* zu *Missions* zu *Boss Level*), in denen Lernen, Wissensaustausch, Feedback und Reflexion wesentliche Bestandteile bilden.

Eine solche Mission bildet beispielsweise die auf die 6. Klasse-übergreifende Questlinie zum Thema „Anfänge"[2]. Die Mission verlangt von den Schülern, sich in die Zeit rund um die Entstehung der weltweit ersten Demokratie im antiken Griechenland zurückzuversetzen. Untersucht werden unter anderem die politischen Entscheidungen Spartas im Hinblick auf den Konfrontationskurs Athens.

Wichtig hierbei ist, dass die Schüler die kulturellen Unterschiede herausarbeiten und geographische Aspekte in der Entwicklung der Gesellschaften und ihrer Beziehung zueinander berücksichtigen. Während der Mission müssen die Schüler für diverse historische Ereignisse verschiedene Strategien (Krieg, Diplomatie, Neutralität) abstrahieren und jeweils einen geeigneten Lösungsansatz finden. Unterstützt bei der Konstituierung ihrer Argumente werden sie durch digitale Simulationen, welche mögliche Auswirkungen und unterschiedliche Lösungen aufzeigen.

Um diese Mission erfolgreich abschließen zu können, ist es ein erklärtes Lernziel, dass die Studenten lernen, wie sie an Informationen gelangen:

> As listeners and readers, students will collect data, facts, and ides, discover relationships, concepts, and generalizations; and use knowledge generated from oral, written, and electronically produced texts. As speakers and writers, they will use oral and written language to acquire, interpret, apply, and transmit information.

Die Vermittlung von Schlüsselkompetenzen ist zudem fest im Curriculum verordnet:

> Our curriculum supports what are commonly known as 21st century skills: multi-modal learning (i.e. with media incorporating text, image, audio, and interactivity), working in teams, being able to search for, find, and evaluate the credibility of information using online search tools, being able to synthesize and make sense of information drawn from

---

2 http://q2l.org/kits/parentkit/Q2L_Sample_Curr.pdf

multiple sources, and knowing how to solve complex problems by mobilizing a range of available resources problems by mobilizing a range of available resources.[3]

Organisiert ist der Unterricht nicht in fachspezifischen Schulstunden, sondern in Domains, die eine Dauer von 1-2 Stunden besitzen. Die Schüler bekommen keine Resultate präsentiert, sondern müssen selbstständig erarbeiten, wo und wie sie die relevanten Informationen erhalten. Erkennbar hierbei ist, dass Lehrer weniger als Inhaltsanbieter fungieren als vielmehr als Vermittler zwischen Fragestellung und Ergebnis.

Die Schüler besitzen zusätzlich zum einzigartigen, interdisziplinären Curriculum, welches von Spiele-Designern, Lehrern und Curriculum-Experten zusammen entworfen wurde, ein eigenes soziales Netzwerk (*Being Me*), eine Mixed-Reality-Lernumgebung mit Bewegungskameras und Projektoren (*SmallLab*), ein spezielles Programm nach der Schule (*Studio Mobo*) und eine Sommerschule (*Mobile Quest*).

Beispiel 2: Khan Academy – Multimediale Aufbereitung von Lehrinhalten

Die Khan Akademie[4] ist eine interaktive Lernplattform, welche es sich zum Ziel gemacht hat, ein weltweites Lernen durch die Bereitstellung von multimedialem Lehrmaterial zu ermöglichen. Gegründet wurde die nicht-kommerzielle Organisation von Salman Khan, einem ehemaligen Hedge-Fond Analysten.

Die Idee, das Lernen zu revolutionieren und moderne Techniken an die Schule zu bringen, sorgt für Aufmerksamkeit. So erhielt die Plattform im Jahr 2009 den *Microsoft Tech Award for Education* und 2010 den mit 2 Millionen Dollar dotierten Google Award des 10^{100}-*Projektes*, der es ermöglichen soll, noch mehr Kurse, auch in anderen Sprachen, anzubieten. Eine weitere Auszeichnung verlieh das *Time Magazine*, indem sie das Projekt 2011 zur besten Website im Bereich Lernen prämierte.

Die Plattform beinhaltet mittlerweile über 3.100 Lehrfilme aus den Bereichen Mathematik, Naturwissenschaft, Geschichte und Wirtschaft. Die zwischen 8 und 15 Minuten dauernden Lehrvideos bilden nur eines der Kernelemente der Khan Akademie. Passend zu den Inhalten werden über eine Software Übungsaufgaben automatisch generiert. Werden hier 10 Aufgaben nacheinander korrekt gelöst,

---

3 http://q2l.org/kits/mediakit/Q2L_overview.pdf
4 http://www.khanacademy.org/

steigt der Schüler einen Schwierigkeitsgrad auf. In einem speziellen *Peer-to-Peer Tutoring* erhalten schwächere Schüler individuelle Unterstützung.

Das Konzept bringt es mit sich, dass jeder Schüler sein eigenes Lerntempo bestimmt. Nicht Verstandenes kann sich erneut angeschaut werden, bereits verinnerlichtes Wissen kann an anspruchsvolleren Lektionen erprobt werden. Umfangreiche Analysefunktionen ermöglichen hierbei eine gezielte Betreuung. Eine so genannte Wissenslandkarte (*Map of Knowledge*) zeigt den Schülern eine Übersicht über die Lehrinhalte und wo sie sich innerhalb dieser befinden.

Nicht wirklich offensichtlich, aber dennoch überall vorhanden, sind die verwendeten Spielmechaniken und Feedbackmechanismen. So erinnert die Wissenslandkarte an die Fähigkeitsbäume (*skill trees*), wie sie in Rollenspielen zu finden sind. Aufgebaut als Universum, bilden die einzelnen Sterne Lehreinheiten. In diesen müssen Aufgaben bewältigt werden, wobei jederzeit Tipps eingeholt werden können sowie das zugehörige Lehrvideo nochmal angeschaut werden kann. Hat man die Aufgaben gelöst, erhält der Schüler Punkte als Belohnung und hat die Möglichkeit, sein Wissen in tiefergehenden Lektionen zu erweitern. Die Wissenskarte veranschaulicht seinen Kenntnisstand, indem erfolgreich gemeisterte Einheiten ebenso kenntlich gemacht werden, wie noch nicht absolvierte oder unzureichend gelöste Aufgaben. Die Akademie zeigt die Möglichkeiten hinsichtlich der Übersichtskarte:

> The knowledge map shows all of our challenges, skills, and concepts. You can zoom in and out and pan around all the different skills and challenges, just like on a normal map. You can start working anywhere on the map, and the Khan Academy will suggest the best skills for you to work on. We'll even remind you when you need review. As you zoom out of the knowledge map, you'll find our challenges, which combine the concepts from multiple smaller skills. Zooming all the way out of the map and completing all of our challenges is a sign of math mastery.

Jede gelöste Aufgabe, jedes angeschaute Video und die damit verbrachte Zeit wird von der Akademie festgehalten. Die Schüler erfahren mit Hilfe übersichtlicher Auswertungen detaillierte Informationen über ihren Lernfortschritt. Die Khan Akademie verlegt das Lernen neuer Inhalte außerhalb der Schule. Spezielle Klassenprofile ermöglichen Lehrern, über ein Dashboard einzusehen, wo Probleme bei diesen Aufgaben waren und wie sie dann am besten, angepasst an den Lernfortschritt, die Unterrichtszeit nutzen können.

Spielmechaniken wie verschiedene Levels (Aufstieg durch Vertiefung des Wissens), der Erwerb von Punkten (für gelöste Aufgaben), Herausforderungen und die darauf aufbauenden Feedbackmechanismen in Form von Badges und Achievements sollen nach Aussage des Präsidenten der Khan Akademie die Lernmotivation fördern:

We don't need to hide math problems inside of action games to make learning fun. Learning is naturally fun, and students should *want* to learn. However, most students seem to steadily lose their natural enthusiasm and curiosity, as they grow older. One of our biggest problems is that our education system has a very poorly designed motivation and incentive system (Sinha, 2012).

Schüler sollen hinsichtlich ihrer täglich erbrachten Leistungen ein gutes Gefühl haben, und ermutigt werden, persönliche Herausforderungen anzugehen und zu meistern. Denn nur wenn dies gegeben ist, kann nach Sinha das Lernen erfolgreich sein und Spaß machen:

When learning once again becomes a personalized path full of individual triumphs, students will reclaim their natural enthusiasm and passion for learning (Sinha, 2012).

Beispiel 3: Indiana University – Gamedesign aus World of Warcraft

Lee Sheldon von der Universität von Indiana, südöstlich von Chicago, setzt Spielmechaniken nicht nur ein, er organisiert seine Seminare zum Thema „Game Design" direkt als Multiplayer-Spiel (Sheldon, 2010). Zu Beginn des Kurses erhält jeder Studierende einen Avatar mit der Stufe 1. Durch
- das Lösen von Quests (kleinere Aufträge wie beispielsweise das Erstellen von Präsentationen oder Literatursuche),
- den Kampf gegen Monster (Tests und andere Überprüfungen) sowie
- das Craften von Gegenständen (Erstellen von Konzepten oder Analysen von Spielen)

erwerben die Seminarteilnehmer keine Noten, sondern Erfahrungspunkte (vgl. Tabelle 11.2 und Tabelle 11.3). Nach Sheldon verstärken Erfahrungspunkte in diesem Kontext nicht nur den Spielcharakter, sondern geben den Studierenden vor allem durch den Erwerb das Gefühl, etwas richtig gemacht zu haben anstatt für falsche Antworten mit Punktabzug (wie beispielsweise bei einer Klausur) bestraft zu werden (Tay, 2010).

Wenn genügend Punkte gesammelt werden, alleine, mit anderen Teilnehmern im Verband einer Gruppe oder einer Gilde, steigt der Studierende ein Level auf. Extrapunkte können z. B. durch die Übernahme bestimmter Leitungspositionen (Gildenleiter) oder Einträge in ein Glossar erworben werden.

Sheldon, der erhebliche Erfolge als Spieldesigner und Autor vorweisen kann, sagt im Interview zu seinem Konzept in Bezug auf die Studierenden:

> They are more engaged. They are the gamer generation, they are the social-networking generation, so this class is couched in the terms that they understand, terms that are associated with fun rather than education (Tay, 2010).

Das Feedback der Studierenden und die Abschlussergebnisse aus dem Frühjahrssemester 2010 zeigen, dass die Idee und ihre Umsetzung ein Erfolg waren. Als sehr förderlich wurde die Tatsache eingestuft, dass jederzeit einsehbar war, auf welchen Level man sich befand und was zu tun ist, um weitere Erfahrungspunkte zu erhalten.

Neben der Einführung eines Avatars wurde vor allem die Möglichkeit zum Zusammenschluss als Gilde sehr positiv gesehen. Lee Sheldon schildert seine Eindrücke wie folgt:

> Overall the students were uniformly enthusiastic about the class as game approach. Many wished that other of their courses could be taught the same way; and thought the techniques could be used with just about any subject matter (Sheldon, 2010).

Diese drei Beispiele stehen exemplarisch für eine Vielzahl von erfolgreichen Umsetzungen von Spielmechaniken im pädagogischen Umfeld.

Festzuhalten ist, dass Menschen sich am Spiel erfreuen, wenn die Ziele klar definiert und mit Konzentration zu erreichen sind. Die Aufgaben müssen hier mit fairen Mitteln von Anfang an für alle gleichsam lösbar sein. Die Chance zu scheitern darf nicht zu hoch, aber dennoch vorhanden sein. Feedback in Form von Punkten, Achievements und Badges muss kontextspezifisch gegeben werden, um den Fortschritt sichtbar zu machen. Das Nicht-Nutzen der heutigen technischen Möglichkeiten bedeutet – nicht nur bei der Verwendung von Spielmechaniken in spielfremden Kontexten – Ressourcenverschwendung. Wichtig ist zu erkennen, dass Lehrer sich neu positionieren müssen. Nicht nur das Unterrichten von Lehrinhalten ist wichtig, auch die Vermittlung sozialer Kompetenz, Reflexionsfähigkeit und das Bieten von Hilfestellungen in Entscheidungsprozessen sollten elementare Inhalte pädagogischer Ausbildung sein. Lehrer als Vermittler unterstützen vielmehr als dass sie unterrichten.

Level	XP	Letter Grade
Level Twelve	1860	A
Level Eleven	1800	A-
Level Ten	1740	B+
Level Nine	1660	B
Level Eight	1600	B-
Level Seven	1540	C+
Level Six	1460	C
Level Five	1400	C-
Level Four	1340	D+
Level Three	1260	D
Level Two	1200	D-
Level One	0	F

Tabelle 11.2: Leveldesign im Game Design Seminar. Quelle: Sheldon, 2010.

Examples of Quests	XP
Solo: Craft your own game proposal	Written, 50 pts.
Solo: Present your game proposal to the class	25 pts.
Solo: Sell your game proposal to the class	Extra credit. 25 pts
Pick-Up Group: 2-Player reading presentation	150 pts. each person, cannot team with fellow guild member
Solo: 1-Player reading presentation	150 pts
Solo: Craft 3 page report on MMO article	Written, 75 pts.
Solo: Craft 3 page analysis of MMO-based research topic	Written, 100 pts.
Solo: Defeat Level Boss	Midterm Exam, 400 pts
Guild: Paper Prototype Presentation	50 pts. Each
Solo: Class attendance	300 skill pts. total, 10 to start. 290 additional pts. at 10 pts. per day of attendance

Tabelle 11.3: Beispielhafte Quests. Quelle: Sheldon, 2010.

Game-based information literacy – Spielkonzepte im Kontext der Vermittlung von Informationskompetenz

In der heutigen durch die Wissensgesellschaft geprägten Welt müssen Menschen in der Lage sein, Informationsinfrastrukturen zu verstehen um die Erzeugung, Verarbeitung, Verwendung und Distribution von Wissen bzw. Informationen organisieren zu können. Informationskompetenz bildet damit eine Schlüsselfähigkeit des 21. Jahrhunderts. Die Kommission zur *Zukunft der Informationsinfrastruktur* versteht unter Informationskompetenz

> die Fähigkeit, Informationsbedarf zu erkennen, Informationen zu ermitteln, zu beschaffen, zu bewerten und effektiv zu nutzen. [...] Er [der Begriff Informationskompetenz; Anm. KK] umfasst nicht nur eine allgemeine Recherchekompetenz, sondern bezieht sich auch auf den Umgang mit der Information bis hin zum elektronischen Publizieren inkl. der Nutzung der besten Lizenz (z. B. Creative Commons), ebenso wie den Aufbau und die Nutzung von Virtuellen Forschungs- und Lernumgebungen sowie den Umgang mit Forschungsdaten, ihre Beschreibung, Speicherung und Langfristarchivierung (Kommission Zukunft der Informationsinfrastruktur, 2011, 29-30).

Das von der Kommission erarbeitete Gesamtkonzept zur Informationsinfrastruktur empfiehlt, dass die Vermittlung bereits in der Schule ansetzen und im universitären Umfeld fortgesetzt werden muss. Die Einführung von Vermittlung von Informationskompetenz an Schulen bietet eine einmalige Möglichkeit, neue Lehrinhalte „mit modernen und aktuellen Unterrichtsmaterialien" und „hohen pädagogisch-didaktischen Anspruch" (Kommission Zukunft der Informationsinfrastruktur, 2011, 30) anzubieten.

In den vorherigen Ausführungen konnte aufgezeigt werden, dass die Freude am Lernen grundgelegt und emotional beeinflusst ist. Positive Emotionen und Wohlbefinden im schulischen Umfeld sind daher wichtig, um die Motivation und das Flow-Erleben zu fördern. Das Spielen als zentraler, selbständiger Kulturfaktor bietet einen Ansatzpunkt, Lernprozesse interessanter zu gestalten und Neugier zu wecken. Das Nutzen von Spielmechaniken zur Wissensvermittlung bzw. hier im Speziellen von Informationskompetenz eröffnet die Möglichkeit, intrinsisch motivierte Lernprozesse zu fördern.

An dieser Stelle sollen daher Schule, Spielmechaniken und Informationskompetenz zusammengeführt und spezielle Mechaniken zur Vermittlung spielbasierter Informationskompetenz aufgezeigt werden.

Eine neue Generation von Schülern: Digital Natives

Die Vermittlung von Informationskompetenz durch interaktive Elemente ergibt sich alleine dadurch, dass Informationskompetenz heutzutage weit mehr beinhaltet als die richtige Bedienung des OPAC der eigenen Bibliothek. Wie in den vorangegangenen Kapiteln deutlich wird, ist Informationskompetenz vielschichtig und erfordert als eine der Schlüsselkompetenzen des 21. Jahrhunderts auch eine Symbiose mit den vorhandenen technologischen Möglichkeiten und Ressourcen.

Zudem sind zwei weitere Dinge zu beachten: zum einen muss Informationskompetenz an das Alter der Lernenden angepasst werden. Über die akademische Laufbahn hinweg benötigen Schüler unterschiedliche Arten an Informationen, welche auch unterschiedliche Informationsprozesse nach sich ziehen. Zum anderen ist es wichtig, dass das neue Jahrhundert auch eine neue Generation an Schülern hervorgebracht hat, die *Digital Natives* (Prensky, 2001). Kennzeichen dieser Generation ist es, dass Internet, Mobiltelefone, Computerspiele etc. integrale Bestandteile ihres Lebens sind. Durch die neuen Technologien des digitalen Zeitalters und die Interaktion mit diesen sind Schüler es gewohnt, Informationen schnell zu finden und zu verarbeiten. Eine starke Vernetzung untereinander, hohe Risikobereitschaft, der Drang nach Anerkennung und schnelles Handeln sind weitere Kennzeichen dieser durch die Technologie sozialisierten Generation. Auch die Tendenz zum Multitasking und die starke Präferenz für Spiele und Wettbewerb nennt der Pädagoge Marc Prensky.

Nach Prensky müssen Lehrer als *Digital Immigrants* umdenken und sowohl Unterrichtsstil als auch Inhalt anpassen:

> Our students have changed radically. Today's students are no longer the people our educational system was designed to teach (Prensky, 2001, 1).
> So if Digital Immigrant educators really want to reach Digital Natives – i.e. all their students – they will have to change. It´s high time for them to stop their grousing, and as the Nike motto of the Digital Native generation says, „Just do it!" (Prensky, 2001, 6).

Es wird ersichtlich, dass Lehrer nicht nur den Merkmalen dieser Generation entgegenkommen müssen, sondern dass im digitalen Zeitalter in diesem Zusammenhang Informationskompetenz eine zentrale Rolle einnimmt. Durch die Vermittlung dieser Schlüsselkompetenz mit Hilfe von spielerischen Elementen bzw. Spielmechaniken ergibt sich eine Möglichkeit, dem Wesen der Digital Natives zu entsprechen.

Spielen und Informationskompetenz

Die Freude am Spielen als Kennzeichen der Digital Native vereint viele der genannten Merkmale der durch die Technologie sozialisierten Generation in sich. Im Spiel ist es u. a. möglich, sich zu vernetzen, Risiken auszutesten und vor allem Anerkennung zu erfahren. Nicht zuletzt hat das Flow-Erleben wesentlich zum Erfolg beigetragen, dass Menschen sich so intensiv mit dem Spielen beschäftigen. Interessant ist, dass Informationskompetenz nicht nur mit Hilfe von Spielmechaniken vermittelt werden kann, sondern dass wesentliche Elemente bereits im Spiel unwissentlich trainiert werden.

Katz (2007, 5) führt fünf Komponenten der Recherchekompetenz (als Teil der Informationskompetenz) auf (adaptiert vom Educational Testing Service). Zum einen nennt er den Zugang (*Access*) zu den Informationen. Dies schließt ein zu wissen, was es an Informationen überhaupt gibt und wie man sie erhalten kann (*Collect; Retrieve*). Als weitere Komponenten nennt er die Weiterverarbeitung von Informationen (*Manage*), ihre Verwendung (*Integrate*) und ihre Bewertung hinsichtlich Qualität, Relevanz und Nützlichkeit (*Evaluation*). Die letzte Subkomponente der Informationskompetenz bildet der Prozess der Wissenskreation durch Adaption oder Anwendung der gefundenen Informationen (*Create*).

Der erfolgreiche Spielprozess in komplexeren Spielen wie beispielsweise interaktiven Multiplayer-Spielen zeigt, dass es genau dieser Kompetenzen bedarf. An Hand eines Beispiels, des so genannten Fähigkeitsbaums (Skilltree), soll dieser Vorgang aufgezeigt werden. Hier hat der Spieler die Möglichkeit, aus einer Vielzahl an unterschiedlichen Talenten die für seinen Charakter passenden auszuwählen. Er besitzt dabei eine beschränkte Anzahl an Talentpunkten, die er vergeben kann. Es muss also zu einem Entscheidungsprozess kommen, welche Fähigkeiten für die jeweilige Spielausrichtung (beispielsweise im Kontext Player versus Player) am besten ist. Um die optimale „Skillung" herauszufinden, gibt es zwei Möglichkeiten. Die erste ist, es über eigene Versuche zu eruieren, welche Talentpunkte unbedingt benötigt werden. Die zweite und auch elaboriertere Variante ist die Recherche nach Guides, in denen Mitglieder der Community alle nötigen Informationen und Auswirkungen detailliert formuliert haben. Da eine Talentverteilung nicht nur von der jeweiligen Klasse des Charakters abhängt, von denen MMORPGs (Massively Multiplayer Online Role Playing Games) viele besitzen (z.B. Jäger, Priester, Magier etc.), sondern auch von der Rolle (z. B. Tank, Heiler, Schadensverursacher) innerhalb seiner Spielaktivitäten, ist eine gründliche Recherche notwendig. Ein Spieler muss herausfinden, welche Informationen es in Bezug auf seine Klassen- und Rollenauswahl gibt und wie sie zu finden sind. Der Zugang zu den Information kann sich durchaus als schwierig rausstellen. Der Suchende muss komplexe Rechercheanfragen stellen, in denen Phrasensuche, Synonym- und Homonymprobleme gelöst werden müssen. Oftmals sind die notwendigen Informationen multilingual, sodass auch dieses bei der Recherche beachtet werden muss. Der Retrievalprozess führt zu einer Vielzahl zu Ergebnissen, die der Spieler nun hinsichtlich der Weiterverarbeitung, Verwendung und Qualität beurteilt. Je nachdem wie die Talentpunkten in den vorgeschlagenen Skillungen vergeben wurden, sind unterschiedliche Auswirkungen zu erwarten. Eine Evaluation, vor allem im Hinblick auf Aktualität, ist also unbedingt notwendig. In einem letzten Schritt wendet er das neu erworbene Wissen an, indem er die gefundenen Informationen übernimmt, die Talentverteilung leicht verändert oder verwirft.

Dieser Prozess, die richtigen Informationen zu finden, zu bewerten und anzuwenden, wurde hier vereinfacht dargestellt. Um erfolgreich den Endcontent eines solchen Spiels bewältigen zu können, sind eine Vielzahl weiterer Informationen notwendig, die zudem miteinander verwoben sind und damit Auswirkungen aufeinander haben. So ist es zentral, Informationen darüber zu erhalten, welche Attribute (z.B. Stärke, Intelligenz, Trefferwertung) für die jeweilige Klassen mit der entsprechende Rolle wichtig sind. Hieraus ergeben sich wiederum unterschiedliche Gegenstände (Waffen, Kleidung), die der Spieler für seinen Spielecharakter benötigt. Hat ein Spieler herausgefunden, welche Talentverteilung die passende ist und welche Attribute er benötigt, muss er sich informieren, wo diese Gegenstände zu erhalten sind (durch Quests, bei einem Händler, in Dungeons etc.). Das Eingehen auf weitere Komponenten, wie das Finden und Verstehen von Taktiken oder Fehleranalysen durch statistische Auswertungen, führen an dieser Stelle zu weit. Es ist erkennbar, dass letztendlich viele Informationen notwendig sind, die gefunden, evaluiert und kombiniert werden müssen.

Ein Prozess, der der Kreation von neuem Wissen, soll in diesem Zusammenhang noch erwähnt werden. Es gibt nicht nur Webseiten und Foren, die Guides bereitstellen, es haben sich zudem Plattformen etabliert, die Plug-Ins bzw. Spielerweiterungen anbieten (z.B. Curse[5]). In diesen kostenlos bereitgestellten Modulen haben Programmierer ihr erworbenes Wissen eines Spiels in Programmen zusammengefasst. Diese kleinen Addons lassen sich problemlos in die normale Spielumgebung integrieren und aufrufen. Ziel ist es hierbei, das Spielen in der immer komplexer werdenden Umgebung zu erleichtern. So gibt es beispielsweise Addons, die alle Gegenstände eines Spiels auflisten und suchbar machen, ohne dass man andere Quellen wie Foren zu nutzen braucht. Weitere Beispiele sind Addons, welche Achievements auflisten oder bestimmte Tätigkeiten wie das Heilen über eine neue Oberfläche erleichtern.

Die hier dargestellten Punkte zeigen, dass das Spiel offensichtlich in der Lage ist, Kreativität und Innovationen zu fördern. Die Spieler handeln interaktiv, integrieren das zur Verfügung stehende Wissen in ihre eigenen kognitiven Strukturen und sind so in der Lage, neues Wissen zu kreieren (Randel et al., 1992). Spieler vor allem komplexer Spiele besitzen bei optimaler Nutzung aller Möglichkeiten Informationskompetenzen, die man so vielleicht nicht erwartet hätte. Man sollte daher Schülern auf einem ähnlichen Weg begegnen und an diesem Punkt ansetzen, wenn Informationskompetenz in der Schule erfolgreich vermittelt werden soll (Doshi, 2006; Smith, 2007).

---

5 http://www.curse.com/

Informationskompetenz und Spielen

Innovative Lehrmethoden wie die Verwendung von Spielmechaniken fördern den aktiven Lernprozess, da Schüler motivierter sind und dementsprechend auch partizipieren, die Informationen analysieren und besser reflektieren. Die zu vermittelnde Inhalte im Bereich der Informationskompetenz wurden in den Kapitel 6-10 ausführlich angesprochen und die Notwendigkeit aufgezeigt. Möchte man Spielmechaniken im Kontext der Vermittlung von Informationskompetenz nutzen, sollten grundlegender Überlegungen angestellt werden. Welche Mechaniken eignen sich für welche Aufgaben? Wie sieht hierzu das didaktische Konzept aus? Was kann im Klassenverband veröffentlicht werden, um den Wettbewerb zu fördern? Was kann ausgewertet werden?

Beispielhaft werden einige Realisierungsvorschläge an Hand der in Kapitel 12 vorgeschlagenen Inhalte für die Sekundarstufe 1 aufgeführt. Die Empfehlung lautet hier die Vermittlung von Fähigkeiten in den vier Bereichen a. Internet und Smartphone, b. Information Retrieval, c. Kreation und Repräsentation von Wissen und d. Gefahren und Internet. Diese vier Themenbereiche sind in sich geschlossene Module, die von den Schülern abgeschlossenen werden müssen. Jedes Modul besteht aus verschiedenen Missionen und diese wiederum aus verschiedenen Questlinien.

Wie Spielmechaniken eingesetzt werden könnten, wird an Hand der Lerneinheit *Kreation und Repräsentation von Wissen* in Tabelle 11.4 aufgezeigt. Dieses Modul besteht aus zwei Missionen, welche die beiden Hauptaspekte – Schaffung von neuem Wissen sowie dessen Wiederauffindbarkeit – aufgreifen. So lernen die Schüler in ihrer ersten Mission über Questlinien verschiedene Web-2.0-Angebote kennen, mit deren Hilfe sie Lerninhalte aufbereiten und strukturieren können. Die zweite Mission vermittelt Kompetenzen hinsichtlich des Zugangs und der Bewertung dieser Informationen. Die Questlinien thematisieren hier vor allem die Methoden und Werkzeuge zur Repräsentation von Wissen. In Tabelle 11.5 ist erkennbar, wie die einzelnen Aufgaben der Questlinie *Thesaurus* aussehen könnten.

In dieser Questlinie sollen die Schüler eine natürlichsprachliche Wissensordnung kennenlernen, mit deren Hilfe sie Dokumente über ein kontrolliertes Vokabular indexieren und wiederfinden können. Einzelne Quests befassen sich daher mit der Formulierung und Verknüpfung von Suchargumenten sowie der Untersuchung der Begriffsrelationen. Einen Einblick in eine mögliche Fragestellung einer solchen Quest ist in Tabelle 11.6 aufgeführt. Die Schüler recherchieren mit Hilfe des in der ersten Mission erworbenen Wissens in ihrer zweiten Mission innerhalb der Questlinie *Thesaurus* nun zum Thema *Boolesche Operatoren* (Quest). Die Aufgabenstellung ist hier konkret auf den Erwerb von Informationen ausgelegt. Die

Schüler lernen geeignete Quellen zu nutzen, spezifische Suchanfragen zu stellen und Ergebnismengen zu bewerten. Die Quests beginnen stets sehr einfach und steigern sich mit fortschreitenden Kenntnissen im Schwierigkeitsgrad. Das gegenseitige Unterstützen bei der Bewältigung, egal ob eine Quest als Solo-, Gruppen oder Verbandsquest gekennzeichnet ist, sollte stets erlaubt sein.

Wichtig ist das Anbieten von freiwilligen Zusatzaufgaben, um zusätzliche Punkte erreichen zu können. Ein Achievement (*„Des Thesaurus wildes Brüllen"*) sollte für den vollständigen Abschluss der Questlinie samt Zusatzaufgabe vergeben werden und/oder eine Ebene höher bei erfolgreichen Abschluss der Mission (*„Wissensjongleur"*). Eine besondere Auszeichnung in Form eines Badges könnte für den Abschluss aller Zusatzaufgaben einer Mission vergeben werden, um den freiwilligen Aufwand zu honorieren. Meta-Achievements bieten sich in einer solchen hierarchischen Struktur von Modulen zu Missionen zu einzelnen Questlinien besonders an. Sowohl erreichbare Achievements als auch Badges sollten in der Regel dokumentiert und damit für den Schüler einsehbar sein. Nur so kann gewährleistet werden, dass der Schüler sich Ziele setzt und motiviert ist, diese zu erreichen. Geben der Erwerb von Achievement und Badges zusätzlich Punkte, kann die Motivation noch mehr gesteigert werden.

Die Umsetzung von so genannten Easter-Eggs verspricht zudem einen erhöhten Spaßfaktor. Ein solches Osterei ist eine versteckte und auch nicht dokumentierte unterhaltsame Besonderheit. Innerhalb von Computerspielen sind sie meist von den Programmieren implementierte Anspielungen auf Filmfiguren oder Zitate. Als Easter-Eggs werden aber auch Geheimlevel oder -aufgaben bezeichnet, welche nur über eine bestimmte Punktzahl oder außergewöhnliche Tätigkeit innerhalb des Spiels freigeschaltet werden. Eine Umsetzung von Easter-Eggs in der Vermittlung von Informationskompetenz ist einfach zu realisieren. Wurde beispielsweise eine bestimmte Höchstpunktzahl erreicht oder ein bestimmtes relevantes Dokument gefunden, kann dies durch ein spontanes Minispiel mit zusätzlichen Punktgewinn oder ein spezielles Achievement (*„Lächerliche Geschwindigkeit"*) belohnt werden. Die Anwendungsmöglichkeiten sind vielfältig.

Beim Questdesign sollte zudem darauf geachtet werden, dass manche Aufgaben allein, andere wiederum in spontanen Teams oder in einem über das ganze Modul hinweg festen Gruppenverband gelöst werden müssen. Das Antreten in festen Gruppen erhöht den Wettbewerbsgedanken, stärkt den Zusammenhalt und entspricht dem Wunsch der Digital Natives nach vernetzter, kollaborativer Teamarbeit. Gleiches gilt bei den Voraussetzungen zum Erhalt von Achievements und Badges zu beachten, die auf Solobasis oder im Verband zu erwerben sind. Während in der Regel jedes Achievements auch von jedem Schüler erhalten werden kann, bildet die zusätzliche Einführung von einzigartigen Achievements (*„Finger weg von meinen Punkten!"*) einen besonderen Anreiz.

Die für Quests, Zusatzaufgaben oder Achievements erhaltenen Punkte sollten stets aktualisiert werden. Das Aufsteigen in ein höheres Level durch ein auditives Geräusch zu signalisieren, ist empfehlenswert. Wichtig ist den Schülern zu vermitteln, dass Punkte nicht (nur) zum Spaß über das Halbjahr hinweg gesammelt werden, sondern dass diese einen stetigen Fortschritt kennzeichnen. Für jeden richtigen Teilschritt werden Schüler belohnt, anstatt für nicht korrekte Antworten mit Punktabzug bestraft zu werden (siehe Leveldesign von Sheldon in Beispiel 3). Wiederholbare Quests (z.B. zur Verbesserung von Retrievalstrategien) anzubieten scheint in Anbetracht der Beobachtung des Lernerfolgs daher ebenfalls als sinnvoll. Die Bewältigung einer größeren Aufgabenstellung, in welcher das gesamte erworbene Wissen in Form eines Multimediaprojektes angewendet werden muss, kann als eine Art Endkampf in Form eines Bosslevel markiert werden.

Eine Anpassung der Aufgabenbeschreibung und dementsprechend die Benennung von Questlinien bzw. Quests sollte in Abhängigkeit an aktuelle Gegebenheiten und Schulstufe als selbstverständlich angesehen werden. So kann die hier nur skizzierte Beschreibung der Quest Boolesche Operatoren zu einem aktuellen Trendthema der Jugendlichen (z.B. zur Filmreihe der Vampirsaga Twilight) durchgeführt werden. Kontextsensitive (und auch verborgene) Achievements („*Bleichgesicht*": Finde eine Übersicht in einem Bilderdienst, die alle Vampir-Darsteller abbildet) versprechen einen erheblichen Unterhaltungsfaktor.

Durch die Vergabe von Achievements und die questspezifische Vergabe von Punkten ist für den Lehrer einsehbar, wo Defizite herrschen und welche Aufgaben gut bewältigt wurden. Dies ermöglicht eine adäquate Wiederholung des Stoffes. Für den Schüler ist wiederum jederzeit einsehbar, auf welchem Stand er ist, wo er zielgenau wiederholen kann und was er noch tun muss, um ein Level aufzusteigen. Erreichte Punkte bzw. Levelstufen können nach Vorgaben des Lehrers in Schulnoten umgewandelt werden. Hierbei ist gewährleistet, dass auch jede Leistung eines Schülers während des Halbjahrs in der Bewertung berücksichtigt wird. Durch die klar definierten Ziele und das Belohnen mit Punkten sind Schüler motivierter und strengen sich mehr an.

In Questlinien eingebettete Quests definieren hierbei Ziele und Aufgaben und setzen Inhalte miteinander in Bezug. Punkte belohnen den Einsatz und ermöglichen das Aufsteigen in ein höheres Level. Spezielle Herausforderungen wie das Lösen von Quests in Projekten und Teams (auch gegeneinander) fördern den Wettbewerbsgedanken und den Zusammenhalt. Achievements und Badges sprechen dabei unter anderem die menschliche Sammelleidenschaft sowie das Bedürfnis nach Statussymbolen an. Fortschrittsanzeigen sollten in jedem Teilfeld realisiert werden: Anzeige des Fortschritts
– innerhalb des Gesamtfortschritts,
– der erfolgreich abgeschlossenen Quest versus noch zu lösender Quests,

- der erfolgreich abgeschlossenen Questlinien versus noch zu lösender Questlinien,
- der erfolgreich abgeschlossenen Missionen versus noch zu lösender Missionen,
- der erfolgreich abgeschlossenen Module versus noch zu lösender Module,
- der erreichter Achievements versus noch erreichbarer Achievements,
- der erreichte Gildenachievements versus noch erreichbarer Gildenachievements,
- etc.

Die Vermittlung von Informationskompetenz mit Hilfe von Spielmechaniken scheint in Anbetracht einer neuen Generation von Schülern, der Digital Natives, als eine geeignete Variante. Die hier gezeigten Ausführungen sollten nur als beispielhafte Umsetzungen verstanden werden, die nur einen kleinen Einblick in die realisierbaren Möglichkeiten geben.

Modul	Kreation und Repräsentation von Wissen	
Missionen	Kreation von Wissen in den Social Media	Repräsentation von Wissen
Informations-kompetenz	Weiterverarbeitung von Informationen Verwendung von Informationen Kreation neuer Informationen	Zugang zu Informationen Wiederauffinden von Informationen Evaluation von Informationen
Questlinien	Questlinie Multimedia-Plattformen Questlinie Social-Bookmarking Questlinie Wissensbasen Questlinie Social Networks Questlinie E-Portfolio	Questlinie Folksonomies Questlinie Begriffsordnungen Questlinie Nomenklatur Questlinie Klassifikation *Questlinie Thesaurus*
Bosslevel	Bewältigung einer umfangreicheren Quest, in das erworbene Wissen aus beiden Missionen angewendet werden soll (z.B. Recherche zu einem Thema mit multimedialer Aufbereitung)	

Tabelle 11.4: Beispielhafte Missionen und Questlinien im Modul Kreation und Repräsentation von Wissen.

Mission	Repräsentation von Wissen	Punkte
Questlinie	Thesaurus	
Quests dieser	Suchargumente	5
Questlinie	*Boolesche Operatoren*	10
	Synonymie und Homonymie	15
	Hierarchierelation	15
	Assoziationsrelationen	15
	Zusatz: Abschlussaufgabe Erstellung eines Thesaurus	20
Achievement	Des Thesaurus wildes Brüllen	20
	Abschluss der Questlinie Thesaurus	

Tabelle 11.5: Mögliche Quests innerhalb der Questlinie Thesaurus (Mission Repräsentation von Wissen).

Mission	Repräsentation von Wissen	Punkte
Questlinie	Thesaurus	
Quest	Boolesche Operatoren	
Aufgabe	Findet in 2er-Teams heraus, auf wen die Booleschen Operatoren zurückgehen und welche Operatoren es gibt.	4
	Nutzt euer neues Wissen, um die Suchatome aus der vorherigen Quest „Suchargumente" zu verknüpfen.	2
	Präsentiert die Ergebnisse multimedial im Team; wie ändern sich die Ergebnismengen in Bezug auf Vollständigkeit (Recall) und Genauigkeit (Precision)?	4

Tabelle 11.6: Beschreibung der Quest Boolesche Operatoren.

Achievements	Beschreibung	Punkte
Sammler	Erhalte 10 Achievements	5
Koordinator	Organisiere und präsentiere das Ergebnis einer Gildenquest	10
Samariter	Gruppenachievement	10
	Helft einer anderen Gruppe innerhalb der Quests x, y oder z	
Angemessene Entlohnung	Sammel 1000 Punkte durch Quests	10
Alltägliches	Gildenachievement	200
	Schließt als Gilde zehnmal die freiwillige Tagesquest ab	
Lächerliche Geschwindigkeit	Gewinne das Spiel X innerhalb von 3 Minuten	10
Gildenkrieg	Gildenachievement	10
	Geht als Sieger einer Gilden-Challenge hervor	

Achievements	Beschreibung	Punkte
Klarer Sieg	Gildenachievement	50
	Gewinnt 5 Gildenherausforderungen	
Des Thesaurus wildes Brüllen	Schließe die Questlinie Thesaurus ab.	100
Wissensjongleur	Meta-Achievement	500
	Schließe alle Questlinien in der Mission „Repräsentation von Wissen" ab.	
Finger weg von meinen Punkten!	Einzigartiges Achievement!	20
	Sammel als erster 200 Punkte.	
Helfer in der Not	Geheimes Achievement!	20
	Helft einer anderen Gilde nach Beendigung eurer Gildenquest bei der Lösung ihrer Aufgabe	
Vortreten!	Schließe alle Zusatzaufgaben in allen vier Modulen mit mindestens 200 Punkten ab	200

Tabelle 11.7: Beispielhafte Achievements mit Beschreibung

Fazit

In diesem Kapitel wurde mit der Verwendung von Spielmechaniken im schulischen Kontext ein Ansatz vorgeschlagen, wie einer neuen Generation von Schülern, den Digital Natives, Informationskompetenz als eine der Schlüsselqualifikation des 21. Jahrhunderts vermittelt werden kann.

Um Informationskompetenz erfolgreich unterrichten zu können, wurde zunächst der Frage nachgegangen, wodurch die Motivation von Schülern bedingt ist. Hier wurde ersichtlich, dass Lernfreude als Form der Emotion Freude einen wesentlichen Bestandteil der Lernmotivation darstellt. Es konnte aufgezeigt werden, dass die Freude am Lernen grundgelegt ist, da Interesse bzw. Neugier als angeborenes universales Bedürfnis konzipiert ist. Diese aktive Auseinandersetzung mit der Umwelt ist bei Kindern intrinsisch motiviert, kommt also aus einem selbstmotivierten Prozess heraus. Studien zeigen jedoch, dass es über die Schulzeit hinweg zu einem Motivationsverlusts kommt. Kognitiv-motivationale Prozessmodelle versuchen zu klären, welche Mediatoren wichtig im Prozess der Wissensvermittlung sind, um Lernmotivation zu fördern. Das Flow-Erleben nimmt als Mediator in diesen Modellen eine besondere Stellung ein. Hier werden Handlungen nicht wegen extrinsischer Belohnungen, sondern vielmehr auf Grund intrinsisch motivierter Prozesse vollzogen. Dieses freudige Aufgehen in der Tätigkeit ist überall dort zu finden, wo eine Aufgabe ungeachtet des Zeitaufwandes gern und intensiv erledigt wird. Das kann zum Beispiel im künstlerischen Bereich der Fall sein und wurde u. a. auch im Spielprozess nachgewiesen.

Das Spielen ist seit Jahrtausenden bedeutsam für das Überleben, da wichtige Verhaltensmuster spielerisch erlernt wurden (Huizinga, 2009 [1939]). Spielen heißt lernen zu überleben und ist damit älter als jeder andere Nachweis menschlicher Kultur. Der Spielprozess bildet einen informationsverarbeitenden Zyklus (Fabricatore, 2000), in welchem spielrelevantes Wissen erworben, analysiert und interpretiert werden muss, um mit der Welt interagieren zu können. Das Spiel ist in der Lage, verfestigte Elemente einer Situation neu zu ordnen und neue Lösungsstrukturen für vermeintlich unlösbare Probleme zu offerieren. Hierbei ist bedenklich, dass das Spielen als zentraler, selbständiger Kulturfaktor heutzutage in die Freizeit verbannt wird. Mit dem Aufkommen der digitalen Revolution erlebte der Mensch als *homo ludens* (Huizinga, 2009 [1939]) eine Renaissance. Durch ein perfektes Zusammenspiel von Bedürfnisbefriedigung (Bedürfnispyramide; agonaler Instinkt), Zielbindung (Zielsetzungstheorie) und Motivation (Flow-Erleben) verbringen allein in Deutschland 36 Millionen Spieler 47 Millionen Stunden am Tag mit dem Spielen (Newzoo, 2012).

Das Potential der eingesetzten Spielmechaniken wurde von vielen anderen spielfremden Bereichen erkannt. Die Anwendung von Spielmechaniken und -dynamiken in spielfremden Kontexten wird unter Begriff Gamification zusammengefasst. Ziel ist es, ähnlich dem Einsatz im Spielumfeld, extrinsische Motivatoren zu nutzen, um intrinsische Bedürfnisse anzusprechen.

Es liegt nahe, der heutigen durch die Technologie sozialisierten Generation von Schülern auf diesem Wege entgegenzukommen. Die Nutzung von Spielmechaniken im pädagogischen Umfeld bietet die Möglichkeit Lernprozesse interessanter zu gestalten, Neugierde zu wecken und so Wissen erfolgreicher zu vermitteln. Es konnten mit Quest2Learn, der Khan Akademie und der Indiana University drei Projekte vorgestellt werden, die mit Erfolg Elemente aus dem Spieldesign zur Vermittlung von Lehrinhalten nutzen. Alle drei Projekte lassen erkennen, dass Unterrichtsmethoden und -inhalte neu überdacht werden müssen, um Digital Natives gerecht zu werden. Die Schüler und Studenten wachsen in einer Wissensgesellschaft auf, die von einer komplexen Informationsinfrastruktur geprägt ist. Um sich in dieser zurechtzufinden, müssen sie Kompetenzen erwerben, die bisher weitgehend nicht gelehrt werden (Kapitel 12). Informationskompetenz bildet hierbei eine Schlüsselqualifikation. Die richtigen Informationen zu ermitteln (Kapitel 7), zu bewerten und anzuwenden (Kapitel 10) sowie wiederzufinden und neu zu strukturieren (Kapitel 8) sind dabei essentielle Elemente. In Folge zunehmender Informationsinfrastrukturen muss zudem der Umgang mit Informationstechnologien, Internet und Smartphones thematisiert werden (Kapitel 6). Datenschutzrechtliche sowie jugendmedienrechtliche Aspekte bilden bei allen Teilaspekten eine wichtige Grundlage (Kapitel 9). Auch muss die Rolle des Lehrers neu definiert werden. In einer motivationsfördernden Lernumgebung fungiert er vielmehr als Vermittler denn als Inhaltsanbieter. Ein kurzer Einblick in den Informationsbedarf eines Spielers zeigt, dass die Suche, Evaluation und Verwendung von Informationen Teil eines erfolgreichen Kreislaufes ist, an den anzuknüpfen gilt. Darüber hinaus enthalten Computerspiele weitere Aspekte, welchen ein positiver Einfluss auf Lernprozesse zugeschrieben wird (Gee, 2003; Gentile & Gentile, 2008).

Wie man Informationskompetenz mit Hilfe von Spielmechaniken und -dynamiken vermitteln könnte, wurde beispielhaft am Lehrstoff für die Sekundarstufe I skizziert. Grundlegend dabei ist, Schüler für Richtiges zu belohnen und immer einen Überblick über den Status ihrer Fähigkeiten und Kenntnisse zu bieten. Rückkopplungsmechanismen in Form von Punkten, Level, Achievements etc. geben Feedback über das Geleistete und sprechen menschliche Bedürfnisse nach beispielsweise Wettbewerb oder Status an. Auf diese Weise ist es Schülern möglich, ihren Lernfortschritt selbst zu kontrollieren.

Mit Hilfe von Spielmechaniken zur Vermittlung von Informationskompetenz kann dokumentbasiertem Lernen, Projektarbeiten und Teamarbeit realisiert und jeweils spezifisch gefördert werden. Durch Auswertungen der Aufgaben und Missionen im Hinblick auf Punkteverteilung oder erhaltene Achievements ist es Lehrern auf der einen Seite möglich, Defizite schwächerer Schüler gezielt aufzuarbeiten. Auf der anderen Seite können leistungsstärkere Schüler durch spezifischere und weiterführende Quests stärker gefördert werden.

Der Einsatz spielerischer Elemente zur Vermittlung von Informationskompetenz erlaubt, feste didaktische Strukturen aufzubrechen und neue Lehrinhalte mit „modernen und aktuellen Unterrichtsmaterialien" und „hohen pädagogisch-didaktischen Anspruch" zu unterrichten. Die Chance, Wissen auf diesem Weg für Digital Natives attraktiver zu gestalten, sollte wahrgenommen werden.

Stefanie Ader, Lisa Orszullok, Wolfgang G. Stock

Kapitel 12: Informationskompetenz als Schulfach: Wer sollte was wann und wie unterrichten?

Ohne Informationskompetenz können Informationsinfrastrukturen – Netze der IKT, aber auch Inhalte digitaler Bibliotheken – in einer Wissensgesellschaft nicht bzw. nur unzureichend oder sogar falsch genutzt werden. Die im Auftrag der Gemeinsamen Wissenschaftskonferenz des Bundes und der Länder eingesetzte Kommission Zukunft der Informationsinfrastruktur (2011, B127) stellt hierzu fest: „Die Vermittlung von Informationskompetenz als Schlüsselqualifikation ... ist ... als Exzellenzaspekt anzusehen und ein zentrales Anliegen zur Unterstützung der zukünftigen Informationsinfrastruktur in Deutschland". Der derzeitige Stand der Vermittlung von Informationskompetenz in deutschen Schulen ist – vor allem im internationalen Vergleich – als suboptimal einzuschätzen. Homann (2002a, 1687) konstatiert „grundlegende Defizite" im deutschen Schulwesen und fährt fort:

> (V)iele Schulen (verfügen) über keine moderne Bibliotheken bzw. „Ressource Center". Die in anderen Ländern schon im Primar- und Sekundarschulbereich vermittelten Kompetenzen für eine selbständige Nutzung unterschiedlicher Informationsmedien fehlen unseren Schülern und den meisten Studenten.

An deutschen Universitäten werden Kurse zum Aufbau von Informationskompetenz Studierender angeboten (Klatt et al., 2001; Nilges & Siebert, 2005; Sühl-Strohmenger, 2012), an deutschen Schulen sucht man entsprechende Unterrichtseinheiten weitgehend vergeblich.

Informationskompetenzunterricht in Primar- und Sekundarstufe: Stand der Forschung

„Die Vermittlung (von Informationskompetenz) sollte bereits in der Schule ansetzen und ... systematisch und mit modernen und aktuellen Unterrichtsmaterialien erfolgen, die hohen pädagogisch-didaktischen Ansprüchen genügen" (Kommission Zukunft der Informationsinfrastruktur, 2011, 30). Dies ist für Deutschland eine Forderung, die erst in Zukunft eingelöst werden kann. Wie sieht es in anderen Ländern aus?

Literatur, die über die Vermittlung von Informationskompetenz an Primar-schulen berichtet, ist rar. Aus erziehungswissenschaftlicher Sicht wird auf die Bedeutung der Informationskompetenz schon im frühen Alter hingewiesen (Heider, 2009; Hohmeyer, 2008; Schulz, 2011). Umfassende Berichte über groß angelegte und erfolgreich verlaufende Projekte zur Vermittlung der Informati-onskompetenz in Grundschulen sind uns aus Australien (Herring & Bush, 2011) und aus Hongkong (Chu et al., 2012) – dies ist unser Fallbeispiel aus Kapitel 2 – bekannt.

Berichte über erfolgreiche Projekte, Informationskompetenz in Sekundar-schulen zu unterrichten, gibt es aus vielen Ländern (wir beschränken unsere Aufzählung auf wenige Beispiele; für einen Überblick zu europäischen Ländern siehe Virkus, 2003): Australien (Herring, 2011a), Dänemark (Nielsen & Borlund, 2011), Großbritannien (Streatfield, Shaper, Markless, & Rae-Scott, 2011), Hong-kong (van Aalst et al., 2007), Kanada (Asselin, 2005), Malaysia (Abdullah, 2008), die Niederlande (Boekhorst, 2003), Singapur (Mokhtar, Majid, & Foo, 2007) und die Vereinigten Staaten (Latham & Gross, 2008). In Deutschland sind ausschließ-lich vereinzelte Fallstudien (z. B. Ruckelshausen, 2008; Drechsler & Siems, 2012) sowie konzeptionelle Studien (z.B. Ballod, 2007; Schiefner-Rohs, 2012) publi-ziert worden. Für Kanada stellt Asselin (2005, 31) fest: „The findings showed that a good number of important supportive structures are in place in schools". Ein Musterbeispiel für ein Curriculum der Informationskompetenz stammt aus Kanada: Die River East Transcona School Division in Winnipeg legt auf rund 200 Seiten detaillierte Lehrpläne vor, die vom Kindergarten bis zum Grade 12 führen (River East Transcona School Division, 2005).

Auf welchem Niveau sind Schüler in Sachen Informationskompetenz? In den USA sind Standards und deren Indikatoren definiert worden, die gestat-ten, den Stand der Informationskompetenz von Schülern quantitativ zu erfas-sen (ALA & AECT, 1998). Auch in Singapur wird über entsprechende Standards berichtet, die nicht nur die Recherchekompetenz (wie sonst üblich), sondern auch – wie in diesem Buch – die Kompetenzen im Kreieren und Repräsentieren von Wissen umfassen (Mokhtar et al., 2009). In Deutschland (genauer: in Baden-Württemberg) liegen nur Standards für die Informationskompetenz Studierender vor (NIK-BW, 2006), die sich eng an die Definition der Informationskompetenz der amerikanischen ALA (siehe Kapitel 1) anlehnen. Es gibt bereits Bemühun-gen, auch Standards zur Erfassung der Informationskompetenz bei Lehrern der Primar- und der Sekundarschulen zu etablieren (Wen & Shih, 2008). Empirische Untersuchungen bei Schülern in Nordamerika zeigen, dass diese allerdings kaum den Standards gerecht werden und – ganz im Gegenteil – vielfach unfähig sind, elaboriert nach Informationen zu suchen und diese kritisch zu bewerten (Julien & Barker, 2009). Given, Julien, Quellette und Smith (2010) untersuchten die in der

Schule vermittelten Informationskompetenzen bei Studienanfängern in Kanada. Das Ergebnis ist ernüchternd:

> The results of the ILT (information literacy test) show that high school students are not proficient when it comes to information literacy skills. The ILT scores were poor with a mean of 50.7%. No students demonstrated „advanced" information literacy skills (a score of 90% or higher). 19% of participants achieved „proficiency" (scores of 65%-89%), and 80% of participants werde considered „non-proficient" (scores less than 65%).

Andere Quellen weisen in dieselbe Richtung. Informationskompetenz ist bei Schülern schlecht ausgebildet:

> Students didn't know the how of research. They didn't seem to understand how to find resources, how to use them effectively, and how to share what they found (Tower, 2000, 555).
> „I wish someone had taught me how to develop my information literacy skills through resource-based learning ... in school. I might not have had such a horrendous time of it when I came to university" (Asselin & Lee, 2002, 10).

Vielfach wird beklagt, dass die Schüler eine „point and click"-Mentalität zeigen (Crouse & Kasbohm, 2004, 51). Auch bei der Lösung wissenschaftlicher Aufgaben (beispielsweise bei Studienbeginn) suchen die Studierenden nach Dokumenten bei Google, wählen irgendeine Quelle (vielfach aus Wikipedia) aus und kopieren den Text in ihre eigene Arbeit oder formulieren ihn geringfügig um. Wissenschaftliche Quellen werden nicht genutzt (es sei denn, sie wurden per Zufall bei Google gefunden); zitiert wird durch Angabe der URL und nicht durch eine formal korrekte Zitierweise.

Didaktik der Informationskompetenz

Es ist wichtig, die richtige Didaktik bei der Vermittlung von Informationskompetenz zu entwickeln (Mokhtar, Majid, & Foo, 2008). Wie sollte man in Primar- und Sekundarstufe Informationskompetenz adäquat unterrichten?

Informationskompetenz kann entweder als eigenes Fach oder eingebettet in den Stoff anderer Fächer unterrichtet werden. Im Primarbereich liegen dank der Studien von Chu in Hongkong eindeutige Ergebnisse vor, die für ein Einbetten der Ausbildung der Grundschüler in den jeweiligen Sachunterricht sprechen (Chu et al., 2012). Auch im Sekundarbereich gibt es Berichte über erfolgreiches Einbetten der Informationskompetenzausbildung in andere Fächer. O'Sullivan und Dallas (2010) führten eine Fallstudie durch, bei der ein Englischlehrer mit dem

Schulbibliothekar zusammengearbeitet hat; König (2009) berichtet über ein Fallbeispiel aus dem Geschichtsunterricht. Uns erscheint es als sinnvoll, zumindest in zwei Jahrgängen (eher zu Beginn der Sekundarstufe, z.B. in Klasse 6, sowie gegen Ende der Sekundarstufe, aber vor der Durchführung der Facharbeit, also – je nach Bundesland – in Klasse 10 oder 11) Informationskompetenz als eigenes Fach jeweils zweistündig über ein Halbjahr zu unterrichten. Nur so kann man dieses wichtige Fach entsprechend forcieren und vor einer Beliebigkeit (etwa nur in einer Arbeitsgruppe, die nicht zwingend besucht werden muss) bewahren.

Dokument-basiertes Lernen

Informationskompetenz hat stets etwas mit Dokumenten zu tun: Entweder man sucht beim Erlernen der Retrievalkompetenz nach Dokumenten oder man kreiert und indexiert beim Erlernen der Repräsentationskompetenz eigene Dokumente (Yu, Noordin, Mokhtar, & Abrizah, 2010). Der Begriff von „Dokument" ist hierbei – wie in der Informationswissenschaft üblich (Stock & Stock, 2013) – sehr weit zu fassen. Dokumente sind formal publizierte Texte mit Qualitätssicherung durch Peer Review (wissenschaftliche Artikel, Bücher, Patentschriften u. ä.), informell veröffentlichte Texte (z.B. Webseiten, Blogposts, Wiki-Artikel), nicht zur Publikation bestimmte Quellen (etwa PowerPoint-Präsentationen), aber auch Bilder oder Videos. Bei der Retrievalkompetenz ist es sehr wichtig, die Qualität gefundener Dokumente einschätzen zu können. Es muss den Schülern klar sein, dass ein wissenschaftlicher Artikel aus einer Fachzeitschrift weitaus glaubhafter ist als ein Wikipedia-Eintrag oder gar eine Meldung in einem Blog. Bei der Repräsentationskompetenz kommt es sowohl auf die technische Erstellung eines Dokuments (Wie wird ein Wiki-Artikel gemacht? Wie erstellt man eine Webseite? Wie lädt man ein Video bei YouTube hoch?) als auch auf die adäquate inhaltliche Erschließung des Dokuments (etwa durch Tags im Rahmen von Folksonomies) an.

Projektarbeit

Vielfach wird in der Literatur von erfolgreich verlaufenden Studien berichtet, die „inquiry-based teaching" oder verwandte Lehr- und Lernformen einsetzen, bei denen das Selbstentdecken des Stoffes durch die Schüler im Vordergrund steht (Edelson, Gordin, & Pea, 1999). Ausgang sind authentische Aufgaben, die auch so in professionellen Umgebungen vorkommen können. Bei der Retrievalkompetenz kann eine solche Aufgabe die Zusammenstellung und Präsentation von Literatur zu einem Fachthema sein – eine Aufgabe, die im Unternehmen ein Knowledge

Manager oder Informationsvermittler übernehmen würde. Bei der Repräsentationskompetenz kann man an die Kreation einer Webseite mit optimal selektierten Metatags denken – solche Aufgaben werden sonst von Web Designern erledigt. Stets wird vom Lehrer eine derart authentische Aufgabe definiert, die Schüler im Rahmen eines Projektes erarbeiten. Edelson, Gordon und Pea (1999, 393) schreiben dazu:

> Inquiry, the pursuit of open questions, is fundamental to the practice of science. Inquiry-based science learning is based on the idea that science learning should be authentic to science practice. … Authentic activities provide learners with the motivation to acquire new knowledge, a perspective for incorporating new knowledge into their existing knowledge, and an opportunity to apply their knowledge.

Projektarbeit heißt auf keinen Fall, dass die Schüler bei der Bewältigung der Projekte allein gelassen werden. Dies würde nämlich allenfalls zu minimalem Lernerfolg führen (Kirschner, Sweller, & Clark, 2006). Zu Beginn des Projektes wird den Schülern genügend Wissen vermittelt, dass das Projekt überhaupt adäquat angegangen werden kann. Auch während der Projektlaufzeit lässt sich der Lehrer regelmäßig über den Fortgang der Arbeiten unterrichten und greift bei Fehlern korrigierend ein. Das Lehren bzw. Lernen geschieht in einer Lehrer-Schüler-Interaktion (Smith & Hepworth, 2007, 13). Phasen mit geführtem Lernen und Phasen der Projektarbeit wechseln einander ab (Mokhtar, Majid, & Foo, 2008). Wenn man diesen Prozess durch Meilensteine und Projektberichte formalisiert, lernen Schüler (wie Lehrer) nahezu nebenbei Methoden modernen Projektmanagements (vgl. z.B. Litke, 2007). Da die Schüler (zumindest teilweise) im Laufe der Projektarbeit neue Strategien der Wissensaneignung aufbauen müssen, erlernen sie so auch das Lernen. „Learning to learn" ist für viele Autoren eine fundamentale Kompetenz für das optimale Leben in einer Wissensgesellschaft (van Aalst, Hing, May, & Yan, 2007).

Teamarbeit

Bei gewissen Aufgaben ist es nahezu selbstverständlich, dass im Team gearbeitet wird. Durch die Vorgabe beim „inquiry-based learning", authentische Aufgaben zu stellen, folgt auch, Lösungswege authentisch zum Verhalten der Professionals einzuhalten, denn im Berufsleben arbeiten sehr viele Mitarbeiter in Teams. Teamarbeit scheint auch die Motivation der Schüler zu steigern, Projekte möglichst gut zu bearbeiten. Smith und Hepworth (2007, 9) berichten von Schülern einer Sekundarschule:

Students felt motivated when working with others, particulary the younger students who appeared less confident and wanted more opportunities for group work.

Aus Gründen der Lernmotivation erscheint es uns empfehlenswert, Game-based Learning (Kapitel 11) einzusetzen, wenn dies Stoff und Stoffvermittlung zulassen.

	Inhalt	Dokument- basiertes Lernen	Projektarbeit mit Instruktionen	Team- arbeit
Primarstufe Klasse 4	Einbetten in Sachunter- richt	ja	ja	ja
	a) Internet und Smart- phone	nein	ja	nein
	b) Information Retrieval I	ja	ja	ja
Sekundarstufe 1 Klasse 6	c) Kreation und Repräsen- tation von Wissen I	ja	ja	ja
	d) Gefahren im Internet	nein	ja	ja
	a) Information Retrieval II	ja	ja	nein
	b) Evaluation und Anwen- dung	ja	ja	nein
Sekundarstufe II Klasse 10 / 11	c) Kreation und Repräsen- tation von Wissen II	ja	ja	ja
	d) Informationsrecht	nein	ja	ja

Tabelle 12.1: Stoff und Didaktik der Informationskompetenz.

Stoff für Primarstufe, Sekundarstufe I und Sekundarstufe II

Zur Veranschaulichung wollen wir vorstellen, wie in den einzelnen Schulstufen Informationskompetenz an deutschen Schulen unterrichtet werden sollte. In Tabelle 12.1 ist im Überblick zusammengestellt worden, welcher Stoff mittels welcher didaktischen Ansätze jeweils vermittelt wird. Analog zu den Vorschlägen der Deutschen Gesellschaft für Informationswissenschaft und -praxis (DGI, 2008, 391 f.; siehe auch Botte, 2009) arbeiten wir mit einem dreistufigen Konzept: (1.) Primarschule (Klasse 4), (2.) Sekundarstufe I (Klasse 6) und (3.) Sekundarstufe II (Klasse 10 oder 11).

Bei der Primarstufe empfehlen wir die Übertragung des Ansatzes von Chu et al. (2012) auf deutsche Verhältnisse. Die Ausbildung in Informationskompetenz wird in den Sachunterricht eingebunden. Der Lehrer formuliert Aufgaben, die im

Laufe von ca. drei Monaten von den Schülern im Team zu bewältigen sind. Der konkrete Inhalt der Aufgaben wird den jeweiligen Lehrplänen entnommen. In den „Richtlinien und Lehrplänen für die Grundschule in Nordrhein-Westfalen" wird konkret darauf verwiesen, Möglichkeiten der Informationsbeschaffung aus „alten" und „neuen" Medien auszuschöpfen und dazu gezielt Kommunikations- und Rechercheprozesse zu nutzen (Schulministerium NRW, 2008, 40). Im Bereich „Raum, Umwelt und Mobilität" ist beispielsweise in Regionen zwischen Düsseldorf, Köln und Aachen ein Thema wie „Die Geschichte des Ortes Mödrath und der Braunkohleabbau" sinnvoll (der Ort Mödrath wurde wegen eines Tagebaus aufgegeben und verlegt). Zur Nutzung „alter" Medien sind Besuche in der örtlichen Öffentlichen Bibliothek notwendig. Die Schüler werden dort in die Handhabung von Katalogen und Beständen eingeführt und finden Bücher, Fachartikel in „Heimatblättern" und Zeitungsartikel. Ergänzend werden sie in Recherchetechniken in Web-Suchmaschinen wie Google, aber auch in die Bildersuche bei Flickr und Google eingeführt. Dort werden sie auf Berichte und zeitgenössische Fotos stoßen. Der Lehrer kann auch daran erinnern, dass die Umsiedlungen vor gar nicht langer Zeit stattgefunden haben und dass sicherlich noch Zeitzeugen leben. Damit motiviert er Schüler, in Verwandtschaft und Bekanntschaft nachzufragen, ob jemand mit dem alten Mödrath und der Umsiedlung vertraut ist. Die Aufbereitungsform der Ergebnisse kann den Arbeitsteams freigestellt werden. Sinnvoll wären Wikis oder Präsentationen in PowerPoint, Chu et al. (2012) halten aber auch Aufbereitungen des Stoffs als Hörspiel oder als Theaterstück als machbar. Die Instruktionen seitens des Lehrers sollten die Booleschen Operatoren, Klassifikationssysteme (Aufstellsystematiken in Bibliotheken) und die grundlegende Funktionsweise von Suchmaschinen (zum Verständnis von Google) umfassen.

In den Sekundarstufen gehört Informationskompetenz als Fach in das mathematisch-naturwissenschaftlich-technische Aufgabenfeld. Dieses Fach an den weiterführenden Schulen jeweils ein Halbjahr in zwei Jahrgangsstufen anzubieten bzw. verpflichtend in das Curriculum zu übernehmen, ist sicherlich vom Umfang her umsetzbar. Zentral sind die beiden Themenbereiche Information Retrieval (eher einfache Recherche in der Sekundarstufe I und fortgeschrittene, „professionelle" Recherchen in der Sekundarstufe II; Wagner, 2009) sowie Kreation und Repräsentation von Wissen (einfache Anwendungen wie beispielsweise die Erstellung eines Wikis in Sek I, komplexe Aufgaben wie etwa die Kreation einer diverse Unterseiten umfassenden Website in Sek II).

In der Sekundarstufe I ist das Erlernen und Beherrschen grundlegender Funktionalitäten von Internet und Smartphone Voraussetzung für alle weiteren Aktivitäten und sollte deshalb zu Beginn der Lehr- und Lernblöcke der Informationskompetenz stehen. Hier gibt es bereits Erfahrungen, insofern einige Schulen das Fach ITG (Informationstechnologische Grundbildung) in das Schulcurriculum eingebunden haben. Der Gedanke, Smartphones im Unterricht einzusetzen, könnte möglicherweise auf Widerstand stoßen. Generell ist das Verhältnis zwischen Schule und Handy eher problematisch, da es derzeit nicht für schulische Zwecke genutzt wird, sondern als Störfaktor gilt. Die Schüleraktivitäten am Smartphone lassen sich schlechter kontrollieren als die PC-Benutzung im Computerraum. Hier muss bei der Lehrerschaft ein Umdenken einsetzen, das vom aktiven – und sinnvollen – Gebrauch von Smartphones ausgeht und diese in das didaktische Konzept einbezieht.

Ebenso erscheint es unerlässlich, schon in dieser Phase auf Gefahren im Internet aufmerksam zu machen. In der Sekundarstufe II wird dieser Stoff vertieft und auf Datenschutz, Urheberrecht und Jugendmedienschutz ausgeweitet. Im Zentrum des Informationskompetenzunterrichts stehen in der Sekundarstufe II fortgeschrittene Recherche- und Repräsentationskompetenzen. Im Information Retrieval lernen die Schüler professionelle Informationsquellen (wie beispielsweise *GENIOS* oder *Web of Knowledge*) kennen, erlernen Techniken und Strategien, darin zu suchen und wissen, die gefundenen Dokumente zu bewerten und in der eigenen Arbeit anzuwenden. Diese Recherchekompetenz wird den Schülern sowohl beim Anfertigen ihrer Facharbeit helfen als auch die Studierfähigkeit der Schüler erhöhen (Sühl-Strohmenger, 2004).

Ein kurzes (optionales) Praktikum in einem Unternehmen hilft beim Vertiefen und Anwenden des Stoffes der Informationskompetenz, da im Unternehmen sowohl bei der Nutzung der IKT, bei den Informationsquellen als auch bei der Bewertung der Informationen teilweise anders als in der Schule gearbeitet wird (Herring, 2011b). Dies ist kein allgemeines Praktikum in „irgendeinem" Unternehmen, sondern meint den gezielten Einsatz im Wissensmanagement, Informationsmanagement oder in der Informationsvermittlungsstelle einer Firma oder Behörde.

Wer sollte unterrichten?
Ausbildung der Informationskompetenzlehrer

Wer sollte den Stoff der Informationskompetenz unterrichten? Dies ist eine Aufgabe der Lehrer. Aber können Lehrer dies ohne entsprechende Ausbildung überhaupt?

> Clearly, the problem (der nicht vorhandenen Informationskompetenz der Schüler) will worsen if new teachers don't learn how to teach information literacy to schoolchildren (Asselin & Lee, 2002, 10).

Eine Zusammenfassung der derzeitigen Fähigkeiten von Lehrern in Sachen Informationskompetenz bei Catts und Lau (2008, 29) ist wenig optimistisch:

> Several studies have suggested that a barrier to developing an information literate society is the lack of IL (information literacy) behaviour modelled by teachers.

Diese (durchaus zutreffende) Bemerkung ist insofern etwas ungerecht, da die meisten Lehrer ja nie eine Ausbildung im Fach Informationskompetenz genossen haben. Bei empirischen Untersuchungen zum Stand der Informationskompetenz von Lehrern zeigt sich, dass gewisse Lehrer noch nicht einmal mit dem Begriff „Informationskompetenz" etwas anfangen können (Merchant & Hepworth, 2002, 83). Allerdings geben auch einige Lehrer an, ihre Schüler zur selbstständigen Recherche nach Informationen in einer Vielzahl von Quellen zu ermutigen (Merchant & Hepworth, 2002, 85; die Fallstudie wurde in zwei Schulen in Großbritannien durchgeführt). In einer groß angelegten Studie mit 500 Befragungen (in Griechenland) ergab sich, dass rund 44% der befragten Lehrer noch nie irgendeine Art von Recherche durchgeführt hatten (Korobili et al., 2011, 80).

> In this study it was found that the majority of teachers did not use any sources, especially e-sources, and they were probably poor at helping children attain a level of information literacy (Korobili et al., 2011, 85).

Mit Korobili et al. (2011, 84) kann man allerdings wohl davon ausgehen, dass viele Lehrer weltweit meinen, dass ein Unterricht in Informationskompetenz sinnvoll sei, dass sie aber selbst Schwierigkeiten haben, solch einen Stoff auch adäquat zu unterrichten.

Die Lösung kann nur darin liegen, entweder Fachlehrer für Informationskompetenz auszubilden oder allen angehenden Lehrern mindestens die Grundkenntnisse in Informationskompetenz und Informationswissenschaft zu vermitteln. Asselin und Lee (2002) sowie Crouse und Kasbohm (2004) sprechen sich für eine Ausbildung aller Lehrer aus. Dies scheint uns insbesondere für die Primarstufe ein geeigneter Weg zu sein. Für die Sekundarstufen, die ja weitaus spezialisierteres Wissen vermitteln, kommt eher der Weg über dezidierte Fachlehrer für Informationskompetenz infrage. Kooperationen mit Wissenschaftlichen Bibliotheken (z. B. Universitätsbibliotheken in räumlicher Nähe) oder Öffentlichen Bibliotheken (z. B. den Stadtbibliotheken) liegen nahe (Simon & Wagener-Mühleck, 2007). Aber Vorsicht! Während Bibliotheken und Bibliothekare profunde Kenntnisse im Bereich der Retrievalkompetenzen aufweisen, sind solche Kenntnisse bei den Kompetenzen des Kreierens und des Repräsentierens von Wissen weitaus seltener zu finden. In Bezug auf Kompetenzen im Umgang mit Web 2.0 formuliert Godwin (2012, 12) für Wissenschaftliche Bibliotheken: „Knowledge of the extent of adoption of Web 2.0 in academic libraries is still quite limited". Für Öffentliche Bibliotheken fällt das Urteil von Godwin (2012, 14) nicht besser aus: „(T)he role of public libraries in information literacy deserves more attention than it currently seems to be getting". U. E. ist der Rückgriff auf das für die Informationskompetenz zuständige Fach, die Informationswissenschaft, nicht zu umgehen. So sieht das auch die deutsche Kommission Zukunft der Informationsinfrastruktur.

> Es muss geeignetes Personal in informationswissenschaftlichen Disziplinen ausgebildet werden, das zum einen die Anforderungen bzgl. der Etablierung und Fortführung der neuen Aufgaben (Technologien und organisatorisch-methodische Aspekte) realisieren kann. Zum anderen ist eine forschungsbasierte Perspektive nötig, damit neue, innovative Entwicklungen stets Eingang finden können (Kommission Zukunft der Informationsinfrastruktur, 2011, 45).

Neben der Lehrerausbildung ergibt sich als weitere Aufgabe die Lehrerfortbildung (Müller, 2012). Gerade in diesem – sich schnell entwickelndem – Fach ist es wichtig, dass die Lehrer kompetent die jeweils aktuellen Informationsdienste in ihren Unterricht integrieren. Man kann bei dem Arbeitspensum der Lehrer nicht davon ausgehen, dass diese autodidaktisch handeln. Vielmehr sind hier professionellen Fortbildungsprogramme in Informationskompetenz erforderlich. Es geht darum, dass Lehrer zunächst für Informationskompetenz sensibilisiert und sodann in Schulungen weitergebildet werden.

Die Informationswissenschaft als tragende Wissenschaftsdisziplin der Informationskompetenz muss demnach drei Aufgaben erfüllen:
1. Ausbildung der Lehrer in Informationskompetenz,
2. Durchführung von Fortbildungsprogrammen in Informationskompetenz für Lehrer,
3. wissenschaftliche Forschungen im Bereich der Informationskompetenz.

Bei derzeit fünf informationswissenschaftlichen Universitätsinstituten in deutschsprachigen Raum (Berlin: Institut für Bibliotheks- und Informationswissenschaft, Düsseldorf: Abteilung für Informationswissenschaft; Graz: Institut für Informationswissenschaft und Wirtschaftsinformatik, Hildesheim: Institut für Informationswissenschaft und Sprachtechnologie, Regensburg: Institut für Information und Medien, Sprache und Kultur) können die anfallenden Aufgaben jedoch nur schwer bewältigt werden. Die Kommission Zukunft der Informationsinfrastrukturen (2011, B138) hat klare Vorstellungen zum Ausbau des Studienfachs „Informationskompetenz":

> Die Universitäten mit informationswissenschaftlichen Schwerpunkten sind für den wissenschaftlichen Nachwuchs und die Expertenausbildung zuständig. Die Etablierung von (fach)

informationswissenschaftlichen Professuren, die Informationskompetenz als Thema in Lehre und insbesondere auch Forschung vertreten, ist zu forcieren. Forschungsergebnisse müssen direkt in die Konzepte zur Vermittlung von Informationskompetenz eingehen, entsprechende Forschungsprogramme sind auf- bzw. auszubauen. Weiterhin ist eine kontinuierliche Weiterbildung für die im Kontakt mit dem Endnutzer stehenden Kompetenzträger zu etablieren. Dies soll am besten in enger Kooperation zwischen Universitäten mit informationswissenschaftlichen Schwerpunkten einerseits und den Fachinformationszentren, Zentralen Fachbibliotheken und Virtuellen Fachbibliotheken andererseits erfolgen.

Bis die informationswissenschaftlichen Universitätsinstitute im deutschsprachigen Raum jedoch so weit ausgebaut sind, dass sie Lehrer für das Fach Informationskompetenz ausbilden können und bis die ersten Lehrer die Curricula erfolgreich durchlaufen haben, werden noch einige Jahre (womöglich Jahrzehnte) vergehen.

Erschwerend kommt im deutschsprachigen Bereich hinzu, dass die wenigsten Schulen über modern ausgestattete, funktionierende Schulbibliotheken verfügen (Lux, 2012, 180) und dass es bei uns – im Gegensatz zu vielen anderen Ländern – keinen Teacher Librarian (also einen Lehrer mit informationswissenschaftlicher bzw. bibliothekarischer Fachausbildung) gibt. Allerdings sieht man auch in Ländern mit langen Traditionen des Teacher Librarians Probleme, die Kompetenz dieser Bibliothekar-Lehrer zu garantieren (Tan, Gorman, & Singh, 2012). Asselin (2005, 21) sieht zwei „school cultural conditions": Lehrer und Teacher Librarians. Ohne diese beiden Bedingungen geht – so Asselin (2005) – gar nichts. Auch hier besteht in Deutschland Handlungsbedarf: Schulen müssen flächendeckend mit Schulbibliotheken ausgestattet werden. Eine solche Entwicklung wird auch von der Bundesvereinigung Deutscher Bibliotheks- und Informationsverbände (BID, 2011, 10) gefordert. Dies klingt aufwendiger als es wahrscheinlich ist. Bibliothekarische Dienstleistungen tendieren mehr und mehr zu digitalen Bibliotheken. Mit einem Teacher Librarian bzw. einem Informationskompetenzlehrer sollten der Aufbau und der Betrieb der digitalen Schulbibliothek leicht vonstatten gehen. Aufgaben werden sein, die für den Unterricht benötigten Quellen für die Recherchekompetenz (freie WWW-Informationsdienste, aber auch kostenfreie Datenbanken im Deep Web) zu beherrschen, sowie die Dienste, die zum Erwerb der Wissensrepräsentationskompetenz dienen (etwa ein Schulwiki, ein Schulblog, schulinterne Sharingdienste für Bilder, Videos oder Musik) zu pflegen. Alle anderen bibliothekarischen Dienstleistungen – insbesondere im Kontext gedruckter Medien und kostenpflichtiger professioneller Informationsdienste – können in Kooperationen mit örtlichen oder regionalen Öffentlichen oder Wissenschaftlichen Bibliotheken abgedeckt werden, sodass hier lediglich Kooperationsvereinbarungen zu treffen sind. Für Kooperationen dieser Art gibt es bereits Vorbilder (z. B. Dobie, Guidry, & Hartsell, 2010; Lonsdale & Armstrong, 2006).

Angesichts unserer empirischen Ergebnisse über die äußerst seltenen Bibliotheksbesuche deutscher Schüler (Kapitel 4 und 5) muss allerdings sichergestellt werden, dass die Schüler die Bibliotheksangebote überhaupt wahrnehmen und diese auch annehmen.

Fazit

In einer Wissensgesellschaft ist es wesentlich, dass alle Menschen in der Lage sind, die vielfältigen Informationsinfrastrukturen zu beherrschen. Die hierzu erforderlichen Fähigkeiten fassen wir als „Informationskompetenz" zusammen. Da in Zukunft ein berufliches, aber auch privates Leben ohne Informationskompetenz kaum mehr möglich ist, muss die Ausbildung in diesem Fach bereits in der Schule erfolgen.

Eine Analyse des Standes der Forschung der Unterrichtung von Informationskompetenz an Schulen zeigt, dass es in vielen Ländern der Welt Bemühungen gibt, Schüler in dieses Fach einzuführen. Während die Forschungen zum Unterricht in der Primarstufe darauf hindeuten, dass in dieser Schulstufe nur vereinzelt Projekte vorliegen (besonders hervorzuheben sind hier Aktivitäten in Hongkong), gibt es viele Ansätze zum Unterricht in Informationskompetenz an Sekundarschulen. Zu nennen sind die nordamerikanischen Länder, Staaten in Südostasien, Australien sowie einige europäische Länder (u. a. Großbritannien) – allerdings nicht Deutschland. Insgesamt verdichtet sich der Eindruck, dass – selbst in Ländern mit Unterricht in Informationskompetenz – die vermittelten Fähigkeiten der Schüler nicht ausreichen, um den Anforderungen in Studium oder am Arbeitsplatz gerecht zu werden.

Informationskompetenz kann entweder in den Sachunterricht eingebettet oder als eigenes Fach unterrichtet werden. Nach den bisher vorliegenden Forschungsergebnissen kann man (vorsichtig) folgern, dass die Einbettung in den Sachunterricht für die Primarschule und der Unterricht als eigenes Fach für die Sekundarschule geeignet sind.

Didaktische Überlegungen weisen in eine eindeutige Richtung: Der Aufbau von Informationskompetenz geschieht am Besten durch Dokument-basiertes Lernen, Projektarbeit mit authentischen Aufgaben (Inquiry-based Teaching kombiniert mit geführtem Lernen) und (in vielen Fällen) Teamarbeit.

Der Stoff ergibt sich durch die beiden Grundkompetenzen der Informationskompetenz – Recherchekompetenz und Kompetenz der Kreation bzw. Repräsentation von Wissen –, der in unterschiedlichen Vertiefungen und aufeinander aufbauend in der Primarstufe (ca. zwei Monate in Klasse 4), in der Sekundarstufe 1 (ein Schulhalbjahr in Klasse 6) und in der Sekundarstufe II (ein Schulhalbjahr in Klasse 10 oder 11, auf jedem Fall vor Anfertigen der Facharbeit) vermittelt wird.

Ein Unterricht in Informationskompetenz erfordert ausgebildete Lehrer für dieses Fach. In Deutschland gibt es diese nicht, während in vielen anderen Ländern diese Aufgabe von Teacher Librarians (Schulbibliothekare mit Lehrerausbildung) ausgeführt wird. Die Weiterbildung der Lehrer in Informationskompetenz muss sichergestellt werden. Zudem müssen benötigte Ressourcen (z.B. kommerzielle Informationsdienste für das Erlernen elaborierter Recherchetechniken) vorgehalten werden. Hier kommen Kooperationen mit örtlichen oder regional nahen Öffentlichen oder Wissenschaftlichen Bibliotheken (vor allem den Universitätsbibliotheken) infrage. Als Träger der Aus- und Fortbildung von Lehrern in Informationskompetenz und als Orte für wissenschaftliche Forschungen in diesem Bereich ist an die informationswissenschaftlichen Universitätsinstitute zu denken, die entsprechend auszubauen sind, um die neuen, zukunftsweisenden Aufgaben auch adäquat zu bewältigen.

Literatur

Abdullah, A. (2008). Building an information literature school community: Approaches to
 include information literacy in secondary school students. *Journal of Information Literacy,*
 2(2).

ACRL (2000). *Information Literacy Competency Standards for Higher Education.* Chicago, IL:
 American Library Association / Association of College and Research Libraries.

Aitchison, J., Gilchrist, A., & Bawden, D. (2000). *Thesaurus Construction and Use: A Practical*
 Manual. 4. Aufl. London, New York, NY: Europa Publ.

Akbulut, Y., & Kiyici, M. (2007). Instructional use of weblogs. *Turkish Online Journal of Distance*
 Education, 8(3), 6-15.

ALA, & AECT (1998). *Information Literacy Standards for Student Learning. Standards and*
 Indicators. Prepared by the American Association of School Libraries, Association for
 Educational Communications and Technology. Chicago, IL: ALA; Bloomington, IN: AECT.

Alby, T. (2007). *Web 2.0: Konzepte, Anwendungen, Technologien.* München: Carl Hanser

American Association of School Librarians (AASL) (1998). *The nine information literacy*
 standards for student learning. Abgerufen am 6.3.2012 von: http://www.ilipg.org/sites/
 ilipg.org/files/bo/InformationLiteracyStandards_final.pdf

American Library Association (ALA), Presidential Committee on Information Literacy (1989).
 Final report. Abgerufen am 7.3.2012 von: http://www.ala.org/acrl/publications/
 whitepapers/presidential

Amman-Hechenberger, B., Buchegger, B., & Schwarz, S (2011). *Das Handy in der Schule - Mit*
 Chancen und Risiken kompetent umgehen. Wien: Österreichisches Institut für angewandte
 Telekommunikation.

Anderson-Inman, L. (2009). Thinking between the lines: literacy and learning in a connected
 world. *On the Horizon, 17(2),* 122-141.

Anonymous (2003). *Hacker's Guide: Sicherheit im Internet und im lokalen Netz.* München:
 Markt+Technik.

Antin, J., & Churchill, E. (2011). *Badges in Social Media: A Social Psychological Perspective.*
 Abgerufen am 10.8.2011 von http://gamification-research.org/chi2011/papers/

Arp, L., & Woodard, B. S. (2002). Recent trends in information literacy and instruction.
 Reference & User Services Quarterly, 42(2), 124-132.

Artelt, C., Baumert, J., Julius-McElvany, N., & Peschar, J. (2003). *Learners for Life - Student*
 Approaches to Learning. Paris: OECD.

Asselin, M. M. (2005). Teaching information skills in the information age: An examination of
 trends in the middle grades. *School Libraries Worldwide, 11(1),* 17-36.

Asselin, M. M., & Lee, E. A. (2002). „I wish someone had taught me": Information literacy in a
 teacher education program. *Teacher Librarian, 30*(2), 10-17.

Association of College and Research Libraries (ACRL) (2000). *Information literacy competency*
 standards for higher education. Abgerufen am 7.3.2012 von: http://www.ala.org/ala/
 mgrps/divs/acrl/standards/standards.pdf

Bacon, F. (1990 [1620]). *Novum Organum = Neues Organon.* Hrsg. v. W. Krohn. Hamburg: Meiner
 (Original 1620).

Baeza-Yates, R., & Ribeiro-Neto, B. (2011). *Modern Information Retrieval. The Concepts and*
 Technology Behind Search. 2. Aufl. Harlow: Addison-Wesley.

Ballod, M. (2007*). Informationsökonomie – Informationsdidaktik.* Bielefeld: Bertelsmann.

Bandura, A. (1977). Self-efficacy: Toward a unifying theory of behavioral change. *Psychological Review, 84*, 191–215.

Bandura, A. (1986). *Social Foundations of Thought and Action: A Social Cognitive Theory.* New York: Prentice Hall.

Barbuto, J., & Scholl, R. (1998). Motivation sources inventory: Development and validation of new scales to measure an integrative taxonomy of motivation. *Psychological Reports, 82*, 1011-1022.

Basili, C. (Hrsg.) (2003). *Information Literacy in Europe. A First Insight into the State of the Art of Information Literacy in the European Union.* Roma: Consiglio Nazionale delle Ricerche - Ispri.

Bättig, E. (2005). *Information Literacy an Hochschulen. Entwicklungen in den USA, in Deutschland und der Schweiz.* Chur: HTW Chur. Hochschule für Technik und Wirtschaft. (Churer Schriften zur Informationswissenschaft; 8).

Bawden, D. (2001). Information and digital literacies. A review of concepts. *Journal of Documentation, 57(2)*, 218-259.

Beard, K. W., & Wolf, E. M. (2001). Modification in the proposed diagnostic criteria for internet addiction. *CyberPsychology & Behavior, 4(3)*, 377- 383.

Behrens, S. J. (1994). A conceptual analysis and historical overview of information literacy. *College & Research Libraries, 55(4)*, 309-322.

Bell, D. (1973). *The Coming of Post-Industrial Society. A Venture in Social Forecasting.* New York: Basic Books.

Berg, C. A., & Sternberg, R. J. (1985). Response to novelty: Continuity versus discontinuity in the developmental course of intelligence. *Advances in Child Development and Behavior*, 1-47.

Bernhardt, T., & Kirchner, M. (2007). *E-Learning 2.0. im Einsatz. „Du bist der Autor!" Vom Nutzer zum WikiBlog-Caster.* Boizenburg: Werner Hülsbusch.

Bertogg, M. (2007). *Aufbau eines Konzepts zur Vermittlung von Informationskompetenz am Beispiel Deutschschweizer Mittelschulen. Zusammenfassung der gleichnamigen Masterarbeit 2007 zu Händen der Arbeitsgemeinschaft Deutschschweizer Mittel-schulbibliotheken.* Abgerufen am 7.3.2012 von: http://www.digithek.ch/intern/ DA_Maria_Bertogg_Version_Digithek.pdf

Bertram, J. (2005). *Einführung in die inhaltliche Erschließung. Grundlagen – Methoden – Instrumente.* Würzburg: Ergon.

Beutelspacher, L., & Stock, W. G. (2011). Construction and evaluation of a blended learning platform for higher education. In R. Kwan, et al. (Hrsg.), *ICT 2011 (Communications in Computer and Information Science; 177)* (S. 109-122). Berlin: Springer.

Bhattacharjee, S., Gopal, R. D., & Sanders, G. L. (2003). Digital music and online sharing: Software piracy 2.0. *Communications of the ACM, 46(7)*, 107–111.

BID (2011). *Medien- und Informationskompetenz – immer mit Bibliotheken und Informations-einrichtungen! Empfehlungen von Bibliothek & Information Deutschland (BID) für die Enquete-Kommission "Internet und digitale Gesellschaft" des Deutschen Bundestages.* Berlin: Bibliothek & Information Deutschland (BID). Bundesvereinigung Deutscher Bibliotheks- und Informationsverbände e.V.

BITKOM. (2011). *Studie Jugend 2.0.* Abgerufen am 24.7.2011 von: http://www.bitkom.org/de/ themen/36444_66711.aspx

Bitzer, F., Maihöfer, S., & Polz, N. (2003). *„Online Brother is watching you": Ein Praxis-Leitfaden zu Fragen der Sicherheit im Internet.* Düsseldorf: Landesanstalt für Medien Nordrhein-Westfalen (LfM).

Boekhorst, A. K. (2003). Becoming information literate in the Netherlands. *Library Review, 52*(7), 298-309.

Bogost, I. (2011). *Persuasive Games: Exploitationware.* Abgerufen am 9.8.2011 von http://www. gamasutra.com/view/feature/6366/persuasive_games_exploitationware.php?page=1

Bonfadelli, H. (2002). The internet and knowledge gaps. A theoretical and empirical investigation. *European Journal of Communication, 17*(1), 65-84.

Borges, G. et al. (2011). *Identitätsdiebstahl und Identitätsmissbrauch im Internet: Rechtliche und technische Aspekte.* Berlin: Springer.

Botte, A. (2009). Informationskompetenz und Schule. *Computer + Unterricht, 19*(74), 56-58.

Breiter, A., Welling, S., & Stolpmann, B. E. (2010). *Medienkompetenz in der Schule.* Berlin: VISTAS Verlag GmbH.

Breivik, P. S. (1989). Information literacy. Revolution in education. In G. E. Mensching & T. B. Mensching (Hrsg.), *Coping with information illiteracy: Bibliographic instruction for the information age. Papers presented at the Seventeenth National LOEX Library Instruction Conference held at Ann Arbor, Michigan, 4 and 5 May 1989* (S. 1-6). Ann Arbor, MI: Pierian Press.

Breivik, P. S. (1998). *Student Learning in the Information Age.* Phoenix, AZ: American Council on Education, Oryx.

Breivik, P. S., & Gee, E. G. (1989). *Information Literacy. Revolution in the Library.* New York, NY: Macmillan Publishing Company.

Brenner, N. (1998). Global cities, glocal states. Global city formation and state territorial restructuring in contemporary Europe. *Review of International Political Economy, 5*(1), 1-37.

Brin, S., & Page, L. (1998). The anatomy of a large-scale hypertextual web search engine. *Computer Networks and ISDN Systems, 30,* 107-117.

Bruce, C. (1997). *The Seven Faces of Information Literacy.* Adelaide: Auslib Press.

Bruce, C. (1999). Workplace experiences of information literacy. *International Journal of Information Management, 19,* 33-47.

Bruce, C., & Candy, P. C. (Hrsg.) (2000). *Information Literacy Around the World. Advances in Programs and Tesearch.* Wagga Wagga, N.S.W.: Centre for Information Studies, Charles Sturt University.

Bruner, J. S. (1961). The art of discovery. *Harvard Education Review, 31,* 118-202.

Bruns, A. (2008). *Blogs, Wikipedia, Second Life, and Beyond. From Production to Produsage.* New York, NY: Peter Lang.

Bunchball. (2010). *Gamification 101: An Introduction to the Use of Game Dynamics to Influence Behavior.* Abgerufen am 10.8.2011 von: http://www.bunchball.com/gamification/ gamification101.pdf

Bundesministerium für Bildung und Forschung (BMBF) (Hrsg.) (2002a). *Zukunft der wissen-schaftlichen und technischen Information in Deutschland: Schlussbericht.* Abgerufen am 7.3.2012 von: http://www.bmbf.de/pub/zukunft_der_wti_in_deutschland.pdf

Bundesministerium für Bildung und Forschung (BMBF) (Hrsg.) (2002b). *Informationen vernetzen - Wissen aktivieren: Strategisches Positionspapier des Bundesministeriums für Bildung und Forschung zur Zukunft der wissenschaftlichen Information in Deutschland.* Abgerufen am 7.3.2012 von: http://www.bibliotheksportal.de/fileadmin/user_upload/content/ bibliotheken/strategie/dateien/BMBF_Information_vernetzen.pdf

Bundesministerium für Bildung und Forschung (BMBF) (Hrsg.) (2009). *Kompetenzen in einer digital geprägten Kultur. Medienbildung für die Persönlichkeitsentwicklung, für die gesell-schaftliche Teilhabe und für die Entwicklung von Ausbildungs- und Erwerbsfähigkeit.*

Abgerufen am 7.3.2012 von: http://www.bmbf.de/pub/kompetenzen_in_digitaler_kultur. pdf

Bundesministerium für Bildung und Forschung (BMBF) (Hrsg.) (2011). *Digitale Medien in der Bildung.* Abgerufen am 7.3.2012 von: http://www.bmbf.de/de/16684.php

Bundesverband Musikindustrie (2007). *Privatkopie.* Abgerufen am 21.9.2011 von: http://www. musikindustrie.de/privatkopie/

Bundesverbandverband für Informationswirtschaft, Telekommunikation und neue Medien e.V. (2011). *Jugend 2.0.* Abgerufen am 19.9.2011 von http://www.bitkom.org/files/documents/ BITKOM_Studie_Jugend_2.0.pdf

Bundeszentrale für politische Bildung (2008). Dossier: Urheberrecht – Glossar. Abgerufen am 19.9.2011 von: http://www.bpb.de/themen/NN6F16,0,Glossar.html

Bundy, A. (1999). Information literacy: the 21st century educational smartcard. *Australian Academic & Research Libraries, 30(4),* 233-250.

Bundy, A. (2001). For a clever country: information literacy diffusion in the 21st century. *Background and issues paper for the first national roundtable on information literacy conducted by the Australian Library and Information Association (ALIA) and held at the State Library of Victoria 28 February 2001.*

Bundy, A. (2002). Growing the community of the informed: information literacy – a global issue. *Paper presented at the Standing Conference of East, Central and South Africa Library Associations conference, Johannesburg South Africa, April 2002.*

Bundy, A. (Hrsg.) (2004). *Australian and New Zealand Information Literacy Framework.* 2. Aufl. Adelaide: Australian and New Zealand Institute for Information Literacy.

Bünting, K.-D., Bitterlich, A., & Pospiech, U. (2000). *Schreiben im Studium: mit Erfolg.* Berlin: Cornelsen.

California Academic and Research Libraries Task Force (CARL) (1997). *Recommended texts for consideration related to information literacy.* Abgerufen am 7.3.2012 von: http://www. carl-acrl.org/Archives/DocumentsArchive/Reports/rectoWASC.html

Case, R. (1984). The Process of Stage Transition: A Neo-piagetian View. In *Mechanisms of Cognitive Development* (S. 19-44). San Francisco: Freeman.

Castells, M. (1989). *The Informational City. Information Technology, Economic Restructuring, and the Urban-Regional Process.* Oxford: Basil Blackwell.

Castro, J. O. de; Balkin, D., & Sheperd, D. A. (2008). Can entrepreneurial firms benefit from product piracy. *Journal of Business Venturing, 23(1),* 75–90.

Catts, R. (2002). Issues in the interpretation of the Australian information literacy standards. *Beitrag an der Lifelong Learning Conference vom 16.-19. Juni 2002 in Yeppoon, Queensland, Australien.*

Catts, R., & Lau, J. (2008). *Towards Information Literacy Indicators.* Paris: UNESCO.

Chatti, M. A., Dahl, D., Jarke, M., & Vossen, G. (2008). Towards web 2.0 driven learning environments. *Proceedings of the 4th International Conference of Web Information Systems and Technologies* (S. 370-375).

Chisholm, M. (1990). Information literacy. In S. S. Intner & K. E. Vandergrift (Hrsg.), *Library Education and Leadership: Essays in Honor of Jane Anne Hannigan* (S. 59-74). Metuchen, NJ: Scarecrow.

Chu, H. (2010). *Information Representation and Retrieval in the Digital Age.* 2. Aufl. Medford, NJ: Information Today.

Chu, S. K. W. (2008). TWiki for knowledge building and management. *Online Information Review, 32(6),* 745-758.

Chu, S. K. W. (2009). Inquiry project-based learning with a partnership of three types of teachers and the school librarian. *Journal of the American Society for Information Science and Technology, 60*(8), 1671-1686.

Chu, S. K. W., & Kennedy, D. (2011). Using online collaborative tools for groups to co-construct knowledge. *Online Information Review, 35*(4), 581–597.

Chu, S. K. W., Chan, C., & Tiwari, A. (2012). Using blogs to support learning during internship. *Computers & Education, 58*, 989-1000.

Chu, S. K. W., Chow, K., Loh, E., & Tse, S. (2011). Collaborative inquiry project-based learning: Effects on reading ability and interest. *Library & Information Science Research, 33*(3), 236-243.

Chu, S. K. W., Chow, K., Luk, W., Cheung, K., & Sit, D. (2007). The development of primary four students' information literacy and information technology skills. *Conference on Integrated Learning. The Hongkong Institute of Education, Hongkong, 14-15 December 2007.*

Chu, S. K. W., Chow, K., & Tse, S. (2011). Using collaborative teaching and inquiry project-based learning to help primary school students develop information literacy and information skills. *Library & Information Science Research, 33*(2), 132-143.

Chu, S. K. W., Chow, K., Tse, S., & Kuhlthau, C. (2008). Grade 4 students' development of research skills through inquiry-based learning projects. *School Libraries Worldwide, 14*(1), 10-37.

Chu, S. K. W., Mak, M., & Wong, P. (2009). WiseNews database for upper primary students and teachers. *Paper presented at the International Conference on Primary Education, The Hongkong Institute of Education, Hongkong.* Abgerufen von: http://www.edu.hku.hk/samchu/docs/2009_database_primary.pdf.

Chu, S. K. W., Tavares, N. J., Chu, D., Ho, S. Y., Chow, K., Siu, F. L. C., & Wong, M. (2012). *Developing Upper Primary Students' 21st Century Skills: Inquiry Learning Through Collaborative Teaching and Web 2.0 Technology.* Hong Kong: Centre for Information Technology in Education, Faculty of Education, The University of Hong Kong.

Combes, B. (2005). Computers, ICTs and online curriculum: A role for the teacher librarian. *Proceedings of Information Leadership in a Culture of Change* (S. 1-14). Hong Kong: IASL.

Council of Australian University Librarians (CAUL) (2001). *Information Literacy Standards.* Abgerufen am 7.3.2012 von: www.caul.edu.au/caul-programs/information-literacy/publications

Crawford, J., & Irving, C. (2009). Information literacy in the workplace. A qualitative exploratory study. *Journal of Librarianship and Information Science, 41*(1), 29-38.

Creative Commons Deutschland (o.D.). *Was ist CC?* Abgerufen am 20.10.2011 von: http://de.creativecommons.org

Croft, W. B., Metzler, D., & Strohman, T. (2010). *Search Engines. Information Retrieval in Practice.* Boston, MA: Addison Wesley.

Crouse, W. F., & Kasbohm, K. E. (2004). Information literacy in teacher education: A collaborative model. *Educational Forum, 69*(1), 44-52.

Csíkszentmihályi, M. (1985). *Das Flow-Erlebnis: Jenseits von Angst und Langeweile: im Tun aufgehen.* Stuttgart: Klett-Cotta.

Dannenberg, D. (2000). Wann fangen Sie an? Das Lernsystem Informationskompetenz (LIK) als praktisches Konzept einer Teaching Library. *Bibliotheksdienst, 34* (7/8), 1245-1259.

De Rosa, C. et al. (Hrsg.) (2005). *College Students' Perception of Libraries and Information Resources. A Report to the OCLC Membership.* Dublin, Ohio: OCLC.

Deci, E. L., & Ryan, R. M. (1985). *Intrinsic Motivation and Self-determination in Human Behavior.* New York: Plenum.

Deutscher Bibliotheksverband (2007). *Informationskompetenz.* Abgerufen am 7.3.2012 von: http://www.informationskompetenz.de

Dewey, B. I. (Hrsg.) (2001). *Library User Education. Powerful Learning, Powerful Partnerships.* Lanham, MD: Scarecrow.

DGI (2008). Denkschrift der Deutschen Gesellschaft für Informationswissenschaft und Informationspraxis (DGI e.V.) zur Förderung der Informationskompetenz im Bildungssektor. *Information – Wissenschaft und Praxis, 59*(6-7), 391-392.

Dobie, D., Guidry, N. T., & Hartsell, J. (2010). Navigating to information literacy. A collaboration between California high school and college librarians. *CSLA Journal, 34*(2), 6-9.

Dornstädter, R., Finkelmeyer, S., & Shanmuganathan, N. (2011). Job-Polarisierung in informationellen Städten. *Information – Wissenschaft und Praxis, 62*(2/3), 95-102.

Doshi, A. (2006). How gaming could improve information literacy. *Computers in Libraries, 5,* 14-17.

Dostal, W., & Reinberg, A. (1999). *IAB-Kurzbericht - Arbeitslandschaft 2010 Teil 2: Ungebrochener Trend in die Wissensgesellschaft. Entwicklung der Tätigkeiten und Qualifikationen.* Abgerufen am 7.3.2012 von: http://doku.iab.de/kurzber/1999/kb1099.pdf

Doyle, C. (1992). *Outcome Measures for Information Literacy. Final Report to the National Forum on Information Literacy.* Syracuse: ERIC Clearinghouse.

Drechsler, B., & Siems, R. (2012). Informationskompetenz für Seminarkurse und den Fachunterricht an Gymnasien. In W. Sühl-Strohmenger (Hrsg.), *Handbuch Informationskompetenz* (S. 197-208). Berlin: De Gruyter Saur.

Dweck, C. S., & Leggett, E. L. (1988). A social-cognitive approach to motivation and personality. *Psychological Review, 256 - 273.*

Eccles-Parsons, J., Adler, T. F., Futterman, R., Goff, S. B., Kaczala, C. M., Meece, J. L., et al. (1983). Expectancies, Values, and Academic Behaviors. In *Achievement and Achievement Motivation* (S. 75-146). San Francisco, CA: Freeman.

Edelson, D. C., Gordin, D. N., & Pea, R. D. (1999).Adressing the challenges of inquiry-based learning through technology and curriculum design. *Journal of the Learning Sciences, 8(3-4),* 391-450.

EDUCAUSE Center for Applied Research (ECAR) (2009). *The ECAR study of undergraduate students and information technology.* Abgerufen am 7.3.2012 von: http://www.educause.edu/ers0906

Eisenberg, M., & Berkowitz, B. (1990). *Information Problem-Solving. The Big Six Skills Approach to Library & Information Skills Instruction.* Norwood, NJ: Ablex.

Eisenberg, M., & Berkowitz, B. (1999). *Teaching Information & Technology Skills: The Big 6 in Elementary School.* Worthington, OH: Linworth.

Eisenberg, M., & Berkowitz, B. (2007). *The Big 6. Information & Technology Skills for Student Achievement.* Abgerufen am 17.05.2011 von: http://big6.com/

Eisenberg, M., & Berkowitz, B. (2011). *The Big6 Workshop Handbook: Implementation and Impact.* 4. Aufl. Santa Barbara, CA: Linworth.

Eisenberg, M., Spitzer, K. L., & Lowe, C. A. (2004). *Information Literacy. Essential Skills for the Information Age.* 2. Aufl. Syracuse, NY: ERIC Clearinghouse on Information & Technology.

Engel, S., & Slapnicar, K. W. (Hrsg.) (2003). *Die Diplomarbeit.* Stuttgart: Schäffer-Poeschel.

Fabricatore, C. (2000). Learning and videogames: An unexploited synergy. In *Proceedings of the AECT 2000 Workshop In Search of the Meaning of Learning.*

Farber, E. I. (1995). Bibliographic instruction, briefly. In American Library Association Library Instruction Round Table / Fifteenth Anniversary Publications Task Force (Hrsg.), *Information for a New Age: Redefining the Librarian. A LIRT 15th Anniversary Publication* (S. 23-34). Englewood, CO: Libraries Unlimited.

Ferber, R. (2003). *Information Retrieval: Suchmodelle und Data-Mining-Verfahren für Textsammlungen und das Web.* Heidelberg: dpunkt.

Ferguson, S. (2009). Information literacy and its relationship to knowledge management. *Journal of Information Literacy, 3(2),* 6-24.

Fink, J. (2008). *Informationskompetenz bei der Suche nach wissenschaftlichen Quellen. Eine empirische Studie unter Studierenden der Universität Augsburg. Bachelorarbeit.* Abgerufen am 7.3.2012 von: http://websquare.imb-uni-augsburg.de/2008-02/3

Ford, B. J. (1994). Information literacy goes international. *College & Research Libraries News, 55(7),* 423-425.

Franke, F., & Schüller-Zwierlein, A. (2008). Wie informationskompetent sind die bayerischen Studierenden im Jahr 2007? *Bibliotheksforum Bayern, 2(1),* 36-39.

Freimanis, R., & Dornstädter, R. (2010). Informationskompetenz junger Information Professionals: Stand und Entwicklung. *Information – Wissenschaft und Praxis, 61(2),* 61-66.

Freiwillige Selbstkontrolle Fernsehen (o.D.) *Die FSF.* Abgerufen am 19.9.2011 von: http://www.fsf.de/fsf2/ueber_uns/fsf.htm

Gapski, H., & Tekster, T. (2009). *Informationskompetenz in Deutschland.* Düsseldorf: Landesanstalt für Medien.

Garfield, E. (1979). 2001: An information society? *Journal of Information Science, 1(4),* 209-215.

Gaus, W. (2005). *Dokumenations- und Ordnungslehre. Theorie und Praxis des Information Retrieval.* 5. Aufl. Berlin: Springer.

Gee, J. G. (2003). *What Video Games Have to Teach Us About Learning and Literacy.* New York. NY: Palgrave Macmillan.

Gee, J. P. (1996). *Social Linguistics and Literacies: Ideology in Discourses.* London: Taylor & Francis.

Gee, J. P. (2008). Learning and games. In *The Ecology of Games - Connecting Youth, Games, and Learning. The John D. and Catherine T. MacArthur Foundation Series on Digital* (S. 21-40). Cambridge, MA: MIT Press.

Gehring, R. A. (2007). *Geschichte des Urheberrechts.* Abgerufen am 19.9.2011 von: http://www.bpb.de/themen/Z1SGXH,0,0,Geschichte_des_Urheberrechts.html

Gentile, D. A., & Gentile, J. R. (2008). Violent video games as exemplary. *Journal of Youth and Adolescence, 37(2),* 127-141.

Georgouli, K., Skalkidis, I., & Guerreiro, P. (2008). A framework for adopting lms to introduce e-learning in a traditional course. *Journal of Educational Technology & Society, 11(2),* 227-240.

Gephart, M. A., Marsick, V. J., Van Buren, M. E., & Spiro, M. S. (1996). Learning organizations come alive. *Training & Development, 50(12),* 34-44.

Gibaldi, J. (2003). *MLA Handbook for Writers of Research Papers.* 6. Aufl. New York, NY: Modern Language Association.

Gibson, E. J. (1988). Exploratory behavior in the development of perceiving, acting, and the acquiring of knowledge. *Annual Review of Psychology, 39(1),* 1-41.

Gieseke, W. (2011). *Android Smartphones optimal nutzen.* Düsseldorf: DATA BECKER.

Gilton, D. L. (o.J.). *Information literacy instruction. A history in context*. Abgerufen am 7.3.2012 von: http://www.uri.edu/artsci/lsc/Faculty/gilton/InformationLiteracyInstruction-AHistoryinContext.htm

Given L. M., Julien, H., Quellette, D., & Smith, J. (2010). Evidence-based information literacy instruction: Curriculum planning from the ground up. In *Proceedings of the 73rd ASIS&T Annual Meeting* (2 pages).

Godwin, P. (2009). Information literacy and Web 2.0: Is it just hype? *Program: Electronic Library and Information Systems, 43*(3), 264-274.

Godwin, P. (2012). Library 2.0: A retrospective. In P. Godwin, & J. Parker (Hrsg.), *Information Literacy Meets Library 2.0* (S. 3-18). London: Facet.

Godwin, P., & Parker, J. (Hrsg.) (2008). *Information Literacy Meets Library 2.0*. London: Facet.

Godwin, P., & Parker, J. (Hrsg.) (2012). *Information Literacy Beyond Library 2.0*. London: Facet.

Goetsch, L., & Kaufman, P. T. (1997). *Readin', writin', arithmetic, and information competency. Adding a basic skills component to a university's curriculum*. Abgerufen am 7.3.2012 von: http://www.educause.edu/ir/library/pdf/CNC9750.pdf

Gorski, M. (2008). Informationskompetenz im Spannungsfeld zwischen Schule und Universität: Beobachtungen zum Informations- und Suchverhalten in der gymnasialen Oberstufe und im Studium. *Bibliotheksdienst 42(7)*, 738-761.

Grafstein, A. (2002). A discipline-based approach to information literacy. *Journal of Academic Librarianship, 28(4)*, 197-204.

Grimmelmann, J. (2009). Saving Facebook. *Iowa Law Review, 94*, 1137-1206.

Grosseck, G., & Holotescu, C. (2008). Can we use twitter for educational activities? *The 4th International Scientific Conference eLearning and Software for Education. Bucharest. April 17 - 18.*

Gruner, S. (2003). *Vermittlung von Informationskompetenz für angehende Ingenieure: Grundlagen, Bedingungen und Planung einer informationsdidaktischen Schulungsveranstaltung am Beispiel der SLUB Dresden*. Diplomarbeit. Fachhochschule Potsdam.

Gui, M., & Tonkin, E. (2006). Folksonomies: Tidying up tags? *D-Lib Magazine, 12(1)*.

Guillén, M. F., & Suárez, S. L. (2005). Explaining the global digital divide: Economic, political and sociological drivers of cross-national internet use. *Social Forces, 84(2)*, 681-708.

Gust von Loh, S. (2009). *Evidenzbasiertes Wissensmanagement*. Wiesbaden: Gabler.

Gust von Loh, S. (2012). Wissensmanagement und Informationskompetenz. In W. Sühl-Strohmenger (Hrsg.), *Handbuch Informationskompetenz* (S. 132-145). Berlin: De Gruyter Saur.

Hahn, A., & Jerusalem, M. (2001). Internetsucht: Jugendliche gefangen im Netz. In J. Raithel (Hrsg.), *Risikoverhaltensweisen Jugendlicher. Erklärungen, Formen und Prävention* (S. 279-293). Opladen: Leske + Budrich.

Hahn, K. (1908). Gedanken über Erziehung. *Die Antike*, 138-160.

Hamelink, C. (1976). An alternative to news. *Journal of Communication 26(4)*, 120-123.

Hannay, T. (2007). *Web 2.0 in science*. CTWatch Quarterly, *3*(3). Abgerufen am 7.3.2012 von: http://www.ctwatch.org/quarterly/articles/2007/08/web-20-in-science/

Hapke, T. (2007). Informationskompetenz 2.0 und das Verschwinden des „Nutzers". *Bibliothek: Forschung und Praxis, 31(2)*, 137-149.

Hartmann, W., Näf, M., & Schäuble, P. (2000). *Informationsbeschaffung im Internet: Grundlegende Konzepte verstehen und umsetzen*. 2. Aufl. Zürich: Orell Füssli.

Harvey, M. (2003). *The Nuts & Bolts of College Writing*. Indianapolis, IN: Hackett.

Hasebrink, U., Rohde, W., & Brüssel, T. (2009). Die Social Web-Nutzung Jugendlicher und junger Erwachsener: Nutzungsmuster, Vorlieben und Einstellungen. In J.-H. Schmidt, I. Paus-Hasenbrink, & U. Hasebrink, *Heranwachsen mit dem Social Web. Zur Rolle von Web 2.0-Angeboten im Alltag von Jugendlichen und jungen Erwachsenen* (S. 83-120). Düsseldorf: Landesanstalt für Medien Nordrhein-Westfalen (LfM).

Heidenreich, M. (2002). Merkmale der Wissensgesellschaft. Lernen in der Wissensgesellschaft. *Beiträge des OECD/CERI-Regionalseminars für Deutschsprachige Länder in Esslingen (Bundesrepublik Deutschland) vom 8.-12. Oktober 2001* (S. 334-363). Innsbruck: Studien-Verlag.

Heider, K. (2009). Information literacy. The missing link in early childhood education. *Early Childhood Education Journal, 36*(6), 513-518.

Heine, H. (1972). *Werke und Briefe* (Bd. 7). (H. Kaufmann, Hrsg.) Berlin: Aufbau.

Heinze, N., Fink, J., & Wolf, S. (2009). *Informationskompetenz und wissenschaftliches Arbeiten. Studienergebnisse und Empfehlungen zur wissenschaftlichen Recherche im Hochschulstudium (Arbeitsbericht Nr. 21).* Abgerufen am 7.3.2012 von: http://opus.bibliothek. uni-augsburg.de/volltexte/2009/1396/pdf/imb_Arbeitsbericht_21.pdf

Henkel, T. (2008). *BIBLIO - Informationskompetenz für Studierende.* Abgerufen am 7.3.2012 von: http://www.unifr.ch/biblio/index.php?c=1&l=d

Henri, J., & Boyd, S. (2002). Teacher librarian influence: Principal and teacher librarians perspectices. *School Libraries Worldwide, 8*(2), 1-17.

Hepworth, M. (2000). Developing information literacy programs in Singapore. In C. Bruce & P. Candy (Hrsg.), *Information Literacy Around the World. Advances in Programs and Research* (S. 51-65). Wagga Wagga, N.S.W.: Centre for Information Studies, Charles Sturt University.

Herring, J. (2011a). Assumptions, information literacy and transfer in high schools. *Teacher Librarian, 38*(3), 32-36.

Herring, J. (2011b). From school to work and from work to school. Information environments and transferring information literacy practices. *Information Research, 16*(2), paper 473.

Herring, J., & Bush, S. J. (2011). Information literacy and transfer in schools. Implications for teacher librarians. *Australian Library Journal, 60*(2), 123-132.

Hochholzer, R., & Wolff, C. (2005). *Informationskompetenz - status quo und Desiderate für die Forschung.* Abgerufen am 7.3.2012 von: http://epub.uni-regensburg.de/10485/

Hohmeyer, E. (2008). *Informationskompetenz an Grundschulen. Probleme und Perspektiven für Schüler und Lehrer.* Berlin: Simon Verlag für Bibliothekswissenschaft.

Hoisl, B., Aigner, W., & Miksch, S. (2007). Social rewarding in wiki systems - motivating the community. In *Proceedings of the 2nd International Conference on Online Communities and Social Computing* (S. 362-371). Berlin: Springer-Verlag.

Homann, B. (1996). Schulungen als Aufgabe einer benutzerorientierten Bibliothek. *Zeitschrift für Bibliothekswesen und Bibliographie, 43*(6), 569-613.

Homann, B. (2000a). Dynamisches Modell der Informationskompetenz (DYMIK): Didaktisch-methodische Grundlage für die Vermittlung von Methodenkompetenzen an der UB Heidelberg. *Theke. Informationsblatt für Mitarbeiterinnen und Mitarbeiter im Bibliothekssystem der Universitätsbibliothek Heidelberg,* 92-99.

Homann, B. (2000b). Informationskompetenz als Grundlage für bibliothekarische Schulungskonzepte. *Bibliotheksdienst, 34*(6), 968-978.

Homann, B. (2002a). Information Literacy. Ein Beitrag der Bibliotheken für eine demokratische Informationsgesellschaft. *Bibliotheksdienst, 36*(12), 1681-1688.

Homann, B. (2002b). Standards der Informationskompetenz. Eine Übersetzung der amerikanischen Standards der ACRL als argumentative Hilfe zur Realisierung der „Teaching Library". *Bibliotheksdienst, 36*(5), 625-637.

Horton, F. W. (2008). *Understanding Information Literacy: A Primer*. Paris: UNESCO.

Hui, O., Chu, S. K. W., Mak, Y., Yim, C., Pun L., & Liu, T. (2010). The roles of teacher librarians in collaborative inquiry project-based learning. *Paper presented at the Quality Education Fund Project Seminar: Sharing the Experience, The University of Hong Kong, Hong Kong*. Abgerufen von: http://qefpblp.pbworks.com/f/Hui-2010-Roles-of-Teacher-Librarians-in-PBL.pdf.

Huizinga, J. (2009 [1939]). *Homo ludens. Vom Ursprung der Kultur im Spiel*. Reinbek: Rowohlt (Original: 1939).

Hütte, M. (2006). *Zur Vermittlung von Informationskompetenz an Hochschulbibliotheken – Entwicklung, Status quo und Perspektiven*. Master's Thesis, Fachhochschule Köln.

Huvila, I. (2011). The complete information literacy? Unforgetting creation and organization of information. *Journal of Librarianship and Information Science, 43*(4), 237-245.

Ingold, M. (2005). *Das bibliothekarische Konzept der Informationskompetenz: ein Überblick*. Berlin: Institut für Bibliothekswissenschaft der Humboldt-Universität zu Berlin. (Berliner Handreichungen zur Bibliothekswissenschaft; 128).

Ingold, M. (2011). *Information als Gegenstand von Informationskompetenz. Eine Begriffsanalyse*. Berlin: Institut für Bibliotheks- und Informationswissenschaft der Humboldt Universität zu Berlin. (Berliner Handreichungen zur Bibliotheks- und Informationswissenschaft; 294).

Ingwersen, P. (2002). Cognitive perspectives of document representation. In *Emerging Frameworks and Methods. Proceedings of the 4th International Conference on Conceptions of Library and Information Science (CoLIS 4), July 21-25, 2002, Seattle, USA* (S. 285-300). Greenwood Village, CO: Libraries Unlimited.

Ingwersen, P., & Järvelin, K. (2005). *The Turn. Integration of Information Seeking and Retrieval in Context*. Dordrecht: Springer.

Jacobs, J. E., Lanza, S., Osgood, D. W., Eccles, J. S., & Wigfield, A. (2002). Changes in children's self-competence and values: Gender and domain differences across grades one through twelve. *Child Development, 73*(2), 509-527.

Jakobsson, M. (2011). The achievement machine: Understanding Xbox 360 Achievements in gaming practices. *Game Studies. International Journal of Computer Game Research, 11*(1).

James, W. (1884). What is an emotion? *Mind, 9*(34), 188-205.

Janowicz, K. (2007). *Sicherheit im Internet*. Beijing: O'Reilly.

Jansen, B. A. (2007). *The Big6 in Middle School: Teaching Information and Communication Skills*. Columbus, OH: Linworth.

Jansen, B. A. (2009). *The Big6 Goes Primary! Teaching Information and Communication Skills in Grades K-3*. Columbus, OH: Linworth.

Jiang, K. (2011). *The Dangers of Gamification. Why We Shouldn't Build a Game Layer on Top of the World*. Abgerufen am 10.8.2011 von: http://krystlejiang.files.wordpress.com: http://krystlejiang.files.wordpress.com/2011/07/the-dangers-of-gamification.pdf

Johnston, B., & Webber, S. (2003). Information Literacy in higher education. A review and case study. *Studies in Higher Education, 28*(3), 335-352.

Jones, E. (1998). Perspectives on information literacy in New Zealand: An overview. In D. Booker (Hrsg.), *Information Literacy: The Professional Issue*. Proceedings of the third national information literacy conference conducted by the University of South Australia Library and the Australian Library and Information Association Information Literacy Taskforce, 8 and 9 December 1997 (S. 55-69). Adelaide: University of South Australia Library.

Julien, H., & Barker, S. (2009). How high-school students find and evaluate scientific information. A basis for information literacy skills development. *Library & Information Science Research, 31*(1), 12-17.

Kaspersky, E. (2008). *Malware: Von Viren, Würmern, Hackern und Trojanern und wie man sich vor ihnen schützt.* München: Carl Hanser.

Katz, I. R. (2007). Testing information literacy in digital environments: The ETS iSkills assessment. *Information Technology and Libraries, 26,* 4–13

Kaufman, P. T. (1992). Information incompetence. *Library Journal, 117*(19), 37-39.

Kessels, U., & Hannover, B. (2004). Entwicklung schulischer Interessen als Identitätsregulation. In *Bildungsqualität von Schule: Lehrerprofessionalisierung, Unterrichtsentwicklung und Schülerförderung als Strategien der Qualitätsverbesserung* (S. 398-412). Münster: Waxmann.

Kiefer, P. (2011). *iPhone 4S & 4 optimal nutzen.* Düsseldorf: DATA BECKER.

Kirschner, P. A., Sweller, J., & Clark, R. E. (2006). Why minimal guidance during instruction does not work: An analysis of the failure of constructivist, discovery, problem-based, experiential, and inquiry-based teaching. *Educational Psychologist, 41*(2), 75-86.

Kirton, J., & Barham, L. (2005). Information literacy in the workplace. *The Australian Library Journal, 54*(4), 365-376.

Klatt, R., Gavriilidis, K., Kleinsimlinghaus, K., Feldmann, M. et al. (2001). *Elektronische Informationen in der Hochschulausbildung. Innovative Mediennutzung im Lernalltag der Hochschulen.* Opladen: Leske + Budrich.

Klein, H., Wesson, M., Hollenbeck, J., & Alge, B. (1999). Goal commitment and the goal setting process: Conceptual clarification and empirical synthesis. *Journal of Applied Psychology, 64,* 885-896.

Klein, R. N., Beutelspacher, L., Hauk, K., Terp, C., Anuschewski, D., Zensen, C., Trkulja, V., & Weller, K. (2009). Informationskompetenz in Zeiten des Web 2.0 - Chancen und Herausforderungen im Umgang mit Social Software. *Information - Wissenschaft und Praxis, 60*(3), 129-142.

Klicksafe (Hrsg.) (2011). *Was tun gegen Cyber-Mobbing?* Zusatzmodul zu Knowhow für junge User: Materialien für den Unterricht.

Köller, O., Baumert, J., & Schnabel, K. U. (2000). Zum Zusammenspiel von schulischem Interesse und Lernen im Fach Mathematik: Längsschnittanalysen in den Sekundarstufen I und II. In *Interesse und Lernmotivation* (S. 163-181). Münster: Waxmann.

Kommission Zukunft der Informationsinfrastruktur (2011). *Gesamtkonzept für die Informationsinfrastruktur in Deutschland.* Empfehlungen der Kommission Zukunft der Informationsinfrastruktur im Auftrag der Gemeinsamen Wissenschaftskonferenz des Bundes und der Länder.

Kondratieff, N. D. (1926). Die langen Wellen der Konjunktur. *Archiv für Sozialwissenschaft und Sozialpolitik, 56,* 573-609.

König, A. (2009). Erfassen – strukturieren – systematisieren – visualisieren. Informationskompetenz und Infoblatterstellung im Geschichtsunterricht. *Computer + Unterricht, 19*(74), 13-15.

Korner, A. F., & Beason, L. M. (1972). Association of two congenitally organized behavior patterns in the newborn: Hand-mouth coordination and looking. *Perceptual and Motor Skills, 35*(1), 115-118.

Korobili, S., Malliari, A., Daniilidou, E., & Christodoulou, G. (2011). A paradigm of information literacy for Greek high school teachers. *Journal of Librarianship and Information Science, 43*(2), 78-87.

Kruse, O. (1993). *Keine Angst vor dem leeren Blatt - Ohne Schreibblockaden durchs Studium.* Frankfurt/Main: Campus Verlag.

Kühling, J., & Sivridis, A. (2008). *Datenschutzrecht.* Frankfurt am Main: UTB.

Kuhlthau, C. (1987). *Information Skills for an Information Society. A Review of Research.* New York, NY: Syracuse University.

Kuhlthau, C. (2004). *Seeking Meaning: A Process Approach to Library and Information Services.* 2. Aufl. Norwood, NJ: Libraries Unlimited.

Kwak, N. (1999). Revisiting the knowledge gap hypothesis. Education, motivation, and media use. *Communication Research, 26*(4), 385-413.

Kwong, C. (1990). School libraries in Hong Kong. *Library Association Record, 92*(10), 757-758.

Lancaster, F. W. (2003). *Indexing and Abstracting in Theory and Practice.* 3. Aufl. Champaign, IL: University of Illinois.

Landeszentrale für Medien und Kommunikation (LMK) Rheinland-Pfalz (2011). *Materialien.* Abgerufen am 7.3.2012 von: https://www.klicksafe.de/materialien/index.html

Latham, D., & Gross, M. (2008). Broken links: Undergraduates look back on their experiences with information literacy in K-12. *School Library Media Research, 11*(2).

Lenox, M. F., & Walker, M. L. (1992). Information literacy: Challenge for the future. *International Journal of Information and Library Research, 4*(1), 1-18.

Lewandowski, D. (2005). *Web Information Retrieval: Technologien zur Informationssuche im Internet.* Frankfurt am Main: DGI.

Linde, F., & Ebber, N. (2007). Creative Common Lizenzen: Urheberrecht im digitalen Zeitalter. *Wissensmanagement, 3/07*, 48-50.

Linde, F., & Stock, W. G. (2011). *Informationsmarkt.* München: Oldenbourg.

Linstone, H. A., & Turoff, M. (2002). *The Delphi method. Techniques and applications.* Abgerufen am 7.3.2012 von: http://is.njit.edu/pubs/delphibook/delphibook.pdf

Litke, H. D. (2007). *Projektmanagement.* 5. Aufl. München: Hanser.

Lloyd, A. (2003). Information literacy. The meta-competency of the knowledge economy? *Journal of Librarianship and Information Science, 35*(2), 87-92.

Lloyd, A. (2005). Information literacy landscapes: an emerging picture. *Journal of Documentation, 62*(5), 570-583.

Löbner, S. (2003). *Semantik: Eine Einführung.* Berlin: De Gruyter Saur.

Locke, E., & Latham, G. (1990). *A Theory of Goal Setting and Task Performance.* Englewood Cliffs, NJ: Prentice-Hall.

Locke, E., & Latham, G. (2002). Building a practically useful theory of goal setting and task motivation. *American Psychologist, 57*, 705-717.

Lonsdale, R., & Armstrong, C. (2006). The role of the university library in supporting information literacy in UK secondary schools. *Aslib Proceedings: New Information Perspectives, 58*(6), 553-569.

Lorenzen, M. (2001). A brief history of library instruction in the United States of America. *Illinois Libraries, 83*(2), 8-18.

Löwenberg, B. (2008). Web 2.0: Prinzip, Technologien und Einsatzszenarien - ein Überblick. In M. Ockenfeld (Hrsg.), *Informationskompetenz 2.0 - Zukunft von qualifizierter Informationsvermittlung. Proceedings des 24. Oberhofer Kolloquiums zur Praxis der Informationsvermittlung, Barleben / Magdeburg* (S. 21-34). Frankfurt am Main: DGI.

Lumiérs, E. M., & Schimmel, M. (2004). Information poverty. A measurable concept? In T. Mendina & J. J. Britz (Hrsg.), *Information Ethics in the Electronic Age* (S. 47-61). Jefferson, NC, London: McFarland.

Lutz, P. (2009). *Grundriss des Urheberrechts*. Heidelberg: C.F. Müller.

Lux, C. (2012). Libraries in Germany. In R. N. Sharma (Hrsg.), *Libraries in the Early 21ˢᵗ Century. Vol. 1: An International Perspective* (S. 173-182). Berlin: De Gruyter Saur.

Lux, C., & Sühl-Strohmenger, W. (2004). *Teaching library in Deutschland. Vermittlung von Informations- und Medienkompetenz als Kernaufgabe für öffentliche und wissenschaftliche Bibliotheken*. Wiesbaden: Dinges & Frick.

Ma, F., & Hu, C. (2002). Information literacy, education reform and the economy. China as a case study. *White Paper prepared for UNESCO, the U.S. National Com119 mission on Libraries and Information Science, and the National Forum on Information Literacy, for use at the Information Literacy Meeting of Experts, Prague, The Czech Republic, July 2002*.

Machlup, F. (1962). *The Production and Distribution of Knowledge in the United States*. Princeton, NJ: Princeton University Press.

Mandl, H., & Krause, U.-M. (2001). *Lernkompetenz für die Wissensgesellschaft (Forschungsbericht Nr. 145)*. München: Ludwig-Maximilians-Universität, Lehrstuhl für Empirische Pädagogik und Pädagogische Psychologie.

Manning, C. D., Raghavan, P., & Schütze, H. (2008). *Introduction to Information Retrieval*. Cambridge: Cambridge University Press.

Marcum, J.W. (2002). Rethinking information literacy. *The Library Quarterly, 72*(1), 1-26.

Maron, M. E., & Kuhns, J. L. (1960). On relevance, probabilistic indexing and information retrieval. *Journal of the ACM, 7*, 216-244.

Mason, R., & Rennie, F. (2008). *E-Learning and Social Networking Handbook. Resources for Higher Education*. Hampshire: Routledge.

McEuen, S. F. (2001). How fluent with information technology are our students? A survey of students from southwestern university explored how fit they see themselves. *Educause Quarterly, 4*(24), 8-17.

Medienpädagogischer Forschungsverbund Südwest (2010). *KIM-Studie 2010*. Abgerufen am 24.7.2011 von: http://www.mpfs.de/index.php?id=192

Medler, B. (2009). Generations of game analytics, achievements and high scores. *Eludamos. Journal for Computer Game Culture, 3*(2), 177-194.

Mercado, H. (1999). Library instruction and online database searching. *Reference Services Review, 27*(3), 259-265.

Merchant, L., & Hepworth, M. (2002). Information literacy of teachers and pupils in secondary schools. *Journal of Librarianship and Information Science, 34*(2), 81-89.

Mokhtar, I. A., Foo, S., Majid, S., Theng, Y. L., Luyt, B., & Chang, Y.-K. (2009). Proposing a 6+3 model for developing information literacy standards for schools. A case for Singapore. *Education for Information, 27*(2-3), 81-101.

Mokhtar, I. A., Majid, S., & Foo, S. (2007). Information literacy education through mediated learning and multiple intelligences. A quasi-experimental control-group study. *Reference Services Review, 35*(3), 463-486.

Mokhtar, I. A., Majid, S., & Foo, S. (2008). Teaching information literacy through learning styles. The application of Gardner's multiple intelligences. *Journal of Librarianship and Information Science, 40*(2), 93-109.

Montessori, M. (1976). *Schule des Kindes. Montessori-Erziehung in der Grundschule*. Freiburg: Herder.

Müller, A. (2012). Informationskompetenz in der Lehrerfortbildung. In W. Sühl-Strohmenger (Hrsg.), *Handbuch Informationskompetenz* (S. 209-220). Berlin: De Gruyter Saur.

Müller, A., & Leidl, M. (2007). *Virtuelle (Lern-)Welten. Second Life in der Lehre.* Abgerufen am 27.11.2011 von: http://www.e-teaching.org/didaktik/gestaltung/vr/SL_lehre_langtext_071207_end.pdf

Müller, M. (2010). *Surfern ohne Risiko: Sicherheit, Rechte und persönlicher Schutz im Internet.* Zürich: Beobachter Buchverlag.

Myers, D. (2004). *Psychology.* New York: Worth Publishers.

Narayanan, R., & Munoo, R. (2003). *Creating information literacy as corporate products. Perspectives and experiences from Singapore. World library and information congress. 69th IFLA General Conference and Council, 1-9 August 2003, Berlin.* Abgerufen am 7.3.2012 von: http://www.ifla.org/IV/ifla69/papers/114e-Narayanan_Munoo.pdf

National Commission on Excellence in Education (NCEE) (1983). *A nation at risk. The imperative of educational reform.* Abgerufen am 7.3.2012 von: httcattsp://www2.ed.gov/pubs/NatAtRisk/risk.html

Nefiodow, L. (1991). *Der fünfte Kondratieff.* Frankfurt: FAZ; Wiesbaden: Gabler.

Netzwerk Informationskompetenz Baden-Württemberg (NIK-BW) (Hrsg.) (2006). *Standards der Informationskompetenz für Studierende.* Abgerufen am 7.3.2012 von: http://www.informationskompetenz.de/fileadmin/DAM/documents/Standards%20der%20Inform_88.pdf

Netzwerk Informationskompetenz Baden-Württemberg (NIK-BW) (Hrsg.) (2008). *Konzept zur Vermittlung von Informationskompetenz an Schüler der gymnasialen Oberstufe.* Abgerufen am 29.5.2012 von: http://www.informationskompetenz.de/fileadmin/user_upload/Konzept_zur_Vermittl_1555.pdf

Newzoo (2012). *Newzoo's 2011 Games Market Revenue Report.* Abgerufen am 5.5.2012 von http://www.newzoo.com/ENG/1594-Infograph_GER.html

Nielsen, B. G., & Borlund, P. (2011). Information literacy, learning, and the public library. A study of Danish high school students. *Journal of Librarianship and Information Science, 43*(2), 106-119.

Nilges, A., & Siebert, U. (2005). Informationskompetenz im Curriculum, das studienbegleitende Ausbildungskonzept zur Vermittlung von Informationskompetenz der ULB Düsseldorf. *Bibliotheksdienst, 39*(4), 487-495.

Nolda, S. (2001). Das Konzept der Wissensgesellschaft und seine (mögliche) Bedeutung für die Erwachsenenbildung. In J. Wittpoth, *Erwachsenenbildung und Zeitdiagnose* (S. 91-117). Bielefeld: WBV.

O'Sullivan, M. K., & Dallas, K. B. (2010). A collaborative approach to implementing 21st century skills in high school senior research class. *Education Libraries, 33*(1), 3-9.

OECD (2005). *Guide to Measuring the Information Society / Working Party on Indicators for the Information Society (DSTI/ICCP/IIS(2005)6/FINAL).* Paris: Organisation for Economic Co-operation and Development.

Ortland, E. (2006). *Geschichte des Urheberrechts – Teil 1: Druckausgleich.* Abgerufen am 19.9.2011 von: www.artnet.de/magazine/geschichte-des-urheberrechts-teil-i/

Owens, M. R. (1976). The state government and libraries. *Library Journal, 101*(1), 19-28.

Page, L., Brin, S., Motwani, R., & Winograd, T. (1998). *The PageRank Citation Ranking: Bringing Order to the Web.* Abgerufen von: http://ilpubs.stanford.edu:8090/422/1/1999-66.pdf.

Panofsky, E. (1975). *Sinn und Deutung in der bildenden Kunst.* Köln: DuMont.

Pasadas Ureña, C. (2003). *The international information literacy certificate. A global professional challenge? World Library and Information Congress. 69th IFLA General*

Conference and Council, 1-9 August 2003, Berlin. Abgerufen am 7.3.2012 von: http://www. ifla.org/IV/ifla69/papers/202e_trans-Pasadas_Urena.pdf

Peters, I. (2009). *Folksonomies. Indexing and Retrieval in Web 2.0*. Berlin: De Gruyter Saur.

Peters, I., & Stock, W. G. (2010). "Power Tags" in Information Retrieval. *Library Hi Tech, 28*(1), 81-93.

Peters, I., Gust von Loh, S., & Weller, K (2009). Multimediale und kollaborative Lehr- und Lernumgebungen in der akademischen Ausbildung. In R. Kuhlen (Hrsg.), *Information: Droge, Ware oder Commons? Wertschöpfungs- und Transformationsprozesse auf den Informationsmärkten. Proceedings des 11. Internationalen Symposiums für Informationswissenschaft (ISI 2009), Konstanz, Germany* (S. 363-377). Boizenburg: Werner Hülsbusch.

Peterson, E. (2006). Beneath the metadata. Some philosophical problems with folksonomies. *D-Lib Magazine, 12*(11).

Pfau, R. (o.D.). *WikiSchool*. Abgerufen am 6.5.2012 von: http://www.wikischool.de

Piffl, M. (2010). *Die Bedeutung von internetspezifischen maladaptiven Kognitionen, Einsamkeit und sozialer Isolation für problematischen Internetgebrauch*. Diplomarbeit an der Universität Wien. Fakultät für Psychologie.

Plötner, J., & Wendzel, S. (2007). *Praxisbuch Netzwerk-Sicherheit: Risikoanalyse, Methoden und Umsetzung*. Bonn: Galileo Press.

Poetzsch, E. (2004). *Wirtschaftsinformation: Online, CD-ROM, Internet*. 2. Aufl. Potsdam: Verlag für Berlin-Brandenburg.

Poetzsch, E. (2005). *Naturwissenschaftlich-technische Information: Online, CD-ROM, Internet*. 2. Aufl. Potsdam: Verlag für Berlin-Brandenburg.

Poetzsch, E. (2006). *Information Retrieval: Einführung in Grundlagen und Methoden*. 5. Aufl. Potsdam: Verlag für Berlin-Brandenburg.

Poguntke, W. (2010). *Basiswissen IT-Sicherheit*. Herdecke, Witten: W3L.

Prensky, M. (2001). Digital natives, digital immigrants. *On The Horizon, 9*(5), 1-6.

Presidential Committee on Information Literacy (1989). *Final Report*. Washington, DC: American Library Association / Association for College & Research Libraries.

Probst, G., Raub, S., & Romhardt, K. (2006). *Wissen managen*. Wiesbaden: Gabler.

Raab-Steiner, E., & Benesch, M. (2010). *Der Fragebogen*. Wien: Facultas.

Rader, H. B. (1991). Information literacy. A revolution in the library. *Reference Quarterly, 31*, 25-29.

Rader, H. B. (1993). From library orientation to information literacy. 20 years of hard work. In L. Shirato (Hrsg.), *What is Good Instruction Now? Library instruction for the 90's* (S. 25-28). Ann Arbor, MI: Pierian Press.

Rader, H. B. (1996). User education and information literacy for the next decade. An international perspective. *Reference Services Review, 24*(2), 71-75.

Rader, H. B. (2002). Information literacy. An emerging global priority. *White Paper prepared for UNESCO, the U.S. National Commission on Libraries and Information Science, and the National Forum on Information Literacy, for use at the Information Literacy Meeting of Experts, Prague, The Czech Republic.*

Rader, H. B. (2003). Information literacy - a global perspective. In A. Martin & H. B. Rader (Hrsg.), *Information and IT Literacy: Enabling Learning in the 21st Century* (S. 24-42). London: Facet.

Randel, J. M., Morris, B. A., Wetzel, C. D., & Whitehill, B. V. (1992). Effectiveness of games for educational purposes: A review of recent research. *Simulation and Gaming, 3*, 261–276.

Rauchmann, S. (2002). *Die Vermittlung von Informationskompetenz in Online-Tutorials: eine vergleichende Bewertung der US-amerikanischen und deutschen Konzepte. Diplomarbeit. Fachhochschule Potsdam.* Abgerufen am 7.3.2012 von: http://fiz1.fh-potsdam.de/volltext/diplome/05100.pdf

Reeve, J., Bolt, E., & Cai, Y. (1999). Autonomy-supportive teachers: How they teach and motivate students. *Journal of Educational Psychology, 91,* 537–548.

Rheinberg, F. (2002). *Motivation.* Stuttgart: Kohlhammer.

Rheinberg, F. (2009). Motivation. In *Handbuch der Allgemeinen Psychologie - Motivation und Emotion* (S. 668-674). Göttingen: Hogrefe.

River East Transcona School Division (2005). *Information Literacy Skills. Kindergarten – Grade 12.* Winnipeg, MB.

Robertson, M. (2011). *Can't Play, Won't Play.* Abgerufen am 8.8.2011 von Hide&Seek: http://www.hideandseek.net/2010/10/06/cant-play-wont-play/

Röhlinger, F., Dunstheimer, M., & Steininger, A. (2010). *Praxishandbuch Android.* Düsseldorf: DATA BECKER.

Rubin, A. (2002). *Hackerabwehr und Datensicherheit: Angriff. Diagnose. Abwehr.* München: Addison-Wesley.

Ruckelshausen, F. (2008). Informationskompetenz für Gymnasialschüler: Ein Projekt der Universitätsbibliothek und des Gymnasiums Walldorf. *Theke aktuell (Universitätsbibliothek Heidelberg), 3,* 26-29.

Sager, H. (1995). Implications for bibliographic instruction. In G. M. Pitkin (Hrsg.), *The Impact of Emerging Technologies on Reference Services and Bibliographic Instruction. Westport, Conn.: Greenwood Press. (Contributions in Librarianship and Information Science, No. 87).*

Salapatek, P. (1975). Pattern perception in early infancy. In *Infant Perception: From Sensation to Cognition (Vol. I)* (S. 133-248). New York: Academic Press.

Salony, M. F. (1995). The history of bibliographic instruction. Changing trends from books to the electronic world. *The Reference Librarian, 51/52,* 31-51.

Salton, G., & McGill, M. J. (1987). *Information Retrieval. Grundlegendes für Informationswissenschaftler.* Hamburg: McGraw-Hill.

Sattler, S. (2007). *Plagiate in Hausarbeiten – Erklärungsmodelle mit Hilfe der Rational Choice Theorie.* Hamburg: Kovač.

Scherer, K. R. (1984). On the nature and function of emotion. A component process approach. In *Approaches to Emotion* (S. 293-318). Hillsdale, NJ: Erlbaum.

Schiefele, U., Krapp, A., & Winteler, A. (1992). Interest as a predictor of academic achievement: A meta-analysis of research. In *The Role of Interest in Learning and Development* (S. 183-212). Hillsdale, NJ: Erlbaum.

Schiefner-Rohs, M. (2012). *Kritische Informations- und Medienkompetenz.* Münster: Waxmann.

Schmitz-Esser, W. (2000). *EXPO-INFO 2000. Visuelles Besucherinformationssystem für Weltausstellungen.* Berlin: Springer.

Scholl, A. (2003). *Die Befragung.* Konstanz: UVK

Schulministerium NRW (2008). *Richtlinien und Lehrpläne für die Grundschule in Nordrhein-Westfalen. Hrsg. v. Ministerium für Schule und Weiterbildung des Landes Nordrhein-Westfalen.* Frechen: Ritterbach.

Schulz, L. (2011). *Vermittlung von Informationskompetenz an der Grundschule: Erarbeitung eines integrativen Praxiskonzepts für den Deutschunterricht.* Köln: Fachhochschule Köln. (Kölner Arbeitspapiere zur Bibliotheks- und Informationswissenschaft; 56).

SCONUL Advisory Committee on Information Literacy (1999). *Information skills in higher education: A SCONUL position paper.* Abgerufen am 17.5.2011 von: http://www.sconul. ac.uk/groups/information_literacy/papers/Seven_pillars2.pdf

Sheldon, L. (2010). *T366 Multiplayer Game Design Post Mortem.* Abgerufen am 5.5.2012 von http://gamingtheclassroom.wordpress.com/t366-multiplayer-game-design-post-mortem/#comments

Siegrist, H. (2006). Geschichte des geistigen Eigentums und der Urheberrechte. Kulturelle Handlungsrechte in der Moderne. In J. Hofmann (Hrsg.), *Wissen und Eigentum. Geschichte, Recht und Ökonomie stoffloser Güter* (S. 64-80). Bonn: Bundeszentrale für politische Bildung.

Simon, I., & Wagener-Mühleck, C. (2007). Informationskompetenz. Ideen für den Unterricht in der Oberstufe. *Lehren und lernen, 33*(5), 19-21.

Simpkins, S. D., Davis-Kean, P. E., & Eccles, J. S. (2006). Math and science motivation: A longitudinal examination of the links between choices and beliefs. *Developmental Psychology, 42*(1), 70-83.

Sinha, S. (2012). *Motivating Students and the Gamification of Learning.* Abgerufen am 5.5.2012 von http://www.huffingtonpost.com/shantanu-sinha/motivating-students-and-t_b_1275441.html

Smith, F. A. (2007). The Pirate-teacher. *The Journal of Academic Librarianship, 33*(2), 276-288.

Smith, M., & Hepworth, M. (2007). An investigation of factors that may demotivate secondary school students undertaking project work: Implications for learning information literacy. *Journal of Librarianship and Information Science, 39*(1), 3-15.

Spitzer, K., Eisenberg, M., & Lowe, C. A. (1998). *Information literacy. Essential skills for the information age.* Abgerufen am 7.3.2012 von: http://www.eric.ed.gov/PDFS/ED427780.pdf

Stehr, N. (1994). *Arbeit, Eigentum und Wissen. Zur Theorie von Wissensgesellschaften.* Berlin: Suhrkamp.

Steinhöfel, B. et al. (2010). *Nicht ohne mein Handy. Cooles Handy – hohe Rechnung?- Zusatzmodul zu Knowhow für junge User - Materialien für den Unterricht.* Mainz: „klicksafe".

Stock, W. G. (2007). *Information Retrieval. Informationen suchen und finden.* München: Oldenbourg.

Stock, W. G. (2011). Informational cities. Analysis and construction of cities in the knowledge society. *Journal of the American Society for Information Science and Technology, 62*(5), 963-986.

Stock, W. G., & Stock, M. (2008). *Wissensrepräsentation. Informationen auswerten und bereitstellen.* München: Oldenbourg.

Stock, W. G., & Stock, M. (2013). *Handbook of Information Science.* Berlin, Boston, MA: De Gruyter Saur.

Stoppbacher, T. (2010). *Android Tipps.* Düsseldorf: DATA BECKER.

Streatfield, D., Shaper, S., Markless, S., & Rae-Scott, S. (2011). Information literacy in United Kingdom schools. Evolution, current state and prospects. *Journal of Information Literacy, 5*(2), 5-25.

Sturges, P., & Gastinger, A. (2010). Information literacy as a human right. *Libri, 60,* 195-202.

Sühl-Strohmenger, W. (2004). Informationskompetenz und Studierfähigkeit. Angebote der Universitätsbibliothek Freiburg für gymnasiale Seminarkurse. *Bibliotheksdienst, 38*(1), 61-65.

Sühl-Strohmenger, W. (2012). *Teaching Library.* Berlin: De Gruyter Saur.

Sühl-Strohmenger, W. (Hrsg.) (2012). *Handbuch Informationskompetenz*. Berlin: De Gruyter Saur.

Summers, R., Oppenheim, C., Meadows, J., McKnight, C., & Kinnell, M. (1999). Information science in 2010: A Loughborough University view. *Journal of the American Society of Information Science, 50*(12), 1153-1162.

Sun, P. (2002). Information literacy in Chinese higher education. *Library Trends, 51*(2), 210-217.

Tan, S. M., Gorman, G., & Singh, D. (2012). Information literacy competence among schools librarians in Malaysia. *Libri, 62*(1), 98-107.

Tay, L. (2010). *Employers: Look to gaming to motivate staff*. Abgerufen am 5.5.2012 von http://www.itnews.com.au/News/169862,employers-look-to-gaming-to-motivate-staff.aspx

The Secretary's Commission on Achieving Necessary Skills (SCANS) (1991). *What work requires of schools: A SCANS report for America 2000*. Abgerufen am 7.3.2012 von: http://wdr.doleta.gov/SCANS/whatwork/whatwork.pdf

Tichenor, P. J., Donohue, G. A., & Olien, C. N. (1970). Mass media flow and differential growth in knowledge. *Public Opinion Quarterly, 34*, 159-170.

Tiefel, V. M. (1995). Library user education: examining its past, projecting its future. *Library Trends, 44*(2), 318-338.

Toffler, A. (1980). *The Third Wave*. New York, NY: Morrow.

Tower, C. (2000). Questions that matter: Preparing elementary students for the inquiry process. *Reading Teacher, 53*, 550-557.

Trkulja, V. (2010). *Die Digitale Kluft. Bosnien-Herzegowina auf dem Weg in die Informationsgesellschaft*. Wiesbaden: VS Verlag für Sozialwissenschaften / Springer Fachmedien.

Trost, A. (2011). *Mein iPhone 4S*. Düsseldorf: DATA BECKER.

Trudewind, C., Schubert, U., & Ballin, U. (1996). Die Rolle von Neugier und Angst als Basismotivationen der frühkindlichen Erfahrungsbildung. In *Motivation und Lernen aus der Perspektive lebenslanger Entwicklung* (S. 15-30). Münster: Waxmann.

Turabian, K. L. (2007). *A Manual for Writers of Research Papers, Theses, and Dissertations. Chicago Style for Students and Researchers*. Chicago, IL: University of Chicago Press.

U.S. National Library of Medicine (2011). *Use of MeSH in Online Retrieval*. Abgerufen am 27.11.2011 von: http://www.nlm.nih.gov/mesh/intro_retrieval.html

UNESCO & IFLA (2005). *Beacons of the Information Society. The Alexandria Proclamation on Information Literacy and Lifelong Learning*. Alexandria: Bibliotheca Alexandrina.

University College London (UCL) CIBER Group (2008). *Information behavior of the researchers of the future (CIBER briefing paper)*. Abgerufen am 7.3.2012 von: http://www.jisc.ac.uk/media/documents/programmes/reppres/ggworkpackageii.pdf

University of California Berkley Library (o.D.) *Evaluating web pages. Techniques to apply & questions to ask*. Abgerufen am 25.1.2012 von: http://www.lib.berkeley.edu/TeachingLib/Guides/Internet/Evaluate.html

University of Oregon (o.D.) *Critical evaluation of information sources*. Abgerufen am 25.1.2012 von: http://libweb.uoregon.edu/guides/findarticles/credibility.html

van Aalst, J., Hing, F. W., May, L. S., & Yan, W.P. (2007). Exploring information literacy in secondary schools in Hong Kong: A case study. *Library & Information Science Research, 29*(4), 533-552.

van Dijk, J. (1999). *The Network Society. Social Aspects of New Media*. Thousand Oaks, CA: Sage.

van Dijk, J., & Hacker, K. (2003). The digital divide as a complex and dynamic phenomenon. *The Information Society, 19*, 315-326.

Vander Wal, T. (2005). *Explaining and showing broad and narrow folksonomies.* Blogeintrag vom 21.2.2005. Abgerufen am 27.11.2011 von: http://vanderwal.net/random/category. php?cat=153

Vehovar, V., Sicherl, P., Hüsing, T., & Dolnicar, V. (2006). Methodological challenges of digital divide measurements. *The Information Society, 22,* 279-290.

Virkus, S. (2003). Information literacy in Europe: A literature review. *Information Research, 8(4),* paper 159.

Vollmeyer, R. (2009). Motivationspsychologie des Lernens. In *Handbuch der Allgemeinen Psychologie - Motivation und Emotion* (S. 335-346). Göttingen: Hogrefe.

von Ahn, L., & Dabbish, L. (2008). Designing games with a purpose. *Communications of the ACM , 51*(8), S. 58-67.

Wagner, W.-R. (2009). Suchen, Finden und Bewerten. Informationskompetenz als mehrdimensionale Fähigkeit zum Umgang mit Informationen. *Computer + Unterricht, 19*(74), 6-9.

Walther, R. (2009). *Geschichte des Urheberrechts – Kopieren verboten.* Abgerufen am 19.9.2011 von: taz.de/!40245

Wandtke, A.-A. (2009). *Urheberrecht.* Berlin: De Gruyter Saur.

Warnken, P. (2004). The impact of technology on information literacy education in libraries. *The Journal of Academic Librarianship, 30*(2), 151-156.

Warr, W. A. (2008). Social software: Fun and games, or business tools? *Journal of Information Science, 34*(4), 591-604.

Warschauer, M. (2003). *Technology and Social Inclusion. Rethinking the Digital Divide.* Cambridge, MA: MIT Press.

Webber, S., & Johnston, B. (2000). Conceptions of information literacy: New perspectives and implications. *Journal of Information Science, 26*(6), 381-397.

Weinberg, A. (1964 [1963]). *Wissenschaft, Regierung und Information. Die Verantwortung der technischen Gemeinschaft und der Regierung bei der Informationsübermittlung.* Frankfurt am Main: Deutsche Gesellschaft für Dokumentation e.V. (Original: 1963).

Weller, K., Dornstädter, R., Freimanis, R., Klein, R. N., & Perez, M. (2010). Social software in academia. Three studies on users' acceptance of Web 2.0 services. In *Proceedings of the WebSci10. Extending the Frontiers of Society On-Line, April 26-27, 2010,* Raleigh, NC, USA.

Weller, K., Dornstädter, R., Freimanis, R., Klein, R. N., & Perez, M. (2011). Social Software in Forschung und Lehre. Drei Studien zum Einsatz von Web 2.0 Diensten. In S. Schomburg, C. Leggewie, H. Lobin & C. Puschmann (Hrsg.), *Digitale Wissenschaft. Stand und Entwicklung digital vernetzter Forschung in Deutschland* (S. 89-97). Köln: hbz.

Wen, J. R., & Shih, W. L. (2008). Exploring the information literacy competence standards for elementary and high school teachers. *Computers & Education, 50*(3), 787-806.

Wittich, A., & Jasiewicz, J. (2011). Orientierungsrahmen zur Vermittlung von Informationskompetenz in der Schule. *Information – Wissenschaft und Praxis, 62*(4), 167-172.

Wohlgemuth, H. H., & Gerloff, J. (2005). *Datenschutzrecht. Eine Einführung mit praktischen Fällen.* 3. Aufl. Neuwied: Luchterhand.

Woodworth, R. S. (1918). *Dynamic Psychology.* New York, NY: Columbia University Press.

Wundt, W. (1906). *Vorlesungen über die Menschen und Tierseele.* Hamburg: Voss.

Young, K. S. (1999). Internet addiction: Symptoms, evaluation, and treatment. In L. VandeCreek, & T. L. Jackson (Hrsg.), *Innovations in Clinical Practice,* (Volume 17, S. 19-31). Sarasota, FL: Professional Resource Press.

Yu, H., Noordin, S. A., Mokhtar, S. A., & Abrizah, A. (2010). Integrating information literacy instruction (ILI) through resource-based school projects. An interpretive exploration. *Education for Information, 28*(2-4), 247-268.

Zichermann, G. (2011). *The Purpose of Gamification*. Abgerufen am 5.8.2011 von: http://radar.oreilly.com/2011/04/gamification-purpose-marketing.html

Zichermann, G., & Cunningham, C. (2011). *Gamification by Design*. Beijing: O'Reilly.

Zichermann, G., & Linder, J. (2010). *Game-Based Marketing: Inspire Customer Loyalty Through Rewards, Challenges, and Contests*. John Wiley & Sons.

Zurkowski, P. G. (1974). *The information environment. Relationships and priorities*. Abgerufen am 7.3.2012 von: http://www.eric.ed.gov/PDFS/ED100391.pdf

Die Herausgeber

Dr. Sonja Gust von Loh promovierte an der Heinrich-Heine-Universität Düsseldorf im Fach Informationswissenschaft über evidenzbasiertes Wissensmanagement. Dort ist sie derzeit als akademische Rätin tätig. Ihre Forschungsschwerpunkte liegen beim betrieblichen Wissensmanagement, bei der betrieblichen Informationskompetenz sowie bei der Informationskompetenz von Kindern und Jugendlichen.
Kontakt: gust-von-loh@phil.hhu.de

Univ.-Prof. Dr. Wolfgang G. Stock ist Leiter der Abteilung für Informationswissenschaft der Heinrich-Heine-Universität Düsseldorf. Seine Forschungen liegen in Gebieten des Information Retrieval, der Wissensrepräsentation, der Informetrie und des Informationsmarktes. Seit Anfang 2011 leitet er ein Forschungsprojekt zur Informationskompetenz. Im Rahmen dieses Projektes bestehen Kooperationen mit Professor Dr. Samuel K. W. Chu von der University of Hong Kong und mit Stefanie Ader, M.A., die als Lehrerin beim Pascal-Gymnasium in Grevenbroich arbeitet.
Kontakt: stock@phil.hhu.de